云南生态年鉴

2014

★ 荣获第四届全国年鉴编纂出版质量评比综合一等奖

★ 云南省第八届年鉴评比（2008）综合特等奖

★ 云南省第九届年鉴系列评奖（2009）综合一等奖

★《云南生态年鉴》（2010）荣获第五届全国年鉴编校质量检查评比特等奖

★《云南生态年鉴》（2012）荣获第七届全国年鉴编校质量检查评比特等奖

云南生态年鉴

Annual of Yunnan Ecology 2014

主编 何 宣 杨士吉 许太琴

德宏民族出版社

图书在版编目（CIP）数据

云南生态年鉴. 2014 / 何宣, 杨士吉, 许太琴主编. -- 芒市：德宏民族出版社, 2014.12

ISBN 978-7-5558-0199-3

Ⅰ. ①云… Ⅱ. ①何… ②杨… ③许… Ⅲ. ①生态经济－经济发展－云南省－2014－年鉴 Ⅳ. ①F127.74-54

中国版本图书馆CIP数据核字（2014）第284442号

书名 云南生态年鉴 · 2014

作者 何 宣、杨士吉，许太琴 主编

出版 · 发行	德宏民族出版社	责任编辑	方 萍
社 址	云南省德宏州芒市勇罕街1号	责任校对	银传秀
邮 编	678400	封面设计	陈若松
总编室电话	0692-2124877	发行部电话	0692-2112886
汉文编室	0692-2111881	民文编室	0692-2113131
设计 · 制版	昆明凡影图文艺术有限公司	电子邮件	dmpress@163.com
印 刷 厂	昆明富新春彩色印务有限公司	网 址	www.dmpress.cn

开 本	889mm × 1194mm 1 / 16	版 次	2014年12月第1版
印 张	23	印 次	2014年12月第1次
字 数	700千字	印 数	1-1000册
书 号	ISBN 978-7-5558-0199-3/F · 51	定 价	580.00元

如出现印刷、装订错误，请与承印厂联系调换事宜。印刷厂联系电话：0871-64199616

云南生态年鉴编辑委员会

云南生态年鉴编辑部

编辑说明

一、《云南生态年鉴》（原《云南生态经济年鉴》），是一部以生态建设为中心内容的主题年鉴。全面系统收载云南省生态文明建设、生态经济发展等方面的重要资料信息，为社会各界人士了解云南省的资源环境状况、生态经济发展、生态文明建设情况提供一个窗口；为宣传生态文明，提高公民的生态环境意识服务；为推动云南生态立省、环境优先发展战略服务；为构建生态云南、和谐云南服务。

二、《云南生态年鉴》以中国特色社会主义理论体系为指导，深入贯彻习近平总书记系列重要讲话精神，结合云南资源环境优势和建设环境友好型社会的需要，客观真实地承载年度生态文明建设、生态经济发展的新情况、新成就；力求体现主题年鉴的科学性、权威性、学术性和实用性。

三、《云南生态年鉴》（首卷）于2008年6月创刊，为了更好地贯彻党中央关于建设生态文明的决定和中共云南省委、省政府“生态立省“的部署，2010年更名为《云南生态年鉴》。本卷为第六卷，主要收录2013年内生态建设情况。为保持资料的完整性，适当追溯历史，并收录一些相关链接资料。此外，在“新闻简辑”中以图片新闻的形式，收录了2013年生态建设要闻。本卷由特载、专文、省情概况、绿色转型、污染防治、学习杨善洲绿化彩云南、七彩云南保护行动、生态文明建设、理论研究、生态保护、旅游、大事记、文献选辑、年度报告、附录、索引等组成。

四、《云南生态年鉴》（2014）采用条目体和文章相结合、以条目体为主的编纂方式。特载、专文、理论研究、附录等采用文章体，其他均为条目体。

五、《云南生态年鉴》（2014）资料主要来自云南省生态、环保等领域的领导机关及研究人员，统计数据来自相关统计部门。部分文献资料采自省内权威机关、传媒，具有较强的权威性和较高的参考价值。

六、为方便读者检索使用，本年鉴在卷首设有目录，卷末附有“索引”，并设英文要目。“索引”按主题分析法编制，以汉语拼音音序排列，读者可从主题入手，查找所需资料。

七、《云南生态年鉴》（2014）由云南省生态文明建设研究会主办，云南生态经济学会、云南省杨善洲绿化基金会等单位协办。《云南生态年鉴》（2014）在编纂过程中，得到有关领导、相关单位和社会各界人士的鼓励、支持、帮助，谨此一并致以深深的谢意！

《云南生态年鉴》编委会
2014年10月

新闻简辑

2013年7月5日，省委书记秦光荣、省长李纪恒等党政军领导在昆明市盘龙区糸六街道办事处子君山参加义务植树活动

2013年9月7日，李纪恒省长深入牛栏江—滇池补水工程施工现场调研

（本版摄影　黄喆春）

2013年6月3日，第二届云台会举行期间，云南与台湾经贸界人士互相交流，共同探讨合作商机

2013年9月21日，国际和平日纪念活动暨中国–南亚和平发展论坛在昆明举办和平艺术展，向中外来宾展示和介绍来自民间的艺术作品

2013年6月6~10日，首届中国南亚博览会在昆明隆重举办

首届南亚博览会在昆举办盛况空前

参展南亚博览会的国外友人

2013年3月，远程医疗在全省各地快速推广

2013年10月26日，“石林号”旅游列车在昆明站首发

盈江县弄璋糖厂循环利用治污环保设备，确保排放达标

（本版摄影　黄喆春）

“争当生态文明建设排头兵——加快绿色转型梦圆美丽云南”学术年会在昆明举行

2013年11月26日，由云南省生态文明建设研究会、云南省杨善州绿化基金会、云南省生态经济学会联合主办的“争当生态文明建设排头兵—加快绿色转型梦圆美丽云南”学术年会在昆明召开。出席本次学术年会的领导有云南省人大常委会原副主任、云南省生态文明建设研究会总顾问吴光范，云南省社科联巡视员江克，云南省地方志办公室主任、云南省生态文明建设研究会名誉会长李一是，云南省生态文明建设研究会会长何宣及全省对生态文明建设有研究的专家、学者共50余人。

吴光范总顾问对召开本年度学术年会表示祝贺。他指出，党的十八届三中全会以后，党中央生态文明建设更为重视，对生态文明建设提出了更高的要求，生态文明建设任务艰巨，但又大有可为，希望全省有识之士在生态文明建设中积极转变思维加快绿色环境保护步伐，在生态环境建设中争当排头兵，为梦圆绿色云南作出更大贡献。

江克巡视员针对全省生态环境保护和绿色保护行动提出要求，希望全省有志人士在保护绿色家园和生态文明建设方面提出合理建议，用实际行动保护好生态环境建设。

李一是名誉会长在会上倡导与会者在保护和建设生态文明环境及绿色保护行动中做到人人自愿，共同构筑生态文明建设理念。

部分专家学者到会发言。云南师范大学科研处处长明庆忠教授作了“生态文明导向下的旅游产业生态化研究”的演讲。他从产业转型、旅游产业生态化、无烟产业以及如何回归自然，建设生态文明等方面提出了自己的观点。

省文史馆馆员蔡毅就滇池治理的思考，提出应从治人、治官、治水、治根等几个方面入手，改变人们的思想行为、理念，从根子上治理才会收到积极的效果。

云南省政府研究室副巡视员杨烨宣读的论文是《建立和完善生态补偿机制，促进云南生态文明建设》，从自然保护区、城市水源地、矿业开发、水能开发、省内江河开发与保护等方面入手，提出政府引导的区域补偿模式是保护生态环境，促进生态文明建设的必要的政策基础。

云南师范大学教授李宏国以“从生态文明建设推进新型城镇化发展”为题，提出了“两个三”观点，即对环境的要求有三个空间即城市空间格局、合理利用土地资源、合理利用水资源；三个发展即绿色发展、循环发展、低碳发展等。

云南省科技发展研究院马兰研究员的论文是《滇池流域湖区村庄生活调查与现状分析》。

云南省生态文明建设研究会会长何宣做会议小结。他希望参会者在全省生态文明建设中争当排头兵，在“加快绿色转变、梦圆美丽云南”活动中，作出自己的努力和贡献。

（赵丕德）

西双版纳街景（许太琴 摄）

“学习杨善洲、绿化彩云南·万家森林2014”植树活动在云南野生动物园举行

2014年1月16日，由省杨善洲绿化基金会主办，云南森林自然中心、云南野生动物园承办，省林业厅、云南艺都园林绿化有限公司、中国绿色时报云南记者站、云南网、春城晚报、云南信息报、都市时报、生活新报等媒体单位支持的“万家森林2014”植树活动在云南野生动物园举行。

启动仪式由省林业厅原巡视员、省杨善洲绿化基金会副理事长兼秘书长王德祥主持。省人大常委会原副主任、省杨善洲绿化基金会理事长吴光范，省林业厅党组成员、副厅长、省杨善洲绿化基金会名誉副理事长刘一丹，国家林业局驻云南森林资源监督办原专员、省林业产业协会会长凌鹤，省政府办公厅原巡视员、省杨善洲绿化基金会副理事长王国亮，省委统战部原副部长、省杨善洲绿化基金会副理事长李尊国以及杨善洲绿化基金会部分理事，省林业厅，云南艺都园林绿化有限公司、云南山河园林有限公司、昆明大树景观绿化有限公司等社会各界爱心人士、媒体记者、志愿者共120多人参加植树活动。

此次活动共种植了胸径5～6厘米的云南樱花210株。

（黄成伟）

（本版摄影　和雪屏）

禄丰县勤丰镇北甸村委会开展护林防火宣传活动

森林火灾扑灭现场展演

散发森林防火知识宣传资料

2014年3月6日，云南省杨善洲绿化基金会与楚雄州林业局、禄丰县人民政府、勤丰镇政府，共同到禄丰县勤丰镇北甸村委会开展护林防火知识宣传和森林防火扑灭演练活动。云南省杨善洲绿化基金会副理事长兼秘书长王德祥对护林防火知识进行了宣讲。针对禄丰县面临的气候情况，着重对森林防火的预防工作、火源管理进行了讲解和培训，整个宣讲过程深入浅出，生动、深刻又具体，取得了良好的效果。

省林业厅防火处领导通报了全省防火工作形势，并结合禄丰县当前的森林火灾情况，对防火工作进行了具体指导。

禄丰县勤丰镇护林防火队对群众和学生进行了森林火灾扑灭现场展演。

（黄成伟）

森林防火宣传活动会场

（本版摄影　和雪屏）

沧源县开展“边境杨善洲纪念林”植树活动

“边境杨善洲纪念林”活动启动仪式现场

2014年4月28日，由云南省杨善洲绿化基金会与临沧市委、市政府、沧源县委、县政府主办的“边境杨善洲纪念林”植树活动启动仪式在沧源佤族自治县葫芦广场湖畔举行。

启动仪式由中共沧源县委领导主持。云南省政府参事、省杨善洲绿化基金会常务副理事长李森，省林业厅原巡视员、省杨善洲绿化基金会副理事长兼秘书长王德祥，省政府办公厅原巡视员、省杨善洲绿化基金会副理事长王国亮，省驻沧源县新农村建设工作队总队长、中共沧源县委副书记付甫剑等沧源县四套班子领导，以及昆明党曦房屋拆迁工程有限公司、云南宏杉林业有限公司、云南山河园林有限公司、昆明大树景观绿化有限公司、昆明林飞林业科技有限公司、耿马泰兴发展有限责任公司、云南南葛兴邦农业发展有限公司、昆明顺泉苗木种植有限公司、云南旺鑫园林绿化工程有限公司等爱心企业、县各委办局代表、志愿者等200多人出席启动仪式。

“沧源县边境杨善洲纪念林”植树活动共在沧源佤族自治县葫芦广场按树种分区域种下近1000株红豆杉、球花石楠、欧洲复叶槭和沉香。

（黄成伟）

边境杨善洲纪念林植树现场

（本版摄影　和雪屏）

"学习杨善洲绿化彩云南·绿化进校园"植树活动启动仪式在保山学院举行

2014年5月16日，由云南省杨善洲绿化基金会、省林业厅、保山市人民政府、保山学院共同举办的"学习杨善洲、绿化彩云南·绿化进校园"植树活动启动仪式在保山学院举行。

启动仪式由保山学院院长赵周主持。省党的群众路线教育实践活动督导组组长、省政协原副主席和占钧，省政府参事、省委原副秘书长、省杨善洲绿化基金会常务副理事长李森，省林业厅党组成员、副厅长、省杨善洲绿化基金会名誉副理事长刘一丹，省林业厅原巡视员、省杨善洲绿化基金会副理事长兼秘书长王德祥，保山市副市长丁昌吉，省政府办公厅原巡视员、省杨善洲绿化基金会副理事长王国亮，省委统战部原副部长、省杨善洲绿化基金会副理事长李尊国，省政协办公厅原巡视员、省杨善洲绿化基金会副理事长邓树斌，杨善洲精神教育基地管委会主任李富强等领导以及保山市人大、政协、市直机关等有关同志出席了启动仪式。云南奥星集团昕之昕环境工程有限公司、昆明大树景观绿化有限公司、云南大森生态园艺工程有限公司、保山市富群农业科技有限公司、保山德森人造板有限公司、昆明顺泉苗木种植有限公司等爱心企业代表，以及中国绿色时报、云南日报驻保山记者站、云南电视台驻保山记者站、云南人民广播电台驻保山记者站等新闻媒体、保山学院师生志愿者共300余人参加了现场植树活动。

植树活动现场

此次校园绿化活动爱心捐赠企业共捐赠绿化物资33.3万元，完成种植11亩3200株。

（黄成伟）

保山学院杨善洲纪念林揭幕仪式

（本版摄影　和雪屏）

“万亩森林·2014云大总裁班杨善洲爱心林”植树活动

杨善洲爱心林植树活动现场

2014年6月23日，由云南省杨善洲绿化基金会与云大高层管理者培训与发展中心、盘龙区农林局、滇源街道办事处共同举办的“万亩森林·2014云大总裁班杨善洲爱心林”植树活动在松华坝水源保护区滇源街道办事处对角山举行。盘龙区农林局、云南大学高层管理者培训与发展中心、云南大学总裁班学员代表、中国绿色时报记者、云南电视台记者、省杨善洲绿化基金会秘书处工作人员和滇源街道办事处志愿者共50多人参加了植树活动。

植树活动仪式由省杨善洲绿化基金会副秘书长程维义主持。此次植树活动，是在2013年启动的“万亩森林·2013云大总裁班杨善洲爱心林”植树活动的基础上进行的。是云大总裁10班、12班和13班全体同学，积极支持生态环境建设，大力弘扬杨善洲精神的具体实践。

此次活动，云南大学总裁班的学员共捐赠造林资金98088.88元。在火烧迹地种植40亩旱冬瓜速生水源林。

（黄成伟）

（本版摄影　和雪屏）

云南省杨善洲绿化基金会成立三周年座谈会暨与昆明中金资本签署战略合作协议

2014年7月6日，云南省杨善洲绿化基金会成立三周年座谈会暨与昆明中金资本战略合作协议签署仪式在昆明国家级经济技术开发区中金资本大厦举行。省人大常委会原副主任、省杨善洲绿化基金会理事长吴光范，省委组织部、省委宣传部和省国土、环保、农业、林业、水利五个厅及爱心捐赠企事业单位代表和基金会理事、监事100多人参加了座谈会。

会议由省政府参事、省委原副秘书长、省杨善洲绿化基金会常务副理事长李森主持。昆明中金资本总裁赵阳首先致欢迎辞。他就当前生态环境面临的形势和企业的义务，表达了企业积极参与承担社会义务的爱心和愿望。云南省杨善洲绿化基金会基金会副理事长兼秘书长王德祥作了《云南省杨善洲绿化基金会三年工作情况汇报》的发言。

王德祥、赵阳分别代表云南省杨善洲绿化基金会、昆明中金资本签署《战略合作协议》。双方将在杨善洲绿化基金会资金运作、项目投资、绿化领域开展长期合作，这在省内开辟了专业基金管理团队参与公益性基金管理的先河。

战略合作协议签约仪式后，与会领导为云南长裕市政工程有限公司、云南开发规划设计院、东方机器制造（昆明）有限公司、云南辉固总公司、云南创艺装饰工程（集团）有限公司、昆明阿拉沪农商村镇银行股份有限公司、云南省PE中心、昆明天天向上营养快餐有限公司、云南展业融资担保有限责任公司、云南腾瑞医药有限公司、昆明国家级经济技术开发区管委会等11户爱心捐赠企业、机构颁发了基金会荣誉奖牌。

在座谈会上，云南省PE中心陈旭东董事长、昆明市苗木行业协会爱心捐赠企业及会员单位代表先后发言，肯定了基金会三年来在造林绿化上的感召力和取得的成效，并代表爱心企业表达了对基金会今后工作的支持。

受省杨善洲绿化基金会的邀请，杨善洲精神教育基地管理委员会主任李富强到会为座谈会全体嘉宾宣讲了杨善洲老书记的光辉事迹，并介绍了杨善洲精神教育基地管委会成立以来的工作成果，为大家重温了一堂生动的杨善洲精神教育课。

省林业厅党组成员、副厅长、省杨善洲绿化基金会名誉副理事长刘一丹到会讲话。他说：省杨善洲绿化基金会从2011年5月26日成立以来，在短短的三年里，通过开展以“学习杨善洲、绿化彩云南”为主题的一系列造林绿化活动，积极营造各种类型的杨善洲纪念林，以实际行动宣传和带动社会各界认真实施“生态立省、环境优先”发展战略，扎实助推“森林云南”建设，为建设中国面向西南开放的重要“桥头堡”积极营造“绿色生态安全屏障”。基金会工作的开展，扎实有效、成绩明显：一是以“杨善洲精神”办会，坚持艰苦奋斗、节俭办会。二是树立了“杨善洲纪念林”这一亮丽的品牌，影响大、看得见、摸得着，有效扩大了基金会的影响力和公信力。三是有效整合项目资金，管理成效明显。四是通过制度建设和规范管理，加强自身建设，获得5A级基金会资格等，内强素质、外树形象，为今后的发展打下了坚实的基础。刘一丹名誉副理事长希望基金会以十八届三中全会精神为统领，继续突出“杨善洲精神”继续做好“杨善洲纪念林”营建活动，要克服困难、再创佳绩。

吴光范理事长在讲话中指出，今天各位同志、各位朋友以饱满的热情对基金会成立以来开展的工作给予了很高评价，充分肯定了基金会三年来取得的成绩，还积极建言献策，对基金会今后的发展提出了很多建设性的意见和建议。这充分表明了大家对基金会发展的关心、支持、爱护和深情厚谊，这使基金会进一步做好基金会今后的工作充满信心和希望。他还就今后贯彻落实十八届三中全会生态文明建设的工作提出了三点建议：一是要继续加强学习。按照省委、省政府“生态立省、环境优先，争当生态文明建设排头兵”的战略部署抓好落实。二是要高起点谋划，突出重点，提高能力。要认真抓好基金会2014年确定的各项工作任务，谋划好基金会今后几年的工作重点。要继续干几件看得见、摸得着、叫得响、创品牌的实事。三是要再接再厉，努力开拓创新。以深入弘扬杨善洲精神为动力，进一步激发活力，扩宽领域、拓展平台、打造品牌，广泛吸纳商会、企业家和爱心人士，不断壮大绿化队伍，挖掘潜力、发扬优点、创新亮点，进一步扩大募资来源，广募资金、壮大本金，扎扎实实，努力抓出新成效、取得新进展。为“美丽云南”建设继续作出应有的贡献。

（黄成伟）

大观楼荷花节（许太琴 摄）

“杨善洲纪念林”造林绿化植树活动在南涧县举行

2014年7月5日，由云南省杨善洲绿化基金会与南涧县委、县政府主办的“杨善洲纪念林”植树活动启动仪式在南涧彝族自治县县城总府庄后山举行。

省人大常委会原副主任、省杨善洲绿化基金会理事长吴光范，云南省政府参事、省委原副秘书长、省杨善洲绿化基金会常务副理事长李森，省林业厅原巡视员、省杨善洲绿化基金会副理事长兼秘书长王德祥，省政府办公厅原巡视员、省杨善洲绿化基金会副理事长王国亮，中国林科院资源昆虫所党委书记杨时宇、大理州林业局局长程永标、大理州林业局党委专职副书记李保森、中共南涧县委书记吉向阳、中共南涧县委副书记、县长王绍基等南涧县四套班子领导以及省林业厅有关部门领导云南智通林业资产评估有限公司爱心企业代表,云南电视台、省林业厅宣传中心、大理州、南涧县媒体记者,县各委办局代表、志愿者等350多人出席植树活动。

植树活动由中共南涧县委副书记、县长王绍基主持。中共南涧县委书记吉向阳代表中共南涧县委、县人民政府致辞。省杨善洲绿化基金会和州县领导共同为“南涧县杨善洲纪念林”纪念牌揭幕。

活动现场，省杨善洲绿化基金会和州、县领导向爱心捐赠企业南涧县林景绿化有限责任公司、云南志龙林木良种培育有限公司、云南冠森园林景观工程有限责任公司、中国林科院资源昆虫所、昆明林飞林业科技有限公司、昆明顺泉苗木种植有限公司颁发了基金会奖牌。云南冠森园林景观工程有限责任公司董事长代表爱心捐赠企业作了发言。

此次活动共募集到爱心企业捐赠的10720株苗木，共价值62.15万元，包括红豆杉、云南樟、紫薇、红叶石楠、栾树等适生树种，全部捐赠用于建设145亩“南涧县杨善洲纪念林”。

（黄成伟）

清澈的大观河　（许太琴　影）

“云南旱冲箐森林火灾迹地植被恢复与社区发展示范项目”植树活动在禄丰县启动

2014年7月9日，由省杨善洲绿化基金会、禄丰县人民政府共同主办，楚雄州林业局、禄丰县林业局、勤丰镇人民政府、楚雄耀阳实业有限公司大力支持的联合国开发计划署全球环境基金小额赠款计划“云南旱冲箐森林火灾迹地植被恢复与社区发展示范项目”植树活动启动仪式在禄丰县勤丰镇羊街村委会北营村旱冲箐火灾迹地举行。

启动仪式由禄丰县委常委、副县长王爱平主持。省人大常委会原副主任、云南省杨善洲绿化基金会理事长吴光范，省政府参事、省委原副秘书长、省杨善洲绿化基金会常务副理事长李森，省杨善洲绿化基金会副理事长兼秘书长王德祥、副理事长王国亮，中共禄丰县县委副书记、县人民政府县长杨继洲，副县长王爱平以及省林木种苗工作站、省林业厅造林绿化处、省森林防火处，禄丰县林业局、爱心捐赠企业楚雄耀阳实业有限公司等单位领导出席启动仪式。中国绿色时报，楚雄州有关媒体记者，镇、村志愿者等150多人参加植树活动。

启动仪式上，中共勤丰镇党委书记致辞。云南省政府参事、省委原副秘书长、省委原政策研究室主任、省杨善洲绿化基金会常务副理事长李森代表基金会讲话。他阐述了实施“云南旱冲箐森林火灾迹地植被恢复和社区发展示范项目”的目的、意义。他说：省杨善洲绿化基金会向联合国开发计划署北京办事处申报、获批在禄丰县勤丰镇开展全球环境基金小额赠款计划“云南旱冲箐森林火灾迹地植被恢复和社区发展示范项目”，这是基金会拓宽思路、首次争取政府间国际组织生态环境改善项目的积极尝试。项目的实施，将大力促进森林火灾迹地植被恢复、护土保水功能；通过林下药材配置，带动社区农户和妇女发展林下经济，增加收入；制定村规民约，搞好森林防火工作，制止乱砍滥伐，提高当地群众爱林护林意识。在改善生态环境的同时，将提高社区发展和群众的生活水平。项目的实施和示范，将为云南省推广开展森林火灾迹地植被恢复治理与促进社区发展、开展森林可持续经营积累经验，为今后继续争取联合国生态发展项目打下基础。

省杨善洲绿化基金会领导深入旱冲箐火灾迹地调研

火烧迹地

禄丰县委副书记、县人民政府杨继洲县长代表县委、县政府讲话。他说：持续开展生态环境绿化建设是当前世界气候变化、全球环境发展的需要，更是禄丰县生态可持续发展的紧迫任务。他号召：全县干部群众要以省杨善洲绿化基金会落地开展的“云南旱冲箐森林火灾迹地植被恢复与社区发展示范项目”为发展契机，积极做好林业项目的试验示范和总结工作，积极投入到“生态禄丰”的建设中。随后，技术支持单位云南省林木种苗工作总站站长方向京、爱心捐赠企业楚雄耀阳实业有限公司董事长周国银和北营村民小组长冯长青分别作了发言。

云南省杨善洲绿化基金会深入社区调研，为“社区发展示范项目”的实施做好前期准备工作

活动现场，省杨善洲绿化基金会领导向楚雄州林业局、禄丰县林业局、勤丰林业工作站、省林业科学院林业研究所、楚雄耀阳实业有限公司等爱心企业和机构颁发了基金会荣誉奖牌。省杨善洲绿化基金会和州县领导共同为“联合国开发计划署全球环境基金小额赠款计划云南旱冲箐森林火灾迹地植被恢复与社区发展示范项目”纪念牌揭幕。

此次活动共开展种植400亩旱冬瓜水源林和100亩经济林核桃树，并套种200亩滇龙胆草。

（黄成伟）

旱冲箐森林火灾迹地植树活动现场

（本版摄影　和雪屏）

“万亩森林·2014爱，让天空蔚蓝”植树活动

植树活动现场之一

植树活动现场之二

2014年7月11日，由云南省杨善洲绿化基金会、盘龙区农林局、盘龙区阿子营街道办事处共同主办，省林业老科协、云南超弦环保科技工程有限公司、云南旺鑫园林绿化工程有限公司、云南乐道户外和阿子营林业工作站、中国绿色时报、云南网等爱心企业、机构和媒体大力支持的“万亩森林·2014爱，让天空蔚蓝”植树活动，再次在松华坝水源保护区阿子营街道办事处集镇后山举行。

基金会副理事长兼秘书长王德祥在讲话中说：去年，我们首次在这里启动了“万亩森林·爱，让天空蔚蓝”植树活动，活动的开展得到了大家的热烈响应和大力支持，纷纷捐资捐苗，踊跃参加到松华坝水源保护区的固土保水、水源生态涵养林的植树活动中，在水源生态保护区建起了一个生态文化基地，塑造了一个生态文化品牌，搭建了一个提高市民生态文明意识教育的平台，为全社会齐心协力、积极助推“森林云南”建设创造了良好的氛围。我们要以“万亩森林·爱，让天空蔚蓝”植树活动为新的起点，把践行杨善洲精神与倡导绿色、低碳、生态理念结合起来，以实际行动向杨善洲同志学习，当好志愿者，尽好义务；把积极改善我们的生活环境、建设低碳家园与涵养水源、护土保水植树造林生态建设结合起来，广泛动员社会各界力量积极参与到昆明松华坝“万亩森林”生态工程中，为“美丽昆明”建设作出我们积极的贡献。

省林业厅原巡视员、省林业老科协主席张林冲同志作了热情洋溢的讲话。他表示，要继续积极支持和参加杨善洲绿化基金会组织的植树活动，用实际行动学习弘扬杨善洲老书记的精神，为全省生态建设尽一份老同志的光和热。

此次植树活动由云南超弦环保科技工程有限公司爱心定向捐赠2万元用于施工和管护费用、云南旺鑫园林绿化工程有限公司捐赠造林所需树苗。植树现场100多人共种植竹柳、旱冬瓜树苗6680株，完成造林40亩，交由阿子营街道办事处林工站负责管护，确保成林。

（黄成伟）

松华坝水源保护区植树活动现场部分志愿者合影留念

（本版摄影　和雪屏）

和谐云南

夫妻创业记

艳丽的色彩，生动的造型，神秘的文化加上美丽的图案，金永淑夫妻俩创办的彝家公社生产的彝绣产品，在2013年的国际旅交会上一亮相，就收到意想不到的火爆销售场面。

说起这个彝家公社，作为社长的妻子金永淑和作为总经理的丈夫老邓都说想不到企业会有今天的发展局面。它的前身是一个2006年创办的彝家刺绣的小厂，当时的工人并不多，产品也单一，出于想要继承和发扬彝族的刺绣文化的初衷，他们克服重重困难，办起了这家小企业。如今，随着国家对民营经济发展的积极扶持，他们的“彝家公社”采取“公司+农户”的形式，一方面发展生产，一方面扶持农民共同致富，目前已成为楚雄市当地从事彝绣的龙头企业，每年的销售收入达到300~500万元，刺绣品种也突破万种。

面对未来的发展，夫妻俩信心满满。把彝绣文化发扬光大，让其走向全国、走向世界是他们共同的心愿。

全省671万农村人喝上安全水

“十一五”以来，云南省加大投入，着力开展农村环境保护工作，在桥头堡实施重点地区、边境及少数民族聚居区、国家扶贫连片开发重点地区等完成了600多个村庄环境综合整治工作。在农村饮用水源地保护、生活污水治理、生活垃圾处理、畜禽养殖污染防治、环境质量改善等5个重点方面开展工作。截至2012年底，全省671万农村人口喝上了“安全水、放心水”。图为陆良县芳华镇的一农户家通上了清洁的自来水。

发展专业合作社服务“三农”

针对云南农业产业化水平低、农业农村组织化程度不高等状况，云南省积极鼓励发展各类农村经济类社会组织，发挥其在服务“三农”中的重要作用，目前全省农村有专业经济协会和专业合作社2600多个，农村扶贫互助社近400个，在农村经济发展中发挥出带动农户脱贫致富的积极作用。图为楚雄市苍岭镇蔬菜种植专业合作社的农户在采收黄瓜。

（本版文/图　黄喆春）

滇泰合作“花”香四溢

多年来，滇泰在贸易、投资、互联互通以及文化教育等方面进行了全面合作，逐渐形成规模并取得丰富成果。具体表现在：

滇泰贸易不断增加。省出口泰国的商品主要包括鲜花、蔬菜、磷化工产品、机电产品，从泰国进口的商品主要是橡胶及制品、水果等。

相互投资热潮涌现。据不完全统计，泰国商户在云南省的投资项目已多达百余个，全省在泰国共设立境外投资企业16家，中方协议投资额2.2亿美元，实际投资额1.28亿美元。

互联互通雏形初现。昆曼公路开通后极大地促进了滇泰贸易的发展，再加上大湄公河航运、中泰航线等的开通，更加强了两国间的交流合作。

教育合作深入发展。目前云南几乎所有高校、科研机构都与泰国院校建立了合作关系，交流合作十分频繁。

大通道提速滇泰经贸往来

昆曼公路的开通，缩短了云南与泰国之间距离，使得云南与东盟的贸易交往更为密切，尤其是泰国水果经昆曼公路出口到中国也更加便利化。

泰国水果美名享誉全球。随着昆曼公路的进一步通畅，泰国水果从广州入关已经不是唯一的通道，还可以由陆路直接进入云南再运往内陆其他省市，缩短了运输的时间。尽管目前昆曼公路在某些路段还存在一些制约因素，但随着物流大通道的进一步畅通，滇泰之间的经贸往来将更加便利。目前，针对昆曼公路运输存在的制约问题，中国、老挝、泰国三方民间机构在今年南博会期间，达成了便利化运输方案。

业内人士认为，随着“桥头堡”建设的深入推进及与东南亚、南亚国家双边贸易的不断完善，云南在陆路通道建设上力度不断加大，昆曼公路“黄金通道”的作用将能得到进一步体现，成为云南与周边国家经贸往来的“助推器”。

“品游天下”进军东南亚市场

作为云南省旅游发展委员会指定电子商务示范项目的云南品游科技有限公司，发挥其结合互联网和移动通讯模式推广旅游消费的综合物联网平台的优势，在不断完善国内市场的同时，及早布局东南亚市场，与泰国中央集团展开紧密合作，辐射带动其“吃、住、行、游、购、娱”的相关企业商户共同发展，分享两地旅游资源和市场互惠互利带来的发展机遇。图为工作人员向客户进行网络演示。

（本版文/图　黄喆春）

台湾食品抢滩云南市场

随着云南桥头堡战略不断实施和昆明区域性国际城市建设的步伐加快，越来越多的台湾企业看好云南市场，纷纷抢滩进入，以扩大自身品牌的影响力。在首届中国南亚博览会上，台湾著名的食品企业台湾泰山企业集团及旗下的包括食用油、饮料、果汁、小食品等系列产品，就成功亮相并赢得了众多消费者的青睐。据介绍，泰山产品在福建、浙江等沿海一带由于进入早，已经十分知名，此次来到云南，就是为了让更多的消费者更方便地品尝到这些来自宝岛台湾的优质食品，他们还透露，已经在昆明南亚风情第一城开设了一家名为“金口宝”的台湾进口食品生活馆，让昆明人在家门口就能品尝到近百种台湾食品。

为南博会添砖加瓦

首届中国南亚博览会开幕前夕，记者走进热火朝天的昆明国际会展中心中国—南亚博览会开幕式场馆改造工程主场馆建设工地，近距离拍摄南博会建设者们辛勤工作的身影，感受他们昂扬的精神风貌。

在近11000平方米的施工现场，高大的钢结构主场馆已经矗立起来，场内各个工序正有序推进，一边是设备安装工人在紧张吊装主席台的灯光照明网架等设备，一边是负责土建的工人在进行道路设施的铺设，而主席台后方的12个贵宾厅则进入紧锣密鼓的装修装饰阶段。工程承建方的四家公司的技术和施工人员坚守在各自的岗位上，一丝不苟，日夜奋战，以最好的工程质量和建设速度向首届南博会献礼。

空客A380首飞长水

2013年3月1日，空客A380在昆明长水机场验证飞行，成功首飞国内高原机场

（本版文/图　黄喆春）

“侨爱工程”云南项目启动仪式在昆举行

6月27日，“侨爱工程——点亮藏区牧民新生活”云南项目启动仪式在昆明举行。图为藏区群众展示由“侨爱工程”捐赠的电视机。

永仁彝族刺绣美名扬

云南省楚雄彝族自治州永仁县的直苴村，是彝族群众的传统节日“赛装节”的发源地，被称为世界上最古老的乡村“T台”秀。因此，这里很早就孕育出具有深厚历史文化底蕴的彝族刺绣艺术。近些年来，随着全省加大民族文化产业的发展力度，永仁的彝族刺绣迎来了难得的发展机遇。据统计，永仁县通过实施促进女性参与文化产业发展项目后，至2012年末，全县彝族刺绣产业产值达2000万元，据文化产业主管部门统计分析，到2013年末彝族刺绣产业产值将突破3000万元。

色彩斑斓、图案绚丽、针法考究的永仁彝族刺绣如今已走向世界，受到各国人士的喜爱。不久前，在昆明举行的国际和平日活动中，来自永仁县直苴村的李如秀和她的姐妹们就向中外嘉宾展示了这一古老技艺，引起各方客人对这一独特民间文化艺术的极大关注。图为李如秀和姐妹们现场展示彝绣的工艺。

（本版文/图　黄喆春）

山清水秀看坝美

坝美，坐落于云南省文山壮族苗族自治州广南县的阿科乡与八达乡交界处，是一个不足10平方千米的坝子，四周群山环抱，其中东北面的山崖拔地而起，八座山峰一字排开如一幅水墨山水画。喀斯特地貌使坝美村周围的群山峰奇而洞多。由于村子四面环山，不通公路，进出寨子主要靠村前村后两个天然的石灰溶岩水洞。乘船穿过约1千米的水洞。映入眼帘的是别有洞天的幽静秀美，一条河流由南向北顺山谷曲曲折折流过，一座座古老的水车缓缓转动，山坡下，古榕翠竹间，一个壮乡小村寨如梦似幻展现在面前。

除了景美外，古风遗俗还在坝美不断延续，使其形成了与现代都市迥然不同的社会文化氛围。团结互助、邻里和睦相处是当地盛行的社会风气。村中依然保持着丰富多彩的传统集体活动，如祭龙、围鱼、泼水节、对歌、耍狮子、踢叶子球、演练古兵器等。此外榕树、木棉、大青树、万年青、花红、芭蕉、海芋及各种有名的无名的野花，以及猴群、野鸡、野兔、多种鸟类，共同构成了一个自然、和谐、美丽的犹如“桃花源”般的世界。

盈江县新农村建设

盈江县岗勐小学的孩子们在恢复重建的新教室里上课

盈江县弄璋镇晒黄烟基地产业兴旺

盈江县平原镇的傣族群众用上了太阳能热水器

（本版文/图　黄喆春）

生态云南

云南野生珍稀动物

中国是世界动物最丰富多样的国家之一，已记载脊椎动物3317种。云南是中国生物多样性最丰富的省份，已知脊椎动物1836种，昆虫约1.3万多种。

纳入《国家重点保护野生动物名录》的动物种类，云南有243种，占中国总数的72.5%。纳入《云南省珍稀保护动物名录》的动物种类，有8目、11科、28种，其中兽类2目4科6种，鸟类1目1科2种，两栖类1目1科1种，鱼类4目5科19种。

中国濒危动物红皮书把物种的濒危程度分为野生绝迹、绝迹、濒危、渐危、稀有、易危等若干等级。《中国濒危动物红皮书》收录的各级濒危动物中，云南省有记录的物种总计289种。其中，鱼纲共44种，两栖纲共11种，爬行纲共40种，鸟纲共120种，哺乳纲共74种。

此外，中国记录特有种有472种。云南记录特有种有248种。其中，鱼类209种，两栖类23种，爬行类6种，兽类10种。

斑头雁　云南省级保护动物

蓑羽鹤　国家一级保护动物

云南大关大鲵　国家二级保护动物

云南文山大鲵　国家二级保护动物

灰雁　云南省级保护动物

（本版摄影　徐志辉）

蜂猴　国家一级保护动物　（徐志辉　摄）

雕鸮　国家二级保护动物　（徐志辉　摄）

狼　国家二级保护动物　（徐志辉　摄）

豚尾猴　国家二级保护动物　（徐建兴　摄）

猕猴　国家二级保护动物　（徐志辉　摄）

亚洲象　国家一级保护动物　（徐志辉　摄）

东方白鹳　国家一级保护动物

黑翅鸢　国家二级保护动物

大鵟　国家二级保护动物

赤颈鹤　国家一级保护动物

白鹇　国家二级保护动物

淡腹雪鸡　国家二级保护动物

（本版摄影　王英）

白马鸡　国家二级保护动物

紫水鸡　濒危物种

白尾梢虹雉　国家一级保护动物

小天鹅　国家一级保护动物

红耳鹎

黄臀鹎

普通鵟　国家二级保护动物

（本版摄影　王英）

云南野生蝴蝶

双尾褐凤蝶
（马军　摄）

据资料，全世界约有蝴蝶1.6万多种，分属于17个科。据《中国蝶类志》（1994年版）记载，中国蝴蝶近1300种，分属于12个科；云南蝴蝶已记载700余种，居全国之首。

在云南蝴蝶中，有不少种类具有鲜明的地方特色，或为国内外的珍稀种，或为古老原始种类，如喙凤蝶、云南褐凤蝶、燕凤蝶、香格里拉绢蝶、玉龙绢蝶、大丽蛱蝶、宾川棕蛱蝶、圆翅狼蛱蝶、猫斑绢粉蝶、白花紫斑蝶、疏毛大环蝶、褐边白蚬蝶、腾冲巨眼蝶，以及原始的喙蝶、以拟态著称的枯叶蛱蝶等。

假尾蛱蝶

（杨保纲　摄）

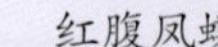
红腹凤蝶
（杨保纲　摄）

君主绢蝶　（叶德平　摄）

燕尾凤蝶　（陈明勇　摄）

青凤蝶
（其中有白点为多姿麝凤蝶，无白点为碧凤蝶）
（徐建兴　摄）

黄缘凤蝶　（杨保纲　摄）

啬青斑蝶　（徐志辉　摄）

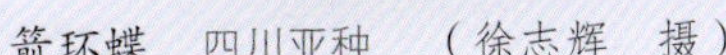

箭环蝶　四川亚种　（徐志辉　摄）

阿格斑粉蝶　（杨保纲　摄）

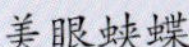

美眼蛱蝶　（杨保纲　摄）

异型紫环蝶　（杨保纲　摄）

云南野生珍稀植物

中国是世界上植物最为丰富的国家之一。据资料，全世界已知高等植物（含蕨类植物、裸子植物和被子植物）约30万种。中国已知高等植物约有3万种。云南是中国植物最为丰富的省份，有高等植物433科3008属16201种，1701亚种、变种，约占全国的50%，有“植物王国”之称。

《国家重点保护野生植物名录（第一批）》于1999年8月4日经国务院批准，由国家林业局和农业部共同发布，1999年9月9日起施行。其中记载的植物种类共有246种，分为国家一级重点保护和国家二级重点保护。云南共有国家重点保护野生植物144种(含变种)，其中真菌2种，皆为二级；蕨类26种，其中水韭属2种和玉龙蕨为一级，其余为二级；裸子植物32种，其中苏铁属14种，银杏、巧家五针松、水松、云南穗花杉和红豆杉为一级，其余为二级；被子植物84种，其中长蕊木兰、单性木兰、华盖木、独叶草、莼菜、藤枣、东京龙脑香、多毛坡垒、望天树、萼翅藤、伯乐树、云南蓝果树、珙桐、光叶珙桐等14种为一级，其余70种为二级。

《云南省第一批省级重点保护野生植物名录》于1989年由云南省人民政府颁布。该名录分为三个保护等级，其中一级保护植物5种、二级保护植物54种、三级保护植物159种。共计218种，经修订后合并了4种，实际共214种。许多物种为狭域特有种，只分布于一个县。从分布地看，云南东南部和西双版纳州居多。

山红树　国家二级保护植物
（杨保纲　摄）

光叶珙桐　国家一级保护植物　（徐建兴　摄）

苏铁蕨　国家二级保护植物　（徐志辉　摄）

华榛　国家二级保护植物　（徐建兴　摄）

马尾树
国家二级保护植物
（徐志辉　摄）

海菜花
国家二级保护植物
（徐志辉　摄）

林生芒果　国家二级保护植物　（徐志辉　摄）

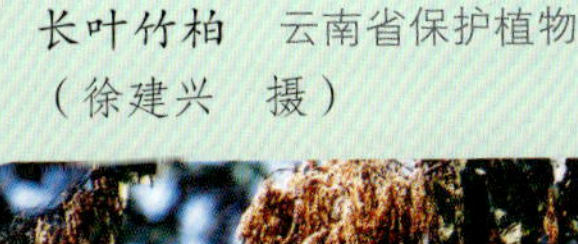

长叶竹柏　云南省保护植物
（徐建兴　摄）

擎天树　国家一级保护植物
（徐志辉　摄）

千果榄仁枝叶花　国家二级保护植物
（徐志辉　摄）

任木　国家二级保护植物
（徐志辉　摄）

云南野生兰花

云南是兰花王国。广义的兰花是兰科植物的统称，属被子植物大类，是有花植物中最大的家族之一。目前，兰科植物有直线上升的趋势。云南兰花之多样性，堪称生物界的一个奇迹。现已知世界兰科植物约800属，2000余种，中国约有190属，1500种，云南有约1000种。云南是中国乃至世界兰科植物最为丰富的地区之一。

竹叶兰（杨保纲 摄）

粗茎鹤顶兰（徐志辉 摄）

三褶虾脊兰（徐志辉 摄）

绶草（叶德平 摄）

足茎毛兰（杨保纲 摄）

阔叶沼兰（叶德平 摄）

纯色万代兰　（徐志辉　摄）

钩距虾脊兰　（徐建兴　摄）

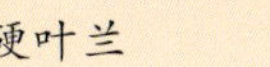

硬叶兰　（徐志辉　摄）

石斛　（徐建兴　摄）

琴唇兰　（徐志辉　摄）

麻栗坡兜兰　（徐志辉　摄）

云南野生菌

云南是中国乃至世界食用菌种质资源最为丰富和高度多样性的地区。全世界约有2000种，中国有720余种，云南有600余种，约占世界食用菌资源的30%，占中国食用菌资源的86.7%，享有“食用菌王国”的美称。

云南食用菌种类众多，量大，分布广泛。按其形态特征，可分为伞菌类、非褶菌类（亦称多孔菌类）、胶质菌类、腹菌类、子囊菌类5个类别。较为普遍的食用菌大约有70～80种。其中，珍稀食用菌种类有10多种，如享有“蘑菇之王”的松茸，著名中药茯苓、灵芝，“真菌女皇”竹荪、“钻石”美称的地下真菌——块菌，驰名中外的具有滋补药效的冬虫夏草、还有美味牛肝菌(白牛肝)、木耳、鸡纵、羊肚菌、松乳菇、香菇、青头菌、干巴菌、鸡油菌、黑虎掌菌、裂褶菌、灰离褶伞、侧耳等等。

牛肝菌类、鸡纵菌类是云南食用菌种质资源的一大特色。云南是世界牛肝菌种类、鸡纵菌种类最为丰富的地区。中国可食牛肝菌类有199种，云南有172种，占86.43%，居全国之冠。世界鸡纵菌28种，中国21种，云南有21种，占世界的75%，居世界之首。

酒色蜡蘑 （顾建新 摄）

蓝紫赤褶菇 （弓力伟 摄）

浅褐陀螺菌 （顾建新 摄）

喇叭陀螺菌 （顾建新 摄）

圈托磷鹅膏菌 （顾建新 摄）

白斑褶菇 （张陶 摄）

亚绒白乳菇　（张陶　摄）

绒白乳菇　（张陶　摄）

堇姿红菇　（顾建新　摄）

隐花青鹅膏菌　（顾建新　摄）

正红菇　（弓力伟　摄）

血红菇　（弓力伟　摄）

滇池清 昆明兴——滇池治理进行中

滇池草海湿地

滇池草海湿地公园

滇池草海湿地除藻

入滇池河道——大观河

入滇池河道——船房河

（本版摄影　许太琴）

宝丰湿地 （王新　摄）

晋宁县东大河湿地公园 （王新　摄）

五甲塘湿地公园 （许太琴　摄）

滇池呈贡生态湿地公园 （许太琴　摄）

五家堆湿地 （王新　摄）

美丽云南

《小河淌水》的地方——弥渡

南诏铁柱　（王新　摄）

弥渡太极顶晨曦　（许太琴　摄）

弥渡南诏铁柱庙　（许太琴　摄）

弥渡，古名勃弄川。位于云南省西部，大理州东南部，海拔1672～3117米。是闻名全国的花灯之乡、民歌之乡。被誉为东方小夜曲的民歌《小河淌水》就出自弥渡。2010年，弥渡民歌入选第三批国家级非物质文化遗产名录（传统音乐项目类别）。

弥渡县域属中亚热带季风气候区，没有明显的四季之分，气候比较温和，但立体气候比较明显：河谷热、坝子暖、高山寒。县境内生物资

龙腾　（许太琴　摄）

儿童花灯表演　（许太琴　摄）

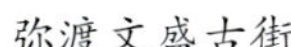

弥渡文盛古街 （许太琴 摄）

弥渡永增玉皇阁 （王新 摄）

弥渡珍珠泉 （王新 摄）

弥渡县城 （王新 摄）

源丰富，有云南山茶、大树杜鹃等珍稀植物，盛产天麻、细辛、牛黄等名贵药材。弥渡风光优美生态良好，弥渡太极山省级风景名胜区拥有九溪十三峰及森林植被，有自南诏时期以来所建的集佛、道、儒于一体的石结构寺观群及“太极灵山盛会”景观。此外，还拥有密祉花灯、文盛古街、古驿道、密祉大寺、珍珠泉、凤凰桥、天生桥、铁柱庙、白崖城遗址等著名自然与人文景观，拥有多处富含对人体有益矿物质的温泉。如今，温婉美丽、内涵深厚的弥渡正伴随着《小河淌水》《弥渡山歌》《绣荷包》等名曲，吸引着越来越多的人们的视野。

（秦硕）

弥渡天生桥 （王新 摄）

弥渡酸菜 （王新 摄）

弥渡花灯表演 （王新 摄）

春城无处不飞花

螳螂川小景

路在花海中

昆明是云南省省会。位于中国西南云贵高原中部，具有东连黔桂通沿海，北经川渝进中原，南下越老达泰东，西接缅甸连印巴的独特区位优势。

昆明地处东经102° 10′ ~103° 40′，

金色螳螂川

北纬24° 23′ ~26° 22′，市中心海拔约1891米。由于受印度洋西南暖湿气流影响，具有日照长、霜期短，气候温和、四季如春的气候特点。被誉为“春城”。如今草木常青四季花开的昆明已成为众多游客的向往之地。

（秦硕）

安宁市升庵路边老百姓的闲暇时光

呈贡区宝珠梨保护基地里的农家小院

花正艳——昆明小哨晚香蜜桃种植基地

呈贡区宝珠梨保护地

（本版摄影　许太琴）

昆明大观公园

昆明大观公园位于昆明城区西郊，紧邻滇池。因清代名士孙髯翁撰写的“古今第一长联”——大观楼而得名，是中国十大名楼之一。大观公园主要景区包括大观楼、近华浦、三潭映月、涌月亭、观稼堂、彩云崖、燕语桥、积波堤以及楼外楼、鲁园等。公园十分注重文化活动与旅游的结合，菊花展、荷花节、海鸥节、风筝节等已成为吸引众多游客的品牌。2005年被评为国家AAAA级旅游景区。

（秦硕）

五百里滇池奔來眼底披襟岸幘喜茫茫空闊無邊看東驤神駿西翥靈儀北走蜿蜒南翔縞素高人韻士何妨選勝登臨趁蟹嶼螺洲梳裹就風鬟霧鬢更蘋天葦地點綴些翠羽丹霞莫孤負四圍香稻萬頃晴沙九夏芙蓉三春楊柳

昆明孫髯翁先生舊句

數千年往事注到心頭把酒凌虛歎滾滾英雄誰在想漢習樓船唐標鐵柱宋揮玉斧元跨革囊偉烈豐功費盡移山心力儘珠簾畫棟卷不及暮雨朝雲便斷碣殘碑都付與蒼煙落照只贏得幾杵疏鐘半江漁火兩行秋雁一枕清霜

光緒十四年戊子春正月二日西林岑毓英重立

大观楼长联

昆明大观楼公园菊花展

（本版摄影　许太琴）

九夏芙蓉涌胜阁　　（郭树芬　摄）

大观楼近华浦　　（许太琴　摄）

三春杨柳图——大观楼　（许太琴　摄）

大观楼菊展　　（许太琴　摄）

佛光　　（许太琴　摄）

大观楼菊花　　（许太琴　摄）

昆明黑龙潭公园

宋柏 （许太琴 摄）

黑龙潭定风塔 （王新 摄）

龙泉观 （许太琴 摄）

昆明黑龙潭公园位于昆明北郊龙泉山五老峰下，是著名的道教胜地。由汉代黑水祠发展而来，分为上下两观。上观始建于唐宋时期，史称龙泉观；下观始建于明代，为黑龙宫。黑龙宫前有两潭，一潭清，一潭浊。公园内有唐梅、宋柏、明茶著称于世。公园四时花不断，最为著名的是梅园和杜鹃谷。每年元旦节前后，6000多株红梅、绿梅、白梅、黄梅竞相绽放，呼唤着昆明城的男女老幼。如今，“龙泉探梅”已成为昆明新十六景之一。

（秦硕）

冬梅图 （许太琴 摄）

杜鹃谷 （许太琴 摄）

植物奇观

植物的绞杀现象

绞杀现象 （张艳秋 摄）

植物的绞杀现象是热带雨林的重要特征，常见于榕属植物中，主要有高山榕、垂叶榕和小叶榕等。榕属植物的绞杀对象主要是油棕、红椤树等。榕属植物的种子通过多种途径遗落或漂移到油棕等植物的枝干上，渐渐地长出气生根，并缠绕在其附着植物的茎干上，或一直垂吊而下，沿着树干直扎入所附着植物的根基，与其争夺养料和水分。随着附生植物发达的根系逐渐交织成网状，附主的枝干被缠绕得越来越紧，最后因缺乏养料和水分而死亡。附生植物则继续生长。这种植物间的取代被称为绞杀现象。

（江云）

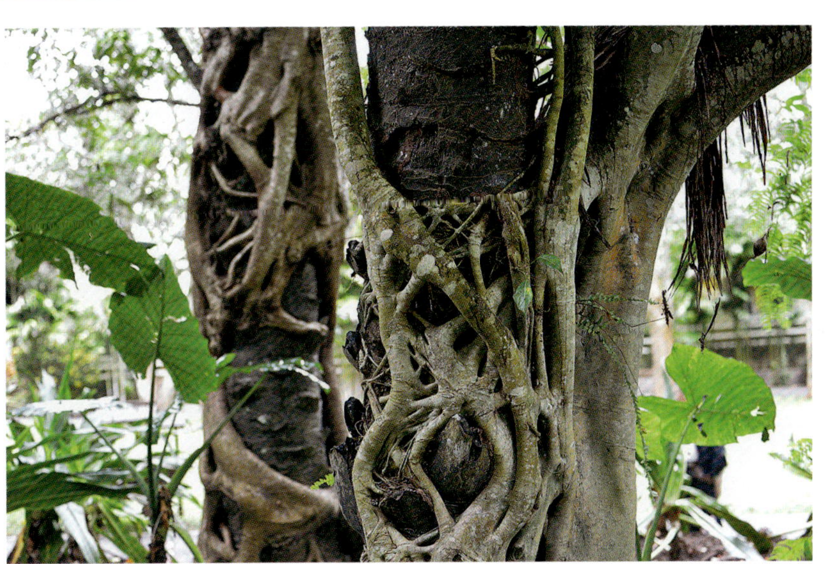

西双版纳热带植物园里的“植物绞杀” （许太琴 摄）

山水奇观

土林

元谋土林之一　　（郭增强　摄）

元谋土林之二　　（张艳秋　摄）

元谋土林之三　　（刘建明　摄）

土林是由于沙子和粘土中含有少量钙质胶结物，在漫长的岁月中，在比较炎热干燥的气候条件下，由雨水冲刷切割，裂缝加深，进而形成的地貌形态。其形态包括土芽型、古堡型、尖笋型、铁帽型等等。云南的土林主要有元谋土林，此外，南涧、华宁、永德等地也有土林分布。

（江云）

元谋土林之四　　（张艳秋　摄）

沙林

夕照沙林（陆良） （许太琴 摄）

沙林是由于地壳运动、风雨侵蚀后，逐步形成的沙峰、沙柱、沙崖等地貌形态。同时，由于这些沙峰、沙柱、沙崖含有不同程度的矿物质，因而呈现出红色、白色、灰色、金黄色等多种不同的颜色。云南的沙林主要有陆良彩色沙林。陆良彩色沙林占地六平方千米，在呈“Y”字形的彩色山谷中，分布着“桃园结义”“书生看榜”“八仙过海”“蘑菇腾云”“神女抱日”等栩栩如生的造型形象。

（江云）

月升（陆良） （许太琴 摄）

陆良彩色沙林 （刘建明 摄）

石林

红叶相伴　（李俊敏　摄）

石林是喀斯特地貌形态。石林的形成经历了复杂的地质演化过程。路南石林由高石芽成群分布而成，高石芽包括剑状、塔状、蘑菇状、锥状、柱状、不规则状等形态。这些形态是地球喀斯特地貌的典型形态，反映了正在进行的地貌演化地质作用，石林碳酸盐岩地层中丰富而特殊的化石是地球生命的重要记录。云南省除了路南石林以外，宜良、东川、罗平、个旧等地也有石林分布。

（江云）

路南石林　（张艳秋　摄）

石林　（张艳秋　摄）

七彩云南

2013年云南旅游业发展综述

云南省旅游发展委员会党组书记、主任　段跃庆

2013年，是云南旅游发展史上极不平凡、具有里程碑意义的一年，是旅游发展跃上新台阶、迈向新阶段、呈现新局面的一年。一年来，在省委、省政府的坚强领导下，全省旅游行业系统坚定不移抓市场，坚持不懈育产业，凝心聚力抓项目，夯实旅游产业发展之基、竭尽旅游服务之责，取得了事关云南旅游长远发展的一系列政策支持的突破性进展，开创了云南旅游发展的新篇章，为加快旅游强省建设奠定了坚实基础。

云南省旅游发展委员会党组书记、主任　段跃庆

2013年是云南旅游业发展史上具有深刻影响和重大意义的一年

省委、省政府对发展旅游业高度重视，顺应旅游发展大势，大气势、大手笔强势推动旅游产业发展，作出了一系列加快旅游发展的重大部署。2013年2月，省旅游局更名为省旅游发展委员会，为建设旅游强省提供了体制支撑；9月，省委、省政府制定出台了《中共云南省委 云南省人民政府关于建设旅游强省的意见》，意见的“含金量”之高、政策支持力度之大，前所未有，为旅游强省建设导向定航；11月，省委、省政府召开了高规格、大规模的产业发展大会，提出了一系列加快旅游发展新的思路、新的目标、新的举措。省人大结合《旅游法》的施行，加快推进《云南省旅游条例》的修订工作，依法治旅有了新保障。省政协对旅游产业进行了专题调研，积极协调全国政协和国家旅游局，成功举办了高规格的云南旅游产业发展企业家论坛，围绕旅游强省建设、打造云南旅游升级版出谋划策。省纪委成立督导组，及时研究解决旅游项目建设中存在的问题和困难，加快推进旅游重大项目建设。

2013年是云南旅游业硕果累累的一年

面对国际旅游市场发生了“稳中放缓”的外部压力，全省旅游行业坚持稳中有增的总基调，在经济下行压力加大的形势下，旅游各项主要指标实现了两位数增长，呈现出“海外市场稳中有增、国内市场持续增长、旅游总收入快速增长”的良好局面，全省累计接待海外旅游者533.5万人次，同比增长16.5%；旅游外汇收入24.2亿美元，同比增长24.2%；接待国内旅游者2.4亿人次，同比增长22.1%；全省实现旅游业总收入2111.24亿元，同比增长24.1%。全省旅游业对我省交通运输业、住宿业、餐饮业、娱乐业、商品零售业的贡献分别达416.8亿元、375亿元、315亿元、122.9亿元、439.6亿元，游览花费达275.9亿元，产业综合带动作用进一步凸显。

——抓项目、育产业，旅游产业转型升级迈出新步伐

始终坚持打基础与谋长远并举、抓重点与破难点并重，实施大项目带动大发展战略，推进旅游产业由规模扩张向质量提升、由低端建设向高端拓展、由资源依赖向创新驱动、由粗放经营向集约发展转变。一是着力推进10大历史文化旅游项目建设。完成了10大历史文化旅游项目总报告和策划方案，编制项目招商手册并落实投资业主。建立了专项督查机制、目标倒逼工作机制和督查信息月报制度。组织召开了大理王宫、巍山南诏国、楚雄禄丰恐龙等6个项目的控制性规划省级专家论证会。抓紧推进曲靖三国、普洱边三县茶祖、西双版纳南传佛教等历史文化旅游项目开工前期准备工作。累计完成投资70.96亿元。二是着力推进昆玉红旅游文化产业经济建设。编制完成《昆明—玉溪旅游文化产业经济带总体规划纲要》，开展昆玉红总体规划修编工作，研究制定旅游带重大、重点建设项目准入门槛制度和审批程序，筛选部分重大项目，建立目标责任制和协调推进机制，目前项目区共完成旅游重大（重点）项目投资近50亿元。三是着力推动旅游重大项目建设。全省旅游重大项目约350个，已建成和部分建成重大项目76个，其中，2013年全省新开工旅游重大项目8个，部分或全部建成投入运营项目5个，实际完成投资210亿元。

云南“美丽乡村”建设加快推进，启动首批50个民族特色旅游村寨的开发建设工作。四是着力推动高端品牌酒店建设。全省累计建成高端度假及商务酒店47家，在建和将开建的53家，总投资超过550亿元人民币。2013年计划竣工并投入运营高端度假、商务酒店共25家。已引进24家海内外知名酒店管理集团旗下48个品牌。五是着力开展招商引资工作。策划推出旅游招商引资项目156个，积极开展经贸合作旅游项目洽谈，“腾冲县曲石生态旅游度假小镇”项目协议总投资达32.6亿美元，是首届南博会签约外资项目投资额最大的一个项目。六是着力开展高等级旅游景区和全国生态旅游示范区创建。推进保山腾冲火山热海、大理古城等一批景区5A创建，曲靖会泽大海草山、红河弥勒湖泉生态园等一批景区4A创建，加快全省高等级旅游景区智能化和信息化的建设步伐，提升了云南景区知名度和竞争力。元阳哈尼梯田申遗成功。玉溪庄园、西双版纳野象谷两家单位成为云南省的首批全国生态旅游示范区。七是着力推进公共服务设施建设。与中石油签订合作框架协议，编制了《云南旅游地区加油站专项规划》，中石油已投入资金3000万元，改造19座加油站；在丽江玉龙雪山等13个重点景区安装移动式橇装加油设施，为广大游客提供便捷服务。由中石化云南公司投资1亿多元，高标准建设昆玉高速公路余家海游客休息站，打造中石化在中国西南地区的示范性休息站。与国防科工委产业集团进行了深入洽谈，国防科工委产业集团意向性在云南建设6座以上的汽车旅游营地。成功举办中国（石林）国际汽车露营大会，进一步推进云南露营休闲和房车旅游发展。

——抓宣传，树品牌，旅游客源市场拓展取得新进展

始终坚持大力巩固重点市场、积极发展新兴市场、着力培育潜在市场的方针，全方位、多角度的开展宣传促销，旅游影响力和知名度持续提升。一是在加大整体形象宣传上下功夫。参加了柏林、首尔、香港、海峡两岸等推广活动，赴东南亚、欧洲等开展旅游促销，进一步巩固和开拓云南省重要客源市场。继续在央视《朝闻天下》、《远方的家》全年投放30秒电视广告，推进整体形象宣传和品牌塑造；在香港国际机场投放大型LED30秒电视广告；在凤凰网凤凰视频开展线路产品宣传；协助央视《百山百川行》栏目在云南各地拍摄工作，央视4套已播出。二是在节庆会展活动营销上下功夫。组织参加了国内旅交会、西旅会等10多个国内较具影响力的节庆展会；组织“百城百企游云南”活动；成功举办“云南美”旅游形象短片展播大赛；与《中国国家地理》、省委宣传部共同举办“寻找中国最美风景县”走进云南活动；组织了“纵歌彩云南·红云红河杯”2013云南旅游歌曲大赛；评选省内10个最具影响力的旅游节庆、3个最具潜力的旅游节庆和4个最具特色的旅游节庆品牌；在《环球时报—环球旅游》“中国最佳旅游口号”评选活动中名列全国第二，“七彩云南、旅游天堂”被评为“中国十大最佳旅游口号”。三是在开展网络营销上下功夫。与“乐途网”合作建设了“乐途网—云南频道”，与人民网合作建设6语种旅游外宣网站群。“云南旅游新闻网”、“今日游情网”等网络营销和电子商务平台投入运行。“云南旅游电子护照”第三方支付卡在北京成功投放市场，实现从纸质版向电子化的成功转变。四是在推进智慧旅游建设上下功夫。“云游四海”云南智慧旅游云端查询平台、云南旅游微信公共服务平台在2013国际旅交会上正式上线；“背着手机玩云南”智慧旅游地图成功发行，智慧旅游服务启动，云南进入智慧旅游时代。

2013年10月24日，云南省旅游发展委员会与孟加拉国国家旅游局及台湾雄狮旅行社、台湾台北市商业同业公会签署旅游合作协议

——抓改革、促开放，旅游产业发展呈现新活力

始终坚持深化改革、扩大开放，加大对外交流合作，产业发展活力不断增强。一是加快推进旅游管理体制机制创新。昆明、大理、普洱、临沧、红河、版纳等州市组建了具有综合协调职能的旅游行政管理机构，进一步强化了协调职能和管理权限。玉溪市和世博新区组建了高规格试验区管委会，建立项目班子推进机制。保山腾冲进一步统筹县级行政资源，成立旅游执法监察大队，将翡翠管理、宾馆酒店和餐饮行业的规划建设审核、旅游出租车的规范管理等职能划归旅游局。二是加大政策支持力度。结合桥头堡建设，积极争取国家部委对试点工作的政策支持，将云南旅游产业改革发展急需国家层面解决的对外开放、土地利用、项目审批等政策，纳入桥头堡部级联席会议协调范围，并在恢复边境旅游异地办证、跨境旅游线路审批等方面取得重要突破，文山、红河、西双版纳、保山、德宏5州市经国务院批准恢复和开展边境旅游异地办证。三是加快推进国际区域合作。在GMS旅游合作框架协议下，加

强与东南亚各国在提升口岸通关效率，改善旅游服务设施，规范旅游价格标准方面深化合作；推进孟中印缅旅游圈建设，深化与南亚国家在旅游产品开发、客源互送、投资合作、品牌打造、管理合作及人才培养等方面的交流与合作。四是深化国内区域合作。加强滇港旅游战略合作，扩大云南、香港“一程多站”旅游概念及产品在欧洲市场的影响力；强化西部12省市区合作，扩大与“长三角”、“珠三角”、环渤海地区的旅游合作，打造大旅游环线；积极推进滇、桂、黔无障碍旅游区建设，进一步建立完善旅游信息共享、联合招商、连锁经营、安全救援、人才培养、生态保护和投诉受理的一体化合作机制，做大周边旅游市场。五是成功举办了2013中国国际旅游交易会。在大幅节约办会经费的前提下，把本届交易会办成成果最丰硕，聚焦最集中，反响最强烈，赞誉最广泛，影响最深远的旅游盛会。参展国家和地区数达到102个，邀请外国贵宾近70名，组织各类海外买家1110人，展位总数为2359个，签订组团人数31.56万人次，签订合同648份，均创历届之最。云南展团作为最大的展团，荣获五个大奖，出色地完成了国家旅游局和省委、省政府交给我们的光荣任务。

——抓监管、促服务，旅游服务质量取得新成效

始终坚持把旅客的利益放在首位，加大市场监管力度，切实解决游客反映的突出问题，提高旅游服务质量和水平。一是建立健全规范旅游市场的长效机制。建立了贯标与行业自律相结合的工作机制、旅游车和驾驶人员行政许可和服务质量认证双重管理机制、行政执法与行政监察联动工作机制。二是加大《旅游法》的宣贯力度。在全省开展系列普法宣传教育培训，邀请媒体广泛宣传，组织专家讲座、座谈交流，深入解析旅游法条款；印制宣传资料发放到企业和游客，进一步提升了旅游经营者的守法意识。三是强化依标监管工作。重点对涉旅的国家标准和行业标准、地方标准加大推动实施力度，尤其是加大了云南省地方标准的贯标工作，推进了旅游标准合同化的实施，全方位提升旅游企业软件服务质量，推动管理和服务的标准化。四是严查严处违法违规行为。针对市场突出问题，召开全省旅游监管工作会，持续“打非治违”的高压态势，开展设点检查、重点环节突击检查、行业内拉网式排查，对游客投诉的问题进行倒查，切实加强监管力度。全省旅游执法质监机构查处旅游企业239家次，其中旅行社206家、购物企业7家、旅游车船公司24家，共处罚金180余万元；查处导游人员639人次，对1200余名导游进行扣分处理，对2名导游列入“黑名单”管理。五是强化旅游投诉受理和处理工作。出台《云南省旅游质监执法工作协查协处办法》，加强与网络媒体的合作，积极关注和搜索舆情，及时掌握并主动处理网络上的游客诉求；增加旅游投诉电话线路，坚持24小时值班制度，及时受理游客咨询和投诉，维护游客合法权益；立案调查旅游投诉中涉及违法违规行为。全年全省各级旅游质监机构共接听游客来电咨询5800余起，共受理旅游投诉374起，协调理赔金额63.1万元。六是建立云南旅游市场动态监管平台。启动建设“云南旅游市场监管平台”，目前已经完成一期建设工作，具备了合同电子化管理、旅游团队动态化管理等功能，已于1月1日正式投入使用。七是探索建立旅游投诉统一受理机制。起草上报了《云南省省级旅游投诉统一受理机构方案》，力求整合各部门受理旅游投诉、举报及其他旅游行政救济的诉求渠道，最大限度地畅通旅游投诉渠道，切实解决好投诉无门、相互推诿、拖延扯皮等问题。开展了理性消费、合理维权的引导。通过旅游市场监管力度的加强，纳入全国60个样本城市的昆明和丽江2013年游客平均满意度处在中上水平。

2013年1月17日，云南省旅游发展委员会党组书记、主任段跃庆在澳洲旅游促销期间接受当地主流媒体的采访

——抓行风、转作风，旅游行风建设取得新成果

一是扎实认真开展党的群众路线教育实践活动。严格按照教育实践活动各个环节任务，认真查摆问题，梳理出“四风”方面20余种表现和5个方面制约云南旅游科学发展的突出问题，研究制定了94条整改措施，扎实开展“九项专项整治”工作，完成了32项制度“废、改、立”，达到了预期的目标。二是开展“为民务实清廉 为民诚信守法”主题实践活动。组织各级旅游行业监管部门、行业协会、旅游企业查找在“四风”方面存在的问题，进行深入剖析和整改。通过活动，推动各级旅游行业监管部门作风转变，推动了行业组织作风建设、自律能力建设和服务行业的能力建设，推动旅游经营者和从业人员职业道德水平、守法经营服务意识的提升。三是开展“云南旅游强省建设建言献策活动”。针对云南旅游发展现状，为加快推进云南旅游强省建设，省旅游发展委、省政府新闻办于2013年7—12月面向社会，开展了“云南旅游强省建设建言献策活动”，通过广开言路，广聚民意，获取社会各界对云南旅游产业发展的关心和支持。活动期间共征集建言161篇，与云南网合作开展了17场视屏访谈，在线征集意见建议100余条。

做美丽抚仙湖的守护者

——澂江县抚仙湖管理局

省长办公会在跨马村召开

副省长刘慧晏在抚仙湖北岸生态湿地调研

抚仙湖北岸生态湿地项目建设启动仪式

2013年，澄江县抚仙湖管理局在县委、县政府领导下，立足实际、不断进取、认真履职，圆满完成各项任务，抚仙湖保护工作各项措施得到全面落实，为保护抚仙湖I类水质作出积极贡献。

抚仙湖北岸生态湿地建设。该项目估算投资80亿元，总面积约1万亩。一期湿地建设点大河口片区（面积约405亩）、马房村片区（面积约226亩）湿地，同时配套实施环湖北路道路两侧景观提升改造和环湖路北侧20米湿地建设工程。湖滨缓冲带生态建设工程在退田还湖区域内实施植物种植、绿化、低污染水收集处理等措施；对沿湖拆临拆违区域进行绿化、美化、硬化工程；完成抚仙湖东大河流域水污染治理与清水产流机制修复试点工程主体工程；实施沿湖垃圾统一收集处理的垃圾房改建工程。工程总投资约100万元，共新建垃圾房30个，其中龙街街道16个，右所镇和海口镇共14个，目前已全部建设完成。

实施环境卫生市场化运作模式。抚仙湖环境卫生实施清扫保洁市场化运作；加强对一级保护区范围内7块湿地管理，每年投入约56万元，招聘30名管护人员进行管护。加强对入湖河流环境卫生管理，制定河段长责任制考核管理办法，开展环卫日巡查工作，对主要入湖河道、沟道进行

昆明市委领导调研抚仙湖北岸生态湿地

拉网排查，建立一河一档制度；加强抚仙湖环卫基础设施建设，投入经费133万元，增加配置环保垃圾专用车7辆，可卸垃圾收集箱48个，30型装载机3辆，分类垃圾箱60个，抚仙湖保护宣传标示标牌10块；实施网格管理，以龙街街道、右所镇、海口镇分三个大网格，网格责任人分别为各镇（街道）镇长（主任）；以村委会（社区）分为10个网格，网格责任人为村委会（社区）主任；共投入64万元，以村民小组（居委会）分为87个环境卫生保洁监督责任网格，网格责任人为本网格保洁监督员，保洁监督员由龙街、右所、海口三个镇（街道）环建中心进行管理。

北岸生态湿地——马房村湿地一角

加强渔政管理。严格执行抚仙湖开湖制度，全年执法大队出动执法艇237艇次、收缴刺网368张、收缴违法入湖渔船6条、立案查处违法偷捕渔政案193起、渔政案件罚款共计97300元整，拆除湖边鱼棚69个，开展专项行动捣毁地笼800余个，收缴各类违法网具约1.5万米，处罚违法电鱼行为2次（5人），收缴电鱼设备两台；加强航政管理，联合龙街街道、海口镇、右所镇对辖区内无证游乐船只、封湖期违法入湖渔船、不执行封湖禁渔通告停放渔船等违反《云南省抚仙湖保护条例》的行为进行集中整治，现场处置未归港上岸渔船180条；劝导并责令自行清理乱占、乱搭帐篷经营的经营户122户；责令自行处置无证游乐船只入湖经营户3户（22条）；严查抚仙湖沿湖“五小环保案件”并当场进行处罚、教育，发现并现场处置的“五小环保案件”163起，罚款共计6420元；整治抚仙湖安全隐患，成功解救被困渔民、游客9人；组织对600余艘水上游乐船只进行安全大检查，与游乐船只经营户签订水上安全检查意见书5份，对在检查中发现的无安全保障的“病船”经营户下达限期整改通知书；对云南省澄江老鹰地旅游度假村有限公司太阳山项目巡查共计54次，行政处罚3起，共计收缴罚款12万元；对澄德地产樱花谷项目巡查30次，行政处罚1起，共计收缴罚款1万元；对月亮湾湿地项目巡查5次，立案查处1次，行政处罚1起，共计收缴罚款1000元。

人工湿地——沙亥河湿地

大湾湖滨缓冲带

查处五小案件

入湖河流环境卫生管理

东大河清水产流机制修复工程

本版图片由澄江县抚仙湖管理局提供

发展中的九村镇

——保增长 保民生 保稳定 保生态

玉溪市美丽乡村建设暨绿化造林工作现场会

县委、县政府组织相关部门到九镇龙潭村委会鱼塘村参观城乡垃圾整治工作

县、镇领导随机调研

九村镇地处澄江县城东北部，距县城7.8千米，距省会昆明60千米，东隔南盘江与宜良相望，南部与海口为邻，西部与阳宗、右所、龙街接壤，是典型的纯山区镇，镇政府驻地九龙街，是全镇的经济、政治、文化中心，全镇总面积109.3平方千米，最高海拔2260米，最低海拔1530米。全镇辖九村、龙潭、东山、七江4个村委会，61个自然村，62个村民小组，总人口3854户11616人，耕地面积14111亩，森林覆盖率38.2%。由于海拔高低差异较大，适宜种植烤烟、冬早蔬菜、竹子、核桃等经济果木林及发展畜牧业。镇内磷矿石储量丰富，储量具全县之首，具有极易开采、品位高的特点。以东溪哨磷、蛟龙潭工业园区为代表的工业发展具有一定规模，为全市重点工业镇之一。全镇主要经济作物为烤烟、蔬菜和竹林，粮食作物为小麦、玉米。

近年来，镇党委、镇政府在充分认清镇情的基础上，

退耕还林见成效

认真贯彻中央、省、市、县一系列决策部署，克服诸多不利因素和困难，确立了“生态立镇，农业稳镇、烤烟兴镇、资源富镇、工业强镇”的发展战略，以发展“烤烟、林果、畜牧、磷电、生态产业”等五大产业为重点的产业发展思路。围绕“保增长、保民生、保稳定、保生态”的工作重心，结合美丽乡村建设，以山、水、田、林、路综合治理，遵循自然、经济规律，以市场为导向，高产、优质、生态、环保为目标，大力发展农村经济，强化优势产业区域布局，实现了全镇经济社会的持续、快速、健康发展。2013年全镇完成生产总值6.62亿元，比上年增长12.3%；地方财政收入6625万元，比上年增长30.25%；社会固定资产投资7192万元，比上年增长21%；农民人均纯收入9464元，比上年增长12%；人口自然增长率为4.58‰。

竹海箐

用材林

茂密的竹林

新农村建设

（本版摄影　王基宇）

彩云南现

中甸红云　（汤学申　摄）

元阳胜村晨曦　（汤学濂　摄）

黑龙潭后山红霞　（汤学申　摄）

金殿红山茶　（汤学濂　摄）

东川红云　（汤学濂　摄）

目　　录

绿色转型

污染防治

学习杨善洲绿化彩云南

七彩云南保护行动

生态文明建设

生态保护

旅　游

理论研究

生态大事记

文献选辑

年度报告

附　录

索　　引

图片专辑

The Catalogue

Special Articles

Feature Articles

Provincial Overview

Green Transformation

Pollution Prevention and Management

To Afforest Yunnan Province by Learning from Yang Shanzhou

The Protection Initiatives of Colorful Yunnan Province

Ecological Civilization Construction

Ecological Protection

Travel

Theoretical Study

Ecological Events

Document Collections

Annual Reports

Appendix

Index

Pictures Album

特 载

云南省人民政府工作报告（节选）

——2014 年 1 月 20 日在云南省第十二届人民代表大会第二次会议上

云南省人民政府省长　李纪恒

一、2013 年工作回顾

2013 年是本届政府履职的第一年。面对国际经济环境复杂多变、国内经济下行压力加大、省内自然灾害频发等严峻形势，省人民政府深入贯彻落实党的十八大精神，按照党中央、国务院和省委的决策部署，坚持统筹稳增长、调结构、促改革，坚持宏观政策要稳、微观政策要活、社会政策要托底有机统一，科学谋划、从容应对，攻坚克难、锐意进取，采取一系列既利当前、更谋长远的举措，全省经济社会发展呈现稳中有进、稳中有好、稳中有快的良好态势。

一年来，我们把扩大内需稳增长放在首要位置，出台了稳增长“28 条”等一系列政策措施，定期分析经济形势，强化经济运行调节，着力化解各种矛盾，推动我省经济稳中向好发展；把简政放权、激发活力作为重要抓手，不断深化行政审批制度改革，大力精简行政审批事项，深入开展服务基层年、项目落地年和作风转变年活动，充分激发市场创造活力和发展内生活力；把国家向西开放作为战略机遇，充分依托沿边区位优势，务实推进与东南亚、南亚国家以及泛珠三角、长三角区域和周边省区市的交流合作，扩大全方位开放；把人民对美好生活的向往作为奋斗目标，坚持民生优先，将 70% 以上的公共财政资金投向民生领域，进一步提高基本公共服务水平，妥善解决涉及群众切身利益的热点、难点问题，让全省各族人民共享改革发展成果；把突出重点、统筹兼顾作为工作方法，紧紧抓住产业建设年、固定资产投资冲万亿、综合交通基础设施建设攻坚战、首届中国—南亚博览会、城乡人居环境提升行动、救灾防灾减灾等大事、要事、难事、急事，科学配置资源和力量，统筹抓好各项工作，促进经济持续健康发展、社会和谐稳定。

经过努力，全省生产总值增长 12.1%，全社会固定资产投资迈上万亿新台阶，规模以上固定资产投资增长 27.4%，地方公共财政预算收入增长 20.4%，社会消费品零售总额增长 14%，城镇居民人均可支配收入增长 11% 左右，农民人均纯收入增长 14% 左右，居民消费价格总水平上涨 3.1%，城镇登记失业率控制在 4.5% 以内，人口自然增长率控制在 6.17‰，单位生产总值能耗降低 3.2% 左右，外贸进出口总额增长 22.9%，主要指标增幅位居全国前列，省十二届人大一次会议确定的各项目标任务基本完成，本届政府工作实现良好开局。

（一）产业发展取得新成效

“三大战役”进展顺利。滇中产业聚集区建设积极推进，蒙自经开区、杨林工业园区升格为国家级园区，工业园区规模以上企业完成工业增加值 2 526 亿元。扶持培育 850 户省级成长型中小企业，新培育 30 个省级小企业创业基地，中小企业公共服务平台网络建设工程、小微企业信用贷款试点工作成功启动，民营经济增加值占全省生产总值的比重达到 46.1%。县域产业发展、富民强县等工作得到加强。

三次产业稳步发展。启动高原特色农业“十百千”行动计划，昆（明）曲（靖）绿色经济示范带建设快速推进，首批40个高原特色农业示范县和37个省级农业庄园建设顺利展开，农产品网络营销力度加大，粮食总产量达1 824万吨、增产74.9万吨，肉类总产量达610万吨、增产27万吨，新增木本油料基地257万亩。着力推动工业跨越发展，“3个10千亿工程”建设深入推进，蔗糖产业振兴3年行动计划全面启动，“两烟”实现税利1 450亿元，北京汽车集团云南产业基地落户瑞丽。建筑业保持较快增长。启动实施服务业发展3年行动计划，商贸、物流、休闲健康、养生养老等服务业加快发展。扎实推进旅游强省建设，昆（明）玉（溪）红（河）旅游文化产业经济带、10大历史文化旅游项目、滇池国际会展中心建设加快推进，旅游总收入达2 111亿元。沿边金融综合改革试验区建设正式启动，企业上市工作力度加大，省内金融机构与境外金融机构的双边、多边合作加强，“三农”金融服务改革创新试点扎实开展，积极推动保险机构融资支持交通、水电、城市建设，全年完成银行各项信用融资2 500亿元以上、直接融资800亿元以上。

发展方式进一步转变。新一轮建设创新型云南行动计划启动实施，组织实施战略性新兴产业重大科技项目133项，突破一批关键核心技术，自主开发一批重大新产品，新增国家工程技术研究中心2个、国家高新技术产业化基地1个，创新型（试点）企业达238家，科技支撑产业发展能力有效提升。推进千家企业节能低碳行动，加强重点用能单位特别是六大高耗能行业企业能耗在线监测预警，淘汰落后产能和节能减排工作取得新进展。质量兴省战略稳步推进，企业的质量和品牌意识进一步树立。

（二）基础设施建设迈出新步伐

综合交通基础设施建设3年攻坚战全面打响。创新思路、创新举措，全年综合交通基础设施建设完成投资913亿元。大理—丽江、昆明绕城高速西北段、锁龙寺—蒙自、昆明—武定、保山—腾冲等高速公路建成通车，全省高速公路营运里程达到3 200千米；南北大通道、龙陵—瑞丽等在建高速公路加快推进，镇雄—毕节、富宁—那坡等省际高速公路开工建设。昆明—广通复线、玉溪—蒙自铁路建成运营，新增铁路复线运营里程106千米；昆明地铁1号线载客运营；沪昆、云桂、蒙河等在建铁路建设步伐加快，成昆铁路扩能永仁—广通段、成贵铁路云南段开工建设。澜沧江五级航道二期工程、库区航运建设取得进展。西双版纳机场改扩建工程投入使用，昆明长水国际机场配套项目和泸沽湖、沧源机场加快建设，澜沧、蒙自、昭通、腾冲机场项目前期工作进展。

水利、能源、信息化建设取得实效。深入实施兴水强滇战略，牛栏江—滇池补水工程建成通水，滇中引水工程进入立项审批阶段，新开工建设骨干水源工程45件，建成山区“五小水利”52.8万件，水利建设投资突破300亿元。鲁地拉、溪洛渡等水电站投产发电，全省电力装机容量达到6 300万千瓦，城乡电网升级改造步伐加快；中缅天然气管道建成通气，石油炼化基地建设稳步推进。4G无线通信工程建设启动，“三网融合”试点、昆明区域性国际通信出入口加快建设，网络信息安全不断加强。

（三）城乡发展呈现新变化

城镇化发展步伐加快。深入推进城镇上山，实施低丘缓坡土地综合开发利用试点项目80个。启动实施城乡人居环境提升行动，一批城市综合体和乡镇“一水两污”项目开工建设。滇西南和滇东南城镇群规划编制完成。切实维护转户农民权益，210万农业人口转变为城镇居民。城镇化率达到40.48%。

新农村建设扎实推进。提高新农村省级重点村建设补助标准，完成重点村建设1 500个。启动701个美丽乡村建设试点。稳步推进文化惠民示范村建设，294个村落列入中国传统村落名录。新建和改造农村公路1.5万千米，新增农田有效灌溉面积85万亩，改造中低产田地320万亩，解决296万农村人口饮水安全问题，农村生产生活条件持续改善。

片区扶贫攻坚全面实施。4个连片特困地区区域发展与扶贫攻坚全面推开，启动怒江州扶贫攻坚，宁蒗扶贫攻坚大会战和富源整县推进扶贫开发成效明显。深入实施兴边富民行动，全面加强定点帮扶和沪滇对口帮扶合作。独龙江公路隧道即将贯通，独龙江乡整乡推进、独龙族整族帮扶工作取得重大成效。完成1万个自然村整村推进、56个扶贫开发整乡推进，全年减少农村扶贫对象100万人以上，贫困地区农民人均纯收入增幅高于全省平均水平3个百分点。

生态文明建设进一步加强。深入推进“七彩

云南保护行动计划”和“森林云南”建设，争当全国生态文明建设排头兵。完成营造林850万亩，改造低效林402万亩，治理陡坡地80万亩。加大力度保护和治理滇池、抚仙湖、洱海等九大高原湖泊，大力推进生物多样性保护、国家公园体系建设。积极创建普洱国家绿色经济试验示范区，持续推动低碳省试点工作，切实维护全省各族人民的生态福祉。

（四）民生保障取得新进展

就业保持总体稳定。落实就业创业扶持政策，突出做好高校毕业生和农村转移劳动力就业工作，城镇新增就业31万人，帮助零就业家庭2757户实现就业。农村新增转移就业97万人。

城乡居民收入稳步提高。各项惠民增收措施落实到位，农民家庭经营性、工资性、财产性、转移性收入持续增长。最低工资标准增长15%以上，企业离退休人员基本养老金每人每月平均增加193元。

社会保障体系不断完善。各类社会保险参保人数累计达4 440万人，稳步提高基本医保覆盖面和待遇水平，新农合、城镇居民和职工三项基本医疗保险参保率稳定在95%以上，城镇居民医保和新农合政府补助标准提高到每人每年280元，启动城乡居民大病保险制度试点，解决了103万城镇低收入人口和467万农村贫困人口最低生活保障。棚户区改造五年规划启动实施，组织实施农村危房改造和地震安居工程建设50万户，建成23万套城镇保障性住房、超额完成年度目标。

社会事业全面发展。10件惠民实事全部办结。学前教育3年行动计划实施效果明显；义务教育公共财政投入加大，城乡义务教育均衡发展水平得到提高；推动解决民办代课教师遗留问题，职业教育稳步发展，高等教育健康发展。基层医疗卫生服务体系建设力度加大、服务能力进一步提升。省、州（市）重大文化基础设施建设积极推进，红河哈尼梯田申遗成功，隆重节俭举办第13届亚洲艺术节。食品药品安全监管能力稳步提升。“七彩云南全民健身工程”深入推进，广播影视、新闻出版等事业繁荣发展。全面实施“十县百乡千村万户”示范点创建工程，民族团结进步边疆繁荣稳定示范区建设取得新成效。妇女、儿童、老龄、残疾人工作取得新进展。

抗灾减灾工作及时有效。扎实做好宁蒗“6·24”地震、彝良“9·7”地震、镇雄“1·11”泥石流滑坡、洱源“3·3”地震、迪庆“8·28”“8·31”地震等灾区灾后恢复重建工作，年度重建任务全面完成。全面推进预防和处置地震灾害能力建设10项重点工程，基本建成应急救灾指挥信息系统，防灾减灾体系建设进一步加强。

（五）改革开放实现新突破

各项改革稳步推进。农村土地承包经营权流转、集体林权制度等改革不断深化，统筹城乡发展和农村综合改革试点深入推进。省级重大投资项目审批服务中心挂牌运行，16个州（市）和129个县（市、区）政务服务中心建成使用，取消、下放和调整省级行政审批项目433项。开展结构性减税，“营改增”试点启动实施。旅游综合改革、国资监管和国有企业、医药卫生、城镇发展、财税、价格、投融资和涉外经济等体制改革步伐加快。社会组织登记管理体制改革和事业单位分类改革取得新进展。

对外开放水平明显提升。首届中国—南亚博览会暨第21届昆交会、中国国际旅游交易会取得圆满成功。促成召开桥头堡建设第二次部际联席会议，顺利承办孟中印缅经济走廊四方联合工作组第一次会议，强化国家相关部委和云南省上下联动、协调推动的桥头堡建设机制。进一步深化与台港澳及部分省区市的经济合作，成功举办首届滇缅合作论坛和中国云南—老挝北部合作特别会议暨工作组第六次会议。务实推进沿边开放，瑞丽重点开发开放试验区总体规划、临沧边境经济合作区、红河综合保税区成功获批，出台支持瑞丽重点开发开放试验区和磨憨、河口跨境经济合作区的政策措施。全年完成外贸进出口总额258.3亿美元，实际使用外资25亿美元，引进省外到位资金3 968亿元人民币。

（六）民主法治和政府自身建设得到新加强

民主法治建设扎实推进。认真执行省人大及其常委会决议决定，自觉接受省人大法律监督、工作监督和省政协民主监督，认真办理人大代表建议和政协提案。依法治省和法治政府建设深入推进，法规规章体系建设进一步完善，提请省人大常委会审议通过地方性法规草案2件，制定省政府规章5件。法制宣传教育、法律服务、法律援助等工作得到加强。

社会保持和谐稳定。综合运用信访、调解、行政复议等多种方式化解社会矛盾，妥善处置中石

油云南炼油项目相关事件，安全生产治理整顿、社会治安综合治理、禁毒防艾、依法打击各种违法犯罪活动扎实开展，“平安云南”建设取得新实效。

同时，省政府和政府各部门按照中央和省委的要求，深入开展党的群众路线教育实践活动，坚决反对形式主义、官僚主义、享乐主义和奢靡之风，明确了整改措施，切实解决了一批群众反映强烈的突出问题，政府职能和作风进一步转变，为民务实清廉形象进一步提升。

各位代表，过去一年取得的成绩来之不易，是党中央、国务院和中共云南省委正确领导、科学决策的结果，是全省各族人民同心同德、克难奋进的结果，是人大代表和政协委员监督、支持、帮助的结果，是社会各界和衷共济、通力协作的结果。在此，我代表省人民政府，向全省广大干部群众，驻滇部队、武警官兵，中央在滇单位和各类驻滇机构，各民主党派、工商联、无党派人士、各人民团体，港澳台同胞、海外侨胞和国际友人，向所有关心支持云南建设发展的海内外人士，表示衷心的感谢并致以崇高的敬意！

在肯定成绩的同时，我们也清醒地认识到，发展中还面临许多问题和困难，主要是：产业发展总量偏小、层次不高，调结构转方式、化解产能过剩任务艰巨；工业企业经营困难，现代服务业和战略性新兴产业发展不快；民营经济发展不足，国有经济活力不强；节能减排压力大，资源环境约束趋紧；城乡基础设施欠账较多；人才匮乏，创新能力不足；城乡居民增收压力较大；政府性债务较重；政府工作效率亟待提高，职能转变还不到位。对此，我们要切实增强忧患意识、责任意识和进取意识，用改革的精神、创新的举措破解发展难题，全力做好政府各项工作，决不辜负全省各族人民的重托和期望。

二、2014 年目标任务

今年既是深入贯彻落实党的十八届三中全会精神、全面深化改革的起步之年，也是落实省委九届七次全会精神、完成“十二五”规划目标任务的关键一年。今年政府工作的总体要求是：全面贯彻落实党的十八大，十八届二中、三中全会，中央经济工作会议和省委九届七次全会精神，以邓小平理论、“三个代表”重要思想、科学发展观为指导，深入贯彻落实习近平总书记系列重要讲话精神，紧紧围绕建设“两强一堡”战略目标，坚持稳中求进工作总基调，把改革创新贯穿于经济社会发展各个领域各个环节，以改革促市场活力、以改革促调整转型、以改革促创新发展、以改革促改善民生，做到稳中有快、稳中提质、稳中增效，确保全省经济持续健康发展、社会和谐稳定。

今年经济社会发展的主要预期目标建议为：全省生产总值增长 11% 以上，规模以上固定资产投资增长 24% 以上，地方公共财政预算收入增长 12%，社会消费品零售总额增长 13%，城镇居民人均可支配收入增长 11%，农民人均纯收入增长 12%，居民消费价格总水平涨幅控制在 3.5% 左右，城镇登记失业率控制在 4.3% 以内，人口自然增长率控制在 6‰以内，单位生产总值能耗下降 3.2% 以上，外贸进出口总额增长 13%。

11% 以上的经济增长预期目标，是统筹考虑深化改革、转型升级、惠及民生、防范风险等各方面因素，在必要和可能之间、转型升级与保持合理增长速度之间确定的“黄金平衡点”。这一目标，立足云南与全国同步全面建成小康社会的现实需要，充分考虑了发展的潜力和可能，体现了中央稳中求进工作总基调，是民生改善、就业比较充分的速度，是有利于增强经济活力、推动结构调整的速度，是经济发展质量和效益同步提高的速度。实现这个目标，并不容易，需要我们付出艰苦努力。

做好今年的工作，必须准确把握当前的国际国内经济形势，紧紧抓住机遇，保持良好发展势头。总体上看，世界经济可能在较长时期内处于低速增长状态，经济复苏缓慢曲折。国内经济下行压力较大，一些长期积累的矛盾开始逐步显现，正处于增长速度换挡期、结构调整阵痛期、前期刺激政策消化期三期叠加的复杂阶段，但仍有条件在相当长时期内保持经济中高速增长，仍处于大有作为的重要战略机遇期。当前和今后一段时期，我省经济长期向好的基本面没有变，具备很多新的有力支撑和难得机遇：一是党的十八届三中全会对全面深化改革作出总体部署，将进一步激发发展的内生动力与活力；二是国家高度重视西部大开发和沿边开放，将进一步在差别化政策、产业发展、基础设施建设等方面向西部倾斜；三是东部地区产业向西部地区转移进程加快，为我省承接转移、加快产业结构调整创造了良好机遇；四是我省正处在工业化初期向中期过渡和城镇化快速发展时期，在产业结构转型升级、新型城镇化进程中蕴藏着广阔的发展空间和巨大的内需潜力；五是近年来我省建成了一批重要基础设施和重大产业发展

公路建设

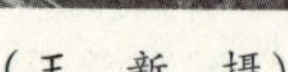

（王 新 摄）

文化建设 （王 新 摄）

南亚商品暨绿色产品博览会 （许太琴 摄）

项目，积蓄的发展潜力逐步释放。特别是以习近平同志为总书记的党中央统揽政治、外交、经济社会发展全局，作出建设丝绸之路经济带和21世纪海上丝绸之路的重大战略决策，为我省实施新一轮扩大开放、营造有利周边环境、实现跨越发展提供了重要的历史机遇。我们要抓住机遇，更加自觉主动地把云南的开放发展融入国家“一带一路”战略，用好我省的区位优势和与发达国家、发达地区发展差距的后发优势，进一步激活和释放新型城镇化红利、改革红利和开放红利，着力增创发展新优势，积聚发展新能量，不断巩固和保持我省稳中向好的发展态势。

实现今年经济社会发展预期目标，必须始终坚持改革创新。党的十八届三中全会描绘了全面深化改革的新蓝图、新愿景、新目标，省委九届七次全会对各项改革任务作出了全面部署，我们要把思想和行动统一到中央、省委的决策部署上来，毫不动摇地坚持社会主义市场经济改革方向，充分发挥市场在资源配置中的决定性作用和更好发挥政府作用，把促进社会公平正义、增进人民福祉作为全面深化改革的出发点和落脚点，敢于自我革命，勇于突破利益固化藩篱，紧紧依靠人民推动改革。要坚持以改革统揽全局，以影响改革发展重大问题和群众反映强烈的突出问题为导向，切实抓好中央已经部署和正在进行的各项改革，大力推进我省自主决策、关系全局、条件成熟的关键改革，大胆探索方向正确但认识还不深入的重要改革，确保改革稳扎稳打，正确、准确、有序、协调推进。从我省实际看，今年要以经济体制改革为重点和主轴，在国资国企改革、教育领域综合改革、投融资体制改革、行政审批制度改革、财税体制改革、沿边金融综合改革、农村综合改革、资源性产品价格改革、创新社会治理体制、生态文明体制改革等方面取得突破性进展，适时推动其他领域改革，让一切劳动、知识、技术、管理、资本的活力竞相迸发，让一切创造社会财富的源泉充分涌流，让发展成果更多更公平更直接地惠及全省各族人民。

云南省人大常委会工作报告（节选）

——2014年1月22日在云南省第十二届人民代表大会第二次会议上

2013年的主要工作

2013年是本届省人大常委会依法履职的第一年。在中共云南省委的坚强领导下，常委会高举中国特色社会主义伟大旗帜，以邓小平理论、“三个代表”重要思想、科学发展观为指导，认真贯彻党的十八大、十八届二中、三中全会和习近平总书记系列重要讲话精神，按照省委的决策部署和省十二届人大一次会议的要求，围绕中心、服务大局，坚持立法在突出重点、提高质量上着力，监督在服务大局、注重实效上着力，重大事项决定在科学决策、民主决策上着力，代表工作在创新机制、强化服务上着力，自身建设在提升素质、转变作风上着力，勤奋履职，开拓进取，实现了工作的良好开局。

一、提素质、转作风，切实增强履职能力

面对全面建成小康社会的新形势和新任务，常委会以坚定理想信念、切实转变作风、提升履职能力为重点，着力加强自身建设。

一是加强政治理论学习。按照中央和省委部署，把强化理论武装放在突出位置，深入学习中国特色社会主义理论体系、党的十八大精神和习近平总书记系列重要讲话精神，增强发展社会主义民主政治的坚定决心，增强道路自信、理论自信、制度自信。努力提升运用法治思维和法治方式服务云南发展的本领，自觉坚持党的领导、人民当家作主和依法治国的有机统一，确保人大工作正确的政治方向。二是加强作风建设。认真贯彻中央八项规定和省委实施办法，扎实开展党的群众路线教育实践活动，以反对“四风”为重点，开展专项整治，促进作风转变，努力建设为民务实清廉机关。针对查找出的问题，制定了45条措施，认真整改落实，强化建章立制。及时修订常委会组成人员守则，完善常委会组成人员联系代表、代表联系人民群众、干部直接联系群众、随机调研以及公务用车、财务管理、公务接待、公文处理等各项制度，机关作风会风文风不断改进，取得了阶段性成效，进一步密切了同人民群众的联系。三是加强履职培训。针对换届后新任常委会组成人员多、新任代表多、新任州（市）和县级人大常委会领导多的实际，通过集中举办培训班、参加全国人大培训、邀请专家学者作专题讲座等方式，努力学习科学理论，学习宪法和法律、人大制度理论和人大业务知识，加快岗位角色转换，增强责任感和使命感，有效提升履职能力。

二、重特色、求质量，扎实推进立法工作

根据云南经济社会发展需要和完善中国特色社会主义法律体系的新要求，在广泛听取意见、充分论证的基础上，完成了五年立法规划的编制，报经省委批转实施。坚持“立、改、废”并举，统筹法律、地方性法规和政府规章的关系，坚持科学立法、民主立法，扩大公民有序参与，严把立法的立项关、法案关、规范关、审议关，力求出精品、立良法。一年来，共制定和修订省地方性法规13件，批准民族自治地方单行条例14件、昆明市法规11件，为云南发展提供有力的法制保障。

（一）*加强经济发展立法*。为增强规划的科学性和严肃性，防止一些地方“一任领导一个思路”的情况，解决发展规划缺乏整体性、编制程序缺乏规范性、实施和监督缺乏有效性等问题，做到经济社会发展与生态文明建设相协调，制定了发展规划条例。为促进农村经济、特色产业和中心城市发展，制定了农村公路条例，批准了德宏州咖啡产业发展条例和一批昆明市法规，努力在法治轨道上推动经济发展。

（二）*推进文化教育立法*。立足云南民族众多、文化多彩的独特优势，总结实践经验，制定了非物质文化遗产保护条例，促进继承和弘扬优秀传统文化。制定了少数民族教育促进条例和少数

民族语言文字工作条例，批准了景谷县民族民间传统文化保护条例、楚雄州恐龙化石保护条例等一批单行条例，推动民族教育发展和民族文化繁荣。

（三）*注重生态保护立法*。根据我省生态区位重要、生态系统脆弱、湿地资源稀缺的实际，制定了湿地保护条例，解决天然湿地破碎化加剧、污染范围扩大、资源过度利用等问题。为有效减少污染源头，保护蓝天白云和洁净空气，制定了散装水泥促进条例，批准了昆明市再生资源回收管理条例和机动车排气污染防治条例、迪庆州草原管理条例、楚雄州龙川江保护管理条例等法规，为建设美丽云南提供法制支撑。

（四）*重视基层民主立法*。根据社会转型出现的人口流动增多、农村税费制度发生重大变化等新情况，及时修订《村民委员会组织法》实施办法和村民委员会选举办法，保证全省村民委员会换届选举工作顺利推进，对村民小组职责和决定事项作出具体规定，加强村务监督和民主管理，保障村民自治权利。

此外，我们还针对职务犯罪呈易发多发趋势、社会反响强烈的情况，重新启动并审议通过预防职务犯罪工作条例，细化和补充刑法的原则性规定，制约权力运行，遏制和减少职务犯罪，促进公职人员廉洁奉公。

三、谋大局、抓重点，监督工作成效明显

根据云南发展的新要求和人民群众的新期待，坚持职权法定原则，积极开展监督工作，保证宪法和法律法规的实施，推动中央和省委重大决策的落实，推动社会和群众关切重大问题的解决，促进改革发展稳定。一年来，共听取和审议“一府两院”专项工作报告15项，开展专题询问1次，组织开展执法检查、代表视察、专题调研各5次。

（一）*着力增强监督实效*。一是开展专题询问。医药卫生体制改革涉及千家万户，社会十分关注。常委会专门听取和审议了省政府关于医药卫生体制改革工作情况的报告，并组织专题询问。省政府高度重视，有关部门认真落实审议意见。广大群众共同关心的提高医保报销比例、降低农民看病成本、提高医保补助标准、加大对中医药、民营医院支持力度等意见得到较好落实，询问成果不断转化为工作成效。二是加强专题调研。把专题调研作为增强监督实效的重要方式，通过提请常委会会议审议重要调研报告，既发挥调研针对性强、灵活深入的优势，又体现常委会集体行使职权的特点，凝聚共识，推动工作。如面对冬春干旱持续发展的态势，组织抗旱保民生促春耕专题调研，有针对性地提出应对建议。省委高度重视，批转各地抓好落实，促进了农田水利建设、水资源优化配置、春耕备耕、城乡供水安全和护林防火等工作的扎实开展。三是强化审议意见落实。建立了常委会重大议题的审议意见由主任会议研究后再转交政府办理的制度，突出审议意见的针对性，并加强跟踪问效，增强了办理实效。

（二）*着力强化经济监督*。一是高度关注经济运行。面对2013年世界经济持续低迷、国内宏观经济下行压力加大、省内实体经济困难突出的严峻形势，建立季度汇报分析制度，强化对经济运行全过程的监督，听取和审议了省政府关于我省“十二五”规划纲要实施中期评估、1至7月计划执行情况等报告，依法调整规划，督促落实计划。二是进一步强化预算约束。听取和审议了省政府关于年度财政决算、预算执行和预算调整、审计工作及审计查出问题整改情况等报告，加大审计查出问题整改力度，开展加强全口径预算决算审查监督的专题调研，在对地方公共财政预算、政府性基金预算执行情况进行常规监督的基础上，把国有资本经营预算和社保基金预算执行情况纳入监督范围。强化对省本级部门预算批复情况的监督，选择涉及民生和资金量大、社会关注度较高的10个部门，全程跟踪预算编制、执行和决算情况，督促和支持政府管好人民的“钱袋子”。三是推动重点经济工作。对沿边开放经济带建设、园区经济发展、跨境经济合作区建设、金融工作、重要产业转型升级、结构性减税政策落实情况进行了专题调研或视察。检查中小企业促进条例执行情况，听取和审议省政府关于专利工作情况的报告，推动解决融资难、税费负担重等问题，强化科技支撑，促进实体经济发展。

（三）*着力维护群众利益*。听取和审议省政府关于食品安全工作情况的报告，开展农产品质量安全法执法检查，督促和支持政府深入开展专项整治行动，严厉打击违法犯罪，保障食品安全。检查企业工会条例实施情况，专题调研农村改革和惠农政策落实情况，关注散居归侨侨眷扶贫救助工作，督促落实相关政策措施。深入西双版纳州、文山州专题调研，促进边境少数民族地区开展农村产权抵押贷款试点，探索赋予农民更多财产权

利的途径。对预防未成年人犯罪条例实施情况进行执法检查，促进建立和完善以家庭、学校和社区为主的早期预防体系，关爱未成年人健康成长。高度重视信访工作，全年受理群众来信来访4757件（次），积极化解社会矛盾，维护群众合法权益。

（四）*着力推动环境保护*。围绕落实省委关于争当生态文明建设排头兵的决定，听取和审议省政府关于环境保护工作情况的报告，以“推进工业化进程，加强水危机应对”为主题，开展云南环保世纪行活动，增强全社会的环保意识，促进强化节约用水、节能减排、提高监管能力、加强污染防治、保护自然生态等措施的落实。针对区域经济发展与湖泊保护矛盾突出、水资源承载量不足、执法机制不健全和社会舆论反响强烈等问题，组织调研抚仙湖保护条例和阳宗海保护条例执行情况，促进严格环评程序、严格风险防范。加强与“一府两院”的协调，推动落实最高人民法院、最高人民检察院《关于环境污染刑事案件适用法律若干问题的解释》，依法加大对环境污染犯罪行为的惩治力度。

（五）*着力推进法治建设*。组织视察“四五”依法治省规划和“六五”普法规划执行情况，促进提升依法行政水平、司法公信力、公民法律素质和法律服务水平，加强依法治省能力建设。听取和审议省高级人民法院关于贯彻执行新修订民事诉讼法的情况报告、省人民检察院关于基层检察院建设工作情况的报告，组织调研法院和检察院工作，强调积极顺应人民群众的要求和期盼，努力使每一起案件的审理都成为维护公平正义的生动实践。对省政府和昆明市政府报送的13件规范性文件进行备案审查，依法研究公民和有关单位提出的规范性文件审查建议，维护法制统一。对全国人大常委会《关于加强网络信息保护的决定》实施情况进行执法检查，督促开展网络信息安全保护、清理网上虚假信息和打击网络谣言三项整治行动，净化网络舆论生态，保护网络信息安全，维护社会公共利益。

四、强保障、优服务，代表作用有效发挥

始终坚持代表的主体地位，把代表工作作为人大工作的基础来抓，完善代表工作机制，强化服务保障，充分发挥代表作用。

一是加强代表与人民群众的联系。把密切联系群众作为代表履职的重要基础，制定了《关于全省各级人大代表联系人民群众的指导意见》，在代表普遍联系人民群众的基础上，建立了直接联系1至2名基层群众的制度。目前，629名代表直接联系基层群众1 208人，代表的桥梁纽带作用进一步发挥。二是加强常委会与代表的联系。把密切联系代表作为做好人大常委会工作的重要基础，完善常委会组成人员联系代表、基层人大代表列席常委会会议制度，邀请代表参加常委会执法检查、视察和专题调研，鼓励各委员会多渠道联系代表。目前，62名常委会组成人员直接联系190名省人大代表，常委会与代表的联系更加密切。三是保障代表知情知政权。把了解和把握全局作为保证代表履职的重要前提，向代表寄送有关资料和工作信息，书面通报常委会审议情况，协调“一府两院”及时通报重要工作情况，组织代表参加有关部门的论证会、征求意见会，服务代表依法履职。四是加大代表建议的督办力度。把议案建议作为代表行使人民委托权力的重要体现，修订了代表建议处理办法，由常委会领导牵头督办重点建议，组织部分代表视察建议办理情况，对代表不满意办理结果的建议责成有关部门重办。省十二届人大一次会议主席团交付审议和研究的11件议案，代表提出的766件建议、批评和意见，已全部办结并答复了代表。

五、决定重大事项和人事任免有序推进

——认真行使重大事项决定权。坚持科学决策和民主决策，分别对省本级年度财政决算和预算调整、有关州（市）人大换届选举和常委会组成人员名额、弥勒撤县设市等重大事项作出决议和决定7项，推动全省经济社会发展和民主法制建设。

——认真行使人事任免权。坚持党管干部原则与严格依法任免的有机统一，及时任命新一届省人民政府组成人员、省人大常委会工作机构负责人。全年共任免国家机关工作人员102人（次），其中任命64人（次），为云南发展提供有力的组织保证。

此外，常委会还认真总结全省县乡两级人大同步换届选举工作，及时指导曲靖、玉溪、丽江、红河、大理、德宏等州（市）的人大换届选举，保证了换届选举工作依法顺利推进。主动争取全国人大常委会的工作指导，加强与兄弟省（区、市）人大常委会的工作交往，密切与州（市）县级人大常委会的工作联系，加强工作交流和工作协同。

各位代表，一年来，常委会工作在历届人大工作的基础上取得了新进展。这是中共云南省委正确领导、全体代表和机关工作人员共同努力、常委会全体组成人员勤奋履职的结果，也是政府、政协、法院、检察院支持配合，各族人民和社会各界关心支持的结果。在此，向大家表示衷心的感谢！

当然，我们也清醒看到，与新形势和新任务的要求相比，常委会工作还有差距，依法履职能力有待提升，立法质量有待提高，监督实效有待增强，代表工作和自身建设有待加强。我们将在新的一年里努力加以改进。

2014年的主要任务

2014年是全面贯彻党的十八届三中全会精神的第一年，是全面完成“十二五”规划至关重要的一年，人大工作的任务重大而艰巨。常委会工作的总体思路是：在中共云南省委的正确领导下，认真贯彻党的十八大、十八届二中、三中全会和习近平总书记系列重要讲话精神，按照省第九次党代会、省委九届七次全会和本次会议的部署，紧紧围绕全面深化改革的总目标，坚持党的领导、人民当家作主和依法治国的有机统一，服务改革发展，推进依法治省，把促进社会公平正义、增进人民福祉作为工作的出发点和落脚点，依法行使职权，更加注重提高立法质量、更加注重增强监督实效、更加注重发挥代表作用、更加注重提升履职能力，开拓创新、勇于实践，为云南经济社会健康发展作出应有贡献。

一、切实推动人大工作与时俱进

党的十八届三中全会站在新的历史起点上，发出了全面深化改革的动员令。常委会将把深入学习贯彻三中全会精神作为首要政治任务，顺应人民群众期盼，统一思想，坚定信心，不辱使命，充分发挥促进和保障改革的职能作用，把中央和省委全面深化改革的各项决策部署落到实处。

坚持理论联系实际，加强调查研究，努力做到善于依照法定职权和程序行使权力，善于推动人大工作的理论和实践创新，善于从制度上、法律上保证中央路线方针政策和省委重大决策部署贯彻落实，保证改革开放顺利进行。坚持改革决策与立法决策相结合，充分发挥立法的引领和推动作用；围绕健全“一府两院”由人大产生、对人大负责、受人大监督的制度，增强监督实效；健全讨论决定重大事项制度，完善重大决策合法性审查机制；完善代表联系群众、发挥代表作用的工作制度；按照“总结、继承、完善、提高”的原则，切实推进地方人大工作创新发展；完善工作机制，拓展民主渠道，扩大公民有序参与，保证人民当家作主，不断丰富人大工作的实践特色和时代特色。

二、继续加强立法工作

坚持“突出重点、体现特色，提高质量、控制数量，全面推进、注重成效”的立法工作指导方针，把提高立法质量作为重中之重，突出经济体制改革、发展方式转变、保障改善民生、创新社会管理、加强生态文明建设等方面的立法。抓紧修改立法条例的前期调研，健全立项、起草、论证、协调、审议、立法后评估机制，拓展公民有序参与立法途径，继续开展向社会公开征集立法项目和法规草案稿工作，建立公众意见表达和采纳情况反馈机制，防止地方保护和部门利益法制化。完善重要法规向省委请示制度，建立与省政府立法协调机制，加强与昆明市和民族自治地方的协调，积极发挥在法规立项、法规起草和法案审议中的主导作用。

认真实施五年立法规划，抓好年度立法计划的落实。制定和修订有关城市管理、水土保持、电信设施建设保护、公证、遗体和器官捐献、人口与计划生育等方面的法规。及时关注改革决策出台情况，及时追踪法律和行政法规修改情况，坚持“立、改、废”并举，适时组织一次法规集中清理，及时修改或废止不适应形势需要、阻碍发展、影响深化改革的法规。加强立法后评估工作，适时对现行法规进行修订完善。加强对重要改革发展举措的立法，更好地引领改革，推动发展。

三、加强法律监督和工作监督

坚持突出重点、注重实效的原则，完善听取和审议专项工作报告、执法检查、代表视察、专题询问、专题调研等监督方式，探索运用工作评议、质询、特定问题调查等监督手段，着力增强实效，保证宪法和法律法规在本行政区域内的贯彻执行，推动落实中央和省委改革发展决策，促进依法行政和公正司法，促进经济社会发展和民生改善。

加强对经济运行和预算决算审查的监督。审议省政府关于年度地方财政决算、审计工作及审计查出问题整改情况、计划和预算执行情况、预算

调整等专项工作报告。加强对政府全口径预算决算的审查监督，加强对政府性债务、国有资产、地方政府债券资金安排使用情况和政府重大投资项目的监督，加强对产业培植和重要经济工作的监督，促进经济健康发展。

加强对征地拆迁、食品安全、就业、教育、医疗、社会保障、司法公正等工作的监督，积极回应社会关切。听取和审议“一府两院”有关民族团结进步边疆繁荣稳定示范区建设、粮食安全、扶贫开发、禁毒、涉诉信访改革、检察院法律监督等专项工作报告，并有选择地开展专题询问。组织对食品安全、社会管理、传染病防治、森林防火等方面法律法规实施情况的检查。专题调研涉农优惠政策落实、老年人权益保障、少数民族人才培养、散居归侨侨眷扶贫救助等工作情况。跟踪问效医药卫生体制改革，跟踪落实依法治省和法制宣传规划执行情况、中小企业促进条例和城市民族工作条例执行情况审议意见。加强规范性文件备案审查工作，完善信访工作制度，维护法制统一和公民合法权益。

加强对环境保护工作的监督。开展对洱海管理条例、程海保护条例的执法检查，专题调研生态文明制度创新、地质灾害防治工作，督促加大对环境污染犯罪的打击力度，继续开展云南环保世纪行活动。

四、科学决定重大事项、依法做好人事任免

加强调查研究，广泛听取意见，在科学论证的基础上，对关系云南发展的全局性、根本性和长远性重大问题和急需解决的重大现实问题，适时作出决议、决定。修改《云南省人民代表大会常务委员会讨论决定重大事项的规定》，逐步建立政府重大决策报告制度，进一步明确重大事项决定的范围、内容和程序，解决规定过于原则、在实际工作中难以操作的问题，促进民主决策和科学决策。坚持党管干部原则和依法任免相统一，完善工作制度，确保实现中央和省委人事安排意图。同时把任命与监督有机结合起来，促进受任命的国家机关工作人员更好地依法办事、勤政廉政。

五、充分发挥代表作用

坚持注重实效原则，完善常委会组成人员联系代表和代表联系群众制度，检查《关于全省各级人大代表联系人民群众的指导意见》落实情况，建立健全代表联络机构、网络平台，不断推进代表联系群众工作规范化、制度化。加强代表对常委会工作的参与，及时向代表通报重大事项和重要工作，加强代表在闭会期间的活动，进一步发挥代表服务大局的作用。高度重视代表议案和建议办理工作，努力提高代表议案建议的解决率，坚持常委会领导牵头督办重点建议，组织部分代表视察建议办理情况，推动有关方面改进工作。

六、进一步加强自身建设

根据完善和发展中国特色社会主义制度，推动国家治理体系和治理能力现代化的新要求，深刻领会中国特色社会主义理论体系的科学内涵、精神实质，深入学习习近平总书记系列重要讲话精神，加强人大制度理论研究，深化对人大制度和人大工作的认识，自觉在政治上、思想上、行动上与党中央保持高度一致。以“钉钉子”的精神，抓好群众路线教育实践活动各项整改措施的落实，健全学习、履职、调研和联系群众的各项制度，提高工作的制度化、规范化、科学化水平。深入贯彻落实中央八项规定和省委实施意见，坚决执行中央和省委廉洁从政的一系列规定，严守政治纪律，切实改进机关工作作风和文风会风，进一步强化服务意识，发挥集体参谋助手作用。

专 文

挖掘历史文脉　突出文化优势
把昆明建设成为世界知名旅游城市

——在昆明城市规划建设调研座谈会上的讲话

中共云南省委书记、省人大常委会主任　秦光荣

（2013年9月6日）

今天，省委、省政府对昆明城市规划建设工作进行现场调研，主要是进一步了解昆明城市的历史文化，研究提升昆明城市品质的思路和举措。今天上午，我们先是登临了昆明城的主山——长虫山，一览昆明北市区全景，并观看了铁峰庵文化遗迹；接着又来到滇池旁边，观看了海东湿地，在此凭栏眺望波光粼粼的滇池，并听取了昆明市“一湖四环”、“一湖四片”规划建设情况。登高望远，昆明半城山水半城湖，山水秀丽、水天一色的景象给我们带来了强烈的视觉冲击，大山大水的空间格局给我们留下了深刻的印象，也使我们深深感受到保护美丽春城、建设美丽春城的重大责任。刚才，昆明市汇报了现代新昆明建设情况，根据半年来的调查研究，我讲三个方面的意见。

一、透过历史和文化的视角，深刻反思城市规划建设中存在的问题，找准城市求新求变的合理方向和正确途径

文化是城市的生命和灵魂，是城市的内核、实力和形象，一个有文化的城市才能展现自身独特的魅力，让人们从不同的角度把握这座城市的生命，让人们对这座城市留下深刻的记忆。我们可以透过城市的建造和人类的活动来回顾昆明的发展轨迹。昆明有2400年的建城史，具有悠久的历史和丰厚的文化积淀，形成了具有鲜明地域特色和时代风貌的历史文化。在昆明的发展中，有几个重要时间节点和历史人物是不能忽视的：一是公元前280年，楚国大将庄蹻率众入滇，抵滇池地区“修池立国”，将古代中国南方的楚文化带入滇池地区，滇池地区从此开始与华夏文明的主要支系融合，并共同成为华夏文明的重要来源。二是元朝赛典赤任云南行省平章政事期间，于公元1276年把省会从大理迁到昆明，在滇池盆地疏浚河流，设坝闸以节水分洪，现昆明上游最重要的松华坝水库之坝，就是始于赛典赤；还在滇池下游清除出水口的淤泥，整治河道险阻，使滇池水可顺畅流入金沙江，避免城市被淹，同时“得壤地万余顷，皆为良田”，从而使滇池周边地区呈现一片富饶景象。三是公元1381年，即明洪武十四年，沐英、傅友德率30万大军征平云南后，在昆明建置城池。当时云南最高军事行政长官沐英请来了全国著名的建筑大家汪湛海先生，主持昆明城的规划建设。汪先生到昆明后，“审山龙，查地脉，别阴阳，定子午，就高下而奠基础，取形胜而立范围，经八年之惨淡经营，功始告成”。汪先生利用长虫山与滇池之间的丘陵岗地和平原，把老昆明城建成一个灵动的乌龟形状，堪称中国城市建设史上的精品杰作。四是近代抗战期间，昆明在全国乃至世界成为焦点，全国各地涌入的国民政府要员、大学教授、银行家、商人以及各路军人，跟随南迁的老百姓以及援华的美国军事人员在这里汇聚，特别是一批文人学者聚居昆明，一时间，文化交融，百花齐放、百家争鸣，铸就了光辉灿烂的中国近代文化史篇章。

改革开放30多年来，特别是2003年省委、省政府提出现代新昆明建设战略构想以来，昆明城市面貌发生了巨大变化。一是城市空间结构不断优化，初步形成“一湖四环”、“一湖四片”、“一主四辅”的空间格局。二是城市基础设施不断夯实，轨道交通、绕城高速内环和外环等重大项目建设加快推进，昆明长水国际机场实现转场运营。三是城市品质不断提升，荣获“国家园林城市”、“国家卫生城市”、“国家节水型城市”等称号，获

得全国文明城市提名资格。回顾过去，昆明城市规划建设取得许多成就，但是昆明在快速发展过程中，也存在着诸多问题。我们要善于反思，正确认识昆明城市建设的优势和不足，为今后的发展找准合理方向和正确途径。这里，从历史和文化的角度，就昆明城市规划建设中存在的问题和不足谈几点看法。

第一，作为城市发展内核的历史文脉被割裂。文脉是城市的根、城市的魂，是城市软实力或潜在竞争力的核心，是一座城市深层价值的源泉。走进一座历史名城，即使是一些残垣断壁，也镌刻着一个城市发展的记忆，折射出一个时代的风云际会。我们看过古都西安的大雁塔，也曾在北京城的古城墙下漫步，这些都会引起我们对历史的回顾，勾起我们对过去发生的一些事件的回忆。但是，反思昆明的过去，我们在以往的规划建设中，对原有形成的城市特色、历史文脉保护不够，在城市更新改造中，基本上采取大拆大建的开发方式，致使许多积淀丰富人文信息的历史街区被拆除。这对昆明历史文化是一种毁灭性的打击，特别是上世纪50年代拆除城墙、填平护城河；80年代拆除武成路、金碧路原有建筑，使古城的历史风貌荡然无存。曾经十分有名的“云津夜市”、“螺峰叠翠”、“灞桥烟柳”等古老的昆明人文景观不复呈现，只留在文字记载和老昆明人的记忆之中。总之，由于许多具有地域文化特色的传统民居基本被无情摧毁，许多古迹特别是名人故居要么部分倒塌、要么全被拆除，造成了城市文化空间的破坏、历史文脉的割裂，最终导致城市记忆的消失。

第二，城市原有的大山大水空间格局被破坏。中国的传统文化有“天人合一”的思想，也就是我们现在讲的人与自然相融合的理念，昆明古城的规划设计就体现了这样一种文化理念。昆明古城的规划设计，是一种大山大水的空间布局格局。我们先来看昆明的山。中国传统文化把山脉称为龙，认为来龙远大，越是雄浑、越是壮丽，再伴有大江河、大湖泊、大平原或大坝子，这些地方就是人居环境上好的宝地。昆明的老城设计符合这个要求，城外有长虫山、金马山、碧鸡山等大山。特别是北边的长虫山，是昆明的主山，是从中国人称为万山之祖的昆仑山起脉，行徊曲折，伸缩起伏，从东北方向蜿蜒而来，气势雄浑。老昆明城的规划以长虫山为靠，城东以金马山为屏，城西以碧鸡山为护，城南以滇池水域为堂，形成“大三山一水”的城市格局。另外，长虫山向南逐级而下，依次为圆通山、螺峰山、五华山，与翠湖一起，在城内形成了“小三山一水”的格局。我们再来看昆明的水。昆明的南面有滇池，过去形容滇池为水满盈野、荻苇蔽天，绿杨铺岸、江空月明，这与北、东、西三面群山形成绝妙对景，简直是天造地设的佳境。昆明城以滇池作为城市开阔的明堂，从而让日照更充分，让城市的空气更清新，此外，城边有护城河、盘龙江等大小河流，城内有纵横的大小河塘，可谓家家流水、户户垂杨；建筑之间隔水或隔空望绿，相互通透。总体上看，这是一种城在山水中、山水在城中的大山大水的空间结构，是一座风光旖旎的山水城市。可惜的是，昆明在过去的城市规划建设中，缺乏对自然山水环境的尊重，任意破坏城市与山、水环境的有机联系，随意改变原有地形地貌，城市中心区与各片区由放射组团的田园形式逐渐转化为“中心摊大饼”的形态，破坏了优美的山水风貌。特别是上世纪50年代初期到80年代后期，围湖造田，破山毁林，埋河建路，对城市原有格局产生重大影响，我们很难见到城市里面河塘流水、满目翠绿的景象了。再比如，西山脚下一些建筑使得本来自然山水交相辉映的生态画卷大煞风景；翠湖及周边的五华山、圆通山、螺峰山“小三山一水”传统空间环境被破坏。

第三，城市的人文之湖滇池受到严重污染。“仁者乐山、智者乐水”。水是一座城市的灵气，在昆明人的眼里，形成于7 000多万年前的滇池不仅仅是一个湖泊、一道自然风景，而是昆明的母亲湖、人文之湖，它承载着滇池流域人类发展厚重的历史文化，被世人称为高原明珠，是昆明最独特的名片之一。长期以来，滇池并没有受到应有的尊重、得到较好的保护，历史上多次泄水得田、围海造田，致使水乡泽国不复存在。上世纪60年代到70年代，由于大修水利，数万人用西山上的石头筑起高高的防波堤，从滇池身上强行剥离了几十平方千米的水面，导致湖面和水体迅速变小。同时，多年来的乱砍滥伐致使森林大面积遭到破坏，导致水系干涸，降低了环境的承载力；流域内生产生活用水量的增加给滇池流域生态系统造成严重的污染和破坏，水质下降。一个被污染的滇池不仅减弱了昆明的生态文化力，也给城市的形象和其他各方面带来严重的影响。

大观楼

昆明黑龙潭公园

圆通寺

（本版摄影　许太琴）

第四，城市的街区和建筑风格没有特色缺乏个性。如果说空间形态是城市骨架的话，城市的街区和建筑就是城市的血肉，是历史的积淀和文化的凝结。昆明古城建筑特色鲜明，极具地域特色和文化特色，从目前一些仅存的标志性建筑和文化景观看，比如东西寺塔等古建筑，已经成为了城市历史文化的灵魂和核心，即便是后来复制的金马碧鸡坊，也成为这座城市精神的标志和符号。就连上世纪五六十年代新建的许多建筑，也是风格迥异、十分独特；到上世纪八九十年代，昆明城里还保存着整条街的中式古典建筑以及完整的法式建筑、俄式建筑、越式建筑等等。但是，目前的昆明正面临着严重的城市特色危机、个性危机，“千城一面”的问题十分突出。在城市建设中，古老的有传统特色的标志性的建筑被毁灭，一些独具特色的历史文化街区被单调的新建筑群所淹没。同时，新规划建筑抄袭、模仿、复制现象十分普遍，缺乏文化意识、缺乏民族特色、缺乏人文特色、缺乏美学观念，建筑物千篇一律，满目“水泥森林”，几乎看不到具有特色风貌的建筑和街区，也看不到让人记忆深刻的城市地标性建筑，而且城中村多而乱，许多“老昆明”感到自己的城市愈来愈陌生、别的城市却愈来愈熟悉。

第五，城市的基础设施建设缺乏统筹规划。城市的基础设施建设直接反映的是服务功能和水平，最终体现的是一种人文关怀。反思昆明的城市基础设施建设，规模、容量缺乏科学、超前的意识，服务功能缺乏国际视野，导致昆明相关的基础配套设施规划建设不足以支撑城市快速、大规模的发展，给市民工作、生活、出行带来不方便，也给境外旅游者带来不方便。比如：道路、给排水、燃气、电力电信等基础设施规划建设管理缺乏统筹，造成反复开挖建设，城内一些道路维护不到位等等问题，严重影响市民出行；城市综合交通建设对汽车的发展预测不足，城市道路长度、密度增量与城市发展不相匹配，忽视了公交专用道的建设和非机动车、步行交通系统的提升，恶化了城市交通环境；一些新区建设中，医院、学校等公共服务长期跟不上，一些公共设施项目被随意调整和挤占等等。另外，虽然近年来加大了城市污水处理厂的建设力度，但排水管网建设相对滞后，使得城市污水不能完全地收集到污水处理厂进行集中处理，这是造成滇池水体污染的重要原因。

第六，城市的管理缺乏文化视野和战略眼光。一个管理有序、工作方便、生活舒适、环境优美、安全稳定的城市环境，是一个城市的重要特质与文化元素。近年来，昆明在城市的管理水平上有了很大的提升，但从昆明的发展现状来看，城市管理明显滞后于城市建设，突出表现为：在管理观念上重建设轻管理，在管理内容上重表象轻内涵，在管理途径上重人治轻法治，在管理手段上重经验轻科学，在管理效应上重近期轻长远。具体表现为：交通秩序混乱，城乡结合部的环境脏乱差，城市绿地严重不足，城市缺乏绿化、静化、亮化、美化的美感，人性化服务也不够，市民难以感受到城市的人文关怀等等，影响了城市的形象。产生这些问题的主要根源，主要是城市管理缺乏长远的战略眼光，缺乏应有的文化视野。

二、牢固树立文化城市的战略思维和品牌意识，着力把昆明打造成个性之城、特色之城，加快推进世界知名旅游城市建设

每座城市都会有不同的景观、形象、空间以及气质、灵魂，从而使城市呈现出不同的个性特征。从文化的角度来看，一个城市只有具备丰富的城市文化内涵，才会有特殊的魅力和吸引力；一个城市的历史积淀越深厚，个性才会越强；一个城市文化与其他城市文化的差异越大，特色才会越鲜明。因此，昆明要培育个性和特色，其根本就是要牢固树立以文立市的理念，以高度的文化自觉、文化自信和文化自强，突出原创性和差异性，充分挖掘自身独特的优势和发展潜力，围绕打造世界知名的“中国春城”、世界知名的历史文化名城、世界知名的高原湖滨生态城市、世界知名的西南开放城市四个品牌，提升城市品质，推进旅游城市建设。

（一）发挥昆明气候资源优势，着力打造世界知名的“中国春城”品牌。全世界城市多达数万个，但被称为“春城”的城市只有4个。“春”在中国传统文化中占有重要地位，也是世界各族人民认同的元素，它象征着希望和梦想。昆明的“春城”

云南山茶花 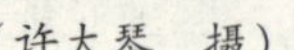 （许太琴　摄）

圆通山樱花 （许太琴　摄）

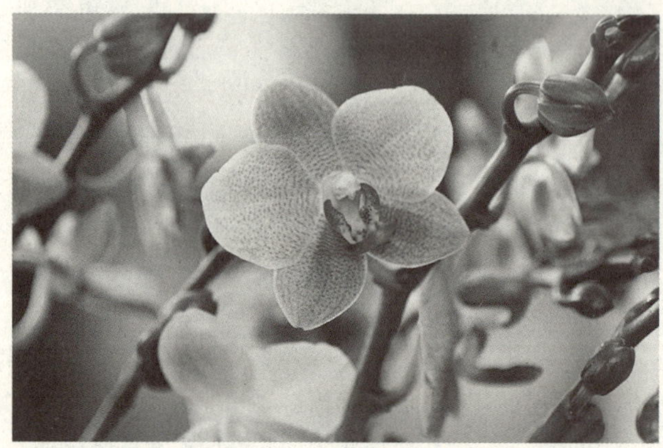

大花蕙兰 （许太琴　摄）

香水百合 （黄增强　摄）

品牌是其他城市不可复制的，是昆明最核心、最富有特色和最具有竞争力的元素，是昆明最具垄断性的资源，要把“春城”打造成昆明内涵最深、外延最广、知名度最高的文化品牌。因此，在城市的规划建设中，一是要突显“春天”的宜人，展现避暑避寒之地的元素。要注重整体的规划设计，把自然环境、人文环境、空气质量、基础设施、休闲设施、市民休闲力、休闲感受度等要素，融入城市景区、度假公寓、功能服务等方面，着力塑造“最佳休闲宜居城市”形象，打造中国最具代表性的国际生态旅游休闲度假区。二是要突显“春天”的色彩，展现四季常青、鸟语花香的元素。要注重城市建筑的色调设计，使之与春天的色彩相协调，与自然生态环境和谐统一；要注重道路绿化，选好植物种类，突出不同特点，不能搞千路一面；要注重庭院的绿化，让院落成为城中错落有致的小森林；要注重规划城市森林，开展生态林和景观林建设；要注重利用城市周边森林资源，塑造森林式、园林化、环保型的绿色城市。三是要突显“春天”的气息，展现朝气蓬勃、奋发向上的元素。注重整体与局部的结合，在凸显春天繁花似锦、绿树成荫的大背景下，以深厚的历史文化为底蕴，将历史神韵、现代动感、都市活力完美结合起来，向世人展现出昆明朝气蓬勃、奋发向上的美丽画卷。四是要突显“春天”的意境，展现包容万物、百花齐放的元素。“一花独放不是春，万紫千红春满园”。昆明是一个移民城市，具有“开放包容”的精神品质。城市规划建设一定要体现强烈的开放性、包容性、开拓性和创新性，展现昆明人的开放胸怀、开放思维，通过进一步传承历史文化，吸纳世界优秀文化，展现各类文化在这里交汇、交融的特征，让世人感受多元文化交织的神韵和多宗教、多民族和谐相处的魅力。

*（二）发挥昆明历史文化资源优势，着力打造世界知名的历史文化名城品牌。*在昆明发展的历史长河中，昆明珍藏了许多历史记忆，出现过郑和、杨慎等许多重要历史名人，发生过兴办陆军讲武堂、重九起义、护国首义、飞虎队、西南联大、“一二·一”运动等历史大事，留下了东西寺塔、太和宫的金殿、真庆观的古建筑群、云南陆军讲武堂、抗战胜利纪念堂等历史遗迹。长期以来，昆明还是一个多民族长期和睦相处的地方，形成了异彩纷呈的多元民族文化。因此，从昆明的文化土壤看，历史文化、传统文化、地域文化、民族文化等资源，都为塑造城市特色和个性提供了丰厚的文化资源基础。要精心保护历史文化遗产，维系历史文脉，挖掘历史文化，弘扬特色文化，让深埋于地下的文物遗迹“浮上来”，让记载于史籍文献的文化“走出来”，让湮没于历史尘埃的文化遗存“活起来”，进一步培育城市文化气质。一是要将历史文化遗产保护纳入城市规划。制定研究、保护、利用相结合的规划，延续历史文脉。对昆明现存古遗址、古建筑、古街区、古籍及重要史迹等文物的数量、分布、文物价值和开发利用价值等作进一步的调查摸底；对民间工艺、传统表演艺术、民俗活动、民间节庆等非物质文化资源，要进行分类整理。二是要加强保护与利用的结合，使文化遗产保护成果惠及民众。采取积极的态度、稳妥的办法，使文物在有效保护中合理利用，在合理利用中有效保护，使文化遗产融入人类现代生活，发挥更大作用。三是要加强历史文化资源学术研究。深入开展对昆明历史、昆明城市发展的学术研究，推出一批具有理论创新价值、决策参考价值、思想教育价值和文化积累价值的精品成果，不断丰富昆明历史文化资源内容。四是打造历史旅游资源品牌。深入挖掘古滇文化、抗战文化以及民族文化等，推出一批历史文化旅游产品，增强昆明历史文化旅游的竞争力和吸引力。

*（三）发挥滇池湖泊优势，着力打造世界知名的高原湖滨生态城市品牌。*自从有人类文明以来，山水作为大自然的杰作，往往成为文化的载体和文明的寄托，体现了一种人文之美。对一座城市来说，水是城市重要的景观标志和功能纽带，是一座城市的灵气，能为城市带来巨大的生态效应、经济效应和文化效应。滇池被誉为高原明珠，具有较大的生态价值和旅游价值，赋予了昆明无可比拟的优越环境、舒适气候和高原湖光山色。要高起点、高品位、前瞻性地做好环滇池湖滨生态建设规划，使滇池成为城市的生态之湖、景观之湖、人文之湖。要在规划建设上充分发挥滇池“高原明珠”山水资源优势，凸显湖滨生态城市魅力。要坚持“一湖四片”、“一湖四环”的建设思路，加快推进现代新昆明建设。要实现对沿滇池区域的高品质开发和最严格保护，科学规划湖滨旅游观光路线和休闲生活区域，建设湖滨亲水空间，要着力打造“山水相映，城湖交融”的城市空间特色形态，提升城市空间品质。

（四）发挥沿边区位优势，着力打造世界知名的西南开放城市品牌。昆明处于亚洲的地理中心和5小时航空圈中心，处于东盟“10+1”自由贸易区、大湄公河次区域经济合作圈、泛珠三角区域经济合作圈“三圈”交汇点，是我国面向南亚、东南亚乃至中东、南欧、非洲的门户。昆明是我国开发较早的内陆边疆城市，是古代南方丝绸之路上的重要枢纽，是内地和西南地区通往东南亚、南亚的重要门户，中原文化、少数民族文化与东南亚文化、南亚文化在这里交融。到近代，随着滇越铁路通车，昆明成为了一个开放城市，逐渐形成了“汇东方与西方、融传统与现代”的海纳百川、开放包容的文化气质，为昆明建设国际化开放城市奠定了文化基础。要进一步加快昆明开放步伐，加快推进跨境人民币金融服务中心建设，大力发展总部经济、国际金融、旅游会展、现代物流等高端服务业，不断规范和完善政务服务环境、公共服务设施、公共标识体系和外语建设环境，更好地集聚国内外资源要素、吸引国际高端人才。同时，要借鉴国际知名城市建设经验，注重融合东南亚、南亚文化元素，努力把昆明打造成为一个既有历史底蕴、又有时尚色彩，特色鲜明、功能完善的区域性国际城市和世界知名的旅游城市。

三、以强烈的文化意识指导规划建设，把历史文化与现代化城市建设有机结合起来，凸显昆明的山水之美、人文之美、城市之美，向世人展现昆明的良好形象

用强烈的文化意识来指导规划工作，就是要把文化理念贯穿于城市规划、建设、管理的全过程，不断增加昆明城市文化的浓度，培育鲜明的文化形象。为此，昆明要突出抓好以下重点工作：

（一）加快完成昆明城市规划修编工作。规划是龙头，是先导，城市建设必须先抓规划。一是要按照“一湖四环、一湖四城（片）”的现代新昆明战略构想来修编城市规划，尽快完善以城镇体系规划、城市总体规划、控制性详细规划、村庄规划为主要内容的综合规划体系。今年年底前，要力争实现全市域总体规划全覆盖，县市区中心区完成控制性详细规划全覆盖，环滇主城四片完成城市形象设计全覆盖，按照“美丽乡村”建设要求，做到村村有规划。二是要强调规划的控制红线。突出以人为本，合理布局城市主干道、城市立交、平面交叉路口、停车场等设施，让市民感受生活的舒适。把保护生态放在首位，合理划定生态红线区域，牢牢守住生态红线，为子孙后代留下良好的生存和发展环境。三是要维护规划的权威性和严肃性，城市规划一经确定，就要严格依法实施，任何单位和个人都无权干预，更不能随意变更，确需变更的，必须严格按法定程序进行。四是要注重地下空间规划，立足长远发展，做好地下建筑、地下交通、地下管线、地下排水系统等方面的规划，加快地下空间规划的补课。

（二）加快建立完善城市交通体系为主要内容的基础设施配套。要加强系统规划，着力提升城市基础设施配套能力。一是要推进环滇池交通体系建设，规划形成环滇的轨道、环滇的高速快线、环滇的自行车道和旅游步道，并合理规划航运码头，适度开发水上交通。2014年底前，除环滇轨道外，力争初步完成环滇池的立体交通体系。二是要强化“一湖四片”的交通网络联接和“一主四辅”的交通体系。交通规划要环射连接，环片相交，并依托公路国高网、入滇出滇的铁路网、门户机场的航空网，形成主次分明、主辅完善、配套齐全、形式多样的立体交通体系，覆盖昆明全域。三是要注重考虑路网建设的密度。可以借鉴香港、上海的路网设计经验，适当提高城区道路密集度，多修支路，合理规划快速干道与普通道路出入口衔接点，使车流得到很好的分流，最大限度避免拥堵现象。四是规划建设水、电、气、通讯等城市基础设施。必须与现代新昆明的建设和未来发展形成相适应的基础设施保障支撑体系，环滇池的水、电、气、通讯网要在明年底前实现闭合。

（三）充分展现昆明山水之美。要保护昆明的大山大水城市布局结构，充分展示昆明的山水城市之美。一是要保护好“大三山一水”格局。保护好长虫山、金马山、碧鸡山等昆明主要山体，保护山体轮廓的完整性，维护山体生态的安全性。要继续推进滇池综合治理“六大工程”，加快构建环湖生态体系。二是要保护和恢复“小三山一水”格局。昆明城内的五华山、圆通山、螺峰山以及翠湖周边的良好生态、自然环境一直是整个昆明城市的绿肺，被称为昆明的“小三山一水”。要科学规划，严格管制，恢复翠湖周边的自然山水绿廊，保护好具有历史文化价值的名人故居，保护好翠湖周边怡人的城市空间，加快

形成昆明现代文化、现代商业最有品质、最具代表昆明文化特色的人文聚集区。三是加大对滇池入湖河道整治和景观美化。用好管好牛栏江—滇池补水资源，有效增加滇池水资源总量和提高水环境容量；加快完成35条入滇池河道的全面截污、全面清淤、全面绿化、全面治理，加快展现高原湖滨城市的壮丽风光。同时，要充分利用牛栏江—滇池等上游河道水源，通过科学合理的分水处理，形成穿城而过的水景公园、观光廊道，重塑高原生态水城风貌。四是加强对城市的绿化。要加快形成点、线、面相结合，市区与郊区融为一体的园林绿地系统。城市面山山体植被以封山育林为主，大力开展植树造林。对“五采区”（挖沙、采石、采矿、取土、砖瓦窑区域）进行生态修复，完成滇池流域山体保护，实现面山绿化全覆盖。规划建设好一批城市森林和公园，城市庭院要见绿透绿，所有公园都要对外开放。此外，加强对松华坝、清水海、云龙等水源地保护，严格控制开采地下水。

（四）做精做美昆明城市新六大片区。昆明城市新片区的开发一定要注重品质和质量，坚持大手笔、高起点规划，优化城市空间，提升城市形象。东城呈贡片区，要加紧完善相关配套设施，增强功能服务，形成布局合理、配套齐全、交通便捷、环境优美、生活舒适的昆明新片区。南城晋城片区，要按照组团式发展的新型城区的规划要求进行打造，推进相关基础设施建设，加快发展步伐。西城海口片区，在改造提升原有的产业基础上，大力发展以旅游产业为主的海西黄金海岸线。草海片区，要坚持开发与保护并重，突出生态休闲功能，着力打造融时尚、文化、生态为一体的现代新昆明“城市客厅”。空港片区，要严格控制好规划“红线”，依托国家门户枢纽机场，以临空经济发展为核心，着力构筑国际化、生态化、现代化的新昆明临空产业新区。巫家坝片区，要着力打造以配套设施齐全、交通组织流畅、建筑风格统一、景观特色显著、区域品质高端的南部城市副中心。同时，要将巫家坝片区延展至环湖三个半岛，突出专业会展、文化体验和生态旅游三大功能主题，加快新国际会展中心建设，打造环滇旅游发展带和都市休闲目的地。

（五）保护和修复城市人文历史古迹。总体要求就是对于昆明区域的古城古街、古树古宅、古塔古庙、古雕古碑、名家名典等文物古迹，进行保护修复，延续昆明的文脉。一是要恢复重建一批具有历史文化的古寺庙。重点要恢复建设长虫山的铁峰庵等历史文化古迹，恢复建设碧鸡山沿山的历史文化建筑和碧鸡寺，恢复重建金马山的金马寺等一批古文化建筑。二是要对一些重要历史遗迹进行修复，认真修缮翠湖片区文化走廊和城内其他名人故居、历史文物以及文化遗迹、标志建筑，提高城市文化品位。三是要依托昆明历史文化资源，重点建设好二战、护国、民主运动等近现代史上的一批文化资源项目。四是恢复一批特色街区，充分继承城市发展的文化脉络，留住城市历史文化的记忆。

（六）塑造城市建筑特色风格。城市建筑，是凝固的音乐、有形的语言、立体的绘画、实用的雕塑，承载着民族、地域和时代的丰富的文化内涵。一是要精心设计和打造一批标志性建筑，设立有昆明历史特色的雕塑作品，体现云南多民族文化的优秀特征，体现历史文化名城的显著特性，体现高原生态城市的特点。二是要精心规划设计街区，新建的每个街道、每个组团、每个区片、每幢建筑都要在造型、风格上都能体现个性化的城市景观。三是建筑要与山水格局相和谐，建筑布局应高低错落、疏密有致、形态自然，与山水格局相融合。四是对建筑要进行限高。昆明是山水城市，一定要考虑山水城的空间比例，做到高楼相对集中，同时要根据昆明的地质地貌对建筑进行适当限高，禁止盲目攀高。另外，还要考虑各种综合因素，科学确定并严格控制好容积率。

（七）加快城市产业结构调整。昆明产业布局，特别是滇池流域内四城（片）整个区域要以适应居住、适应生活、适应创业为目标，强化生态环境保护，推动产业转型升级。一是要控制高耗能、高污染、高排放、低附加值，以及产能过剩的项目。二是要积极发展轻工业，发展与最终消费市场相衔接的日用轻工产品，推进机械制造业转型升级，大力发展战略型新兴产业。三是要大力发展与新型工业化相配套、与城市化进程相协调、与城乡居民需求相适应的现代服务业。重点要发展现代物流、商业贸易、金融业、会议展览及旅游业，加快促使服务业成为城市经济的主要支柱，通过发展服务业，进一步方便群众，提高市民幸福指数。

（八）坚持以先进的理念管理好城市。城市不能“重建轻管”，城市的管理和服务是城市重要的竞争力，也是构建国际春城的重要要素。要

翠湖宾馆

滇池国际会议中心

云南陆军讲武堂旧址

（本版摄影　许太琴）

构筑“制度化”的“刚性”管理环境，进一步优化城市管理系统，加快建立从城市规划、建设施工、城市各功能运作体系的设计、运行、管理的一整套完整的体系。要结合昆明实际，深化信息通信技术在城市管理中的应用，全面规划建设城市的数字化智能网络、平台，2014 年底力争实现城市管理数字化、信息化，初步建成智慧城市，做到城市管理的实时监测和快速反应。要进一步推进城市管理重心下移，按照条块结合、统筹协调、合理分工、重心下移、以块为主、属地管理的原则，把城市管理的责任落实到最基层，下放到街道、办事处，使之成为管理责任主体，使各个片区和街道守土有责。

推进昆明城市建设，是一项长期艰巨的历史任务和复杂的系统工程，需要我们汇聚方方面面的智慧。在城市建设中，要树牢群众观点，坚持走群众路线，始终坚持发展依靠人民、发展为了人民、发展成果由人民共享，广泛征求群众意见，让群众知晓昆明的规划，参与昆明的建设，使昆明城市建设的过程，成为解放思想、更新观念的过程，成为集中民智、集思广益的过程，共同把昆明城市建设好。

同志们，公元 14 世纪，我们的祖先在规划昆明城时，赋予了城市龟蛇相融的形态，并埋下了刻有“五百年后云南胜江南”的石碑，就是希望后代子孙能够在他们亲手打造的美丽家园上努力奋斗、能够把他们托付的美丽家园不断发扬光大。今天，作为昆明城市的建设者，我们相信，昆明市的广大干部群众一定能够担当历史的重任，一定能以更大的气魄、更高的水平、更有力的举措，把昆明建设成为个性鲜明、底蕴深厚、品质卓越、令人向往的美好家园，成为最有幸福感、归属感、自豪感和安全感的宜居宜业的新都市，成为现代化的世界知名旅游城市。

四年大旱教训深刻痛下决心大干水利

——对云南连年干旱问题的回顾与反思

中共云南省委书记、省人大常委会主任 秦光荣

旱灾是云南自然灾害之首。2009年以来我省已连续4年遭遇严重干旱，给各族群众生产生活造成了严重影响，给全省经济社会发展、工农业生产带来了巨大损失。今年又发生冬春干旱，极有可能发展成为云南历史上少有的5年连旱。严重干旱暴露出我省水利基础设施建设滞后、工程性缺水矛盾尖锐、防灾减灾能力不强等薄弱环节和突出问题，必须深刻的反思，下更大的决心，尽最大的努力，用更硬的举措，尽快破解水利基础设施这个云南发展的瓶颈制约，从根本上全面提高我省的防灾减灾能力和水利基础保障水平。

一、四年连旱历史罕见，干旱成因复杂多样

2009年以来，气候异常多变、江河来水持续偏少、库塘蓄水严重不足，云南连续4年遭遇严重干旱。2009年春夏干旱、2010年百年大旱、2011年雨季干旱、2012年旱季更旱。干旱持续的时间、干旱影响的范围、旱灾造成的损失历史罕见。4年连旱呈现以下4个主要特点：

一是降雨连续偏少，气温持续偏高。全省多年平均降水量1 086毫米，2009年至2012年，年降水量均低于多年平均水平，2009年低16%、2010年低4%、2011年低20%、2012年低13%，其中2011年、2009年年降水量为有气象记录以来的最少年和次少年，全省4年只下了3年多的雨，滇中地区则更为严重，昆明4年只下了不到3年的雨。全省多年平均气温16.6℃，2009年至2012年，年平均气温均高于多年平均水平，2010年高1.0℃、2011年高0.1℃、2012年高0.5℃，其中2010年全省平均气温17.5℃，为1959年以来最高年份，2009年9月至2010年4月中旬，全省平均气温15.3℃，较历史同期偏高1.5℃，为1961年以来历史同期最高值。

二是库塘蓄水减少，供水矛盾突出。2009年至2012年全省河道平均来水量较历史平均偏少33.8%，全省库塘蓄水在2008年年末达到历史最高纪录72.68亿立方米之后，3年连年下滑，至2011年年末只有47.39亿立方米，是1994年以来同期蓄水最少的年份。2012年年末，虽经艰苦努力，全省蓄水达69.62亿立方米，但分布不均，滇中地区的昆明、楚雄、玉溪以及滇西的大理、丽江库塘蓄水严重不足，楚雄州仅完成蓄水计划67%，这些地区今年的抗旱水源将十分紧张。连续抗旱大量消耗水源，抗旱水源不能及时补充，昆明、曲靖、楚雄、玉溪等城市及安宁、砚山、双柏等城镇供用水矛盾突出。山区、半山区各族群众主要依靠

昆明禄劝云龙水库 （王 新 摄）

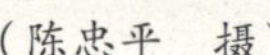

昭通渔洞水库　（陈忠平　摄）

云龙水库　（王　新　摄）

宜良柴石滩水库　（王　新　摄）

水窖保供水，供水水源分散、保障程度不高，因旱造成人畜饮水困难尤为突出。同时，由于优先保障城乡饮水安全，减少生产用水，造成部分工矿企业停产、半停产，水电站停发、限发。

三是旱灾涉及面广，灾害损失严重。2009年以来的连续干旱，全省16个州市129个县市区4 182万人次不同程度受灾，2 351万人次、1 311万头次大牲畜饮水困难，农作物受灾7 347万亩次，因旱直接经济损失达396亿元，是之前10年总和252亿元的1.6倍，因旱间接经济损失和影响范围就更大，2010年因旱造成直接和间接经济损失达1 500亿元，其中直接经济损失150亿元。滇中重点经济区因旱损失尤为严重，昆明、曲靖、玉溪、楚雄4个州市旱灾直接经济损失接近全省的一半。严重干旱对边疆少数民族地区生产生活造成巨大影响，仅2010年百年大旱，全省就有近1 000万人、2 000多万头牲畜饮水困难。持续干旱对云南水生态环境影响极大，我省九大高原湖泊平均水位下降超过70厘米，其中有七大高原湖泊水位低于最低运行水位，抚仙湖4年来累计下降超过2.1米，著名景点丽江古城黑龙潭完全干涸一年多至今尚未出水，旱灾对水生态环境造成的损害涉及面广、影响深远，有的影响甚至具有不可逆性。

四是连续受旱受灾，叠加效应突出。云南是干旱频发的省份，但历史上连续大旱、反复受灾的情况却不多，连续4年大旱、接连四季连旱的情形更是极为罕见。1300年至2009年的709年间，连续两年大旱10次、连续3年大旱2次、连续4年大旱1次、连续5年大旱1次。2009年以来，云南连续遭遇大面积干旱，持续时间长，形成4年连续大旱；同时，2009年初秋至2010年初夏和2011年初夏至2012年初夏又形成了四季连旱的情形。由于近年连续受旱，反复受灾，叠加效应突出，产生了一系列叠加负面效应。

具体分析近年来干旱连续频繁发生、造成严重灾害的成因，主要有以下四个方面：

第一，全球气候变化异常是客观原因。云南2009年以来的连续干旱受多种大气环流异常、海洋温度异常等不同因子的综合影响，干旱期间的每个时段造成降水偏少的主要因子均有所不同，但综合起来，最主要的原因是多种环流异常和外强迫因子异常引起的辐散下沉气流长期控制云南区域，这种下沉辐散气流不仅会引起水汽输送路径和冷空气活动路径的异常变化，同时还抑制了云南区域的对流发展，进而引起云南区域降水持续偏少。气候异常变化，天气变率加大，云南近年降水偏少幅度最大的时段恰恰出现在雨季，干旱发生在主汛期农作物最需要水的关键时期，发生在库塘蓄水重要的增长期，不但严重影响作物正常生长，而且导致库塘蓄水的严重不足，给来年的城乡供水安全带来极为严峻的挑战。

第二，水资源时空分布不均和地形地貌特殊是自然原因。云南年平均降水量1 086毫米，即使近年来降水偏少，也在800毫米以上，相对北方来说降水总量并不少，但云南干湿季节分明，85%的雨量集中在5月至10月的雨季，尤以6月至8月降水最多。占全省土地面积6%的坝区，集中了2/3的人口和1/3的耕地，但水资源量只占全省的5%。水资源时空分布不均导致我省有水难用和水资源与人口、生产力布局不匹配的客观实际。同时，云南山区、半山区面积占94%，地势垂直高差大，山高坡陡谷深，全省129个县（市、区）中118个有岩溶分布，岩溶面积居全国第2位，雨水顺着地势快速向谷底、江河内汇集，降雨径流大部分或全部下渗至地下，往往形成“水在下面流，人在上面愁”的状况。由此，云南成为全国五大旱区之一和西南旱区的中心。

第三，水利基础薄弱工程性缺水突出是现实原因。云南省水资源丰富，水资源总量2 210亿立方米，但开发利用程度低，全省水资源开发利用率仅7%（不含水电开发形成的库容），不到全国的三分之一；已建成的水库97%为小型，调蓄能力弱；全省水利工程蓄水总库容122亿立方米，人均蓄水库容不到全国的二分之一，人均用水量只是全国平均水平的70%，水利工程人均供水能力仅为全国64%，特别是山区各族群众储水设施严重不足，供水保障程度低；农田有效灌溉面积仅占常用耕地面积的40%，还有60%的耕地“靠天吃饭”。

第四，经济社会跨越发展用水需求提高是社会原因。实现云南与全国同步全面建成小康社会宏伟目标，建设中国面向西南开放的重要桥头堡，全省经济社会步入了发展的快车道，全省生活、生产、生态用水需求不断增加，民生水利保障标准、供水质量要求不断提高。工业化、城镇化、农业产业化的快速推进，以及以滇中产业新区建设为重点的产业经济、园区经济、县域经济的快速发展，使全省供用水矛盾更加突出。

从4年连旱发生的特点和成因不难看出，严重干旱在云南很可能常态化。必须突破传统水利建设模式的局限，立足全局、超前谋划，积极创新水利改革发展的新思路、新举措，加快实施“兴水强滇”战略，全力推动全省水利改革发展实现新跨越。

二、持续大干力度空前，突破水利瓶颈成效初显

面对历史罕见的4年连旱，在党中央、国务院的坚强领导和社会各界的大力支援下，云南省委、省政府坚持把解决水的问题作为全省经济社会发展的头等大事，以“兴水强滇”战略为主线，以“兴水十策”为重点，四年大旱四年大干四年大丰收，打响了一场抗大旱、兴水利、促发展的硬仗。

（一）系统科学规划，统筹布局水利发展大战略。组织编制了西南五省云南重点水源建设规划、“十二五”大中型水库建设规划、“五小水利”工程建设规划、大中型水电站水资源综合利用规划等一大批规划，基本形成定位清晰、功能互补、协调衔接的系统性、全局性、战略性的水利规划体系。

（二）强化项目前期工作，抢抓水利发展新机遇。建立重点水利项目前期经费投入滚动使用新机制，创新建立前期工作项目良性运作机制，实现“开工一批、推进一批、论证一批、储备一批”，为抢抓水利发展机遇赢得主动。目前全省在建重点工程达172件，累计建成大中小型水库5 631座。全省水利投资规模以每年40%的增速高速增长，2009年突破100亿元，2010年突破150亿元，2011年突破200亿元，2012年达264亿元。

（三）拓宽资金筹集渠道，建立水利投融资新机制。建立水利公共财政稳定投入长效机制和搭建多元化投融资平台，采取“国家投、财政拿、集体筹、银行贷、招商引、个人出”等办法，变资金国家投入的“独木桥”为四通八达的“立交桥”。决定按土地出让总收入的5%计提专项水利资金，合理调整水资源费征收标准、扩大征收范围，拓宽水利建设基金来源。深化投融资改革，成立省水利水电投资有限公司，多渠道吸引社会投入。2007年以来，共筹集536亿元地方水利建设资金。

（四）积极申报一批大项目，争取国家大力支持帮助。“润滇工程”的一批中型水库和星云湖抚仙湖出流改道、牛栏江—滇池补水等一批水生态文明建设工程，获得了国家的支持帮助。2012年，国家支持云南水利建设资金近100亿元。

（五）率先开征水资源费，拓宽可持续发展路径。做好水资源的商品属性和市场属性这篇大文

章，在全国率先开征电力企业水资源费，2004 年以来共征收水资源费 38.29 亿元，其中征收水电水资源费 30.97 亿元。

（六）动员烟草部门反哺水利，增添水利发展力量。大力发展现代烟草农业，促进烟草农业发展与水利建设相结合。2005 年至 2012 年，省级烟草部门累计投入 78.9 亿元资金建设农田水利，形成烟草反哺水利的格局，为加快水利建设增添了新力量。

（七）改造中低产田地，提升水利基础设施水平。大力整合项目、资源、资金，推进中低产田地改造。在平整土地、改良土壤、修建道路的同时，注重水利基础设施建设。4 年间累计改造中低产田地 1169 万亩，以水利为重点的农业基础设施水平得到极大提升。

（八）加大体制改革力度，提高水利工程管理水平。继 2007 年率先在全国完成国有水管单位水管体制改革任务后，又进行了农村小型水利工程管理体制改革，2012 年已经全面完成任务，既确保水利工程建得成，又使水利工程管得好、长受益。

（九）综合利用水电站水资源，改善库区周边生产生活用水条件。云南水能资源丰富，水能资源蕴藏量 10 364 万千瓦，占全国第 3 位。2012 年全省水电装机 3 172 万千瓦。水能资源开发率为 30%。目前，建成的水电站库容超过 600 亿立方米。根据水电发展规划，将来电站库容将达到 1 600 亿立方米。把水电站水资源形成的库容，引出来加以综合利用潜力巨大。根据这个现实，省委、省政府出台《关于加强大中型水电站水资源综合利用的决定》，编制了《云南省大中型水电站水资源综合利用专项规划》，规划实施 36 个电站的 44 个水资源综合利用项目，总供水量 30.4 亿立方米。引导电力企业在注重水能资源开发利用的同时，充分兼顾周边地区工业、城镇供水，农业灌溉及生态用水。

（十）调动社会治水积极性，聚合全省水利发展正能量。突出水价改革，充分发挥市场机制和价格杠杆促进水利建设。积极建立以基层农民用水户协会为主体的基层水利管理新机制，采取转让、承包、租赁、拍卖、股份合作等形式盘活水利资产，激发社会力量加快水利建设。加大水利基层服务体系建设，累计建立 12 000 余个农民用水户协会。

上述新举措推动我省水利建设取得了明显成效，为成功应对连年大旱和经济社会发展提供了较好的水利保障。

一是滇中引水前期工作成效明显。项目进入了国家“十二五”规划，工程规划经水利部批复，项目建议书通过水利部审查，正待国家发展改革委批复。

二是昆明补水工程供水成效明显。建成掌鸠河引水工程，将云龙水库、双化水库与松华坝等水库连通共同向昆明供水；实施清水海引水工程，将金沙江流域小江支流上的清水海、罗泊河等多个水源连为一体，共同向昆明空港经济区及呈贡新区供水；通过牛栏江—滇池补水工程将牛栏江流域德泽水库与盘龙江、滇池连通为一体，与滇池综合治理五大措施一起，为滇池近期水环境的根本改善奠定了基础。

三是润滇工程项目建设成效明显。4 年来新开工 146 件骨干水源工程，相继建成 157 座大中小型水库，新增库容 14.88 亿立方米，城乡供水保障能力显著提升。

四是病险水库除险加固成效明显。全面完成了 738 件大中型及小（一）型水库除险加固，启动实施了 1 568 座小（二）型水库除险加固，全省重点水库安全隐患基本消除，开始焕发青春恢复蓄水供水效益。

五是“五小水利”建设成效明显。4 年累计建成山区“五小水利”135 万多件，增加蓄水能力 1.38 亿立方米，为解决山区、半山区各族群众饮水困难和脱贫致富发挥了巨大的作用。

六是农田水利基本建设成效明显。全面推进大中型灌区改造，实施了 61 个小型农田水利重点县，4 年来建成 8 459 千米水库干支渠防渗、新增农田有效灌溉面积 288 万亩。累计完成中低产田地改造 1 169 万亩，中低产田地占耕地总面积的比重降低了 15 个百分点。

三、富民强滇必先兴水，突破水利短板任重道远

历史昭示，善治滇者必先治水；现实表明，富民强滇必先兴水。近年来，为了应对干旱的严重影响，我们虽然进行了实施科技措施，提高粮食产量；调整种植业结构，大力发展节水、耐旱、优质、高效经济作物等探索，并取得了良好的成效，但由于水利仍然是我省经济社会发展的最大瓶颈制约，工程性缺水仍然是我省可持续发展的尖锐矛盾，洪旱灾害频繁仍然是我省全面建成小康社会面临的突出问题，水资源开发利用程度低仍然是我省水利发展的薄弱环节，农田水利

建设滞后仍然是影响我省农业稳定发展和粮食安全的主要制约，水土流失和水污染突出仍然是我省水环境治理的严峻挑战。因此，对云南来说，大兴水利是应对干旱的根本措施，突破水利短板还可谓任重道远。必须以破局、谋变、突围的大手笔，浓墨重彩地描绘治水兴水的崭新画卷。

当前和今后一个时期，云南水利建设要紧紧围绕小康水利目标，加快实施“兴水强滇”战略，推进我省水利改革发展，逐步实现由农田水利为主向农田水利与水源工程并重转变、由分散配置为主逐步向分散配置与流域区域统筹配置并重转变、由以自流引水为主逐步向自流引水与提水并重转变、由政府投资为主逐步向政府主导与多元化投资并重转变、由城乡分治“多龙管水”逐步向城乡一体化管理转变，着力构建以滇中引水为骨干、重点水源为支撑、水电站水资源综合利用为调剂、河湖水系连通为通道、民生水利为基础、水生态文明为保障、现代信息化管理为手段的“四江八湖连通、西中东部调配、多源互补、区域互济”的云南小康水利安全网。为此，要在以下关键环节实现重大突破。

（一）*优化布局，着力增强水源安全保障能力*。健全水利工程体系，解决“天上水”蓄不了、“地表水”留不住、“地下水”用不上的问题，增加水源，仍然是今后一段时期水利建设的重中之重。要优化大中型水库和小型水库规划布局，全面推进西南五省云南重点水源工程建设，加快大中型水电站水资源综合利用项目建设，完善农村集中供水水源建设，合理规划战略储备水源建设，统筹做好非常规水源利用，全面完成水库除险加固恢复蓄水供水效益。力争到2020年，基本形成大中小微并举、分散水源与集中水源并重、蓄引提调结合的云南水源安全保障格局。

（二）*科学配置，着力构建连通畅达的水网体系*。云南河流众多，水资源丰富，合理实施江河湖库水系连通是提升水资源配置能力的重要途径，更是小康水利安全网的重要载体。要在全面考虑水的资源功能、环境功能、生态功能的基础上，科学规划江河湖库引调水连通工程。滇中引水工程是关系云南经济社会科学发展、和谐发展、跨越发展的战略工程，是根本解决云南滇中干旱地区供水问题的不可替代的关键工程，是建设全省河库联调、丰枯相济的水资源配置安全网的基础和支撑，要集中力量加快滇中引水工程前期工作步伐，争取国家支持尽快开工建设。将水电站水资源综合利用和以昆明补水为主的引调水工程纳入近期全省水资源统一配置管理积极推进建设，并与滇中引水工程形成相互调剂、互为协调的科学的跨流域跨区域水资源配置工程，全面提升城乡供水安全保障水平。力争早日构建区域与流域相结合、分散配置与集中配置相协调的引排顺畅、蓄泄得当、丰枯调剂、多源互补、调控有效的全省江河湖库连通水网体系。

（三）*突出民生，着力夯实农村水利发展基础*。民生水利是全省广大农村各族群众同步实现小康的重要保障，是覆盖全省的小康水利安全网的重要建设内容。要加强以中低产田改造为重点的高标准农田建设，集中连片发展高效节水灌溉。着力加快大中型灌区续建配套和节水改造、小型灌区建设，加快水库干支渠防渗及管道工程建设，加强从水源到田间的末级渠道、输水管道和配套小泵站建设，形成完善的灌排体系。在大中型骨干水源工程难以覆盖的山区、半山区，因地制宜，分类指导，加大投入，加快建设以“爱心水窖”为重点的“五小水利”工程，从2012年到2015年，每年建设40万口“爱心水窖”，尽快提升山区、半山区水利基础设施条件。

（四）*积极引导，着力形成节约用水良好风尚*。节约用水是解决我省干旱缺水问题的重要举措。要对我省省情、水情、雨情进行再认识、再反思，引导干部群众增强水资源意识、水危机意识、节约用水意识，动员全社会力量参与节水型社会建设。大力推广应用节水科技、节水器具，倡导家庭生活用水一水多用。高度重视城市污水再生利用，积极推进中水回用设施建设，提高用水效率。加强城乡供水管网的管理和维护，防止“跑冒滴漏”。依法监管城市规划区内的地下水，严禁企业和个人私自开采地下水，严厉打击企业偷排污染地下水源行为，确保城乡地下水资源安全。重视对高耗水行业的节水监管和再生循环利用，严格控制用水指标，实行分级管理，减少和控制浪费用水现象和行为。充分发挥市场机制和价格杠杆作用，实施实行分类定价、阶梯式水价，建立激励节约用水的价格机制。要加大宣传力度，推进节水宣传进单位、进学校、进社区，使“节水光荣，浪费可耻”理念深入人心，在全社会形成珍惜水、保护水、节约水的良好风尚。

珠江源头

2011 年干旱的珠江源头

丽江黑龙潭

2013 年干涸的丽江黑龙潭　（本版摄影　许太琴）

（五）改革创新，着力提升水利管理信息化水平。重点水源、江河湖库连通工程是云南小康水利安全网的硬件设施，以信息化为核心的现代化管理是云南小康水利安全网的软件支撑，是水利安全网良性高效运行的基础和手段。要加强防汛抗旱、水资源调控、应急机动监测、水利管理和工程运行等重点水利信息化建设，为小康水利安全网的高效运行提供先进的信息化技术支撑。加强各级水利组织机构和人才队伍建设，为小康水利安全网的科学管理提供可靠的人才保障。推进依法治水、重视水利科技、强化基层水利和水文服务能力建设，为小康水利安全网的公共服务打牢坚实的基础条件。同时，要稳步推进水利发展体制机制创新，实行最严格的水资源管理制度，完善水资源统一管理制度，推进城乡水务一体化，深化水利投融资、水价、水利工程管理体制改革，建立健全水利工程良性运行机制，加快建立以公众参与、民主协商为主的农村水利管理体制，以改革创新为小康水利安全网建设提供不竭的动力源泉。

（六）综合治理，着力打造七彩云南水生态文明。水生态文明是生态文明的基础保障，是经济社会可持续发展、永续利用的重要生态屏障，也是云南小康水利安全网的重要组成部分。要抓好以滇池为重点的九大高原湖泊治理，加强石漠化综合治理、水土流失防治及干热河谷生态恢复、水源涵养林建设和饮用水源地保护。开展河流水环境综合防治、农村水环境综合整治和生态清洁型小流域建设，维护河湖健康生态，改善城乡人居环境。建立健全水资源和水生态补偿机制。深入实施“七彩云南保护行动”，建设河畅其流、水复其清、蓝天绿地、青山碧水的美丽新云南。

在党的群众路线教育实践活动中努力传承和弘扬杨善洲精神

在党的群众路线教育实践活动进入关键时段，省委要求以学习杨善洲精神为载体，推动党的群众路线教育实践活动深入开展。云南省杨善洲绿化基金会认真学习省委书记秦光荣重要讲话精神，结合弘扬传承善洲精神为己任，通过加快“荒山绿化”、“矿山植被恢复”、“绿化进校园”等活动，为建设美丽云南绘就绿色、增添光彩，以实际行动助推全省生态文明建设。

旗帜 · 杨善洲精神

杨善洲同志一辈子忠于党的事业，鞠躬尽瘁，坚守了共产党人的精神家园。他始终不移为改变保山的贫穷落后面貌，让老百姓过上好日子不懈奋斗，把深山大沟建成全国闻名的“滇西粮仓”。他退休后，主动放弃到昆明安享晚年的机会，卷着铺盖一头扎进大亮山，带领员工植树造林，一干就是22年，建成面积5.6万亩，价值3亿多元的林场，把荒山秃岭变成了绿洲。他为党和人民的事业“自讨苦吃”，用全部生命和心血实践了入党誓言。云南省杨善洲绿化基金会以杨善洲为榜样，艰苦奋斗、勤俭办会，坚持把企业和社会爱心人士捐赠的每一分钱都用在植树造林的活动中。参加杨善洲绿化基金会工作的多为退休的老同志，他们工作勤奋努力，办事坚持原则、公正无私，从不计较报酬和个人得失。经常到州市县，深入荒山野岭开展调研或荒山造林，爬山涉水不畏艰难。成立至今，外出工作从未报销过一次出差补助费，每位同志牢记善洲精神，热情工作、乐于奉献。我们决心高举榜样的旗帜，做好杨善洲精神的宣传员和实践者。

善行 · 绿化云南不止

自2011年5月26日成立至今，在吴光范理事长的带领下，杨善洲绿化基金会先后动员组织约22 640人次的志愿者，开展各种形式的植树造林活动33次，通过营建“杨善洲纪念林”、松华坝水源保护区“万亩森林”、“万家森林”、“学习杨善洲 绿化彩云南 · 环保社区行”、“滇池流域矿山废弃区植被恢复造林”、“绿化进校园”等绿化造林

第一届“森林云南环保社区行”爱心林万人义务植树活动 （许太琴 摄）

活动，完成造林绿化面积20 559.22亩。取得了良好的社会影响。

两年多来，云南省杨善洲绿化基金会坚持贯彻“生态立省、环境优先”战略，大力弘扬善洲精神，动员和鼓励社会各界共同参与生态建设与环境保护，遵循“认真研究、精心组织、强化责任、确保质量”的原则，组织开展了30多次“学习杨善洲、绿化彩云南”的系列活动。2011年7月1日在施甸县善洲林场启动首次“学习杨善洲、绿化彩云南”造林绿化活动后，继续开展了营造杨善洲纪念林、矿山植被恢复造林绿化、松华坝水源保护区“万亩森林”植树、绿化进校园、东川泥石流治理、云南野生动物园“万家森林”等一系列造林绿化活动。杨善洲纪念林遍及昆明、保山、楚雄、丽江、大理、昭通等州市，看得见、摸得着的公益活动，受到了各级领导和群众的广泛支持和赞誉。“植树造林是社会的最大道德”，杨善洲绿化基金会动员社会爱心企业和爱心志愿者，践行善洲精神，积极助推“森林云南”建设。

东川杨善洲纪念林种植活动

绿化进校园（鹤庆一中）植树活动

（本版摄影　许太琴）

守护·绿水青山

党的十八大报告指出：“建设生态文明，是关系人民福祉、关乎民族未来的长远大计。”“坚持节约资源和保护环境的基本国策，坚持节约优先、保护优先、自然恢复为主的方针，着力推进绿色发展、循环发展、低碳发展，形成节约资源和保护环境的空间格局、产业结构、生产方式、生活方式，从源头上扭转生态环境恶化的趋势，为人民创造良好的生产生活环境，为全球生态安全做出贡献。”在云南省委贯彻十八大精神，省委省政府出台《中共云南省委、省人民政府关于争当全国生态文明建设排头兵的决定》时，秦光荣书记强调，要始终坚持生态立省，环境优先的的发展路子。以切实的行动抓好《决定》的贯彻落实，让七彩云南这颗明珠绽放出更加绚丽的光芒。到2020年，努力把云南建设成为美丽中国示范区，争当全国生态文明建设排头兵。这是加快推进“美丽云南”建设的需要，是“桥头堡”建设的内在要求，是推动云南科学发展、和谐发展、跨越发展的重要保障。良好的生态环境，是云南最重要的资源、最明显的优势、最靓丽的名片。我们要像珍惜生命一样珍惜云南的良好生态，像保护眼睛一样保护云南的优美环境，守护青山绿水，建设“美丽云南”。

发展·公益助推森林云南建设

推进“森林云南”建设，这是实现省第九次党代会提出的建设绿色经济强省战略目标的一项重要内容，是科学发展和谐发展跨越发展的必然选择，省

委、省政府提出坚持走生态立省、环境优先，生态建设与产业发展并重的可持续发展道路，积极推进山区综合开发和“森林云南”建设，作为“十二五”发展的重要着力点、建设绿色经济强省的重要内容，以及推进城乡统筹、促进区域协调发展和经济社会可持续发展的关键举措。杨善洲绿化基金会鼓励和支持建设以企事业单位或个人命名的“杨善洲纪念林”，倡导通过捐资造林、树木认管、认养等方式履行植树义务，支持和鼓励种植“企业爱心林”、“成长纪念林”等，满足各行各业和社会各界捐资植树，建设“万亩水源林”、“万家森林”的美好愿望，推动以树寄情、以树铭志，奉献绿色的良好社会时尚。

云南省杨善洲绿化基金会理事长吴光范在植树现场接受记者采访

号角·用绿色筑起美丽云南

云南省杨善洲绿化基金会将按照党的十八大关于“五位一体”总体布局和省委、省政府《关于认真学习习近平总书记重要讲话精神的通知》的要求，在党的群众路线教育实践活动中，要向杨善洲同志学习，从我做起，从现在做起，用热情种下一株株树苗，用爱心呵护一片片绿色，共建绿色家园，共促生态文明。加强财务管理，艰苦奋斗、勤俭节约，使用好募集来的资金、树苗，为捐赠企业和个人负责。同时着力把基金会建设成为学习型、服务型、始终传递正能量的光荣集体，不断总结经验，精心调研，突出重点，讲求实效，进一步加大植树造林及管护力度，深入学习弘扬杨善洲精神，凝聚社会力量，鼓励“多种树、种好树、爱护树”，争做生态文明的建设者和守护人，助推“森林云南”建设，为全省生态文明建设作出新的更大贡献。

（云南省杨善洲绿化基金会）

昆明市创建国家森林城市义务植树活动

鹤庆一中“绿化进校园”植树活动启动仪式

（本版摄影 许太琴）

省情概况

行政区划

位置面积

云南省位于祖国西南边陲，地跨东经97°31′~106°11′，北纬21°8′~29°15′之间，北回归线贯穿南部，属低纬度内陆省份。东与贵州省及广西壮族自治区接壤，北与四川省相连，西北隅紧依西藏自治区，西与缅甸交界，南与老挝、越南毗邻。东西横跨846.9千米，南北纵距990千米，总面积39.4万平方千米，占全国总面积的4.1%，位居全国第八位。全省山区、半山区面积占94%，耕地面积9 349.28万亩，其中常用耕地6 882.6万亩。云南省自古就是中国连接东南亚各国的陆路通道，国境线长达4 060千米。其中：中缅边界1 997千米，中老边界710千米，中越边界1 353千米。有8个州市25个县（市）与缅甸、老挝、越南3个国家的9个省（邦）、32个县（市、镇）接壤。其中11县（市）与邻国隔江（界）相望。国境线上有16个国家级口岸、7个省级口岸、97个边境主要通道和边民互市点。

历史沿革

云南省简称“云”或“滇”，是东方人类的发祥地之一。早在170万年前元谋猿人就在这里生息繁衍。夏商周时期为中国九州之一的梁州的一部分。历史上古滇国、南诏国、大理国都曾建在这块土地上。云南之名始于西汉。公元1276年，元朝在云南设立行中书省，为全国10个行省之一。从此，云南正式成为全国省级行政区划的名称。公元1381年（明洪武十四年），明朝在云南设“三司”（即承宣布政使司、提刑按察使司和都指挥使司），统辖府、州、县。清朝沿袭明制，设承宣布政使司，下辖道、府、州、县。民国2年（1913）“废府改县”。1950年2月云南全境解放。3月云南省人民政府成立。2013年，云南省设有8个省辖市，8个民族自治州，129个县（市、区），其中市辖区13个、12个县级市、75个县、29民族自治县个。省政府驻地昆明市五华山。

人口民族

2013年，全省常住人口4 686.60万人，比上年增加27.6万人，全年出生人口58.9万人，出生率12.60‰；死亡人口30.0万人，死亡率为6.43‰人；自然增长率6.17‰，比上年下降0.05个千分点。年末全省城镇人口1 897.1万人，乡村人口2 789.5万人，全省城镇化率40.48%，比上年提高1.17个百分点。

2013年，全省世居民族25个，总人口1 531.5万人，占少数民族人口的99.86%。全省有8个自治州，29个自治县，142个民族乡，是全国民族自治地方最多的省份。

云南是一个多民族的省份，少数民族人口仅次于广西壮族自治区，居全国第二位。除汉族外，人口在6 000人以上并有一定聚居区域的少数民族有25个。其中：白族、哈尼族、傣族、傈僳族、佤族、拉祜族、纳西族、景颇族、布朗族、阿昌族、普米族、德昂族、怒族、基诺族、独龙族等15个民族为云南省特有少数民族，是特有民族最多的省份。少数民族人口超过100万的有彝族、白族、哈尼族、傣族、壮族、苗族6个；超过10万不到100万的有傈僳族、回族、拉祜族、佤族、纳西族、瑶族、景颇族、藏族、布朗族9个；1万~10万的有布依族、普米族、阿昌族、怒族、基诺族、蒙古族、德昂族、满族、水族9个；超过1 000人不到1万人的有独龙族、仡佬族、土家族、侗族等。云南少数民族分布为大杂居与小聚居交错，多居住在山区和边疆，全省没有一个县是单一民族的自治县。云南各族人民世代和睦相处，安居乐业，在漫长的历史进程中创造了丰富多彩、独具特色的民族文化，有古滇文化、滇东爨文化、大理南诏文化以及纳西族东巴文化、傣族贝叶文化、彝族太阳历文化、哈尼梯田文化等，在国内外均有较大影响。众多民族、多种语言、多样歌舞、多种民俗、多姿服饰、构成绚丽多彩的民族多元风情，为云南增添神秘色彩。

第六次人口普查云南省州市人口统计表

州市	人口数（万人）	州市	人口数（万人）
昆明市	643.2	保山市	250.6
曲靖市	585.5	临沧市	243.0
昭通市	521.3	玉溪市	230.4
红河州	450.1	丽江市	124.5
文山州	351.8	德宏州	121.1
大理州	345.6	西双版纳州	113.4
楚雄州	268.4	怒江州	53.4
普洱市	254.3	迪庆州	40.0

第六次人口普查云南省州市人口密度统计表

州市	人口密度（人/平方千米）	州市	人口密度（人/平方千米）
全国	142.8	临沧市	99.3
云南省	116.6	楚雄州	91.7
昆明市	298.0	红河州	136.7
曲靖市	196.1	文山州	109.1
玉溪市	150.7	西双版纳州	57.5
保山市	127.6	大理州	117.3
昭通市	226.5	德宏州	105.1
丽江市	58.7	怒江州	36.3
普洱市	56.0	迪庆州	16.8

云南省行政区划表

州市	州市辖县区	小计
昆明市	盘龙区 五华区 官渡区 西山区 东川区 呈贡区 安宁市 晋宁县 富民县 宜良县 嵩明县 石林县 禄劝县 寻甸县	6个市辖区 1个市 7个县
曲靖市	麒麟区 宣威市 马龙县 陆良县 师宗县 罗平县 富源县 会泽县 沾益县	1个市辖区1个市7个县
玉溪市	红塔区 江川县 澄江县 通海县 华宁县 易门县 峨山县 新平县 元江县	1个市辖区8个县
保山市	隆阳区 施甸县 腾冲县 龙陵县 昌宁县	1个市辖区4个县
昭通市	昭阳区 鲁甸县 巧家县 盐津县 大关县 永善县 绥江县 镇雄县 彝良县 威信县 水富县	1个市辖区10个县
丽江市	古城区 永胜县 华坪县 玉龙县 宁蒗县	1个市辖区4个县
普洱市	思茅区 宁洱县 墨江县 景东县 景谷县 镇沅县 江城县 孟连县 澜沧县 西盟县	1个市辖区9个县
临沧市	临翔区 凤庆县 云县 永德县 镇康县 双江县 耿马县 沧源县	1个市辖区7个县
楚雄州	楚雄市 双柏县 牟定县 南华县 姚安县 大姚县 永仁县 元谋县 武定县 禄丰县	1个市9个县
红河州	蒙自市 个旧市 开远市 弥勒市 建水县 石屏县 泸西县 元阳县 红河县 绿春县 屏边县 金平县 河口县	4个市9个县

续表

州市	州市辖县区	合计
文山州	文山市 砚山县 西畴县 麻栗坡县 马关县 丘北县 广南县 富宁县	1个市7个县
西双版纳州	景洪市 勐海县 勐腊县	1个市2个县
大理州	大理市 祥云县 宾川县 弥渡县 永平县 云龙县 洱源县 剑川县 鹤庆县 漾濞县 南涧县 巍山县	1个市11个县
德宏州	芒市 瑞丽市 梁河县 盈江县 陇川县	2个市3个县
怒江州	泸水县 福贡县 贡山县 兰坪县	4个县
迪庆州	香格里拉县 德钦县 维西县	3个县
云南省	8个地级市，8个自治州，13个市辖区12个县级市，75个县，29个自治县，共129县（市、区）级行政单位。	

（光杰　海容　整理）

经济发展

概述

2013年，全省国内生产总值（GDP）11 720.91亿元，比上年增长12.1%，高于全国4.4个百分点，增速全国第三。其中，第一产业增加值1 895.34亿元，增长6.8%；第二产业增加值4 927.82亿元，增长13.3%；第三产业增加值4 897.75亿元，增长12.4%。三次产业结构由上年的16.0∶42.9∶41.1调整为16.2∶42.0∶41.8。全省人均生产总值（GDP）达25 083元（折合4 050美元），比上年增长11.4%。非公经济增加值实现5 397.48亿元，占全省生产总值的46.1%，比上年提高2个百分点。

全年全省公共财政实力不断增强。全年财政总收入2 975.68亿元，比上年增长13.4%。地方公共财政预算收入1 610.69亿元，比上年增长20.4%。预算支出4 096.56亿元，比上年增长14.7%，其中用于教育、社会保障和就业、医疗卫生、农林水事务和交通运输支出分别增长1.7%、15.1%、12.5%、3.9%和76.9%。民生支出2 784.64亿元，比上年增加344.23亿元，占全省地方共财政支出的68%。全省居民消费价格指数为103.1，比上年上涨3.1%。

农业和农村经济

2013年，农业生产提质增效。省委、省政府高度重视“三农”工作，不断加大农业基础设施投入，全省实现农业总产值达3 056.04亿元，比上年增长7.0%。粮食总产量1 824万吨，比上年增长4.3%；油料产量60.7万吨，增长3.4%；烤烟产量103.9万吨，下降6.5%；蔬菜产量1 625.4万吨，增长10.4%；园林水果产量571.5吨，增长11.9%；茶叶产量30.2万吨，增长11.1%；鲜切花产量80.5亿支，增长12.1%。全年猪、牛、羊、禽肉总产量357.44万吨，增长3.4%；牛奶产量54.51万吨，增长1.5%；禽蛋产量23.24万吨，增长5.0%。高原特色农业呈现产量效益齐增态势，主要农产品量增价涨、品质提升，全省农林牧渔业生产取得长足发展。完成营造林850万亩，木本油料基地257万亩，低效林改造402万亩，陡坡地生态治理80万亩，全省森林覆盖率54.64%、活立木蓄积量18.75亿立方米，林业总产值1 700亿元。全省共有观赏苗木基地3 402个，经营面积27.15万亩，观赏苗木树种200多个，2013年全省观赏苗木产业产值100亿元。特色农业进一步发展，烟叶、核桃、天然橡胶、鲜切花、咖啡面积产量居全国第一，茶叶、甘蔗、肉类、蔬菜、马铃薯产量居全国

勐海茶山 （王　新　摄）

沧源特色小吃街 （张艳秋　摄）

白族古镇诺邓村的百姓生活 （张艳秋　摄）

前列，特色经济林和经济作物种植面积突破1亿亩，农民人均收入达到6 141元，农业总产值增长率、农业增加值增长率和农民人均纯收入增长率居于全国前列；农产品出口额达24亿美元，成为全省第一大宗出口产品。

工业经济

2013年，全省工业经济实现稳步较快增长。全年全部工业实现增加值3 767.58亿元，比上年增长12.0%。规模以上工业增加值3 470.66增长12.3%；主营业务收入完成9 773.14元，增长10.9%；利税完成1 777.54亿元，增长7%。

全年全社会建筑业增加值1 160.24亿元，比上年增长18.4%。全省具有资质等级的总承包和专业承包建筑企业完成总产值2 888.82亿元，增长21.2%；实现利润101亿元，增长20.6%；上缴税金110亿元，增长21.7%。

2013年全省民营经济实现增加值占全省生产总值的比重达46.1%。全省规模以上工业能源消费量为6 752.30万吨标准煤，增长8.1%。全社会用电量1 459.81亿千瓦时，增长10.9%。单位生产总值能耗降低3.2%左右。全省引资总量跃上4 100亿元新台阶，比上年净增1 400亿元。其中，全省实际利用外资25.14亿美元，增长15%，引进省外到位资金3 967.96亿元，增长55%；外来投资在全省固定资产投资中的比重达到41.2%。

基础设施建设

2013年，全省综合交通基础设施建设完成投资913亿元。全省高速公路通车里程突破3 200千米。锁蒙、昆武、大丽等5条高速公路建成通车；南北大通道、龙瑞等在建高速公路加快推进；镇毕、晋江、晋澄等8条高速公路开工建设；全省在建铁路里程1 403.7千米。昆明长水机场配套工程、泸沽湖机场、沧源机场加快建设，澜沧机场、红河蒙自机场前期工作加快推进。全年机场建设完成投资19.3亿元，增长2.74倍。水利、能源建设成效显著。溪洛渡、向家坝、糯扎渡等10个三江干流水电站相继投产发电，全年新增投产装机1 286万千瓦，累计装机容量达6 328万千瓦；龙海、宁州输变电工程和龙开口电站送出工程投产，全省新增110千伏以上输电线路3 509千米，变电容量2 024万千伏安，农村户表改造率达94%。中缅天然气管道建成通气，石油炼化基地建设推进。牛栏江—滇池补水工程建成通水，滇中引水工程进入立项审批阶段，新开工建设重点骨干

水富向家坝水电站 （王 新 摄）

云县澜沧江大桥 （王 新 摄）

内昆铁路 （陈忠平 摄）

昭通机场 （陈忠平 摄）

水源工程45件，库塘蓄水77.1亿立方，水利建设投资突破300亿元，创下历史最好水平。

固定资产投资

2013年，全省固定资产投资达9 621.83亿元，比上年增长27.4%。其中第一产业投资250.87亿元，增长75.3%；第二产业投资2 868.82亿元，增长13.4%；第三产业投资6 502.14亿元，增长33.2%。

全年全省房地产开发投资达2 488.33亿元，比上年增长39.6%。其中商品住宅投资1 642.40亿元，增长42.5%；办公楼投资117.50亿元，增长36.0%；商业营业用房投资410.97亿元，增长60.4%。2013年，全省商品房施工面积18 260.72万平方米，增长27.1%；商品房屋竣工面积2 019.20万平方米，增长9.1%；商品房销售面积3 309.3万平方米，增长2.2%；商品房销售额1 487.24亿元，增长9.1%。

扶贫开发

2013年，全省继续推进民族团结进步边疆繁荣稳定示范区建设，实施新十年农村扶贫开发纲要，民族贫困地区经济发展速度高于全省水平。片区扶贫攻坚全面实施，4个连片特困地区区域发展与扶贫攻坚全面推开，启动怒江州扶贫攻坚，宁蒗扶贫攻坚大会战和富源整县推进扶贫开发成效明显。深入实施兴边富民行动，全面拓展沪滇对口帮扶，实施经济合作项目135个，实际到位资金100.7

盐津县豆沙镇新貌 （柴峻峰 摄）

亿元，同比增长32.4%。居外省市区在滇投资第十位。着力抓好整村整乡推进、产业扶贫、劳动力转移培训等各项工作，培训转移贫因劳动力20万人，拓宽贫因群众增收渠道。全年减少农村扶贫对象143万以上，贫困地区农民人均纯收入达到5 375元，比上年4 365元增加1 010元，比全省农民人均纯收入平均高4.6个百分点，扶贫开发取得了显著成效。独龙江公路隧道即将贯通，独龙江乡整乡推进、独龙江族整族帮扶工作取得重大成效。完成1万个自然村整村推进、56个扶贫开发整乡推进，完成3 201个贫困村整村推进、3万人易地搬迁、3万户安居房建设和15个县的连片特因地区综合扶贫开发示范项目。

对外开放

2013年，全省对外文化交流成果丰硕。对美国、德国、法国、泰国、越南、缅甸等国及港澳台地区派出种类文化交流团组和个人24起338人次。接待来自32个国家和地区各种类文化交流团组和个13起329人次；成功举办第13届亚洲艺术节，在日内瓦等地举办“感知中国”大型文化外宣活动，在国际上引起较大反响；成功申报红河哈尼梯田为世界文化遗产，并与墨西哥中国文化中心结成对子。

年内，首届中国—南亚博览会取得圆满成功，累计外贸成交174.66亿美元；成功举办2013年国际和平日纪念活动暨中国—南亚国家和平发展论坛；成功举办2013年中国国际旅游交易会，签订合同3 200份组团人数450万人次；举办2013年国际茶叶大会暨第十三届中国普洱茶节；成功争取到2014年亚太经合组织（APEC）第47届能源工作组会议在昆明举办。

全年全省批准利用外资项目116个，比上年下降4.1%；合同利用外资12.1亿美元，增长10.8%；实际使用外商直接投资25.1亿美元，增长14.9%。

2013年，全省外贸进出口总额达258.29亿美元，比上年增长22.9%。其中出口总额159.6亿元，增长59.3%，增幅居全国第一；进口总额98.7亿美元，下降10.2%。全年对欧盟进出口17.4亿美元，增长57.1%；对东盟进出口109亿美元，增长61.0%；对南亚进出口7.8亿美元，增长35.6%。

资源环境

2013年，全省水资源总量1 690亿立方米，人均水资源3 627立方米，全年平均降水量1 170毫米，比上年增长7.3%。全省水利工程蓄水总量77.11亿立方米，增长10.7%。万元生产总值用水量144立方米，全省人均用水量326立方米。

全年在规模以上工业主要能源消费量中，原煤消费量9 435.01万吨，比上年增长12.44%；洗精煤消费量1 968.25万吨，增长12.7%；焦煤消费量1 337.82万吨，增长7.3%；天然气消费量3.98立方米，增长13.71%；电力消费量951.33亿千瓦时，增长9.63%。规模以上工业增加值能耗下降3.75%。

社会保障

2013年，全省社会保障体系不断完善。城镇职工五项社会保险参保人数累计达4 440万人，稳步提高基本医保覆盖面和待遇水平，新农合、城镇居民和职工三项基本医疗保险参保率稳定在95%以上，城镇居民医保和新农合政府补助标准提高到每人每年280元，启动城乡居民大病保险制度试点，解决103万城镇低收入人口和467万农村贫困人口最低生活保障。棚户区改造五年规划启动实施，组织实施农村危房改造和地震安居工程建设50万户，建成23万套城镇保障性住房、超额完成年度目标。城乡居民收入稳步提高。各项惠民增收措施落实到位，农民家庭经营性、工资性、财产性、转移性收入持续增长。最低工资标准增长15%以上，企业退休人员基本养老金每人每月平均增加193元。就业保持总体稳定。落实就业创业扶持政策，突出做好高校毕业生和农村转移劳动力就业工作，城镇新增就业31万人，帮助零就业家庭2 757户实现就业。农村新增转移就业97万人。全省城镇实有登记失业人数18.09万人，城镇登记失业率为3.98%。全年城镇居民人均可支配收入23 236元，比上年增长10.3%；农村居民人均纯收入6 141元，增长13.4%；全省居民人均可支配收入12 578元，增长12.1%。

（光杰　海容　整理）

边境口岸

概述

云南省地处祖国西南边陲，与东南亚、南亚国家毗邻，具有独特的区位优势，是中国通往东南亚、南亚重要的桥头堡。全省陆地边境线长4 046千米，约占全国陆地边境线总长的18.7%，其中：中越段1 353千米，中老段710米，中缅段1 997千米。有8个边境州（市）的25个边境县（市）与缅甸、老挝、越南3个国家9个省（邦）32个县（市）接壤。至2013年末，云南省经国务院批准对外开放口岸16个，其中航运口岸3个（昆明、西双版纳、丽江），铁路口岸1个（河口），公路口岸10个（瑞丽、畹町、孟定清水河、腾冲猴桥、打洛、磨憨、勐康、河口、天保、金水河），水运口岸2个（景洪、思茅）。经云南省政府批准开放口岸7个（田蓬、孟连、沧源、南伞、章凤、盈江、片马），均为公路口岸。一二类口岸23个中，中越边境口岸5个（河口铁路、河口公路、天保、金水河、田蓬），中老边境口岸2个（磨憨、勐康），中缅边境口岸11个（瑞丽、畹町、孟定清水河、猴桥、打洛、孟连、沧源、南伞、章凤、盈江、片马）。云南省与邻国地方政府签署协议和云南省政府批复对双方边民开放通道97条（中越26条、中老7条、中缅64条）。

2013年，全省23个口岸进出口贸易额118.5亿美元，同比增长70.1%，占全省进出口贸易额的45.88%。其中出口贸易73.4亿美元，同比增长53.4%；进口贸易45.1亿美元，同比增长106.8%。进出口贸易货运量1 191万吨，同比上升40.4%。其中出口贸易305万吨，同比增长13.1%；进口贸易886万吨，同比增长53.1%。

全省各口岸出入人员2 935万人次，同比增长18.4%。其中出境1 452万人次，同比增长18.3%；入境1 483万人次，同比增长18.4%。出入境交通工具559万辆（艘、架、列）次，同比增长26.7%。其中出境277万辆（艘、架、列）次，同比增长26.8%；入境282万辆（艘、架、列）次，同比增长26.6%。

对缅甸边境口岸：对缅甸边境口岸流量位居云南省第一，2013年，云南省对缅边境口岸进出口贸易额56.4亿美元，同比增长93.7%，占云南省比重的47.6%；口岸贸易货运量620万吨，同比增长84.8%，占云南省比重的52.1%；出入境人员2 238万人次，同比增长21.5%，占云南省比重的76.2%；出入境交通工具506万辆，同比增长26%，占云南省比重的90.5%。

片马口岸　（王　新　摄）

对越南边境口岸：2013年，对越边境口岸进出口贸易额12.8亿美元，同比增长28.6%，占全省比重的10.8%；口岸贸易货运量303万吨，同比增长91.5%，占云南省比重的25.4%；出入境人员415万人次，同比增长1.2%，占云南省比重的14.1%；出入境交通工具24万辆次，同比增长47.8%，占云南省比重的4.3%。

对老挝边境口岸：2013年，对老挝边境口岸进出口贸易额22.7亿美元，同比增长116.6%，占全省比重的19.1%，首次超过对越口岸，排在全省第二位。口岸贸易货运量125万吨，同比增长17.1%，占云南省比重的2.8%；出入境交通工具27万辆次，同比增长25.1%，占云南省比重的4.8%。

昆明航空口岸

1955 年经国务院批准对外开放，位于昆明市官渡区大板桥镇。2012 年 6 月 28 日由巫家坝国际机场转场至长水国际机场，是中国五大航空港之一。国际旅客吞吐量居西南地区第二位，国际航线开通数量居全国第七位。机场东跑道长 4 500 米、宽 60 米，西跑道长 4 000 米、宽 45 米，跑道间距 1 950 米，可供空客 A320 等所有机型起降。覆盖国内所有省会城市、重点旅游城市及港澳台地区，国际航线覆盖东亚、南亚、东南亚及西亚。开通国际和国内及地区航线 319 条，118 条国内外城市通航。

2013 年，昆明口岸进出口贸易额 13.69 亿美元，同比增长 56.3%。出口贸易额 9.24 亿美元，同比增长 82.2%；进口贸易额 4.45 亿美元，同比增长 20.8%。进出口货运量 13 304 吨，同比增长 7.3%。出口货运量 9 442 吨，同比增长 9.8%；进口货运量 3 862 吨，同比增长 1.7%。出入境人员 1 880 023 人次，同比增长 26.6%。

西双版纳航空口岸

位于景洪市西南约 5 千米，1990 年 4 月建成通航，属国家一类航空口岸。1995 年 12 月经国务院批准设立西双版纳航空口岸。1997 年 1 月正式对外开放。设计年旅客吞吐量 350 万人次，货物吞吐量 1.09 万吨，飞行区指标为 4D，可满足 B767、A300 系列类型飞机。该机场是国内重要的干线机场和通往东南亚、南亚的中型枢纽机场，先后开通国内航线 23 条和泰国、老挝国际航线 3 条。2013 年，西双版纳航空口岸出入境人员 18 193 人次，下降 36.7%。

丽江航空口岸

丽江机场位于丽江市古城区七河乡，距市区约 28 千米。2011 年 11 月，经国务院批准丽江机场正式对外开放。2012 年 5 月 31 日正式通航，机场占地面积 1 800 亩，为 4D 飞行区，跑道长度 3 000 米，宽 45 米，可供波音 737 ~700 型及以下机型起降，国际候机楼建筑面积 5 300 平方米，有 3 座登机廊桥，可保障 A300/B767 - 300 同类及以下机型起降机场。至 2013 年末，已开通泰国和香港两条航线，由中国东方航空公司和四川航空公司经营。2013 年，丽江航空口岸出入境人员 52 033 人次，同比增长 248.7%。

思茅港水运口岸

思茅港口岸位于普洱市西南 88 千米的澜沧江东岸，距昆明 510 千米。1993 年 7 月经国务院批准为国家一类水运口岸。2001 年 4 月 1 日起正式对外国籍船舶开放。思茅港是澜沧江—湄公河国际航运中国境内第一港，可达老、缅、泰、柬、越五国，是东南亚最便捷的一条黄金水道，是云南乃至大西南通往东南亚的重要通道。港口规模年货运 30 万吨，客运 10 万人次。有大小船只 43 艘，国际航运船只 31 艘，载货能力 3 000 吨，客位 449 个。

景洪港水运口岸

位于西双版纳傣族自治州景洪市澜沧江北岸。1993 年 7 月 24 日经国务院批准为国家一类口岸。2001 年 6 月正式对外开放，该港与老挝、缅甸、泰国多个国家港口开通杂散货、集装箱、客运航线。设计规模年货运量 40 万吨，客运量 150 万人次，有停靠泊位 6 个。景洪港口岸是澜沧江—湄公河国际航道上的重要国际口岸，是云南及西南地区面向东南亚开放的重要前沿。

2013 年，景洪港水运口岸进出口贸易额 2.3 亿美元，下降 7.6%。出口贸易额 1.43 亿美元，同比增长 4.9%；进口贸易额 8 768 万美元，下降 22.6%。进出口货运量 13.56 万吨，下降 4.8%。出口货运量 7.24 万吨，同比增长 7.3%；进口货运量 6.32 万吨，下降 15.7%。出入境人员 5.44 万

西双版纳景洪县关累港口　（张艳秋　摄）

人次，同比增长12.1%。

河口铁路口岸

位于红河州河口县城南端，与越南老街口岸对接。1895年河口被辟为商埠。1910年滇越铁路通车，云南进出口物资80%以上经河口口岸进出，河口成为中国西南对外贸易的最大集散地。1956年国务院批准为国家级口岸。1978年12月关闭。1992年10月恢复为国家一级口岸。口岸是滇越铁路、昆河公路、红河航道与越南乃至东南亚地区铁路、公路、航道连接的交通枢纽，距昆明市469千米，距越南首都河内296千米。距出海口——越南北方最大的海防港416千米，是中国西南进入东南亚、南太平洋的便捷通道。

2013年，河口铁路口岸进出口贸易额517万美元，同比增长81.4%。出口贸易额411万美元，同比增长56.9%；进口贸易额106万美元，同比增长360.9%。进出口货运量9 902吨，同比增长10.2%。出口货运量8 885吨，同比增长90.3%；进口货运量1 017吨，同比增长267.1%。出入境人员1 392人次，同比增长16.0%。

瑞丽公路口岸

位于德宏景颇族傣族自治州瑞丽市姐告经济开发区。1978年12月国务院批准开放，为国家一级口岸。1991年2月，云南省政府批准姐告设立边境贸易经济区。2000年国务院批准按照“境内关外”的方式设立姐告边境贸易区。2010年瑞丽被国家列为开发开放试验区。该口岸与缅甸木姐口岸对接。距云南省会昆明750千米，距缅甸木姐4千米、腊戌160千米、仰光900千米。它是中缅铁路通道（昆明—大理—瑞丽—腊戌—曼德勒—印度洋）、中缅公路（昆明—瑞丽—仰光）和中缅陆水联运大通道（昆明—瑞丽—八莫）上的重要口岸。

2013年，瑞丽口岸进出口贸易额29.35亿美元，同比增长47.0%。出口贸易额22.97亿美元，同比增长35.0；进口贸易额6.38亿美元，同比增长116.1%。进出口货运量186.33万吨，同比增长28.8%。出口货运量71.14万吨，下降0.9%；进口货运量115.19万吨，同比增长57.9%。出入境人员1 450万人次，同比增长16.0%。

畹町公路口岸

位于德宏傣族景颇族自治州瑞丽市畹町经济开发区。南与缅甸相邻，与缅甸九谷口岸对接。畹町口岸是中国开放最早的口岸之一，1952年开通，为国家一类口岸。1992年6月9日国务院批准畹町为对外开放城市。

畹町是历史上较早通向东南亚、南亚的主要贸易通道，是“南方丝绸之路”的重要驿站。抗日战争时期成为当时中国大后方对外联系的唯一国际陆运口岸。1993年畹町—九谷新桥建成，由昆明经畹町、曼德勒至仰光和印度加尔各答运距，要比从昆明经广州绕马六甲海峡到仰光和印度加尔各答分别缩短4 651千米和4 331千米，是中国大西南通往东南亚、南亚和西亚的捷径。

2013年，畹町口岸进出口贸易额1.31亿美元，同比增长68.1%。出口贸易额7 557万美元，同比增长92.8%；进口贸易额5 573万美元，同比增长43.25。进出口货运量17.77万吨，同比增长35.5%。出口货运量358万吨，同比增长47.1%；进口货运量14.18万吨，同比增长32.9%。出入境人员84.08万人次，同比增长29.2%。

河口公路口岸

位于红河州河口县南端，与越南老街口岸对接。2011年7月国务院批准河口公路口岸对外开放。该口岸具有“口岸就是县城，县城就是口岸”的区位优势，是滇越铁路、昆河公路、红河航道与越南乃至东南亚地区铁路、公路、航道连结的交通枢纽，是中国西南进入东南亚、南太平洋的便捷通道。至2013年末，中国河口—越南老街跨境经济合作区、国际物流园区、边民互市市场、河口口岸免税商品城、海产品交易市场等项目正在推进建设。

2013年，河口公路口岸进出口贸易额10.45亿美元，同比增长31.0%。出口贸易额8.65亿美元，同比增长23.4%；进口贸易额1.8亿美元，同比增长86.7%。进出口货运量266.38万吨，同比增长102.0%。出口货运量112.37万吨，同比增长22.0%；进口货运量154.01万吨，同比增长287.0%。出入境人员308.41万人次，下降2.9%。

磨憨公路口岸

位于西双版纳傣族自治州勐腊县城南58千米的磨憨经济开发区。1992年3月被国务院批准为国家一级口岸。翌年12月22日正式开放。2000年6月云南省政府批准磨憨口岸为边境贸易区。2004年9月6日，国务院批准该口岸开展口岸签证工作，并对第三国人员实行开放。

磨憨口岸与老挝磨丁口岸对接。距老挝南塔60千米、北本码头240千米、首都万象700千米。从磨憨口岸出境经老挝可直达泰国、越南、柬埔寨等国，是中国通往东南亚各国最大的陆路通道。至2013年末，磨憨国家级边境经济合作区、中老跨境经济合作区建设正在稳步推进。

西双版纳磨憨口岸　　　　（许太琴　摄）

2013年，磨憨公路口岸进出口贸易额22.5亿美元，同比增长117.6%。出口贸易额12.94追寻美元，同比增长71.2%；进口贸易额9.56亿美元，同比增长243.6%。进出口货运量113.92万吨，同比增长24.9%。出口货运量40.67万吨，同比增长11.8%；进口货运量73.25万吨，同比增长33.7%；出入境人员75.23万人次，同比增长17.0%。

金水河公路口岸

位于红河彝族哈尼族自治州金平县城西南38千米金水河镇。1954年12月17日经中越双方商定辟为边民互市口岸。1978年12月关闭。1993年2月25日经国务院批准为国家一类口岸，当年11月10日正式对外开放。口岸与越南马鹿塘口岸对接。

金水河口岸距越南莱州省会封土25千米、河内590千米，距老挝边境230千米。是云南省主要对越通道和对外开放口岸“桥头堡”之一。至2013年，金水河口岸重点开展以进口玉米、稻谷、茶叶、咖啡为主的对外贸易。从金水河口岸出境，可到达越南西北部旅游重镇奠边府和沙巴。

2013年，金水河公路口岸进出口贸易额1 275万美元，同比增长188.5%。出口贸易额833万美元，同比增长624.3%；进口贸易额442万美元，同比增长35.2%；进出口货运量6.29万吨，下降3.2%。出口货运量8 511吨，同比增长115.0%，进口货运量5.44万吨，下降10.9%。出入境人员29.19万人次，同比增长28.0%。

天保公路口岸

位于文山壮族苗族自治州麻栗坡县城南端38千米的天保镇。与越南清水河口岸对接，距越南河江省河江市23千米、越南首都河内341千米、海防港441千米。天保口岸于1954年3月1日开通。1960年12月关闭。1963年3月，口岸恢复对外开放。1978年口岸再次关闭。1993年2月25日，经国务院批准恢复正式对外开放，为国家一级口岸。2011年6月12日，国务院同意该口岸扩大对外开放，口岸性质为国际公路客货运输口岸。

2013年，天保公路口岸进出口贸易额1.39亿美元，同比增长20.5%。出口贸易额1.21亿美元，同比增长13.5%；进口贸易额1 888万美元，同比增长98.7%。进出口货运量18.03万吨，同比增长132.7%。出口货运量2.72万吨，下降25.0%；进口货运量15.31万吨，同比增长271.4%。出入境人员62.48万人次，同比增长15.8%。

腾冲猴桥口岸

位于保山市腾冲猴桥镇槟榔江畔，距腾冲县城65千米，与缅甸甘拜地口岸对接。口岸距缅甸北部重镇密支那133千米，距印度雷多687千米。1991年8月10日，云南省政府批准为国家二类口岸。2000年4月经国务院批准为国家一类口岸。2003年1月正式对外开放，是历史上“南方丝绸之路”的重要通商口岸，是抗日战争时期“史迪威公路”的枢纽。该口岸是云南建立国际大通道通往南亚，昆明—腾冲—密支那—印度雷多通道上的重要口岸。

2013年，腾冲猴桥口岸进出口贸易额1.94亿美元，同比增长4.4%。出口贸易额4 044万美元，下降66.8%；进口贸易额1.53亿美元，同比增长125.2%。进出货运量228.99万吨，同比增长57.8%。出口货运量2.28万吨，下降45.0%；进口货运量226.71万吨，同比增长61.0%。出入境人员62.5万人次，同比增长46.5%。

孟定清水河公路口岸

位于临沧市耿马县孟定镇，距耿马县城83千米，与缅甸清水河口岸对接。1957年孟定口岸正式开展小额贸易进出口业务。1991年省政府批准列为国家二类口岸。2004年10月，经国务院批准为国家一类口岸。2007年11月8日正式对外开放。从清水河口岸到缅甸重镇户板、滚弄分别为15千米和24千米。孟定口岸是云南对外贸易的重要窗口，辐射缅甸第一特区、第二特区及清水市、滚弄镇、户板镇、腊戌、瓦城、仰光等5省1市10个镇区。

2013年，孟定清水河公路口岸进出口贸易额1.00亿美元，下降4.8%。出口贸易额6 157万美元，下降27.7%；进口贸易额3 862万美元，同比增长91.9%。进出口货运量21.03万吨，同比增长62.3%。出口货运量10.81万吨，同比增长28.1%；进口货运量10.22万吨，同比增长126.5%。出入境人员4.43万人次，同比增长24.9%。

打洛公路口岸

位于西双版纳傣族自治州勐海县南端打洛镇，距勐海县城66千米。1956年，打洛口岸正式开展小额进出口贸易。1991年8月10日，云南省政府批准为二类口岸。1992年被列为国家首批沿边开放地区。1997年3月25日，中缅两国政府协定，中国打洛—缅甸勐拉口岸被列为对第三国人员开放的口岸。2007年11月13日国务院批准为国家一类口岸。打洛口岸距离缅甸景栋80千米、距泰国北部重镇清迈550千米。由打洛口岸出境经缅甸，可达泰国、越南、马来西亚、新加坡、印度等国家，是云南建立国际大通道中公路出口的重要口岸之一。

2013年，打洛公路口岸进出口贸易额3.17亿美元，同比增长372.5%。出口贸易额2.88亿美元，同比增长436.9%；进口贸易额2 894万美元，同比增长115.2%。进出口货运量8.93万吨，同比增长82.6%。出口货运量5.31万吨，同比增长76.1%；进口货运量3.62万吨，同比增长93.1。出入境人员57.01万人次，同比增长27.7%。

勐康公路口岸

位于普洱市江城哈尼族彝族自治县，距县城35千米，距老挝丰沙里省约乌县52千米，距省会丰沙里186千米，距首都万象830千米。2011年7月24日，国务院批准勐康口岸为国家一类口岸对外开放，为中老双边公路客货运输口岸。是云南省通往老挝及东南亚最便捷的陆路通道之一，是全省对外开放的重要桥头堡。2013年末，口岸基础设施通过国家验收，允许持有护照的人员经口岸出入境。口岸将成为中老边界上集边境贸易、生态休闲、民俗文化为一体的边境旅游小镇。

2013年，勐康公路口岸进出口贸易额1 814万美元，同比增长37.3%，出口贸易额687万美元，下降12.0%；进口贸易额1 127万美元，同比增长108.7%。进出口货运量11.48万吨，同比增长34.9%。出口货运量1.63万吨，下降28.6%，进口货运量9.85万吨，同比增长58.3%。出入境人员6.9万人次，同比增长18.5%。

（光杰　海容　整理）

自然遗产

世界自然遗产

中国于1986年开始向联合国教科文组织申报世界遗产项目。截至2012年7月，世界上共有世界遗产962项，其中文化遗产745项，自然遗产188项，文化与自然双重遗产29项；中国共有世界遗产43项，其中自然遗产9项，文化遗产30项，文化与自然双重遗产4项。云南省有三江并流、中国南方喀斯特片区之一石林喀斯特、澄江化石地等3项世界自然遗产。

2003年，三江并流景观区因符合世界自然遗产的四个提名标准（vii、viii、ix和x）而被列入《世界遗产名录》。2007年，云南石林喀斯特、贵州荔波喀斯特和重庆武隆天坑地缝喀斯特因符合世界自然遗产的两个提名标准（vii、viii），作为中国南方喀斯特第一批提名地被列入《世界遗产名录》。2012年，澄江化石地因符合世界自然遗产的提名标准viii而被列入《世界遗产名录》，填补了中国化石类自然遗产的空白。

三江并流世界自然遗产

怒江、澜沧江和金沙江在云南省境内自北向南并行奔流170多千米，穿越担当力卡山、高黎贡山、怒山和云岭等崇山峻岭之间，形成世界上罕见的“江水并流而不交汇”的奇特自然地理景观。地处东亚、南亚和青藏高原三大地理区域的交汇处，整个区域面积3.2万平方千米，其中自然遗产地面积1.78万平方千米。按照世界遗产地的“突出普遍价值”原则，三江并流景观区因符合世界自然遗产的四个提名标准（vii、viii、ix和x），于2003年被列入《世界遗产名录》。

具有极好的自然奇观或自然美和美学重要性（标准vii）。金沙江、澜沧江和怒江深而平行的峡谷体现了该区域突出的自然特征，而三条江的大截面正好处于该区域的边界外围，河谷是这个地区的主要风景。区域中随处可见高山，与梅里冰蚀峰、白马雪山和哈巴雪山一起构成了一道壮观的空中风景线。明永恰冰川是一个颇为引人注目的自然现象，海拔高度从卡瓦博格峰（6740米）下降到2700米，是北半球中在这一低纬度（28°N）的最低的冰川。其他一些突出的风景地貌是高山喀斯特（特别是石月亮）和由高山丹霞砂岩风化而成的“龟甲”。

长江第一湾（丽江市石鼓镇）　（刘建明　摄）

怒江第一弯（贡山县）　（许太琴　摄）

鸟瞰澜沧江　（刘建明　摄）

地球历史和地质特征（标准 viii）。三江并流遗产突出的价值在于其展示了 5000 万年印度板块与欧亚板块碰撞的地质历史、古特提斯海的闭合遗迹喜马拉雅山和西藏高原的隆起。此外，在这一高山带中还包括了世界上山脉中一些典型的喀斯特分布区、花岗岩和丹霞砂岩地貌。

生态过程（标准 ix）。三江并流区域中激动人心的生态过程是地质、气候和地形作用的共同结果。最初，处于活动造山带内这一区域导致了从火成岩到各种沉积岩，包括灰岩、砂岩和砾岩的一个广泛的岩基分布区。一个特殊的地形特征分布区，从峡谷到喀斯特再到冰蚀峰，是与构造板块“碰撞点”的位置有关。而后，这一区域曾是更新世的残遗保护区并位于生物地理的汇聚带，作为高度生物多样性的演化的物质基础则是现阶段的事情。沿着近 6000 多米的垂直陡坡呈现出景观多样性，季风气候影响着该区域绝大部分，从而提供了另一个有利的生态促进因素，使得古北极区温带生物群落的整个分布区得到发展。

生物多样性与濒危物种（标准 x）。云南省西北部是中国生物多样性最丰富的地区，也是世界上温带生物多样性最丰富的区域。这一地区包括了横断山脉中的绝大部分自然栖息地，是地球上生物多样性资源保护区中最重要的残留区之一。这一地区处于东亚、东南亚和西藏高原的生物地理区的汇合处，是植物和动物运动的南北通道（特别是在冰期期间）。所有这一切使得这一地区形成了独一无二的景观，尽管人类在这一地区居住了数千年，但这一地区仍然保持着高度的自然特征。作为大量的稀有和濒危动植物的最后残留的栖息地，该地区具有突出的普遍价值。

中国南方喀斯特世界自然遗产（云南）

由云南石林、贵州荔波和重庆武隆“捆绑”申报的“中国南方喀斯特”，因符合世界自然遗产的两个提名标准（vii 和 viii），于 2007 年 6 月被正式列入《世界遗产名录》。“中国南方喀斯特”由云南石林的剑状、柱状和塔状喀斯特、贵州荔波的锥状喀斯特（峰林）、重庆武隆的以天生桥、地缝、天坑群等为代表的立体喀斯特共同组成，形成于距今 50 万年至 3 亿年间，总面积达 1 460 平方千米。

中国南方喀斯特从古生代以来，经历了复杂的地质演化，是世界范围内独特的能够以喀斯特地貌形式反映大区域地球演化历史的杰出范例。遗产地具有显著的喀斯特地貌多样性，其独特的塔状、剑状、锥状喀斯特和天坑地缝等是地球重要的具有代表性的地貌形态和自然地理特征。遗产地也是大陆热带—亚热带喀斯特发育演化的教科书，代表了重要的和正在进行的地貌演化地质作用。遗产地碳酸盐岩地层中丰富而特殊的化石是地球生命的重要记录。

云南石林地处石林彝族自治县，由形态丰富的高石芽成群分布而成，高石芽形态主要包括剑状、柱状、塔状、蘑菇状、锥状、不规则状等，几乎囊括了所有的剑状喀斯特石柱形态。

澄江化石地世界自然遗产

澄江化石地位于澄江县东部的帽天山（北纬 24°40′08″，东经 102°58′38″）。按照世界遗产地的“突出普遍价值”原则，澄江化石地因符合世界自然遗产的提名标准 viii，于 2012 年 7 月被列入《世界遗产名录》。地球历史和地质特征（标准 viii）。澄江化石地是地球生命演化历史重要阶段的一个最为著名的范例。地球上存在着三个重大生命演化历史事件：一是生命的起源，二是寒武纪生命大爆发，三是二叠纪末期生物绝灭事件。特异埋葬的澄江化石代表了在寒武纪早期（寒武纪生命大爆发时期）后生动物迅速多样化的一个独一无二的重要化石记录，也是早期复杂海洋生物系统的化石例证。

重要性特征。1. 澄江化石地是动物界各个门类多样性起源的直接证据。2. 澄江化石地记录了目前已知最完整的寒武纪早期海洋生物群落。截至目前，总共报道了约 200 个动物物种，分属于至少 16 个不同的动物门，另外还有许多化石类群的系统位置至今仍无法确定，属于疑难类群。3. 澄江化石地是一个特异埋藏的生物群，化石类群繁多，其化石标本揭示了大量生物种类（包括无脊椎动物和脊椎动物）的硬体和软组织精美的解剖学细节特征。4. 澄江化石对回答生命演化中的基本问题产生了重要影响，如后生动物身体基本构造的起源演化、形态演化革新的遗传学背景。5. 澄江化石地记录了寒武纪早期形成的复杂海洋生态系统，包括食物网最顶端的高级捕食动物。6. 澄江化石的特异埋藏方式赋予其一种罕见的美感，即澄江化石保存在黄色的泥岩内，化石本身主要以红色的氧化

澄江动物群化石发现点

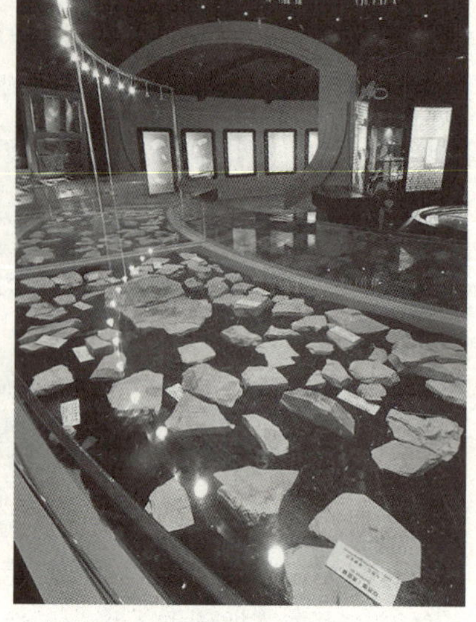

澄江化石地展览馆（王 新 摄）

铁或黑色的碳质形式保存，在黄色的背景映衬下极具质感和美感，因此澄江化石不仅具有重大的科学的价值，也具有重要的美学价值。

（江 云 整理）

地 貌

综述

云南省以山地和高原地貌为主，山地占全省面积的84%，高原占10%，山间盆地（中国西南地区称“坝子”）占6%。地势西北高，东南低，呈阶梯状逐级下降，最高点是滇西北与西藏交界处的梅里雪山主峰卡瓦博格峰，海拔6740米，最低点在滇东南河口县南部南溪河与红河交汇处，海拔76.4米，两地直线距离约900余千米，高差6 663.3米。云南以元江河谷和大理坝—玉龙雪山一线为界分为两大地貌区，东部为滇东高原区，西北为横断山纵谷区。

山地

云南山地占全省总面积的84%。其中，低山丘陵（海拔在1000米以下）面积约3万余平方千米，约占山地总面积的10%，低山丘陵多呈浑圆形，地势起伏和缓，谷地浅而开阔，气温高，降水丰富，植被覆盖良好。中山（海拔为1000～3500米）面积约25万平方千米，约占山地总面积的77%，多位于亚热带气候区内，水土流失比较严重。高山和极高山（海拔3500米以上）面积约5.8万平方千米，约占山地总面积的13%。山地多呈锯齿形，山高谷深，山地垂直带谱发育，动植物及水资源十分丰富。

山间盆地（坝子）

云南省面积在1平方千米（包括1平方千米）以上的坝子约1 445个，自然面积24 157.68平方千米，坝子周围由山地环绕，两者相对高差一般都大于200米，大的可达2 000余米。云南的坝子，历史上多有成湖阶段，多数有河流通过，主支流交汇于坝内，河网密布，水利条件好，土壤肥沃，是省内各种地貌类型中利用充分、开发得较早的一种地貌类型。

滇东高原

云南省两大地貌区之一，由高原和山原为主体构成。位于元江河谷—大理坝—玉龙雪山一线以东，包括六个地貌区。滇西北中山山原区。金沙江与其主要支流之一雅砻江的分水岭，是滇西横断山纵谷向滇东高原的过渡景观带。内部起伏较和缓，平均海拔2000米左右，西部和南部地形起伏较大，相对高差1 500米左右。

永善五连峰 （陈忠平　摄）

东川红土地 （王　新　摄）

东川 牯牛山 （王　新　摄）

罗平峰林 （王　新　摄）

雪域乌蒙（昭通） （陈忠平　摄）

滇东北中山山原区。以莲花峰山景观为基本骨架，平均海拔1800～2500米，最高峰药山，海拔4040米。在分水岭上，地势起伏和缓，分布有大面积的湿地草场和旱地。山原上分布着大小不等的断陷坝子、河谷平原和阶地。

滇中湖盆喀斯特高原区。位于金沙江、元江和南盘江三江分水岭地带。地势北高南低，平均海拔1900～2400米，以完整高原面景观为主，其中镶嵌着一系列由南北向构造控制的断陷湖泊盆地和坝子，是云南省高原湖泊最为集中的地区，包括滇池、抚仙湖、阳宗海、星云湖、杞麓湖、异龙湖等。北部有一组由拱王山和轿子雪山组成的高大山地，最高峰为拱王山主峰，海拔4247米，这也是滇东高原的制高点。有轿子雪山、小江峡谷、东川红土地、九乡溶洞群以及众多的高原湖泊等。

滇中红色（层）高原区。位于金沙江与元江的分水岭上，地势北高南低，平均海拔2000米左右，高原面比较平坦，广泛发育有中生代紫红色地层景观，主要山地有百草岭、鸡足山、三台山等，最高峰为百草岭主峰，海拔3657米，是云南省坝子最集中的地区之一。滇东喀斯特高原区。是中国西南喀斯特海拔最高的分布区。地势北高南低，平均海拔1800～2500米，地表起伏和缓，石灰岩广布，崎岖不平，广泛发育峰林、峰丛、石芽、溶洞、溶蚀洼地、漏斗、地下河等喀斯特景观。最高峰为乌蒙山西支主峰大牯牛寨山，海拔4016米。

滇东南喀斯特溶蚀山原区。位于元江和南盘江的分水岭地带，地势西北高东南低，是滇东喀斯特高原区向两广（广西、广东）倾斜的喀斯特斜面过渡地带。区内石灰岩广布，峰林、峰丛、孤峰、石芽、漏斗、溶洞、溶蚀洼地、溶蚀盆地、地下河十分发育。

滇西横断山纵谷区

云南省两大地貌区之一，主要由山地、峡谷、河流构成。位于元江河谷—大理坝—玉龙雪山一线以西。包括横断山北段高山峡谷区（怒山高黎贡山高山峡谷景观亚区和云岭高山山原景观亚区）和南段中山峡谷区（滇西中低山宽谷盆地亚区、腾冲火山地貌亚区、滇西南中山宽谷盆地亚区、无量山中山山原亚区和哀牢山中山峡谷亚区）。横断山北段高山峡谷区由高大并行的山脉和深邃的江河，以及蚀余山原地貌构成。“三江并流”世界自然遗产就位于此。横断山北段地区由西到东分布着担当力卡山、独龙江、高黎贡山、怒江、怒山、澜沧江、云岭和金沙江等高大而狭窄的山脉和深邃峡谷。横断山南段属横断山余脉区，向南水系间距逐渐增大，具有帚状水系特征，将山地切割成梁状和箱状。山体高度降低，主要山脉有云岭余脉哀牢山和无量山，怒山余脉临沧大雪山、邦马山和老别山，高黎贡山的西部分支姊妹山和尖高山等。

滇西横断山纵谷区　（许太琴　摄）

喀斯特地貌

云南的喀斯特类型齐全，各具特点。石林以高石芽（俗称石林）为魁；峰丛、峰林主要分布在文山壮族苗族自治州境内。洞穴发育的层次丰富，一般都有2～3层，最多可达5层。全省已知洞穴1 000多个，主要集中在滇东、滇中和滇西南地区，多为溶洞，有少量火山溶洞及砂岩岩洞。

广南八宝峰林

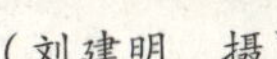

（刘建明　摄）

海峰喀斯特地貌　（郭树芬　摄）

普者黑喀斯特地貌　（张艳秋　摄）

火山、丹霞、土林和彩色膏林地貌

云南的火山主要集中分布在腾冲，为中国西南最典型的第四纪火山。

滇西大理、丽江广泛分布中新生带陆相碎屑岩地层，形成了不少造形奇特的丹霞地貌，较为典型的有丽江黎明、黎光一带和剑川石宝山的丹霞地貌。

云南土林分布较为广泛，主要分布于元谋、陆良、永德、南涧、建水、元江等地。

（江　云　整理）

彩色膏林　（张艳秋　摄）

丽江黎明丹霞地貌　（刘建明　摄）

腾冲火山群 （刘建明 摄）

雪 山

梅里雪山

位于云南省德钦县与西藏自治区左贡县和察隅县之间，耸立于怒江与澜沧江大峡谷之间。怒山山脉从西藏进入云南后，北段称为梅里雪山，中段称为太子雪山，南段称为碧罗雪山，习惯上，人们把北、中段合称为梅里雪山。梅里，藏语的意思是"药山"，因为山里盛产雪莲、虫草、贝母而得名。山脉呈北北西—南南东向伸展，平均海拔6000米以上的山峰有13座，称为"太子十三峰"，主峰为卡瓦格博峰（北纬28°26′20″，东经98°41′05″），海拔6740米，为云南省的最高峰。

梅里雪山卡瓦格博峰 （王 新 摄）

梅里雪山上分布有典型的刃脊、角峰、冰川谷、冰斗冰川、悬冰川、冰瀑布、冰裂隙等。冰川谷两侧的山坡上覆盖着茂密的高山灌木和针叶林，呈现了热带向北寒带过渡的典型生物垂直带谱景观。梅里雪山被生物学界称为物种基因库，是世界上生态系统保持完整，生物多样性独特和丰富的重要地区之一。

哈巴雪山

位于香格里拉县东南部，是云岭山地东支中的主要山脉，在北纬27°10′～27°22′、东经100°02′～100°14′之间，"哈巴"为纳西语，意为金子之花朵，该雪山主峰坐落在哈巴乡，因而得名。哈巴雪山是在喜玛拉雅山造山运动及其以后第四纪构造运动的强烈影响下急剧抬高而形成的断块高山山地景观。雪山东西宽 12 千米，南北长 16 千米，主峰海拔 5396 米，相对高差达 3 800 米，山脚是奔腾的金沙江虎跳峡，与玉龙山隔虎跳峡相望。属“三江并流”世界遗产八个片区中哈巴雪山片区，是“世界遗产名录”中最典型的高山针叶林保护区域。

白马雪山

位于德钦县东南部，地处北纬 27°47′～28°37′、东经 98°53′～99°21′之间，是金沙江与澜沧江的分水岭。冬季白雪茫茫，故名。山地南北走向，是云岭西支北部的高大山地，山峰海拔多在 5000 米以上，主峰拉扎雀尼，藏语意为“战神十二峰”，传说是太子雪山北方的守护神。

德钦县白马雪山　（刘建明　摄）

玉龙雪山

位于玉龙纳西族自治县境内，北纬 26°54′～27°18′、东经 101°03′～101°15′之间。是云岭中最高的一列山地，也是北半球纬度最低的现代冰川分布的极高山地。雪山南北长 43 千米，东西宽 20 千米，有大小山峰 90 多座，较大的有 13 座，俗称“玉龙十三峰”，主峰“扇子陡”海拔 5596 米。

玉龙雪山远眺　（许太琴　摄）

雪山山腰云雾环绕，远望像一条银白色的巨龙，因此得名，又名寒波雪山。雪山为纳西族的神山和聚居地之一，纳西族的保护神“三朵”就是玉龙雪山的化身。纳西族人称雪山为“波石欧鲁”，意为“白沙的银色山岩”。玉龙雪山在唐代被称做“神外龙雪山”，被南昭王异牟寻封为“北岳”。

轿子雪山

位于云南省昆明市禄劝县境东北角乌蒙乡，属于乌蒙山系拱王山脉余脉。轿子山是中国纬度最低的季节性高山雪峰，因山顶形如花轿而得名。主峰海拔 4223 米，北纬 26°58′，东经 102°51′50″。被南昭王异牟寻封为“东岳”，虽然海拔不是最高的，但历史上名气却是很大，被称为“滇中第一山”。拱王山主峰雪岭和轿子山南北并峙，相距 7 千米，形成一条南北延伸，高度超过 4000 米的山脊，相对高差 1600 米左右。轿子山地是金沙江一级支流普渡河与小江之间的南北向分水岭，总的地势东北高、西南低，自东向西呈阶梯状缓降。山顶由二迭系上统峨眉山玄武岩（P2β）构成，玄武岩喷发层倾角 15°左右，形成玄武岩陡崖和单斜山（龙抬头）形态。轿子山东坡地势险峻，主脊山峰相连；西坡山顶为高山剥蚀面，地势相对平缓，裂点之下，是深切峡谷。

（江　云　整理）

冰　川

综述

冰川是寒冷地区多年降雪积聚、经过变质作用形成的在重力作用下能够运动的自然冰体。云南省的雪线高度为4600～5100米，现代冰川主要分布在海拔4600米以上的横断山脉高山极高山地区，但其冰舌可延伸至2 700米左右的森林带中。在滇西北的梅里雪山、玉龙雪山、哈巴雪山、白马雪山海拔高程达5300～6740米，远超过横断山区的雪线高度，山顶每年都有雪的积累，一般都会形成冰蚀带（海拔4600米以上），为冰雪积累侵蚀区，主要有冰斗、刃脊、角峰、冰斗冰川等；冰碛带（海拔一般在2700～4600米），为冰川侵蚀运动、搬运和消融区，主要有冰川“U”型谷、羊背石等冰蚀地貌，冰碛丘陵、侧碛堤、终碛垄和鼓丘等冰碛地貌，以及冰舌、冰洞、冰裂隙等冰体以及一般在2700米以下，冰雪融水作用下形成的蛇形丘、冰砾阜、冰水扇等。

明永冰川

位于梅里雪山主峰卡瓦格博峰（北纬28°26′20″，东经98°41′05″）东坡，是明永河的源头。又称奶诺戈汝冰川。冰川面积12.55平方千米，长11.5千米，末端下伸到海拔2700米的森林带中。是云南省规模最大的海洋性冰川。冰川体上广泛分布着冰洞、冰裂隙等景观，冰舌区形成多级冰瀑布和冰台阶景观，如一条银鳞玉甲的游龙，绕行于莽莽原始森林之中，低海拔区冰体中包裹有大量冰碛物。冰川融水从末端冰洞中涌出，流入澜沧江，是横断山地区冰舌末端最低的冰川。明永村为充分利用冰川水资源浇灌农田，将引水渠口一直修到冰川末端。

梅里雪山明永冰川　　（刘建明　摄）

斯农冰川

位于云南省德钦县境内。发源于梅里雪山主峰卡瓦格博峰（北纬28°26′20″，东经98°41′05″）东坡6 000余米的冰斗中，与明永冰川相邻。又称斯恰冰川。冰川沿山谷向东北再转向东流，冰舌终于海拔约3150米的林带，呈弧形，长约7 500米，宽约600米，局部有冰瀑布，冰川下泽潭成群，景色美妙。冰川的阶梯地形与无数断壁发生着较多的冰崩，雷鸣般崩塌声穿越山谷，巨大的冰块从百米高的冰塔林上坍塌而下，强烈的冲击与溅落充满了力量的美。冰川融水汇集的河流在乱石中汹涌而下，翻腾的浪花与水声震耳欲聋。斯农冰川尚未开发。

玉龙雪山冰川

位于丽江市北部约25千米处，北纬27°10′～27°40′，东经100°9′～100°20′。西北是金沙江大峡谷—虎跳峡，东麓是海拔约3000米的甘海子高位山间盆地，南面是丽江盆地。雪山主峰扇子陡（海拔5596米）两侧分布有19条冰川景观。冰川类型齐全，有悬冰川、山谷冰川、冰斗悬冰川、冰斗山谷冰川等，总面积11.61平方千米，平均每条面积0.61平方千米。受地形影响，雪山东坡冰川条数多而规模大，西坡少而规模小，分布比较零散。冰川粒雪线海拔4620～4900米，东坡低于西坡。白水河1号冰川为雪山最大冰川之一，长2.7千米，面积1.52平方千米，冰川融水分别经东坡的样弓江、白水河、大具河和西坡

玉龙雪山冰川　　（许太琴　摄）

的仁河流入金沙江。冰川随着节令及气候变化呈现出“绿雪奇峰”等多姿多彩的画面。大面积的雪海是优良的天然滑雪场，也是世界上最温暖的滑雪场。

白马雪山冰川谷

位于德钦县东南部，北纬27°47′～28°37′，东经98°53′～99°21′之间，是澜沧江和金沙江支流支巴洛河的分水岭。白马雪山垭口海拔为4292米。呈“U”形的白马雪山冰川谷内没有现代冰川，但冰川谷的形态保存完好，冰蚀地貌十分典型，角峰、刀脊、冰斗、“U”型谷、融冻风化及相应的冰碛物十分发育，冰斗、冰川擦痕、羊背石、冰碛丘陵等冰蚀和冰碛景观保存完好，是考察第四纪冰川遗迹的最佳场所。

（江　云　整理）

峡　谷

综述

峡谷是由于新构造运动抬升，流水下蚀作用形成的谷底狭深、两壁陡峭的地质形态。根据峡谷的断面形态可分为三类：一是嶂谷。峡谷中最幽深的一种，两坡陡峭，谷底狭窄，宽从几米到几十米不等。二是“V”形谷。通称峡谷。由嶂谷发展而来，谷坡稍开阔，云南是世界上峡谷景观最为集中的区域。三是隘谷。俗称“一线天”。一线天有大有小，有长有短，大的接近嶂谷，小的犹如一道裂痕，如会泽地缝。峡谷多分布在河流的上游地区。具有岸壁陡峻、河道狭窄、纵坡比降大、河水湍急、滩险浪大、沉积物粗大、心滩和边滩景观不发育等特征。

云南现在的地貌形态是在第三纪以前的准平原被抬升破坏后形成的。在准平原被抬升过程中，河流沿着断裂侵蚀，同时受到岩性的一定影响，随着河床与侵蚀基准面的落差愈来愈大，河流下切愈加强烈，形成了世界著名的横断山“三江并流”高山峡谷景观区。此外，在滇东高原的蚀余高原面边缘地带、地形阶梯的陡坡转换地带、盆地的山前地带等区域，由于河流的强烈下蚀，形成了众多的峡谷景观。云南的峡谷相对高差巨大，最大的可达4000米左右。云南金沙江流域著名的峡谷有金沙江虎跳峡、奔子栏大转弯、维西其宗石门关峡谷、威信扎西两合岩峡谷、小江峡谷、牛栏江峡谷等；澜沧江流域著名的峡谷有梅里雪山大峡谷、营盘街峡谷、巴迪燕子峡谷、漾濞石门关峡谷等；怒江流域著名的峡谷有长达310千米的怒江大峡谷，峡谷内最有名的是青纳桶峡谷、双腊瓦底嶂谷，其支流河床多为峡谷形态，如老窝河峡谷等。另外还有元江的裴脚深谷、大盈江的虎跳石峡谷、独龙江峡谷等。

金沙江虎跳峡

虎跳峡是迪庆藏族自治州和丽江市的界峡。地理位置为东经100°00′～100°10′、北纬27°11′～27°27′。金沙江沿玉龙雪山与哈巴雪山之间的断裂不断下切雕凿，两岸雪山相对抬升，形成虎跳峡大峡谷。大峡谷上起香格里拉县下渔落村，下至丽江大具坝，全长17千米，总落差220米，纵坡降0.37%，谷底狭窄，江面宽度仅30～80米，江水咆哮，流速达10余米/秒，冲过密布险滩怪石，跌下18个陡坎险滩，冲出峡口。两岸峭壁千仞，峰峦叠嶂，白雪皑皑，瀑布高挂，相对高差达3700～3900米。虎跳峡是世界上著名的大峡谷，以奇险雄壮著称于世。

整个峡谷分上虎跳、中虎跳、下虎跳三段。上虎跳峡谷江心有一块巨大的崩塌岩石，状若中流砥柱，将主江分流，使江水骤束，咆哮着越过巨石，形成高约3米的跌水，溅起层层浪花，此处江面仅30米，相传老虎曾借助巨石一跃过江，故名“虎跳石”。两岸百丈悬崖上直落江底的飞天瀑布

金沙江虎跳涧峡谷　　（刘建明　摄）

撼天飞瀑，十分壮观。枯水时，可循羊肠小道下至江边，立于虎跳石旁，感受江水之汹涌澎湃。清代诗人孙髯翁在《金沙江》一诗中写道："劈开蕃城斧无痕，流出犁牛向丽奔。一线中分天作堑，两山夹斗石为门。"沿虎跳峡北上过永胜村便到达中虎跳，中虎跳离上虎跳5千米，江面落差甚大，江中林立礁石，似犬牙交错，这一段被称为"满天星滩"，滩长300米，江中礁石林立，水流湍急，惊涛拍岸。下虎跳江面狭窄，有约5米的巨石横亘于江中，江水澎湃如潮，具有"狂涛卷地"之势，南岸绝壁上凿有一条宽约1米的小道通下虎跳，行走道上动魄惊心，险峻异常。虎跳峡北岸中部大深沟及南岸下峡口的望峡台，是领略大峡谷险峻绮丽风光的最佳位置。虎跳峡是中国河流地貌学基本问题中的关键问题，是中国青藏高原强烈隆升前后，横断山区水系演变规律认识的关键地区，古金沙江水系和现代金沙江水系演化关系的关键地区，当之无愧的地球演化过程中内外营力联合塑造地表形态过程的模式地。因此，虎跳峡不仅具备独特的景观美，还拥有内在的科学美，是具有世界意义的著名峡谷景观。

怒江大峡谷

指北起秋那桶，南抵跃进桥一段的怒江峡谷，总长310千米。怒江峡谷与科罗拉多大峡谷、雅鲁藏布江杭底峡谷合称世界三大峡谷。怒江峡谷是仅次于美国长约4600多千米的科罗拉多大峡谷的世界第二大峡谷。怒江奔腾于高黎贡山和碧罗雪山之间，每年平均以1.6倍黄河的水量奔腾向南。两岸山岭海拔均在3000米以上，谷底水面宽度一般为20～90米，谷深2000～3000米，最深处在贡山丙中洛一带，达3500米，被称为"东方大峡谷"，水流落差640米。受地质构造控制，嶂谷、隘谷、"V"型谷隔段出现，沿江多激流险滩，"一滩接一滩，一滩高十丈"，十分壮观。两岸危崖耸立，雪山高峻，瀑布飞悬，有"水无不怒石、山有欲飞峰"之称。双腊瓦底至大兴地之间的嶂谷，有一段傈僳语称为"腊玛登培"，意思是"老虎跳"，陡峭石壁高1 500米，两岸最窄相距10米。江边怪石嶙峋，有一块黑色巨石稳立江心，虽常受激流冲撞，却傲然不动。怒江峡谷的著名景观有双腊瓦底嶂谷、青那桶峡谷、羊角石、双角峰、犀牛岭、鹰嘴崖、石月亮，以及腊乌岩、腊早岩、石门关等峭壁千尺和怒江第一湾、万马滩、尖山滩、阎王滩、猛姑滩、响石滩等。

怒江峡谷丙中洛段　　（刘建明　摄）

澜沧江大峡谷

位于德钦县境内，北起佛山乡，南至燕门乡，长150千米。峡谷江面海拔2006米，左岸的梅里雪山卡瓦格博峰海拔6740米，右岸的白马雪山拉扎雀尼峰海拔5460米，峡谷的最大高差达4 734米，从江面到顶峰的坡面距离为14千米。每千米平均上升337米，峡谷有一个近于垂直的坡面，不仅以深邃和悠长而闻名，且以江流湍急而著称。澜沧江年径流量8.38亿立方米，在150千米的距离内落差为504米。狭窄的江面狂涛击岸，水声如雷，十分壮观。河谷两岸，山顶白雪皑皑，冰蚀景观刃脊、角峰、冰斗发育；中段生物垂直带谱发育，冰川舌深入森林中；下段具有干热河谷的特征，植被稀少，地表破碎。2005年，澜沧江大峡谷被《中国国家地理》杂志“选美中国”活动评选为“中国最美的十大峡谷之一”。

小江峡谷

小江属金沙江支流，全长133千米。发源于寻甸回族彝族自治县的车湖。小江峡谷以小江流经东川区阿旺乡岩脚至播卡乡小河口之间的山间峡谷地区而得名。峡谷全长72千米，最宽6千米，最窄1.5千米，海拔1600～6950米，东为牯牛寨山，最高峰为大牯牛山，海拔4017.3米，西为拱王山，最高峰雪岭，海拔4344.1米。峡谷底宽15～50米，相对高差1000～2000米，落差909米。小江地处断裂带上，新构造活动频繁，是云南比较有名的干热河谷之一，这一带历史上是中国重要的铜矿区，已有几百年的开采史，导致峡谷两岸植被稀疏、地表裸露、岩层破碎，山高坡陡，极易形成泥石流。在东川境内的小江流域发育有100多条泥石流，每年使河床抬高15～21厘米，被称为世界“泥石流的博物馆”，其中最为出名的是蒋家沟泥石流和大桥河泥石流沟。

香格里拉大峡谷

位于迪庆藏族自治州香格里拉县西北部80多千米处。又称碧壤峡谷。该峡谷与《消失的地平线》一书中所描绘的“蓝月亮峡谷”极为相似，因此也有“蓝月亮峡谷”之称。香格里拉大峡谷是金沙江一级支流冈曲河及其支流深切高原面形成的横贯香格里拉县北部的峡谷群，长约100千米，宽约30～40千米，由香格峡谷、里拉峡谷、巴拉峡谷、色仓大裂谷、碧壤峡谷等组成。在河流下切力作用下，形成了高山深切峡谷的地貌类型，为国内罕见的典型“V”型峡谷及隘谷，峡谷平均海拔在3000米以上，相对高差可达3 500米以上。区域内不少山峰超过4 500米，部分垭口海拔超过4000米。峡谷宽处不超过80米，最窄处仅10米。区内还分布有大量的冰川遗迹。由于地貌成因的多样性，再加上间歇性的地壳抬升和河流强烈的下切，形成了区域内地貌形态的复杂性和不协调的层状地貌结构。香格里拉峡谷以神秘幽深而著称于世，峡谷中石壁如刀削斧劈，绝大部分至今无人所至。一线河水从纵深达1 000多米的峡谷中冲出，水声轰鸣，雾气缭绕。峡谷里有一个喀斯特溶洞——赤土仙人洞。洞口石壁上有一个天然生成的脚印，五趾俱全。还有一眼“喊泉”，泉眼深藏，可是只要人到洞前大喊几声，就会有一股甘甜清冽的泉水流出。峡谷的峭壁上隐约可见雕刻粗犷的岩画，有专家认为，这是古代民族迁移时留下的符号，峡谷也因此增添了几分悠久古朴的历史感。

牛栏江峡谷

牛栏江是长江上游金沙江段的一大支流，发源于云南省昆明市嵩明县的嘉丽泽，是一条跨越云南、贵州两省的河流，在鲁甸县江底乡江底村一

昭通大山包鸡公山大峡谷　　（许太琴　摄）

朱堤江峡谷彪水岩 （陈忠平 摄）

个名为“老熊洞”的地方进入鲁甸县境，成为鲁甸县同会泽县、巧家县的行政区划分界线。在牛栏江与金沙江交汇处，有一块天然巨石露出水面，形状似牛，横卧江心，有牛栏江之意，故得名。牛栏江峡高谷深，江流曲折，两岸沟壑纵横，峰岭绵延，相对高差近 2 000 米。牛栏江峡谷谷坡分三个层次重叠，最下一层是陡峭的斜坡，中间一层是垂直的悬崖，最上一层又是倾斜的大山，于是两岸合在一起就将峡谷拼成了下部“V”型、中部方型、上部倒“八”字型的美妙曲线，这一奇观引起了专家学者们的高度重视，并有学者将牛栏江峡谷称作“最神奇的东方峡谷”。特别是毗邻大山包黑颈鹤国家级自然保护区的牛栏江鸡公山峡谷，是由二叠纪峨眉山玄武岩（P2β）为主体形成的深邃峡谷，两岸陡峻，云雾飘渺，站在鸡公山上，宛如身临天界，有独踞万山之巅“一览众山小”之感。牛栏江畔有风光秀丽的红石岩温泉，有历史悠久的乐马古银矿遗址，有乐红小石林、石笋林和石头城，有俯地接天的利外红岩，有神秘莫测的梭山黑石大洞，还有甘甜热冷双泉和燃气泉等。

罗平鲁布革峡谷

位于云南、贵州两省界河——黄泥河上。“鲁布革”是布依语，“鲁”意为“民族”，“布”意为山清水秀的地方，“革”意为“村寨”。鲁布革意为“山清水秀的布依族村寨”。雄奇清幽的鲁布革峡谷，是在黄泥河峡谷上修筑鲁布革水电站而形成的高峡平湖。峡谷由雄狮峡、滴灵峡、双象峡等组成。峡湖两岸群山，有的壁立千仞，有的危岩耸立，有的绝壁临水而立，一串串钟乳石倒垂于水面，奇形怪状。峡口“美女梳妆”迎宾送客；“雄狮”镇守第一峡，“猴子捞月”、“龙宫悬笋”栩栩如生。第二峡“滴灵”布依语意为“猴子”，绿荫蔽日，时有金丝猴出没。双象峡内“万年灵芝”惟妙惟肖。湖水澄碧的玉带湖、腊山湖和弯子湖，环绕着苍翠如黛的腊山。湖的尽头有飞龙瀑布，似轻纱曼舞。

丽江观音峡

位于距丽江市 17 千米处的七河乡境内。观音峡是纳西族的圣地，是集山水、湖泊、峡谷、森林等自然景观和茶马古街、纳西村落、民俗、宗教风情、时空隧道等人文景观为一体的综合景观区。在历史上是茶马古道（滇藏线）通过丽江市进入藏区的唯一关口和军事要塞。公元 1639 年 1 月 25 日，徐霞客应木土司的邀请由此入关，并留下了“坞盘水曲，田畴环焉……为丽江第一钥匙”的赞美之词。观音峡谷两岸都为悬崖峭壁，在峡谷内还有一条观音瀑，上下落差 40 多米，每当太阳照进峡谷的中午时分还可看到七色彩虹。

丽江观音峡 （许太琴 摄）

（江 云 整理）

河　流

长江第一湾

万里长江的第一个渡口。位于丽江市石鼓镇境内。石鼓，因有明嘉靖年间刻制的石鼓而得名，现仍立于江边。汹涌的金沙江水自北而来，直扑石鼓附近的海山罗，受其阻挡，掉头东北而去，形成120多度的“U”型大弯，直至虎跳峡附近。江面海拔约1750米，山高水长，气势磅簿，与下段的虎跳峡形成鲜明对比。相传诸葛亮“五月渡泸”、忽必烈“革囊渡江”都发生在此，红二方面军也在此渡江北上。同时，这里自古也是纳西、藏、白、傈僳、普米等少数民族汇集渡江之地。

怒江第一湾

千里怒江上的第一个渡口。怒江流经贡山独龙族怒族自治县丙中洛乡日丹村附近，受玉菁千丈悬崖绝壁所阻，由东向西直转而去，流了300余米，被丹拉大陡坡挡住，又由西向东流，形成一个半圆型的弯，被称作怒江第一湾。湾中心有一个村子叫坎桶村，这里江面海拔1710余米，气势磅礴，湾上怒江台地平坦开阔，高出怒江约500米，构成三面环水的半岛状小平原。

金沙江奔子栏大转弯

长江从发源地到奔子栏的转弯中最有名的大转弯。金沙江流至德钦的奔子栏附近，突然绕着做了一个180度的大转弯，当地人称做“金沙江大转弯”。由于河床的地势低缓、水流平静，大转弯与金字塔般的小山，被称之为“高原的心脏”。因为旱季时，大转弯突出的山丘地表呈现红色，金沙江就像心脏的血脉。奔子栏大转弯是在云南高原隆升之前的曲流基础上，地壳抬升，河流下切，保留了原曲流形态而形成的。有趣的是，位于奔子栏下游不远的石鼓镇，有个著名的“长江第一湾”，但德钦的当地人却认为，奔子栏“金沙江大转弯”才是真正的“长江第一弯”。附近的奔子栏渡口为滇藏“茶马古道”上有名的古渡口，也是“茶马古道”由滇西北进入西藏或四川的咽喉之地。如今在奔子栏已修建了横跨金沙江的伏龙桥。

金沙江奔子栏大转弯　　（王　新　摄）

南溪河

位于河口瑶族自治县境内，是中越两国的界河，也是云南省海拔最低的河流。南溪河与元江交汇处的河口，海拔仅76.4米，是云南省海拔的最低点。流域面积约60平方千米。南溪河两岸有石灰岩热带沟谷雨林景观、花鱼洞瀑布景观、瑶族民族习俗风情、成片的热带水果林景观、四连山古炮台文化遗存和边关风光，以及中越边贸口岸和越南商品一条街等。

以礼河

发源于会泽县南部野马村，流经会泽、巧家两县，在巧家县金塘乡双河村附近注入金沙江，为金沙江右岸一级支流。以礼河长120.8千米，流域面积2 558平方千米，天然落差约2 110米，是中国最早进行梯级开发的河流之一。以礼河拥有跨流域四级梯级电站景观，包括毛家村、水槽子、盐水沟、小江4座梯级电站。其上游有世界第二、全国第一的大土坝——毛家村水库大坝；中游水流平缓，两岸杨柳婀娜，波光岚影；下游在小江口与金沙江交汇处，形成三峰夹两江的壮景。

多依河

位于滇黔桂三省区交界处，距罗平县城40千米。素

罗平多依河 （许太琴 摄）

有“自然之旅、滇东独秀”的美誉。多依河水是从多依乡古老山寨的幽谷中流淌出来的，从多依寨至“鸡鸣三省”的三江口。历史上的三江口由于天生桥电站的修建而被万峰湖淹没，多依河下游被淹没了3千米左右。多依河是由喀斯特瀑布群组成的河，在全长12千米的多依河河床上有近40个钙华瀑布，可谓十湾九跌、一目十滩。著名的雷公滩、处女滩、鸳鸯瀑布……沿河两岸盘根错节的千年古树，仿佛就是一座庞大的自然根雕艺术展览馆。布依村寨沿河而布，吊脚楼隐现在树丛竹林之间，一派“幽兰生谷香生径，方竹满山绿满溪”的景象。

临沧南汀河 （王 新 摄）

马过河

位于马龙县西北马过河镇境内，地处两山夹峙的交通咽喉，因马帮曾从浅水河经过而得名。全长16千米，水面宽30～40米，两岸悬崖峭壁，岩石千奇百怪，各具情态，树木葱茏，植被完好。马过河以溪流平湖、陡壁峭岩、瀑布为特色，森林植被保存了滇中地区原生植被和生态景观，景区溪水、瀑布、湖泊、山花、草甸、森林及历史文化遗迹有机组合，形成独特的峡谷风光，有“小三峡”之美誉。

流沙河

位于西双版纳傣族自治州西部。发源于勐海县勐遮乡西北星火老寨后山，上游称为南哈河，流入勐海坝成为流沙河，后进入西双版纳傣族自治州景洪市后汇入澜沧江。干流长92千米，流域面积2 064平方千米。由于此河主要流经平坝，河床上多沙无石，故名流沙河。流沙河的中上游，主要在勐遮、勐混和勐海3个平坝中间穿流，河床平缓。但在流出勐海坝子以后，在一段多石的峡谷内奔流，河床变窄，水流变急，落差大而集中，成为水力资源十分丰富的河段，流沙河已成为西双版纳傣族自治州水利资源开发利用最好的河流。

南汀河

发源于临沧市临翔区博尚镇，于耿马县清水河出境（进入缅甸），为怒江左岸支流。南汀河名原系傣语音译汉语河名。全长311千米，云南省境内河流长度272.9千米，落差1 860米。两岸绿树成荫，缓坡平坝蔗园绵延。源头有蓄水240万立方米水库明镜，上游南源北流，与地势北高南低反向成趣；中游流水西去转西南，流经永德大雪山脚，峡谷间蜿蜒70多千米；下游孟定坝河岸开阔平坦，是物产丰富的鱼米之乡。沿河两岸文物胜迹诸多，有著名的滇缅铁路遗址等。

（江 云 整理）

湖　泊

阳宗海

位于昆明市东南部。高原断陷湖泊。阳宗海古称“大泽”、奕休湖，明朝时又称明湖，属南盘江水系。平均水深19米，最深29.3米。阳宗海形状像一只鞋，两头宽，中部略窄，南北长12.5千米，东西平均宽2.5千米。当阳宗海湖面水位1 770.46米时，湖面积31.9平方千米，总库容6.16亿立方米。当水位降至1 768.35米时，湖水面积29.65平方千米，库容约5.42亿立方米。

阳宗海是云南省九大高原湖泊之一，是宜良县城的重要水源地。阳宗海属成湖较晚的幼年湖，其湖岸平直，湖水深，湖底坡度大，分布有岩洞暗礁，湖边沉积物粗大，其东西两岸均为岩石陡坡，南北两岸有湖泊平坝，山川秀美，景色宜人。

异龙湖

位于石屏县城近郊。高原断陷湖泊。平均水深2.9米，最深5.75米。异龙湖由彝语“邑罗黑”演变而来，意为龙吐水形成的海，因地处石屏县境内，又称石屏海，属南盘江水系。湖北岸为乾阳山，岩石坚硬，基岩裸露，湖岸平直陡峻，局部湖岸有断层陡崖保存。南岸为五爪山，形如鸡爪，深入湖中，形成大小湖湾72个。其中有名的九湾为小水湾、大湾、高家湾、罗色湾、杨家湾、马房湾、狮子湾、青鱼湾、白浪湾。湖之西岸有三屿，即大瑞城、小瑞城、马宝龙，俗称“九湾三屿”。异龙湖是石屏人民的母亲湖。盛夏，湖内荷花争奇斗艳，清香远溢。近年来，异龙湖湖水有机污染和沼泽化严重，水质仅达Ⅴ类标准。湖面正逐渐缩小，已导致部分湖床露出水面，形成近133公顷沼泽地，沼泽化程度位居九大高原湖泊之首。

杞麓湖

因位于杞麓山（又称秀山）畔而得名，因距通海县城1.5千米，又称通海。高原断陷湖泊。属南盘江水系。湖泊略呈北东南西向的矩形状，东西长约10.4千米，南北平均宽约1.48千米，湖岸线全长约63.9千米，最大水深6.8米，平均水深4米，库容1.7亿立方米，全湖自西向东逐渐加深。无明显出流口，为一封闭型高原湖泊。杞麓湖风光绚丽，婀娜多姿，每当风平浪静，天空一碧如洗之时，湖面从东到西便出现一条长达数丈的湛蓝色带，当地人称为“湖水拖蓝”，是通海八景之一。湖东面的落水洞，两旁悬崖高峻，峭壁耸峙。湖北面的沙沟嘴，直伸进湖内。四周植柳种花，景色独秀，是避暑的好地方。目前，杞麓湖的水质类别为Ⅴ类水质，是一个磷控制的富营养化型湖泊。

剑湖

位于剑川县城东南部。高原断陷湖泊。剑湖形成的时间大约在晚第三纪，历史上的面积比现在要大得多，由于泥沙淤积，水源补给减少等原因，水面缩小。正常蓄水时，南北长3.35千米，东西宽3.25千米，平均水深4.5米，最大水深9米。湖滨为沼泽区，主要为水葱、芦苇沼泽，面积约1平方千米。剑湖湖水清澈荡漾，给人无限清爽与静谧。剑湖不仅是剑川县城的重要水源地，同时还具有调节气候、调节水量、美化环境、灌溉农田、发展水利和水产养殖等多种功能。湖泊周围是白族聚居的村庄，秀丽的湖泊风光与四时变化的田畴村落风光一起，构成了一幅天人合一的水墨山水画卷。

剑川剑湖　　（王　新　摄）

千湖山冰蚀湖

高原冰蚀湖群。位于香格里拉县以南50千米的小中甸乡团结村境内。湖泊分布在海拔3800～4200米的地方，以三碧海、大黑海为中心，方圆987平方千米，有大小湖泊300余个。千湖山藏语称“拉姆冬措”，意为神女千湖或仙女千湖。千湖山的湖是冰川消退时，冰川侵蚀、冰碛物堆积形成的凹地，或冰碛物阻塞河床、冰川谷潴水而成的冰碛湖，其形态千姿百态。千湖山以湖海、花海、林海和生物多样性为主要特色，具有高原湖泊、原始森林、立体植被、杜鹃灌丛、五花草甸等旅游资源。

洱源西湖湿地

位于洱源县右所西部的佛钟山麓西湖国家湿地公园内。水域面积约3.3平方千米，平均水深1.8米、最大水深8.3米，是洱海的重要水源之一。西湖生态系统多样性极为独特，形成面山森林（灌丛）—村庄—农田—湖滨沼泽—湖泊水面—岛屿村庄的自然生态系统与人工生态系统交叉重叠的多样性特征，具有典型的湖盆—湖滨—面山结构。湖中有六村（张家登、清水塘、东登、中登、南登、海塘）七岛错落其间，形成湖中有村、村中有湖的特殊景观。2009年，洱源西湖湿地被国家林业局批准为国家湿地公园。

普者黑湿地

位于丘北县城的西北。喀斯特湖泊湿地。“普者黑”为彝语，意为“鱼虾多的地方”。普者黑湖群由50多个溶蚀洼地积水而成，集中分布在普者黑盆地内。湖水面积10.8平方千米；普者黑湖群数量少，规模大，其中普者黑湖、落水洞湖、仙人洞湖三湖连贯相通，面积6.9平方千米，呈带状分布，平均水深4米，最大水深30米，蓄水量0.24亿立方米。165平方千米的景区里有250多个景点，300多座孤峰，80多个溶洞，80多个湖泊，20千米野生巨荷景观，1 300余公顷水面上，形成20千米的水上旅游航线。山连水、水绕山、有山必有洞、有洞必有水，被誉为“不是桂林，胜似桂林”。溶洞群中，月亮洞、火把洞、仙人洞、神怡洞等洞室宽阔，易入易出，洞内石笋丛集，怪石挺立，色彩斑斓，形成了“怪石、异水、奇穴”的地下天然景观。目前，湖里种植有水竹芋、梭鱼草、美人蕉、泽泻、芦苇、水葱、灯芯草等水生植物。水面清澈透明，千亩荷花洒在水面。2011年被国家林业局批准为国家湿地公园。

长湖

位于石林彝族自治县县城以东的维则乡维则村。高原断陷湖泊。湖岸线长约5千米，湖宽约300米，水域面积80公顷，湖面呈长形，状若卧蚕，又似新月，得名长湖，因其深藏丛山密林之中，又称“藏湖”。平均水深24米，湖水由降水和地下水补给，湖水清澈无污染，湖四面青山环抱，空气清新，透明度好。湖中有小岛，湖岸是以云南松为主的森林，地势平缓，分由众多小湖，环境清净幽美。每逢农历六月二十四日，撒尼人在长湖欢度火把节，长湖就成为歌声、鲜花、游人的海洋。长湖湿地已开发为旅游景区，总面积3.94平方千米，景点主要有独石山、大尖山、二尖山、三尖山、磨盘山、蓬莱岛、圆湖等。

（江　云　整理）

瀑　布

综述

从河流横剖面陡坎悬崖处倾泻而下的急流。云南人俗称叠水、跌水、标水、彪水、滴水等。瀑布景观由造瀑层（河谷中急坡地段）、瀑下深潭、潭前峡谷三部分组成，具有形、声、色三态变化。云南瀑布共有500余条，落差大于50米的有100余条，仅贡山怒江一个支流上就有10条以上，数量之多，高差之大，居全国前列。云南省内高差最大的瀑布为泸水县的滴水河瀑布，高差为400余米。云南瀑布众多与云南阶梯状地势和层状地貌发育有着密切关系。

云南的瀑布具有以下特点：一是云南山地高原所占比例较大，山高谷深，高原边缘切割强烈，瀑布景观分布广泛，堪称“瀑布王国”。一般单个瀑布落差大，但宽度不大，大多数瀑布的宽度在

10 米以内，罗平九龙河瀑布瀑幅最宽也只有 112 米。这是由于云南大地一直处于抬升过程中，河流下蚀力量强，而侧蚀力量较弱所致。二是瀑布景观分布广泛，但又相对集中，地区分布不均匀。由于受岩性构造等因素控制，从空间上看，瀑布多分布在滇西横断山区及北部、南部边缘地带；从地貌位置上看，主要集中在地形阶梯陡坡带、盆地和高原边缘强切割地带，山区河流干流上游和一、二级支流上。三是瀑布周边环境较好，往往与瀑布、峡谷、茂密森林形成丰富多彩的组合。

云南的瀑布主要有罗平九龙河瀑布群、罗平多依河瀑布群、大关黄莲河瀑布群、石林大叠水、瑞丽扎朵瀑布、大姚双沟瀑布等。

罗平九龙河瀑布

位于罗平县东北的以堵勒村旁，因发源于九龙河而得名，又称九龙瀑布。由四个主瀑组成，年平均流量为 18 立方米/秒，洪水季节的流量超过 1 000 立方米/秒。在仅 4 千米长的河道上，分布着大小数十个钙化滩和十多级瀑布，这些瀑布层层叠叠沿河而下，各层之间均有一潭相隔，形成叠水和瀑布相间分布的格局，形状奇特，被称为“南国一绝”，是国内罕见的钙华滩瀑布群景观，其中最高一台的“神龙瀑”是云南省最宽、最大的瀑布，高 56 米，宽 112 米，次台瀑布高 43 米，宽 35 米；其他各台高 20 米、10 米、5 米不等。“幅宽、差大、极多”是罗平九龙瀑布的特点。

大关黄连河瀑布

位于大关县城北，紧邻 213 国道。在方圆 25 平方千米的范围内有大小瀑布 47 个，其中落差大于 10 米的有 14 条，最大瀑布落差达 147 米。主要有仙女瀑、情郎瀑、少女瀑、月老瀑、鸳鸯瀑、洞房瀑、相思瀑、对歌瀑、姊妹瀑、银链瀑、迎客瀑、寿星瀑、珠帘瀑等。著名的对歌瀑位于黄连河中心景区东侧，共五级，总落差 40 米，宽 2 ~ 4 米，因苗族男女在“花山节”着盛装于瀑布前对歌而得名。迎客瀑由东北、西南两侧瀑布构成，东北侧瀑布落差 55 米，宽 4 ~ 6 米；西南侧瀑布高 60 米，宽 3 ~ 5 米。团圆瀑由三条瀑布构成，父亲瀑高 40 米，宽 2 米；母亲瀑高 30 米，宽 1 米；娃娃瀑高 20 米，宽 1 米。珠帘瀑共有两级，落差 22 米，宽 10 米。月老瀑、鸳鸯瀑分两级，上级月老瀑落差 30 米，宽 6 米；下级鸳鸯瀑分为两股，左瀑宽 3 米，右瀑宽 5 米。水帘长廊由瀑布和瀑下长廊组成，长廊长 80 米，进深 2 ~ 3 米，高 2 米，瀑高 20 米，宽 60 米，其下为 1 000 余平方米的碧潭。大滑板为倾角为 12° 的细砂岩岩板，层面平整光滑，溪水漫流岩板上，长 30 米，宽 16 米，游人可从滑板顶部顺水滑下，惊险刺激。情郎瀑共三级，

罗平九龙河瀑布　　（许太琴　摄）

总落差142米宽3米。黄连河瀑布群因其幽谷纵横、百川挂岩，被誉为“瀑群之冠。

腾冲叠水河瀑布

位于腾冲县城西。由大盈江由北向南穿过腾冲坝子时，在坝子边缘突遇断岩而跌落，河水仿佛被叠为二折，故称叠水河瀑布。被誉为“大盈江上第一瀑”。瀑布高29米，瀑面宽约5米，丰水季节可达8～10米。瀑布从高岩上跌落，响声雷动，水花四溅，形成了“不用弓弹花自散”的景观，为腾冲十二景之一的“龙洞垂帘”。四周水汽蒸腾，在阳光下常现出七色彩虹。瀑顶大盈江流跌落处，巨石嶙峋，有太极石桥凌空飞架，为腾越辛亥起义领导人滇西都督、大理提督张文光所建，并有李根源纪事碑刻一方。

腾冲大叠水瀑布　　（张艳秋　摄）

石林大叠水瀑布

位于石林县城西南面。水源来自南盘江支流巴江与几弯河汇流的下游白鸽江，江水遇两条平行的断裂层而形成较大的落差，第一道称小叠水，第二道称大叠水。第一叠落差约5米，第二叠落差87.8米，总高92余米，宽30余米，雨季流量每秒150立方米，枯季流量每秒3.2立方米，是云南境内珠江水系中落差最大的瀑布，景色极为壮观，人称之为“叠水喷云”。旱季，飞瀑两侧如白练下垂，中间如薄纱遮盖；雨季水量丰富，瀑面较宽，水从崖顶跌落在半壁突兀的岩石上，激起一股狂浪，浪头又飞泻而下，犹如一条咆哮的巨龙。

石林大叠水瀑布　　（刘建明　摄）

广南三蜡瀑布

位于广南县八宝镇三腊村东的响水河上。三腊为壮语，意为“三条河汇集的地方”，因落共河、八宝河、水拉河流到这里汇成一条河而得名。这便是独具特色的三腊瀑布的源头。又称响泉瀑布和响水塘瀑布，因响声如雷，故名。河水从悬崖处飞流直下，连跌3座悬崖，构成总体连贯的三叠瀑布，总落差约120米，瀑布水面的斜线长达200余米。三腊瀑布一帘三台，一台一景。第一瀑帘宽20多米，奔腾直下的瀑水形成了一个水雾蒸腾的水潭。第一道瀑帘的水由水潭左拐而下，形成第二瀑帘，宽20米，落差36米。奇妙的是，飞泻而下的水帘，在中段又分成左、右两道水帘，最终又共同跌入一个水潭中。水潭中有一块巨石，枯水季节巨石就像一个巨大的“人头”露在水面。第三帘瀑布的落差达50米，其气势比上两帘更为磅礴。近观三腊瀑布三台断崖壁立，跌水下注，一折一潭，水汽蒸腾，颇为壮观。

独龙江滴水岩瀑布

位于贡山县独龙江乡独龙江下游近国境处。

独龙语叫“哈巴依岭”，意为从月亮上掉下来的水。独龙江水流至滴水岩时，由顶部一小缺口喷出，跌落于巨石上，再弹射到江心，形成横喷水流。每逢月圆前后数日，月从缺口处升起，瀑布恰似由月中落下，故名。瀑布落差约120米，宽约40米，水量稳定。从天而降的瀑布，发出震耳欲聋的轰鸣坠入江中，溅起如烟似雾的水花。在阳光的照耀下，显现出七彩光芒。

泸水滴水河瀑布

位于泸水县片马镇滴水河村附近的滴水河上，距泸水县城六库镇12千米。瀑布由两支组成，落差近400米，左支阴山镖水由三级组成，最大一级215米，宽10米，水量1.2立方米/秒；右支阳山镖水宽6余米，流量0.3立方米/秒。“阴瀑”常年照不到阳光，从极高处飘洒而下，酷似女人腰上长长的飘带。“阳瀑”则完全暴露在阳光之下，它先从凹处冲出，平飞一小段距离之后泻下。两条瀑布相距400米，高低不齐，错落有致，流出不远两溪合为一体，注入怒江支流古炭河，因而享有“千古情侣”之誉。

屏边滴水层瀑布

位于屏边县玉屏镇西凹嘎河和牧羊河交汇口下游。瀑布发育于屏边团山火山和凹嘎等火山喷发流淌的熔岩流冷凝而形成的熔岩流台地前端。瀑布由三级组成，第一级高10米，宽4米；第二级高24米，宽6米；第三级高80余米，宽10余米。流量0.3～0.6立方米/秒，下为深切新现河河谷。滴水层瀑布从断崖上飞泻到天生似盆池的深潭，发出沉雷般的吼声，水珠飞溅，像一匹雪白的缎带，从悬崖绝壁缺口处不停地倾泻。瀑布水量稳定，终年不断。

洱源银河峰瀑布

位于洱源县玉湖镇西罗坪山银河峰山谷，故名。由三级组成，单级落差20余米，枯水期流量0.1立方米/秒，洪水期2～3立方米/秒。清代白族文人赵辉璧有诗云“碧落悬河色胜银，遥从百里见天神”。瀑布两侧分布有高山杜鹃，景色秀丽。

金平标水岩瀑布

位于金平苗族瑶族傣族自治县城东。因瀑布地处标水岩村附近太平河上，故名。瀑布高130余米，沿着45度角的岩石倾泻而下，瀑宽5米，甚为壮观，瀑布跌落后东流经龙脖河汇入红河。远观似梦幻中飘舞的带子，若隐若现，洋洋洒洒。

大姚双沟瀑布

位于大姚县城东北赵家店乡境内，蜻蛉河下游。由两支三级瀑布组成，总落差90余米，宽约20米，枯水流量0.3立方米/秒，洪水流量80立方米/秒。又称三潭瀑布。瀑布第一级高19米，第二级高121米，第三级高82米，一潭水雾迷漫，二潭、三潭终日水球飞舞。三级瀑布浑然一体，河水沿断面飞流而下，势若千钧，形成3个深潭，“三潭”由此而得名。瀑布景观四季分明，夏秋季节雨水猛降，山洪爆发，洪水如蛟龙翻腾，汹涌直下，如巨雷轰鸣，令人惊心动魄。冬春季节，清澈的河流在3个台面上形成断裂，向“三潭”倾泻而去，如银练垂空的瀑布，飘洒而下。潭边的岩岸，古藤缠绕，百年老树傲然兀立，树根盘节蔓延。与古藤老树相映成趣的，是幽深的溶洞和钟乳石。在春、夏、秋三季，瀑布上空终日有数不清的雨燕盘旋缠绵，鸣声不绝于耳。古代大姚八景之一。

东川白莹瀑布

位于昆明市东川区新村镇东北的深沟河上。因瀑布宛如珠帘，晶莹洁白，故名。海拔约2000米，从两座峭立的山崖间泻落，呈两级瀑布，总落差100余米，宽约6米，第一级落差80余米，第二级落差10余米，河水经小江注入金沙江。

瑞丽扎朵瀑布

位于瑞丽市东北15千米莫里峡谷内的瑞丽江支流扎朵河上。又称莫里瀑布。分为三级，第三级最为壮观，落差40余米，宽约10米。相传佛祖曾在这里斋戒沐浴，后来留下了一只硕大的足印，傣语“扎朵”意为大脚印。扎朵河河水从40余米高的悬崖倾泻而下，似一匹巨幅白绸在空中迎风飞舞，高峰悬崖间雪飞云涌，响声雷鸣，瀑布下面有温泉涌出，景观十分奇特。瀑布坠入潭底后水花四溅，瀑布四周森林密布，环境清幽。崖下深潭，给人深不可测之感。

独龙江哈滂瀑布

位于贡山独龙族自治县独龙江乡境内独龙江

支流哈滂河河口。"哈滂"是独龙语，意为瀑布。瀑布落差200多米，宽约7米，从东侧山腰跌落于独龙江中，状如银帘，颇为壮观。瀑布在雨水季节，水流飞溅，瀑声震耳。岩底有一溶洞，左右相通，里面空间约有500平方米，形成宽敞的厅堂。有一条从瀑布内侧穿过的小径，是由独龙江乡直达境外缅甸的惟一通道。离瀑布底部20米左右有一个大水塘，当地人称"洗眼泉"。当地民众将此泉视为"圣泉"，常用此泉洗眼。

双柏恐龙河瀑布

位于双柏县鄂嘉镇鄂嘉景区内恐龙河上，以河得名。恐龙河发源哀牢山，自小坝至鱼庄河，上游平缓，下游湍急，河流在陡峭的河谷中穿行，多瀑布与险滩，最大一级落差60余米，宽30余米，从高空的悬崖坠人深潭，水花飞溅，水雾迷濛，甚为壮观。

陆良大叠水

位于陆良县中枢镇西南20千米处南盘江峡谷中。因瀑布地处陆良县城，与下游两千米处小叠水相区别，故名陆良大叠水。江水从河床构造裂点上，飞流直下，形成落差40余米，宽60余米。走近跌水，响声震耳欲聋。伴随巨响声所溅起的细水珠，形成翻腾的云雾，向周围弥漫，人在其中，犹如置身仙境，当地人称"跌水喷云"。

玉溪白云瀑布

位于玉溪市红塔区州城镇东北的罗木箐河上游支流上。远观其状如白云飘拂，故名。由两级瀑布组成。上级高55米，宽7米，下级落差20米，宽6米。连续飞跌，宛如白帘飘折。西与相距1千米的马溶洞连为一体，各具特色。

景洪曼典瀑布

位于景洪市西北嘎洒镇曼典村公所西北的曼典河上，隶属于西双版纳纳板河流域国家级自然保护区。"曼典"是傣语音译，意为埂子寨。据说该寨所在地地势不平，开田时埂高田坎窄，只见埂子不见田，故称曼典。曼典河由勐海县勐宋乡蚌冈流入，在阿麻山形成气势雄伟的多级瀑布。曼典瀑布为该河上落差最大的一处跌水，跌水落差达25米。瀑水跌落时，分为左、中、右三道水帘，如大小不同的三匹轻纱从高空飘然落下。三道水帘中，左侧水帘最宽，中帘居次，右帘最窄。每年5～10月雨季丰水季节，三道水帘会连成一片，使左侧水帘显得汹涌而气势磅礴。河水流量减少以后，挂在岩上的水帘显得薄而透明，帘后山石草木隐约可见。河床两岸是典型的沟谷雨林植被。

（栩　榕　整理）

泉　水

综述

泉水，云南人又称潭、池、塘、箐等。云南地质条件复杂，泉水分布广泛，遍及全省各地，据不完全统计，全省有冷泉600余处，温泉700余处，温泉占全国1/4强。有"泉水王国"、"温泉之乡"之称。

云南泉水类型十分复杂。从形成机理上看，既有上升泉，又有下降泉，还有喀斯特泉、溢出泉、接触泉以及侵蚀泉、断层泉等。从泉水的性质上看，有普通泉（淡水泉）、矿泉，其中还有碱泉、毒泉和哑泉等。从泉水的温度上看，有低温泉（25℃～40℃，占51%）、中温泉（40℃～60℃，占33%）、高温泉（60℃～100℃，占15%）、过热泉（>100℃，占1%）等。每年从温泉中流出热水约三亿六千多万立方米，仅次于西藏，位居全国第二，热量相当于燃烧一百多万吨标准煤。从泉水的水质上看，以重碳酸泉为主，其次为碳酸泉及硫酸泉，极少数温泉含有有害气体，一些怪泉在全国罕见。从分布上看，冷泉主要分布在高原边缘破碎地带、河谷地带、沟箐地带和湖泊盆地边缘，喀斯特地区分布尤其广泛；温泉主要分布大致以香格里拉—下关—个旧一线为界分为东西两个区，即西部为滇西高温热水活动区，具有水温高但流量较小的特点，东部为中低温热水活动区，具有水温低而流量较大的特点。

云南丰富的地热资源，为开展以温泉、矿泉为中心的旅游度假提供了得天独厚的条件。目前，丽江黑龙潭、昆明黑龙潭、腾冲蛤蟆泉、大理蝴蝶泉、禄劝转龙缩泉已成为旅游景区，腾冲、安宁、弥勒、水富西部大峡谷、洱源等地的温泉热水已被开发利用。

大理蝴蝶泉

位于大理点苍山第一峰云弄峰神摩山下。蝴蝶泉处于洱海大断裂的北东盘，该盘在地下水溶蚀作用下，形成了众多的落水洞和溶洞，受大气降水和地表水补给，形成了喀斯特含水层。该含水层中的地下水，沿溶蚀管道流动，在与冲、洪积物接触部位，受细粒松散物阻截，溢出地表后形成了蝴蝶泉。涌水量在18.77升/秒上下，泉水的矿化度小于0.5克/升，属重碳酸钙、镁型水，无臭、无味，水质淡美。蝴蝶泉水域面积50多平方米，为方形泉潭。每年春夏之交，特别是农历4月15日的蝴蝶会，大批蝴蝶聚于泉边，满天飞舞。最奇的是万千彩蝴蝶，交尾相随，倒挂蝴蝶树上，形成无数串，垂及水面，蔚为壮观。在白族人的心中，蝴蝶泉有着美丽动人的爱情传说，是一个象征爱情忠贞的圣泉。

蝴蝶泉奇景古已有之，明代旅行家徐霞客、清代诗人沙琛、现代作家郭沫若等都曾有过生动的记载，概括起来有泉、蝶、树“三绝”。由于蝴蝶生境恶化，现在人们已经很难看到美丽的蝴蝶盛会，有时虽有蝴蝶聚集，但数量已很少。

丽江黑龙潭

位于丽江市古城北端象山之麓的黑龙潭公园内。潭水源于多股从象山脚下的古栎树下涌出的泉水，汇成面积近4万平方米的水潭，色碧如玉，名为玉泉。黑龙潭是丽江古城的主要水源地，造就了“城依水存，水随城在”的独特景观。潭水冬暖夏凉，养人肌肤，每逢严冬零下天气，满潭飘浮着白雾似的水蒸气。沿潭右堤至锁翠桥，右边桥下三孔飞瀑，水花四溅，涛声如雷，流向古城。玉水河畔，杨柳依依，浓荫蔽日。站在“锁翠桥”上向北望去，远处的玉龙雪山悬浮在一片白云之上。近处泉水清澈，玉泉如一面硕大的明镜，使黑龙潭水中有山，山水相映。依托黑龙潭景观建有玉泉公园，又称黑龙潭公园，公园内随势错落建有龙神祠、得月楼、锁翠桥、玉皇阁等一批古建筑以及东巴文化博物馆等。

丽江黑龙潭公园　（江　云　摄）

昆明黑龙潭

位昆明市北郊龙泉山五老峰下的黑龙潭公园内。清水潭面积600平方米，潭深15米，水质清澈呈黝黑色，传为黑龙潜藏其中，故名黑龙潭；浑水潭面积2 600平方米，水深0.5米，水色微黄。清水潭和浑水潭，两潭池水相通，中间以石桥为界。清水潭和浑水潭原本有“两池相交鱼不往，一桥横断水色殊”的奇景，后来浑水潭变清，两池泾渭分明的景观也不复存在。依托黑龙潭而建的黑龙潭公园有“滇中第一古祠”之称，以“四绝”闻名遐迩，即唐梅、宋柏、明茶、明墓。唐梅有一千多年的树龄。宋柏枝繁叶茂，需四五人方能合抱。明茶在寒冬初春时节，仍能花开似锦。众多名贵古树共存于一院，各展风韵，十分罕见。黑龙潭石桥附近是南明忠义之士薛尔望及全家的合葬墓。黑龙潭古树成荫，环境优美，清代硕庆曾赞道“两树梅花一潭水，四时烟雨半山云”。

曹溪寺三潮圣水泉

位于安宁市曹溪寺北面。当地人称“潮水龙”，是由虹吸作用造成的一种非常有趣的自然现象，其命名起源于明、清之际，实际上应是四潮水，大概是当时人们还没有发现子夜时也有涌泉现象，所以取名三潮水，又称“圣水三潮”。无论在枯水还是丰水季节，每逢子、卯、午、酉四时，泉口先是风

安宁曹溪寺　　（江　云　摄）

声呼呼，继而吼声如雷，接着便有一股粗大的水流呼啸而出，飞珠溅玉，蔚为壮观。涌泉两三小时后，泉水戛然断流。再隔三、四小时，又有喷泉涌出，就像每天定时升降的潮汐一样，十分灵验。后来，由于上游的森林遭到过量砍伐，地下水发生变化，致使雨季时涌水的时刻往往提前，而旱季时泉水涌出的次数也常有减少。尽管如此，通常仍是一、七、十三、十九时的流量最大，三、九、十五、二十一时的流量最小。与“天下第一汤”截然相反，是一个低温冷泉，即使在盛夏，水温也只有14.5℃。

嵩明白邑寺龙潭

位于嵩明县白邑乡南部。白邑又名邵甸，昔称滇源，是松花坝水库上游，系盘龙江正源。此地泉眼遍布，曾有“白邑九十九眼龙潭”之说，其中黑龙潭、青龙潭最为有名。黑龙潭位于始建于明代的“黑龙潭寺”中，呈青黑色，故名黑龙潭。泉水涌流出量很大，当地百姓形容说“有牛身子大的一股水”。黑龙潭里生长着金线鱼，为云南四大土著鱼之首，十分鲜美，曾是滇池流域的经济鱼类。青龙潭在黑龙潭不远处，出水量更大，数个泉眼长年涌玉，清澈的泉水汇集成河。两处龙潭汇成的河水水质优良。

弥勒大树龙潭

位于弥勒县弥阳镇大树村西山脚下。古称阿当龙泉，是喀斯特大泉及暗河出口。大树龙潭三面环山，相依弥阳坝子又自成一体，既有路有水与外面相连，又有山石林木遮掩分割，俨然一个“桃花源”。泉畔山坡上，林木葱郁，浓荫蔽日，泉流田畴间，溪水潺潺。泉东南流水环绕处有龙王庙，每逢农历三月初三举行庙会，祭龙王，庙堂香烟袅袅。从明代开始大树龙潭就被开沟砌渠，引进县城，后失修而废，现为弥勒县城自来水的主要水源。

华宁盘溪大龙潭

位于华宁盘溪镇东北。因出水量大，又位于盘溪镇附近，故名。相传因有七头犀牛于潭中嬉戏，故又名七犀潭。泉眼为喀斯特地下河出口，出水量达每秒4.7立方米，年出水量1.67亿立方米，相当于3个十三陵水库、1.5个昆明松花坝水库的储水量。潭泉占地面积超过1 340平方米，水深7米，为云南出水量最大的潭泉，位居中国大泉出水量第三。最初有泉无潭，清康熙十四年（1675）筑埂为潭，1965年又筑新埂，扩大潭塘，潭水渊深，夏秋浑浊，冬春清澈。有3条渠道引水疏灌，使盘溪坝东部田畴水旱无忧，是盘溪镇9 000多亩农田的重要灌溉水源和3万多人的饮用水源。

华宁七犀潭　　（许太琴　摄）

保山怪龙潭

位于腾冲高黎贡山与其支脉鸡冠梁子相接处。崖上怪石嶙峋，崖下潭水暗绿、深不可测，四周古树参天，龙潭上空浓云笼罩。行人来到此地，若大声喧哗，山间马上就会回声四起，接着风雨交加，电闪雷鸣，令人胆颤心惊。这种神秘的龙潭，在高黎贡山还有几处，相传是有神龙潜居于此，受惊扰它就会发怒。自古以来，人们上山采药、放牧、找香菌等，都小心翼翼。从科学的角度看，高黎贡山高耸入云，绵亘百里，把从孟加拉湾来的暖湿气流挡住，所以除冬春少数时间外，山顶都被浓云笼罩，积蓄了许多可变为雨的水蒸气，造成了雷雨一触即发的基本条件。

禄劝转龙缩泉

位于禄劝彝族苗族自治县屏山镇东北转龙镇旁。泉为一个石砌方形龙潭，深1.5米，清澈的泉水由池底黑色淤泥中冒出，由龙潭北端溢到另一个紧临的水池，再淌入田间沟道。泉水涌出1个多小时后，向原潭渐渐回缩，直缩到干见潭底，然后再冒泉水……往复盈缩。每年春、夏两季，几乎每天都会出现潭水时缩时盈的现象，每天8~10次，每次长达1至2小时，缩时水干见底不湿鞋，盈时水从地下涌出，可供二三盘水碾的动力。云南转龙缩泉形成年代悠久，当地传说泉下有“龙”，“龙”来时水盈，“龙”去时则缩，“转龙”因此而得名。据科学考证，转龙地下有条暗河，发源于寻甸县马店新房子村，暗河流到转龙有20多千米，由于虹吸作用，在这里出现泉水盈缩。1985年禄劝地震以后，不仅缩泉盈缩不止，而且又涌出一批新的泉眼，使得转龙镇村村有泉。

腾冲热海

位于腾冲县城西南。面积9平方千米。腾冲是中国三大地热区之一，地热温度之高，蒸气之盛，水热活动之强烈，为国内罕见。腾冲的地热奇观，是地层中心的热流向地表上升，顺着地壳断裂处勃然喷发的结果。其中，位于全县地热区高温中心的热海，为滇西断裂带的一个地热喷射口。整个热海被青山环抱，郁郁葱葱，澡塘河沿山势蜿蜒而过，形成了景点错落分布、立体结构的特色。热海的地热显示特征为喷气孔、冒气地面、沸泉、喷泉、热水泉华、热水喷泉和毒气孔7种景观，有较大的热泉、气泉群共80余处。其中具有较高观赏价值的有大滚锅、怀胎井、鼓鸣泉、珍珠泉、眼镜泉、美女池、热龙抱珠、仙人澡塘、热辐地、狮子头、蛤蟆嘴、澡塘河瀑布和醉鸟井等。最著名的“大滚锅”因其外观酷似蒸煮用的大锅，水面温度达96.6℃的沸泉，泉成圆形，直径6.12米，深1.5米，底部水温高达102℃，终年沸腾而得名。热海景区气候温暖，空气清新，泉水明澈，含有多种对人体有益的微量元素。腾冲热海已建成为国家级地热火山风景名胜区中最重要的景点之一。

腾冲黄瓜箐气泉

位于腾冲县城西南20千米处热海景区内，与热海大滚锅沸泉一河之隔，面积5000平方米。在狭长状如黄瓜的山箐里，热气泉穿砂破石，不断喷出，随处可见亮晶晶黄灿灿的硫磺，空气中也弥漫着硫磺的味道。喷气较大的气孔有16处，出气口温度94℃~96℃，全长1.2千米，宽度约100米。主要特征为喷气孔冒出地面，喷出滚滚烟雾。气能煮熟米饭、鸡、鸭、肉、蛋以及薯类。人们利用气孔，在出露地段上面铺上沙和碎石，再铺上松毛、稻草和草席等，形成汽床后，卧于汽床之上，盖上棉毯蒸熏，以求治病。黄瓜菁的开发，已经有100多年的历史。至今黄瓜菁仍是蒸熏、沐浴为一体的大众疗养胜地。

洱源温泉

洱源地热资源丰富，温泉星罗棋布，素有“温泉之乡”美称，县城有“热水城”的美誉。热水沿街渠纵流，冬春热气缭绕，婉若仙都美景，令人神往。有诗赞道：“三步温泉四步汤，气蒸迷雾似仙乡”。洱源的温泉名声自古有之，相传明朝建文帝朱允汶曾在此僧衣麻鞋、浸泡养生。在全县12个乡镇中，有8个乡镇都有众多的温泉群，年产38℃~78℃的温泉水308万立方米，这些温泉大部分属于硫磺泉和碳酸泉，富含钾、钙、镁、铁等多种微量元素。其中以九气台温泉、下山口温泉、城西温泉、火焰山温泉、江干温泉等为代表。这些温泉水质好、水温高、出水量稳定、保健医疗效果佳，数百年间慕名前来沐浴者常年络绎不绝。

弥勒温泉

位于弥勒县境内。地热资源丰富，以城东北的小芹田温泉、城西边的梅花温泉以及城南面的小寨温泉远近闻名。小芹田温泉属低矿化碳酸温泉，又名热水塘温泉，古称步阙温泉，位于弥勒县弥阳镇东北11千米吉山乡热水塘村，水温60℃，日出水量为6566.4立方米。温泉四周青山环抱、环境幽静，滚滚沸水自岩缝喷涌而出，清澈明净。梅花温泉又称碧玉温泉，位于弥勒县弥阳镇西3.5千米处，以温泉附近多梅树而得名，水温49℃~54℃，日总出水量2246.5立方米。在民间，小芹田温泉与梅花温泉合称“鸳鸯泉”。小寨温泉位于朋普小寨村，因山势险峻，翠微如屏，古称翠微温泉。至今有600多年的历史。当地民众们称小寨温泉为吉祥之泉。

水富西部大峡谷温泉

位于水富县城的金沙江畔。在金沙江大峡谷

下2 380米的深处蕴藏着丰富的地热资源，该温泉水温高达85℃、水压大、流量多，日涌量达8 000多立方米，居全国之首。泉水富含有益人体健康的偏硅酸、硫、锝、锂、溴、硒、氡、铜、锶等矿物质。独特的高山峡谷景观，加上较好的温泉沐浴，西部大峡谷温泉被誉为川、滇及大西南旅游线上的一颗耀眼明珠。

安宁温泉

位于昆明市西面的螳螂川畔。又称碧玉泉。相传发现于东汉末年，明永乐年间开发。水源充足，日流量达2 000吨温泉源出石灰岩壁，由众多泉眼组成，多数泉眼分布于螳螂川东北岸，在断裂带上的泉眼共计9个。泉水清澈碧透，水质柔和，水温达42℃～45℃，内含碳酸钙、镁、钠和微量放射性元素。明代地理学家徐霞客和学者杨慎都认为云南温泉之多冠于全国，此泉则冠于云南。故有“天下第一汤”之誉。

曲靖三宝温泉

位于曲靖麒麟区以南偏东13千米的三宝村，故得名。共有主泉两眼，水温40℃～57℃，日出水流量达2 400立方米。富含氡、钾、钠、钙、镁、铁等30多种对人体有益的活性元素和矿物质，水质清澈透明，无色无味，可浴可饮，对人体多种疾病颇有疗效。温泉春浴是曲靖历史上的八景之一。据记载，早在明代，此泉就开发为浴池，供群众沐浴，群众称澡塘。明代地理学家徐霞客曾沐此泉，赞誉道：“浴罢，觉尘襟荡涤，如在冰壶玉鉴中。”1959年起建有疗养院。

龙陵邦腊掌温泉

位于龙陵县城以北的香柏河沿岸，地处高黎贡山余脉山中。邦腊掌温泉每日供热水量为4 000立方米，水温最高可达104℃。邦腊掌温泉游“三奇一神”。泉奇：仅在0.4平方千米的范围内，就有氡氟泉、碳酸泉和硫磺泉三种不同类型的温泉，被称为“温泉博物馆”。色奇：同一个泉眼的水会因为季节、气候、水温的变化而呈现出清、乳、墨等不同颜色，十分有趣。涌奇：部分泉眼因为地壳运动而形成间歇性涌流，能预测方圆400～800千米的地震，被称为“地球的穴位”。一神：指温泉对各类疾病有着独特的治疗作用，邦腊掌热矿泉水中含有铀、钾、铵、钙、锂、镁等23种化学元素，有着“奇水神汤”的美誉。

昌宁鸡飞澡堂温泉

位于昌宁县城东南鸡飞乡澡塘村。因神话传说有金鸡飞出而得名。有大大小小的数十股热泉，水温36℃～81℃，流量约15升/秒，水中含有钠、钾、钙、镁、锂、铯等多种矿物质。鸡飞温泉始建于明末清初，被誉为“滇西八景之一”。

芒市遮放温泉

在遮放众多的温泉群中，位于遮放镇东北5千米芒棒村旁的千年古榕泉——遮放瑶池为景中之奇。此泉呈多点出露，水温50℃左右，为碳酸泉，水质清纯，流量稳定，日流量6 000立方米，分“龙”、“雄”、“雌”三池。母泉生于一株硕大的古榕树下，因泉水渗过高山腹里从榕树根下源源流淌出来似巨龙吐水，又因过去是土司沐浴的地方，故称“龙池”。龙池十米见方，一半被树的根部笼罩，盘根错节，形成一个个水上洞府，呈半明半暗的一池两景，“雄池”为男性浴池，“雌池”为女性浴池，三池之间，池池相望，而水则互不相融。

元江瓦纳箐温泉

位于元江哈尼族彝族傣族自治县县城西南的咪哩乡瓦纳村委会境内，当地人俗称“热水塘”，因其在原213国道292千米处，也称“292温泉”。温泉有多个天然出水口，水温在43.2℃～86.6℃之间，大多数喷水口水温皆在80℃以上。泉水中含有氟、溴、碘、锶、铁、锂、钡、锰等10余种化学成分。温泉周边树木林立，上为树，下为泉，树林与温泉浑然一体，蔚为壮观。

师宗葵山温泉

位于师宗县城西南的葵山镇温泉村金马河源头。由于受北东向断裂的控制，深部的热流与两旁含水层的水沿断裂破碎带通道上升、运移而形成热水，系上升泉。共有大小不等160个热水点，出露温泉5个，其中中温热水泉3个，低温热水泉2个。另外，沿金马河中也有温泉出露，与河水混流。日出水量972.69立方米，平均水温38℃，泉口最高温度60℃。水中含有锶、锌、锂和硫化氢之类等10余种矿物成份。温泉附近，山峦起伏，溪水蜿蜒。

金平勐拉热水塘温泉

位于金平县城南的勐拉乡纳木思河畔。温泉从石洞中涌出，最尽头大约水深1米多，水温在50℃至60℃之间。温泉水里含有多种矿物质，属高热氡氟水，有硫磺味。温泉周围梯田层层，古树环绕。勐拉温泉的出名更主要的是傣族男女裸浴的传统民风，每年吸引了大量的游客。

鹤庆龙潭

位于鹤庆县金墩乡和邑三家村后。鹤庆坝子位于马耳山和石宝山之间，两边山地以中三叠世石灰岩最为发育，喀斯特作用强烈，使该县成为大理州龙潭洞穴最多的地方。鹤庆龙潭，春来潭水花千树，夏至清波逐风舞。龙潭的水夏不涸、秋不涝、春如碧、冬如镜。全县有龙潭60余处，以西山脚分布集中，比较有名的有逢密大龙潭、青玄洞小龙潭、仕庄龙潭、黑龙潭、白龙潭、西龙潭、黄龙潭、温水龙潭、羊龙潭共计9个；东山脚一带则以朵美龙潭、寒龙潭、海燕龙潭比较有名。流量最大的朵美龙潭，每秒达10立方米；最小者如县城之郊的黄龙潭、金墩温水龙潭，每秒也能达到0.1立方米。水温最低者，如仕庄龙潭为10℃，最高者如朵美龙潭为65℃，但多数在10℃至20℃之间，水质皆为Ⅰ、Ⅱ级。在鹤庆还有星子龙潭、青龙潭、小白龙潭、寺庄龙潭等，为古时“鹤阳八景”之一。

腾冲扯雀塘毒泉

位于腾冲县曲石乡小鱼塘村东南的山坡上。扯雀塘并非水塘，而是一个杂草丛生的浅坑，坑里有喷气孔，孔口约一米见方，冒出的气体温度仅18℃，但有一种刺鼻的酸辣味，闻久了会使人头晕，身体发软，空中飞鸟常被熏落致死，故名扯雀塘，兽类、爬行类和两栖类也常被熏死在岸边。经检测发现，扯雀塘里不断喷出一种综合性的有毒气体，其中含二氧化碳51%，还有硫化氢、二氧化硫、甲烷和氨气等，能使人和动物呼吸窒息而死亡。扯雀塘毒泉是火山活动的产物，是火山活动后期的一种“低温放气现象”。扯雀塘因毒气大，已经成为天然的禁区，仅有少量的科学考察者前往。

凤庆哑泉

位于凤庆县境内澜沧江边青龙桥旁。相传若是饮了哑泉水，走出数里就会命丧黄泉或变哑。哑泉是否有毒，一直众说纷纭，无一定论，至今仍无人敢饮。该泉附近草深林茂。泉水从道路的上侧腐殖土覆盖下的蜂窝状碳酸钙沉积物中渗出，汇集成流后分别流向两侧。泉边有一乾隆甲寅年（公元1794年）立的石碑，上刻“告曰，过往之人不可饮，此水哑毒”。经采样分析，泉水无色清亮，无异味，重金属浓度特高，这与附近有色金属矿丰富有关，主要是铜、铅、镉，锌、砷，汞等，其中铅，镉含量是国家规定饮用水最高容许浓度的2.3~4倍。哑泉水是一种含铜盐的水，即硫酸铜的水溶液，称为胆水。这种胆水饮用后会使人恶心、呕吐、腹泻，言语不清，直至虚脱、痉挛而死。哑泉与灭泉、黑泉、柔泉并称四大“毒泉”，多分布于云南、贵州一带。这种罕见的哑泉，有着特殊的科研价值和旅游价值，吸引着众多科考人员前往探究观赏。

巧家毒泉

位于巧家县蒙姑乡新塘村的茶棚子，又称“堂狼毒泉”。泉水流量每秒8升，系冷泉，泉水清澈。“堂狼毒泉”之所以出名，是因为当地盛传诸葛亮南征时曾遇毒泉，士兵误饮，非死即哑，后来得到当地智者的帮助才得以解危。泉水流过的地方会留下白色粉末，粉末沉淀后成为一道供水流淌的硬化槽道，而槽道里的泉水则清澈见底。从毒泉中提取样本化验，发现泉水所含的钙、镁浓度极高，使水的硬度达到了916毫克/升，超过国家规定饮用水的总硬度标准一倍多。少量饮用口感略甘涩，饮入过多则会中毒，主要是影响声带，对人体的声带神经和语言中枢有强烈的麻痹作用，使发声嘶哑甚至暂时失声，同时伴随着肚腹胀痛，如不及时就医则有生命危险。

（桐　榕　整理）

溶　洞

综述

溶洞属于地下喀斯特地貌的一种类型。换言之，地下喀斯特主要包括溶洞、洞穴化学沉积物（石钟乳、石笋、石柱、石帘、石花、滴管、边石坝等）、地下河、地下瀑布等。

云南由于新构造活动强烈，具有间歇抬升的特点，故洞穴发育的层次丰富，一般都有2～3层，最多可达5层。云南省已知有洞穴1 000多个，几乎遍布全省，但具有一定旅游价值的溶洞主要集中在滇东、滇中和滇西南地区。主要有建水燕子洞、泸西阿庐古洞、宜良九乡溶洞等。

建水燕子洞

位于历史文化名城建水县城东30千米的峡谷中。发育于三叠系个旧组中厚层白云岩中。洞内外岩壁上巢居着百万雨燕，燕子洞因此而得名。洞分三层，上层老巴洞，面积近10平方千米，中层和下层洞相连，分前、中、后三洞，三洞洞口均有雨燕栖息，其中前洞景观最佳，中洞次之。前洞又分明洞和暗洞。明洞形似一座巨大的天生桥，两面透光，可容纳数千人，依山势自然筑成石殿、石台及凌空楼阁，洞顶钟乳石稀疏，摩崖石刻及诗文碑刻遍布洞中，与水洞口的钟乳悬匾遥相呼应。钟乳悬匾是燕子洞独有的奇观，在离河面50米高的洞顶悬垂的钟乳上，挂有历代的上千块匾额，令人惊叹不已。暗洞规模宏大，洞长4 000米，高50余米，宽30米，泸江水奔腾入洞，形成地下伏流。燕子洞洞口内外壁上，巢居雨燕百万，年至春夏，群燕若万箭穿空，呢喃之声不绝于耳，有诗赞道“百万燕呼淝水战，一条浪吼浙江潮”。每年3月21日上午，有“迎春燕钟乳悬匾庆典”活动；每年农历八月八日的“燕窝节”既可看到奇特溶洞景观和群燕群集的壮观景象，还可以欣赏到攀援绝壁采摘燕窝、挂匾的绝技表演。建水燕子洞的旱洞开发于清初乾隆年间，水洞于1987年对外开放。

泸西阿庐古洞

位于泸西县城西北约5千米的盆地边缘的峰丛谷地中。又名庐源洞。发育于三叠系个旧组白云岩、灰质白云岩及白云质灰岩地层中，其水文特征极其复杂，形成过程经历了三次地壳运动，从而造就了三层洞穴结构和标准的地层剖面，围岩褶曲、漩涡洞穴、断裂构造等地质景观痕迹清晰可见。阿庐古洞全长3 000多米，面积近1.5平方千米。溶洞周围峰丛林立，山脚清泉涌流，庐源河玉带环绕。溶洞、竖井18个，暗河九条，彼此间纵横交错，上下沟通，构成一个复杂多层次的洞穴系统。阿庐古洞群由“庐源河”、“玉柱洞”、“玉笋河”、“玉峡洞”组成，具有“洞外有山，山脚有泉，洞中有洞，洞中有天，洞中有河”的特点；洞分三层，彼此相通；上、中层为旱洞，高10～15米，下层为水洞，即玉笋河，河长625米，洞顶至水面高9～11米，宽8～12米，最高20米，暗河水流速度缓慢，水深0.8～1.2米，石柱、石笋林立水中，钟乳石垂悬，姿态万千。庐源洞石厅众多，大者可容三五百人。另外洞内许多柱石能发乐音。玉柱洞内石柱林立，其中一根高达8米、直径30厘米的中空鹅管石极为罕见。洞下流淌着的是玉笋河。最后是碧玉洞，该洞因钟乳石色如碧玉而得名。溶洞口有明人游记碑。明代著名旅行家徐霞客曾两次前来考察，并留下记述。2006年，持续惊现的“佛光”，让阿庐古洞蒙上一层神秘的面纱。

宜良九乡溶洞

位于宜良县城西北彝族回族自治乡境内。溶洞群面积约140平方千米。主要分布在南盘江一级支流麦田河及其支流两岸，河谷以优美壮观的侵

昆明宜良九乡风景区　　（王　新　摄）

九乡溶洞　　（刘建明　摄）

蚀、溶蚀峡谷（局部为嶂谷）为主。在地壳间歇式抬升运动中，完成了多层溶洞的演化过程，造就其巨大、奇特的洞穴系统景观。区内已发现溶洞近百个，在中国乃至全球已发现的溶洞中实属罕见，主要洞穴有三脚洞、仙人洞、白象洞、蝙蝠洞等，多个峡谷与洞穴相连，洞内有生物堆积、张口洞古人类活动遗存及哺乳动物化石。洞穴中石钟乳、石笋、石柱、鹅毛管、石花、卷曲石、边石坝（神田）、瀑布、暗河等喀斯特景观比比皆是，被誉为“洞穴博物馆”。

弥勒白龙洞

位于弥勒县虹溪镇东北的喀斯特溶丘洼地中。溶洞发育于三叠系个旧组白云岩、灰质白云岩和灰岩之中，属于峡谷型叠层溶洞，洞体呈北东向展布，长1 149米，洞分上下两层，上层洞长530米，宽2.5～20米，高8～25米，洞口标高1 530米；下层溶洞长619米，宽2～30米，高1～25米，洞口标高1 500米上下两层溶洞相通，平面上呈“八”字形，洞中有洞，洞中见天，奇景叠出。其中，造型奇特的龙鳞状浮雕、龙柱、石幔层层叠叠，弯笋奇石、石花、石珊瑚、石葡萄、石珍珠等是白龙洞的精华。

开远南洞

位于开远市南3千米处的通灵村附近，又称通灵洞。明朝状元杨升庵曾游此地，陶醉于眼前的景色，并亲笔题“南洞”二字，南洞因此得名。1574年云南巡抚邹应龙游后，更名“通灵”，至今已有400多年的历史，是古时“阿迷八景”之首。南洞中暗洞幽深莫测，是云南规模最大的地下暗河出口之一，其中有三个终年流水潺潺的泉潭，洞内泉石景观奇异，洞脚终年泉水涌出。划船而入，可欣赏到石芽、石笋、石柱等钟乳石奇观。洞外山崖下有三个清澈的龙潭，四周古树参天，绿荫环抱，虽无亭阁楼台，却也别有洞天。

威信天台山溶洞

位于威信县城西部约32千米的毕坎村老鹰岩上。溶洞发育在二叠系灰岩中。溶洞分四层，相互贯通。第二层洞主洞长2 138米，宽25米，支洞深1 062米，宽25米，高18～25米，有十余个大厅。洞口海拔1100米，洞中海拔1188.94米，相对高差约88米。每层溶洞之间的高差20～25米。洞内次生碳酸钙沉积类型繁多，色彩绚丽，形态各异。单体、复合形体共生，黄色、淡红色、白色或无色透明石钟乳、石笋、石柱比比皆是，多以站立式、侧挂式、悬垂式分布。洞中有洞，洞中有水，洞中有林，洞中有山，景象万千，石葡萄、石球、鹅针管、卷曲石等比比皆是，奇景迭出，引人入胜弯腰爬入洞中，面前豁然开朗，大厅中环立石乳、石枝、石柱。攀援而上，一路峰回路转，景象奇特，石人、石猴、石龙、石狮、石花绚丽多姿。石瀑临空飞溅，气势磅礴。洞顶、洞壁、洞底缠绕的羽状、枝状、柱状钟乳石，如盘根错节的热带雨林。石葡萄、晶花、石瘤、石珊瑚、石灵芝、石绣球、石莲花，令人目不暇接，恍若置身龙宫宝殿。二层洞后端南天门，只见凹陷大厅中冰峰林立，石花盛开，玉石瀑泻，恍若天宫仙境。第二层之上，宝灵寺香烟缭绕。由宝灵寺入洞，依然宽大雄奇，峰回路转。该洞成洞年代久远，堆积物较多，具有较高的旅游开发价值。

鹤庆清源洞

位于鹤庆县云鹤镇北12千米的逢密山山腰上。是历史上凤羽湖泄后露出地表的喀斯特溶洞。在溶洞口上方，刻有“清源洞”三字，是邓川明代御史杨南金手笔。洞穴深幽，分上下两层，左右两穴，左穴较窄，右穴宽如厅堂。内有石田、石柱、石兽、石笋、石幔等天然奇形，钟乳遍布，百态千姿，有地下石林之称。洞外周围树木繁茂，山涧流水潺潺，四季鸟语花香，清幽雅静。每年农历六月十三日，是传统的清源洞歌会。凤羽白族群众都要到清源洞来唱歌对调休闲。

华坪仙人洞

位于华坪县城中心镇西南2千米处南面的轿顶山东麓。主洞长110米，最高处约26米，宽约15米。洞内钟乳石等造型奇异，各种溶岩似笋如花，千姿百态，以塑有观音菩萨像而得名。入洞20米，地势突然开阔，洞内有暗河，暗河河水汇入新庄河。

曲靖花山溶洞

位于曲靖市东北34千米处。发育于下二叠系中层厚生物碎屑灰岩中。全长565米，高0.8～17米，宽0.7～19米不等。洞内有六个大厅，数十个景点。大厅与狭窄通道相间，出现多级台坝，纵剖面呈阶梯状；横剖面形态变化较大，有葫芦形、椭圆形、梯形等，景观壮丽。洞内景观以石幔、石帘、石柱、石笋为主，生长着大量的石葡萄、石花、卷曲石等，其中卷曲石长达10厘米，单个纤细弯曲，成簇的酷似冰花，晶莹透明，甚为奇美。

普洱翠云溶洞

位于普洱市西南53千米处。溶洞发育于三叠系泥质灰岩中，呈三层洞群展布。第一层标高1 190米，部分地段为暗河；第二层标高1 210米；第三层标高1 240米。洞中次生碳酸钙大量沉积，以悬挂式石幔、石帘为主，共30多个景点。洞中的钟乳和石笋神态各异，有莲柱官厅、白象点头、群龙戏珠、神雕玉屏、冰川飞瀑、龙王寝宫等景观。洞内有仙人洞、彩虹洞、观音洞、水帘洞、珍珠洞等九个洞穴，还有大、中河落水洞和翠云小石林。

富民宝石洞

位于昆明的撒旦镇盘龙村后东南。溶洞形成于二叠系和石炭系石灰岩地层中。洞内古河道沉积层内，藏有源自二叠系峨眉山玄武岩风化层中的红、绿、蓝、白等色玛瑙石，称为“宝石”，因此而得名。洞内钟乳悬垂，四壁奇石参差。其中以仙人洞和过水洞最有名。据说在这两个洞之间，曾有人发现大量的宝石。1983年曾在洞口堆积物中发现陶器、骨器等文物，属新石器时代洞穴遗址。1985年该地成为富民县文物保护单位。

曲靖天生洞

位于曲靖市西北18千米处的沾益乡光华村。原名仙人洞。洞内钟乳、石笋、石柱等分布密集，造型奇特。溶洞南北走向，洞分三层，全长1000多米。第一层有“饮酒厅”、“万年灵芝”、“迎客松”等令人眼花缭乱的景色；第二层有“东海神龟”、“乌蒙磅礴”、“麒麟仙子宫”等；第三层“妙音洞”，堪称天生洞的精华，洞顶钟乳石吊挂，洞底石笋丛生，击之能发出妙音。

祥云清华洞

位于祥云县城南3千米处的清华山。发育在二叠系石灰岩地层中。洞分三层，第二层最宽阔，高30余米，宽50余米，第三层洞分两支，逶迤弯曲，深不可测。山顶有一孔，形如盘碟，俗称“碟大天”。传说当年孙悟空赶鲤鱼精进清华洞，洞中一片漆黑，于是悟空便用金箍棒朝洞顶戳了一个窟窿，透出一道光柱，这便是“碟大天”的由来。洞内钟乳石悬挂，千姿百态。洞门建有坊、亭，石壁上题咏甚多，洞北面建有清华寺、天皇阁等。

沾益海峰天坑景观

位于曲靖市沾益县海峰湿地西部的石仁村。天坑是在特殊地质条件下因地下河塌陷或洞穴塌陷而形成的。海峰天坑群有10多个天坑，最深的天坑184米，最浅的也超过70米，底部面积最大的2.2公顷，最小的也有0.48公顷。其中最大的天坑直径约200米，也为最深的天坑，坑内尚有恐龙时代的蕨类植物，坑底有溶洞，洞内景观奇异。

沧源天坑

位于沧源佤族自治县崖画谷风景区中段半山腰。“天坑”是地球上“喀斯特”地貌形成的自然奇观之一。沧源天坑群共有7个天坑，直径最小的有50米，最大的有200米，最长的也只有1500米并且均匀分布在同一水平线上。其中最大的天坑深235米、直径184米。洞内生长着桫椤、董棕等珍稀植物，景观十分丰富，有湖泊、沙滩、暗河、瀑布以及数量众多的石笋、石钟乳等，堪称洞穴喀斯特沉积物的典型代表。2007年沧源“天坑溶洞群”被发现，有关媒体分别对其进行了报道。

（江　云　整理）

生物资源

综述

云南省地跨热（包括亚热带）、温、寒等三个热量带，为品种繁多的动植物生长繁殖，提供了得天独厚的多样生境，使云南成为世界上野生动植物最多的地区之一，是中国著名的“动植物王国”。云南省野生植物占中国植物种类的51.6%，被列为国家濒危珍稀植物144种。云南观赏植物中比较著名的有山茶、杜鹃、木兰、百合、报春、龙胆、绿绒蒿等八大名花；云南山茶，素有“甲天下”之誉；云南杜鹃，品类繁多。云南省野生动物占中国动物种类的53.8%，国家保护动物50余种。丰富的动植物景观，为多样的生态旅游产品开发奠定了基础。

动物资源

云南动物种类数为全国之冠，素有“动物王国”之称。其中，无脊椎动物，包括原生动物到节肢动物共10个门，已记载昆虫有12 377种，占中国种类的28.7%。软体动物48种，占中国211种的22.7%。脊椎动物中，鱼类有366种，占全国淡水鱼总数的45.7%；两栖类92种，占39.8%；爬行类143种，占37.1%；鸟类782种，占65.9%，兽类274种，占53.3%。云南省境内共有一类保护动物30种，占39.5%，如滇金丝猴、白眉长臂猿、印度野牛、亚洲象、白尾梢虹雉、黑颈鹤等；二类保护动物34种，占51.7%，如灰叶猴、小灵猫、雪豹、绿孔雀等；三类保护动物68种，占64.8%，如青羊、血雉、灰鹤等。云南优越的地理环境，其中生长着许多特殊的动物群落，形成独特的动物景观。

西双版纳热带雨林

位于西双版纳国家级自然保护区和西双版纳热带雨林国家公园内。林中植物种类繁多，常绿浓密。一般可分为5～8层，其中乔木具有3～4层结构，上层乔木高大茂密，高过30米，代表性树种望天树，树体高大、笔直，可高达80米左右，树冠像一把巨大的伞，树皮色浅，薄而光滑。木质大藤本和附生植物特别发达，林下有木本蕨类和大叶草本，绞杀植物和寄生植物较多。

在西双版纳热带雨林中，植物形态奇特而有趣，比较著名的有：

板根现象。高山榕、小叶榕、木棉、四树木等植物的树干基部常常会长出多姿多态的板状根，从树干的基部2～3米处伸出，呈放射状向下扩展。

独树成林。小叶榕和橡皮榕等生长着许多发达的气根，这些气根从树干上悬垂下来，扎进土中，形成许许多多的“树干”，非常壮观。

绞杀现象。多为榕树对其他树种的绞杀。是热带雨林奇特的景观。

老茎生花。有些树种如波罗蜜、可可等，在老树树干或根颈处也能开花结果。

空中花园。在植物的地上部分具有很多种类的附生的和攀援的植物可以持续生长，造成树木生长密集且长绿，形成空中花园。

西双版纳热带雨林以其丰富的植物资源、独特的生态景观，使其成为令世界瞩目的绿色明珠。

西双版纳热带雨林中的空中走廊　（江　云　摄）

铜壁关热带雨林

位于铜壁关国家级自然保护区内。南北跨度达100千米，呈不连续的狭长带状。森林内分层明显，林中乔木具有3～4层结构，植物品种丰富，树种繁多，乔木高大，常绿浓密，四季常花，林内藤本植物纵横交错，附生植物随处可见。森林具有优势种不明显，结构复杂，层外植物丰富，以及常具板状根、支柱根、气生根、老茎生花、绞杀现象和空中花园等现象。

森林内分布的以北越龙脑香、盈江龙脑香、云南娑罗双为代表的热带季节雨林是中国乃至世界上纬度最北的龙脑香林分布地区，是印缅热带雨林向东和北分布的极限类型，也是中国迄今为止面积最大的龙脑香林。此外，森林内的尖叶铁青树在中国仅见于这一区域，在中国及云南省珍稀濒危保护植物中占有十分重要的地位。

铜壁关热带雨林没有明显的季相，一年四季常绿且均有花开。与中国其他热带雨林景观相比，此森林植被类型和植物群落结构颇具特色，是中国境内不可多得的热带森林资源，生态保护价值和经济价值较高。

大围山热带雨林

位于大围山国家级自然保护区内，海拔700米以下的阴湿谷沟地带。是以云南龙脑香等为标志的热带雨林，也是罕见的茂密高大湿润雨林。大围山热带雨林仅有小面积的残林，林中植物种类繁多，组成丰富，可分为乔木、灌木和草本3个层次。其中乔木又具有3～4层结构，多为典型的热带常绿树和落叶阔叶树，但常绿高位芽植物占优势，落叶植物极少；上层乔木高大茂密，高过30米，许多树种高大、笔直，树干似伞把，树冠则像一把巨大的伞，树皮色浅，薄而光滑。可可树、菠萝蜜、木奶果等植物具有茎花现象，还有的乔木植物具板根现象。藤本植物丰富，林中常见藤葛交错，附生植物数量很多，附生有藻类、菌类、苔藓植物、大量的蕨类和有花植物等。绞杀植物和寄生植物也较多，构成雨林特殊的绞杀现象和空中花园景观。森林没有明显的季相，叶全年都呈深绿色，一年四季花果常有。

大围山热带雨林组成树种中的隐翼和毛坡垒等植物，是热带雨林的典型标志种，也是东南亚典型热带雨林沿河谷向北分布的极限类型，仅在本区域有分布。因此大围山热带雨林丰富的植物资源和独特的生态景观，集科学研究与保护、生态旅游与科普教育为一体，为人类提供了巨大的物质与精神享受。大围山热带雨林景观已遭到一定的破坏，急需加强保护。

打洛独树成林

位于勐海县打洛镇开发区内。这株成林独树，株高达28米，树龄在200年以上，属热带、亚热带的大叶榕。该树主干中部平生的众多气生根，顺树而下，相互交缠，盘于根部。左右两侧的主枝上，有30条大小不等的气生根垂直而下，扎入泥土，形成根部相连的丛生状支柱根，支柱根插入土中，又成为另一棵树，形成树生树、根连根的一树多干的成林壮观景象。

大盈江独树成林

位于盈江铜壁关老刀弄寨旁的亚热带雨林中。树冠像一把巨伞，浓荫四布、遮天蔽日。树冠占地8亩左右，树高约40米，主干满布块状根系，气生根多达400多根，入土下垂长成树干的气生根有100多根，如椽似柱。远远看去，犹如一片小树林，令人惊叹不已。此榕树树龄三百多年，是中国目前发现最大、气生根最多的榕树。

瑞丽独树成林

位于瑞丽市的勐卯镇芒令村。远看是一片绿油油的树林，实际上只是一棵榕树，其树干不断地生长出气根，由上而下扎进泥土，衍生出新的枝干，新的枝干又生发出无数的气根，扎入地中，由此根生干，干生根，生生不息，成为“独树成林”。瑞丽人称此榕树为迎客榕。由于此榕树树型奇特，为众多影视专家所青睐，《边寨烽火》、《孔雀公主》、《西游记》等多部影视片都曾以此为外景，是瑞丽市的一道独特的风景线。

勐腊望天树

仅分布于勐腊县的补蚌等700～1000米的沟谷及两侧山地上。望天树属龙脑香科，常绿高大乔木，是中国典型的热带季节雨林的上层优势树种。因其长得挺拔笔直，一般的高度在40～70多米之间，最高的可达88米，如利剑般直刺蓝天，有“林中巨人”、“林中美王子”之美誉。

70年代初期，中国的科技工作者在勐腊发现了望天树，向世界证实中国确实有热带雨林。望天树树冠雄踞于森林的最上层，像在森林上空撑起的一把把大绿伞。望天树树冠伞形，树干通直圆满，胸径60～150厘米，最大可超过300厘米，普遍具有板根，并且是所分布群落的特征种和优势种。勐腊望天树是中国的特有种，又是珍贵用材树种，因此具有极高的科研、经济、文化和观赏价值，是国家一级重点保护植物。

沧源巨龙竹

主要分布在沧源县班洪、班老和芒卡一带，海拔500～1300米的坝区或河谷热量充足的地区。沧源巨龙竹具有巨大的个体、通直的杆形，竹子杆高达30多米，直径可达30厘米以上，是目前发现的竹类中最粗的竹子。巨龙竹是云南特有的重要经济竹种之一，竹笋可食用；杆材质优良，可作建筑用材，也可制作成引水管、竹筏、竹筷及竹生产生活用具等，还可制造竹胶合板、竹编胶合板、竹地板、竹壁板、竹砧板、竹包装箱等，甚至可用来制作竹雕、竹刻、竹酒筒、茶筒以及食品包装盒等工艺品；此外，巨龙竹纤维含量高，可生产高档纸及优质人造丝；根系发达，固水保水能力强。所以沧源巨龙竹具有重要的经济价值、文化价值、生态效益价值，是具有世界意义的珍稀竹种。

云南古茶树

古茶树主要分布在滇南、滇西茶区，即西双版纳、思茅、临沧、保山、德宏、红河、文山等地州的40多个县，其他茶区亦有少量分布。古茶树多半生长在海拔千米以上的高山林地中，有的形成群落，有的单株散生，但大多根深叶茂，形态秀丽。通常情况下，古茶树分布区域自然生态环境良好，植被较为丰富，有多种原始物种，常见的有水冬瓜树、红毛树、花皮树等。由于独特的地理和生态环境，使得云南的古茶树资源十分丰富，是中国古茶树发现最早、分布最多的地区之一。

云南的古茶树包括野生型和栽培型两大类。目前已知具有一定规模，联片的古茶园共有14片，达141.1平方千米，保存的从野生型、过渡型到栽培型各类型齐全的千年以上古茶树32棵，占全国的43%。具有重大的科学、文化和经济价值。

云南代表性古茶树生长在镇沅县千家寨。1996年在镇沅县千家寨发现了迄今为止世界上面积最大的野生型茶树植物群落，面积达2.8平方千米，胸径在1米以上的大茶树随处可见。其中，千家寨古茶树1号生长在上坝海拔2450米的林中，高25.6米，胸径1.2米，树龄高达2700年；千家寨古茶树2号生长在小吊水头海拔2280米处，高19.5米，胸径1.02米，树龄亦达2500年。这两株大茶树的树龄均超过巴达野生型古茶树王，是目前所发现的世界最古老的大茶树。

西双版纳南糯山的古茶树　　（许太琴　摄）

西双版纳六大古茶山

西双版纳六大古茶山是普洱茶的发祥地，滇藏茶马古道的源头，清朝普洱贡茶的采制中心。茶山地处南亚热带，阳光充足，气候温暖，雨量丰沛，绝大多数茶树树龄都在数百年甚至上千年。

据《滇海虞衡志》，中国历史名茶云南普洱茶出自“六茶山”。分别是：1. 攸乐古茶山。在历史上位居“六大茶山”之首，是云南大叶茶的中心产地，历史上最高产量达100吨以上。2. 慢撒古茶山。是普洱茶最早的集散地，唐代时被称为“利润城”，是滇藏茶马古道之源头。3. 曼砖古茶山。茶林不规则地散布在原始密林中，是“古六大茶山”现今保存得较好的一座茶山。4. 革登古茶山。在六大茶山中面积虽最小，但因离孔明山最近，且清朝有茶王树（现已枯死），而有其特殊的地位。5. 倚邦古茶山。是普洱茶的生产地和集散加工地，历史上以圆茶畅销到越南、香港。6. 莽枝古茶山。清康熙初年，所在的牛滚塘已是六大茶山北部重要的茶叶集散地。茶山上立于乾隆十一年的石碑记录了六大古茶山之盛事。

普洱万亩茶园

位于普洱市的营盘山。共有2.4万余亩。2003年通过生态茶园的改造，构建了全方位、多层次的生物多样性保护体系，是云南大力发展的普洱茶种植基地。观看茶园的最佳地点是问茶楼，轻薄的雾气与远方的连绵青山相拥，层层叠叠的茶梯延至云海如梦如幻。万亩观光茶园内还开发了全国唯一的普洱茶主题公园——“中华普洱茶博园”，集中展示了普洱茶加工制作的整个过程。并在每两年的4月28日至30日举办“中国普洱茶节”，举行祭茶祖仪式、普洱茶嘉年华会、茶艺茶道表演等活动，吸引了众多国内外游客，提升了“世界茶源、天下普洱、中国茶城”的地位。

澜沧景迈古茶树

位于澜沧拉祜族自治县东南的惠民乡景迈、芒景两村辖区内。景迈古茶园核心区处于北纬22°09′，东经100°00′。种植于傣历五十七年（公元696年），距今已有1 300多年的历史，是种茶历史久远的物证，也是目前世界上发现的面积最大的配置型古茶园，分布面积达1 870平方千米。景迈古茶园内现存古茶树为栽培型千年古茶树，树高大都在3～4米之间，胸径多在15厘米，最大的树高达6米，胸径在40厘米以上。属云南大叶茶。由于栽培年代久远，加之生长环境特殊，现存古茶树上多长满种类繁多的蕨类、苔藓、地衣及藤蔓等寄生植物，其独特的自然景观中的生物群落具有极高的研究价值和审美价值。

双江勐库古茶树

位于勐库镇西北10多千米处的勐库大雪山。分布面积达800多平方千米。海拔高度为2200～2750米。群落所处植被类型属于南亚热带山地季雨林。野生古茶树为二级乔木层优势树种，其生长密度平均为一个样方62平方米内19株，达到构成植物自然群落的密度要求，故被誉为“天下茶仓”。当地出产的茶叶因其品质优良，被业界誉为“茶叶中的味精”。古茶树群落属原生自然植被，且保存完好，自然更新力强，生物多样性丰富，具有重要的科学和保存价值，是珍贵的自然遗产。同时由于所处海拔高，具有较强的抗逆性，尤其是抗寒性较强，是抗性育种和分子生物学研究的宝贵资源。

景洪大渡岗茶园

位于景洪市的大渡岗乡和景讷乡。总面积达25 730亩，已开垦24 406亩。大渡岗茶场的1.52万亩连片茶园被誉为“绿海茗珠”，是世界上面积最大的连片茶园之一。茶园平均海拔1300米，冬无严寒，夏无酷暑，气候温和，云雾、雨露交叉覆盖，周围是数万公顷原始森林自然保护区，数百千米范围内无任何污染源，生态环境优良。此外，日照充足，年日照时数达2 033.2小时。

勐仑植物园

位于勐腊县勐仑镇。著名植物学家蔡希陶教授于50年代带领一批年轻的植物科学工作者创立，又称西双版纳热带植物园。园区占地面积九百万平方米，保留有大片原始森林，已收集活植物1.2万多种，是科学实验和研究的宝地。经过多年发展，各种植物分类集中养畜，组成错落有致的38

西双版纳勐仑热带植物园　　（许太琴　摄）

个植物专类区。兰花园荟萃了热带、亚热带地生兰等附生兰优良品种；水生植物区，睡莲、王莲争妍比美；棕榈林中，有120多种棕榈科植物；百竹园中生长着200多种巨细不等的秀竹；龙脑香林内有许多珍贵树种，如羯布罗香、版纳青梅、婆罗双等；在药用芳香林中生长着檀香、丁香、龙脑香等香料植物；苏铁、鸡毛松、肉托竹柏等稀有植物在裸子植物林区茁壮生长；珍稀濒危植物林区，可见到板根大王四数木、林中巨人望天树、巨叶植物海芋、能够灼人的火麻以及老茎生花、树缠树等奇观；热带果木林中，有酸甜可口的当地名柚曼赛龙和勐仑旱。林木中还有稀奇的神秘果、跳舞草和猪油瓜。植物园内荟萃了众多的热带植物品种，是“绿色明珠”的巧妙缩影。

园区内，建有科研大楼、植物标本馆、展览馆、蔡希陶纪念馆和热带雨林民族文化博物馆等，是集科研、植物种质资源保存和开发利用、科学普及为一体的胜地。勐仑植物园于1996年被云南省人民政府评为爱国主义和科普教育基地。

罗平油菜花

位于滇、黔、桂三省交界处的罗平县。素有“鸡鸣三省”之美誉。得山川湖泊之灵气，明代大旅行家徐霞客曾写下“罗平著名迤东”的诗句。作为“全国休闲农业与乡村旅游示范县”的罗平不仅是中国的油菜生产基地，也是蜜蜂春繁和蜂产品的加工基地，其油菜花景观已成为滇东北高原上的独特风景。每年2月下旬至4月上旬，80万亩油菜花在峰丛林立的罗平坝子竞相开放，呈现出一望无际的金黄景象，让人油然而生人与自然的和谐之情。罗平油菜花自1999年至2012年，已成功举办了12届油菜花文化旅游节。

维西萨马阁滇金丝猴

位于云南迪庆藏族自治州维西县萨马阁。滇金丝猴是中国特有的珍稀濒危国家一级保护动物。终年生活在雪线附近海拔3300～4100米的高山针叶林里，仅在冬天偶尔会到海拔2700米以下的针阔叶混交林中活动。滇金丝猴白天多在数十米高的云杉、冷杉和高山松树上散步、觅食、嬉戏、休息，夜晚则睡在树上，只有饮水、采摘地面上的竹笋或者迁徙途经无林区的时候才下地行走，是典型的高山树栖动物，也是亚洲灵长类动物中最珍贵的种群之一。由于天生一副“面白唇红”的姣好面貌，所以赢得了“最美的灵长类动物”的美誉。白马雪山国家级自然保护区中共生活着1 000多只滇金丝猴。经过10多年人工干预，通过圈养保护的方式，其中的一个种群，约60余只可在自然生态环境中供游人观赏。

西双版纳野象谷亚洲象

位于云南省景洪市以北45千米的西双版纳国家级自然保护区勐养自然保护片区内。亚洲象是中国一级野生保护动物，被列入《国际濒危物种贸易公约》濒危物种，现分布于北纬24.6度以南地区野象谷沟河。大象喜食植物丰富，加上人工投放食盐的招引，发现亚洲象达50群，近300头观看亚洲象的最佳时间是傍晚和清晨，还可以通过红外线夜视镜在晚上观察象群出没。

昭通大山包黑颈鹤

位于昭通市西部。是中国目前黑颈鹤越冬海拔最高的亚高山湿地生态系统，已被列为“国际重要湿地”。黑颈鹤是世界上唯一生活在高原的中国特有的珍贵禽类，属国家一级重点保护动物。每年10月下旬至次年4月初，黑颈鹤集中越冬栖息于大山包的大海子、跳墩河等地，是旅行者和鸟类学家进行观鸟的胜地。2003年成立的昭通大山包黑颈鹤国家级自然保护区，有效地保护了黑颈鹤，平均每年有800余只到大山包越冬，昭通大山包已成为黑颈鹤的理想越冬栖息地。

昭通大山包黑颈鹤　　（陈忠平　摄）

会泽草海黑颈鹤

位于会泽县。保护区环境无污染，加上当地群众的保护习惯，沼泽生态保持完好，是黑颈鹤及其他越冬水禽最理想的栖息环境。每当旭日初升，百鸟齐鸣，万鸟齐飞，场景蔚为壮观，堪称鸟的天堂。每年11月至次年3月，成群结对的黑颈鹤在此起飞滑翔，起舞漫步，会泽草海成为观赏及研究黑颈鹤的最佳场所之一。每年到此越冬的黑颈鹤多达2 000余只，是世界上最大的黑颈鹤种群栖息地之一。

巍山“鸟道雄关”

位于大理白族自治州巍山彝族回族自治县庙街镇隆庆关口。曾经是古丝绸之路人马驿道的重要隘口，也是千百年来候鸟聚集迁徙的通道之一，刻有“鸟道雄关”四个大字的明代石匾树立在垭口一侧。每到中秋，迁徙候鸟从高纬度地区向低纬度地区飞来，成千上万只鸟结队而行，它们白天以太阳为航标，夜晚凭星月作指引，按既定的路线，飞往缅甸等东南亚地区。当巍山的“鸟道雄关”浓雾缭绕，遮住了作为导航的日月星辰时，飞临此地的候鸟迷失了方向，不得不停下来或降低高度，聚集在通道底部，常常会撞击行人或道旁篝火，发出凄切的鸣叫，形成著名的“鸟吊山”奇观，即当地人所说的“百鸟吊凤”。隆庆关附近的山林也就成了候鸟栖息、补充食物的中转驿站。1998年10月，国际鸟类环志培训在巍山“鸟道雄关”举行，世界各国鸟类权威专家确认隆庆关“鸟道雄关”为国际候鸟中转站。

鸟道雄关之一

鸟道雄关之二　（本版摄影　王　新）

洱源“鸟吊山”

位于云南省大理白族自治州洱源县凤羽坝子的西部。每年中秋节前后，成千上万的鸟类从四面八方飞来这里凭吊鸟王，白族乡亲们把这种现象叫“百鸟朝凤”。关于“百鸟朝凤”的记述，在郦道元所著的《水经注》中曾有记述：“叶榆县西北八十里有鸟吊山。俗言凤凰死于此山，故众鸟来吊。”农历七、八月，正是候鸟从东北、中原一带迁往云南西双版纳及中南半岛一带越冬的季节，而鸟吊山是必经之地。鸟类夜晚以月光、星光导航，秋季是大理地区的雨季，“鸟吊山”地区更是多雨、多雾，夜晚星月光被遮挡，鸟儿飞行视线不清，容易迷航，这样，只要在鸟吊山山顶东坡点燃篝火，鸟儿就按趋光的本能，沿鸟吊山喇叭状山谷逆风向山顶火光飞来，盘旋于火光上空。不时跌撞于山岩草丛中，有的扑进熊熊的火堆，故而形成了百鸟赴汤蹈火“祭奠鸟王凤凰”的鸟会奇观。

富宁“鸟王山”

位于云南省文山州富宁县里达乡东南。也被人称为百鸟山、凤凰山、鸟吊山、老王山、百鸟朝王山等。清乾隆年间的《广南府志》记载“凤凰山位于普厅河南70里，传言凤凰曾上此山，每年

7月20日，百鸟翔集，入夜村人焚火山畔，获鸟数十，多不知其名。”这里终年云雾遮罩，自古以来就万木葱郁，风景秀丽，物产丰富。由于其得天独厚的条件，“鸟王山”便成为万鸟相聚和候鸟迁徙的驿站。据统计，每年迁徙进入“鸟王山”的鸟类达20余种，有国家一级保护鸟类白颈长尾雉、国家二级保护鸟类黄嘴白鹭、猫头鹰和省级保护鸟类棕头鸥、鸬鹚等，极具科考和观赏价值。

春城红嘴鸥　　（刘　宏　摄）

昆明红嘴鸥

昆明属低纬度亚热带高原山地季风气候，受印度洋西南暖湿气流影响，年温差较小，年平均气温14.6℃，优越的气候条件成为红嘴鸥冬天栖息的首选。红嘴鸥分布于欧亚大陆，夏季在北欧和亚洲北部的西伯利亚地区繁殖，冬季向南迁飞越冬，每年11～12月迁至昆明，来年3月底陆续离开。1985年11月中旬，红嘴鸥首次进入昆明城区水域，开始引起各方面的关注。红嘴鸥体态优美，飞翔矫健而敏捷，具有较高的观赏价值。昆明翠湖公园是红嘴鸥数量最集中的地方，也是最具有代表性的观鸟地点。

（秦　硕　整理）

气象气候资源

综述

在云南的多种资源中，气象气候资源占有十分重要的地位。明代冯时可在其《游滇纪略》中，记录了云南旅游十佳：“六月即如深秋，不用挟肩衣葛，一也；严冬虽雪满山头，而寒不侵肤，不用围炉服裘，二也；地气高爽，无霉湿，三也。花木高大，有十丈余，其茶花如碗。大树合抱难围，鸡足苍松数十万株，云气如锦，四也；日、月与星比别处倍大而更明，五也；花卉多异品，六也；望后至二十，月犹园满，七也；冬日不短，八也；温泉处处皆有，九也；岩洞深谷奇绝，十也”。显然，十佳中有八佳均与气象气候有关。

云南省特殊的地理位置，古老复杂的地质演化历史，得天独厚的地理环境，使得气象因素和气候特征复杂多样，形成了不同类型的气象气候资源。云南特殊的地形条件，对北来冷空气形成一个天然屏障。地势北高南低，由西北向东南倾斜。在西部，云岭、怒山和高黎贡山为云南的三大主要山脉，海拔一般在3000～6000米之间。在东部，大凉山在北部，乌蒙山在东北，高度都在2500米以上。这种地形特点，使得云南受冷空气侵袭的机率较小，故而冬季较温暖，夏季无酷暑，四季比较温和。另外，较大的海拔落差，形成了“一山有四季，十里不同天”的景象。千变万化的各种气象与山水景象有机结合，形成了诸如在高山地区的鸡足山金顶、轿子雪山山顶常能观看到佛光，在高原湖泊上常见“彩云南现”，在山区常有变化莫测的云雾以及玉带云、望夫云等等生动的景象。

按最冷月气温5℃，最热月气温22℃及其雨日等要素，可以把云南分为三个旅游气象气候区。第一，滇北旅游气候区。包括滇西北、滇东北两片。以香格里拉为代表，年平均气温5.4℃，最热月平均气温为13.3℃，最冷月平均气温－3.8℃。大于等于5毫米的雨日，全年38.1天，雨季各月不超

乌蒙云海 （陈忠平 摄）

过10天，年降雨量612.4毫米。气候温凉，春夏秋三季皆适宜旅游，以春末夏初为最佳。春季杜鹃花盛开，繁花似锦；夏日晴天，看三江并流峡谷以及垂直地带性植被、现代冰川，滇金丝猴等珍贵动、植物。

第二，滇中旅游区。包括昆明、曲靖、玉溪、大理、宝山、临沧和文山的一部分地区。以昆明为代表，年平均气温14.7℃，最热月平均气温19.8℃，最冷月平均气温7.7℃。大于等于5毫米的雨日，全年50.7天，年降水量1 000毫米左右。全年适宜旅游，以冬夏为佳。“天气常如二三月，花枝不断四时春”的昆明，已建成国际旅游城市。

第三，滇南旅游区。包括西双版纳、普洱以及德宏、红河、文山的一部分地区。以景洪为代表，年平均气温21.9℃，最热月平均气温25.6℃，最冷月平均气温15.7℃。大于等于5毫米的雨日，全年61.6天，年降水量1 193.9毫米。气候温热，冬春秋季适宜旅游，以冬夏为佳。热带雨林、季雨林风光及林中奇花异卉、珍禽异兽是该区域的特色。

大理洱海月

洱海地处高原，空气洁净，月亮倒影于洱海之上，使得中秋之夜的月亮显得格外皎洁明亮。关于“洱海月”有多种传说。1962年，作家曹靖华游大理后赋诗“下关风，上关花，下关风吹上关花；苍山雪，洱海月，洱海月照苍山雪”，“洱海月”故此得名。每到农历八月十五日之夜，居住在洱海周围的白族人家都要将木船划到洱海中，欣赏倒映在海中的金月亮，天光、云彩、月亮和海水相映成辉，形成一幅优美的图画。“天上一个月亮白晃晃，水中一个月亮金灿灿”，这就是“洱海月”奇景。

苍山云雾

苍山是云岭山脉南端的主峰，主体山脉海拔2000～4122米，与洱海水面相对高差达2 148米。苍山由十九座山峰组成，北起洱源县邓川，南至下关市天生桥，是世界生物多样性优先重点保护的关键地区，区系组成复杂，从亚热带河谷到雪线的植被垂直带谱发育完整。特殊的地理环境，复杂的地形地貌，使该区域局地山谷风和湖陆风环流特征显著，天气复杂多变。在冬季无云的晴天，玉局峰顶上空会出现时浓时淡的云团似穿着黑衣的人形，此为神奇的“望夫云”。雨后初晴的清晨，在山腰处会升腾起缕缕云丝，汇聚成絮状的朵朵白云，横亘百里，恰似一条精美玉带，此为苍山的“玉带云”。苍山雪与苍山云相映衬，形成充满神韵的奇景。

阿庐古洞佛光

阿庐古洞位于泸西县城西北约5千米盆地边缘的峰丛谷地中。2006年，一道神奇的光芒多次射入阿庐古洞洞中，照耀于洞中常年供奉的观音像上，霎时出现无数耀眼的光环，光环宽30厘米左右，直径3米，此后渐变为双光环，并慢慢扩大淡化，持续时间约30分钟，很多幸运的游客和专家亲眼目睹了这罕见的一幕。这种奇特的佛光属于罕见的光学现象，最有可能出现的时期是在冬至过后。佛光大都出现在名山之巅云海之上，但在溶洞中出现尚属首次。此景更让阿庐古洞蒙上了一层神秘的面纱。

大理五印山灵光

五印山位于滇西大峡谷澜沧江流域巍山县境内。又名千佛山。五印山山形奇特，为并排的五座山峰，宛若五颗倒立着的大印，故名五印山。登临胜光寺可观赏到佛光、彩云现瑞、蜃楼玉宇等多种自然景象，统称“五印灵光”。观看佛光一般在秋天的早晨，有云雾笼罩山壑，当太阳出山的时候，在云雾中可见五色光环，摄四方景物和游人于内，并随景物和游人的移动而变化，十分神奇而有趣。清代《蒙化府志》有记载：“秋晓晴明，云气自下铺于壑中，光若云海。每于杲日初升，则有五色圆光，摄人影于内。”观赏“彩云现瑞”一般在秋雨初晴的中午，太阳当顶时，天空的云彩会呈现各种形状，美丽异常。“蜃楼玉宇”则常出现在农历的二、八月间，在雨后放晴，太阳快要落山的时候，在五印山西部的天空中，会出现各种幻景，令人犹如置身童话世界。

高黎贡山云雾

高黎贡山位于青藏高原南部，是著名的深大断裂纵谷区。山高坡陡切割深，垂直高差达 4 000 米以上，形成极为壮观的垂直自然景观和立体气候。由于特殊的地理和气候环境，山顶终年云雾缭绕，且瞬息万变，形成独特的云雾景观，是云南省最富于变幻的云雾景观之一。

沧源阿佤山云雾

阿佤山位于沧源佤族自治县境内。海拔 1000～2600 米。昼夜温差高达 15℃左右。冬春季节，阿佤山辐射强烈，夜间低海拔河谷的暖气与高海拔沿山下滑的冷空气相遇，导致逆温层以下形成厚厚的云海，覆盖着山谷旷野。太阳出来后，云海变得绚丽多姿，开阔的地方，波涛如激浪翻滚；狭窄的隘口，云雾若白练飘逸。山峰矗立于云海间，似出土的春笋，云山雾海，气象万千。

哀牢山云雾

哀牢山为云岭向南延伸的余脉，是云贵高原和横断山脉纵谷区两大地貌区的分界线，同时也是云南省东、西两大气候区的分界线。由于哀牢山对西南暖湿气流的焚风效应和对东北冷空气的屏障效应，导致该地区空气湿度大，云雾日数也随海拔高度呈增多的趋势。一年之中，云雾天数多达 190～205 天，且多出现在海拔 1700～2000 米之间。缥缈的云雾赋予哀牢山无穷的魅力，时而风起云涌，波澜壮阔；时而平静如玉，轻飘漫流。云海多出现于夏秋季节，常与彩虹相衬，形状多姿，蔚为壮观。

（栩　榕　整理）

哀牢山晨雾　　（夏代忠　摄）

绿色转型

绿色能源示范

绿色能源示范县建设

国家能源局、财政部和农业部共同认定、以开发利用绿色能源为主要方式解决或改善农村生活用能的县（市），是国民经济和社会发展第十一个五年规划纲要确定的新农村建设重点工程。

2010年10月28日，国家能源局、财政部、农业部共同认定108个县为全国绿色能源示范县，云南省盈江县、洱源县、腾冲县、大姚县、双柏县、永胜县、金平县7县成为云南省首批全国绿色能源示范县。

景洪水电站（王　新　摄）

洱源县绿色能源示范县

首批国家绿色能源示范县。由国家能源局、财政部、农业部于2010年10月28日共同认定。

洱源县绿色能源建设主要包括：一、风电开发建设。主要有罗平山风电场、马鞍山风电场项目、清水朗山风电场项目。

二、太阳能光伏发电。洱源县在湾佛村、白草萝、南大坪、北邑、灯草湾等地共建设5个太阳能光伏电站，规划开发面积约10.5平方千米，总装机50.2万千瓦。《洱源县太阳能光伏电站选址规划报告》已审查通过。

三、太阳能中温沼气站建设。2007年在三营镇新龙村建成云南省首个管道沼气示范村，建成2座太阳能中温沼气站；2008年分别在邓川镇腾龙村、右所镇西湖南登村、茈碧湖镇上村、凤羽镇凤河村、三营镇三营村建成了5座太阳能中温沼气站。太阳能中温沼气站有效将农业生产废弃物与人畜粪便转化为清洁能源（沼气）和有机肥料（沼渣和沼液），实现了其资源化循环利用，避免粪便流失导致水体富营养化污染，同时改善了当地的能源利用现状和农业肥料利用状况。

四、小水电开发建设。截至2010年10月底，洱源县已建成小水电站43座40 385千瓦，年发电量达18 614万度，农村电网建设已形成“全县一张网”。

大姚县绿色能源示范县

首批国家绿色能源示范县，由国家能源局、财政部、农业部于2010年10月28日共同认定。

2011年，大姚县红豆树水库、大坡水库骨干水源工程前期工作快速推进。大坡至县城31千米的输水管道建成供水。永丰、大坝2件小（一）型和小花园、民村等5件重点小（二）型病险水库除险加固工程完工投入使用。小桥、厂房等7件小（二）型病险水库除险加固工程顺利推进。“五小”水利工程建设，新建水窖2 557个，改造干渠23.4千米，改善灌溉面积14 500亩。农村人饮安全工程顺利实施，解决了3.3万人的饮水困难。投入资金3 902万元，完成中低产田地改造3.15万亩。完成扶贫整村推进项目46个、“一事一议”财政奖补项目126个、新农村省级重点村建设项目10个、扶持散杂居少数民族发展项目和民族团结示范村项目6个。投资5 554万元，开展生物质气化多联产集中供气项目和8万吨生物质成型燃料项目，项目建成投产后，新增可再生能源利用量5.5万吨标准煤，新增可再生能源用户2.1万户，畜禽粪便和农林废弃物能源化利用率提高10个百分点，农作物秸秆资源综合利用率达到80%以上。

双柏县绿色能源示范县

首批国家绿色能源示范县。由国家能源局、财政部、农业部于2010年10月28日共同认定。此后，双柏县加快建设水电站为主的水能资源开发和以建设太阳能、风能发电站为主的新能源开发。

水电能源开发。双柏县以“一山三江”（礼舍江、绿汁江、嘎洒江）为重点区域，通过招商引资的形式，共引进了中国水电顾问集团、云南滇能楚雄水电开发有限公司、湖南楚源水电开发有限公司等10家企业入驻双柏开发水电能源。全县已建成电站15座，总装机10万千瓦，2011年，实现产值5 350万元，实现税收1 178万元。

利用丰富的风能、太阳能资源，发展新能源产业。双柏县投资10亿元的《双柏县生物质能源建设项目》、投资35亿元的《双柏县风能开发协议》、投资9亿元的《云南省双柏县境内绿汁江右岸风能资源开发框架协议》等项目正在推进。2012年4月18日，双柏县政府与浙江向日葵光能科技股份有限公司签订了《双柏县干海子太阳能光伏电站项目》，项目总投资约25亿元，在大庄镇干海子开发新建装机容量不低于150兆瓦的太阳能光伏电站，计划在两年内完成一期投资10亿元。

农村能源建设

因地制宜、合理开发农村各种能量资源的过程，包括对作物秸秆、人畜粪便（制沼气）、太阳能、风能和地热能等的开发利用和省煤节柴灶的使用等。

长期以来，云南农村地区主要以燃烧薪柴获取生活能源。1970年，云南省人民政府成立农村沼气建设领导小组，启动农村能源建设工程，到1990年，全省累计保有沼气7.79万户，先后有23个县市列入农业部“全国推广省柴节煤炉灶试点县”项目，累计完成农村改灶197万户。1991～2000年间，通过实施省政府普及农村改灶项目、全国百县农村能源综合建设项目、云南省沼气建设重点县项目，农村沼气和农村改灶迅速扩大规模，全省共有77个县先后实施沼气建设重点县项目，新建户用沼气池从1996年全年1.86万户增加到2000年的近13万户。1991年，永胜、澄江两县列入“全国百县农村能源综合建设”项目。1996年，澄江县荣获“全国农村能源综合建设先进县”称号。1996～2000年，安宁市、弥渡县列入全国综合建设县，牟定、华坪两县列为省级综合建设县。2001～2011年间，省政府连续11年将农村能源列为“民心工程”或“重点工作”内容，以实施国家生态家园富民计划、农村小型公益设施建设、中央资金农村沼气国债项目为契机，促进全省农村能源建设迅速发展，“十五”完成107.25万户、“十一五”完成125.05万户沼气建设。个旧市小甸头村、思茅市梅南村列入农业部第二批“生态家园富民工程”示范村，先后完成项目建设的各项指标。农村能源建设投入不断加大，省级财政投入，从1979年的每年50万元，至1990年增加到约100万元；1991～2000年，保持平均每年投入600万元，至2011年达到15 850万元。中央资金1990年以前的平均每年不足10万元；2000年以前，平均每年在10～20万元之间；到2011年，达到2.5898万元。

截至2011年，全省农村户用沼气池保有280.97万户，同时建设大中型沼气工程73个。秸秆气化集中供气2处。全省农村可以较好地发挥效益的节能炉灶约600万户。太阳能热水器210.23万平方米。

农村沼气池建设

云南省沼气建设开始于20世纪70年代初。1972年，云南省巧家县首批建设户用沼气获得成功，1975年开始在全省推广。1993～1995年，先后在全身73个县（市）分年度实施“沼气建设重点县”项目。2000年前全省农村户用沼气池保有量为13.8万户。1996～2000年，全省累计新建农村户用沼气池34.4万户，2000年末，农村户用沼气池保有量为48.2万户。中共云南省委、省政府从2002年起将年内新建20万户农村沼气列为省政府为民办理的十件实事之一。2003年开始实施农村沼气国债项目，2003年底全省户用沼气保有量达104.4万口，成为全国第4个跨入百万沼气户的省区。到2005年末，农村户用沼气池保有量达到153万户。2006～2010年，新建农村户用沼气池125.7万口，2009年末农村户用沼气池保有量达到252.4万户，提前一年完成云南省政府“十一五”农村农户用沼气保有量达到250万户的目标任务，到2011年末，户用沼气保有量为285万户，占宜建农户600万户的47.5%。新建沼气池数、累计建池数跻身于全国前列，累计保有数居全国第6位。累计建成的沼气每年可节约薪柴560万吨。

（栩　蓉　整理）

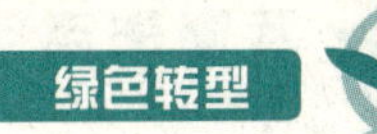

高原特色农业

中国花卉市场的“风向标”和“晴雨表”的最大的花卉交易和集散地。

（黄喆春）

（王 新 摄）

“斗南花卉”品种增幅全国居首

据国家相关农业部门的统计，2012 年度“斗南花卉”获得植物新品种授权和通过新品种权初审的花卉新品种数量达 136 个，是 2008 年的 8.5 倍，目前，“斗南花卉”植物新品种总数达 329 个，增幅和总数均稳居全国第一，大大增强了“云花”在国内外市场上的竞争力。随着斗南花卉市场 10 多年的发展，目前已成为占据着全国 80 多个大中城市 70% 的市场份额，出口 46 个国家和地区、有

昆明斗南花卉市场 （郭树芬 摄）

鲜花盛开的村庄 （郭树芬 摄）

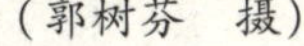

薰衣草种植地 （王 新 摄）

玫瑰种植基地 （许太琴 摄）

云南普洱茶

西双版纳古茶基地　（王　新　摄）

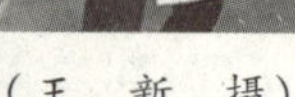

西双版纳勐海茶叶加工之一　（王　新　摄）

西双版纳勐海茶叶加工之二　（王　新　摄）

云南咖啡

怒江小粒咖啡　（张艳秋　摄）

西双版纳植物园可可豆　（张艳秋　摄）

云南水果

芒果林

水蜜桃　（郭树芬　摄）

菠萝　（张艳秋　摄）

芒果　（张艳秋　摄）

玫瑰李　（郭树芬　摄）

云南元谋蔬菜

元谋蔬菜交易市场　（王　新　摄）

污染防治

污染减排

2013年，国家下达云南省四种主要污染物总量控制目标是：化学需氧量（COD）排放量54.31万吨，比2012年下降1.0%；氨氮排放量5.80万吨，同比下降1.0%；二氧化硫排放量66.74万吨，同比下降1.0%；氮氧化物排放量53.76万吨，同比下降1.5%。依据减排目标，云南省筛选确定了1 066个省级重点减排项目（工程减排818个、结构减排80个、管理减排168个）。4月1日，云南省人民政府在国家下达年度减排指标前，召开2013年全省污染减排工作会议，副省长刘慧晏亲自对污染减排工作进行部署，并代表省人民政府与16个州（市）人民政府签订云南省2013年度主要污染物总量减排目标责任书，各地也层层签订污染减排目标责任书。

减排措施：1. 推进工业氮氧化物减排。针对火电和水泥脱硝工程投入大、云南火电全行业连续三年亏损、受各大集团公司工程计划和资金安排制约等难题，云南省加大现场检查力度，按月调度工程建设情况，对进度缓慢项目及时进行预警，积极为企业解决碰到的困难。2013年共安排火电脱硝项目11个，水泥脱硝项目37个，均已全部完成。2. 强化机动车污染减排。云南省人民政府印发了《关于加强机动车排气污染防治工作的意见》，明确有关部门在机动车污染减排方面的具体工作任务。有序推进机动车环保标志管理，除昆明市已于2010年全面实施外，其余15个州（市）已在2013年启动了新注册机动车环保标志核发工作；逐步推进“黄标车”区域限行，昆明市从2013年7月1日开始将“黄标车”限行区域扩大到了城区四条主干道。严格执行机动车强制报废制度，云南省已从2013年5月1日起执行商务部等四部委《机动车强制报废标准规定》，对经修理和调整或者采用控制技术后向大气排放污染物仍不符合国家标准的已注册机动车实施强制报废。3. 深化制糖行业减排工作。2013年4月以现场会的形式向全省10个主要产糖州（市）推广酒精废醪液回收利用腐植酸钾产业化示范技术。同时，在制糖企业推行低浓度废水实施“工艺改造+源头节水+末端废水生化处理”工艺，2013年共安排制糖行业减排项目34个，已全部完成。4. 挖掘橡胶行业减排潜力。积极推行“厌氧+接触氧化法+零排放”处理新工艺，在2012年召开技术推广现场会的基础上，又制定了《天然橡胶加工厂化学需氧量和氨氮减排量认可条件》。西双版纳、普洱、临沧、德宏、红河五个主要产胶州（市）结合当地实际，全力推进橡胶废水治理工作。2013年共安排橡胶行业减排项目21个，已全部完成。5. 加强农业源污染减排。针对规模化畜禽养殖减排基础工作薄弱、治理资金欠缺、设施运行管理水平和台帐资料质量不高等问题，省环保厅、农业厅、财政厅联合印发了《关于进一步加强畜禽养殖主要污染物总量减排工作的实施意见》，对农业源污染减排工作进行了明确。2013年共安排农业源减排项目545个，已全部完成。6. 加大资金投入力度。省人民政府确定从2012年开始适当增加省级财政污染减排专项资金投入，2013年度省级减排专项资金预算从4 000万元增加到4 800万元，安排补助39个工程减排项目，拉动减排投资近4亿元，其中重点对2个火电和11个水泥脱硝工程安排2 800万元补助资金。7. 强化监督检查和环境监管。2013年，省人民政府继续将节能减排作为重点督查的20项主要工作之一。5~6月份，由省政府督查室牵头，省工信委、环保厅、统计局等三个部门领导带队，分组对全省16个州（市）开展节能减排专项督查，现场重点督查了国家级减排项目、水泥脱硝工程和城镇污水处理厂建设进度。11月份由省发改委牵头，8位稽查特派员带队，代表省人民政府分组对9个州（市）开展节能减排专项督查，现场重点督查了城镇污水处理厂的建设和运行情况。同时，实行重点减排项目按月预警调度制度，定期分析减排工作形势，研究解决减排设施运行过程中出现的问题。8. 加大对减排设施运行的监管力度。2013年，全省共出动环境监察人员17 690人次，对688家国控企业和818个省级工程减排项目进行现场检查。重点针对火电机组脱硫脱硝设施、钢铁烧结机脱硫装置、城镇污水处理厂等减排设施运行情况组织现场监察，不定期进行抽查，确保已建成的减排设施正常运行。9. 全面开展钢铁行业二氧化硫减排。7~8月组织对全省钢铁烧结机脱硫工程建设情况进行了专项督查。全年共安排钢铁烧结机、球团设备脱硫项目14个，完成13个。10. 加快淘汰落后产能。及时公布全省2013年计划淘汰落后产能企业名录，明确全省淘汰落后产能总量为321.37万吨，涉及9个州（市），8个行业，33户企业，44座装置（生产线）。除了易门铜业有限公司1座11平方米密闭鼓风炉仍在生产以外，已全部关停。11. 健全减排激励机制。积极实施“以水代火”政策，充分利用清洁能源并发挥大型水电站调节作用，水电多发多用，有效减少火电燃煤量，2013年水电发电量占全省发电量比重达到76%；严格落实燃煤电厂脱硫脱硝电价，由省环保厅逐月核定脱硫脱硝设施投运率，省物价局分别以1.8分/度、1.0分/度逐月兑现脱硫脱硝电价；继续实行节能减排发电调度，对脱硫效率低、脱硫设施运行不正常、燃煤含硫高的火电机组，以及有违法行为的企业实施停运。在2013年新增火电装机60万千瓦的情况下，全省燃煤机组发电量为400.98亿千瓦时，与上年同比减少4.93%；燃煤机组原煤消耗量为2 697.80万吨，与上年同比减少8.25%。12. 强化自动监控系统的运行监管。全省目前实时数据正常企业数166家，历史数据交换企业数200家，历史数据交换75%企业数189家，与上年同比分别增长了14%、25%和33%。13. 加强主要污染物源头控制。坚持把主要污染物排放总量控制指标作为环评审批的前置条件，从严控制高能耗、高污染、资源消耗型项目建设，严把环境准入关。在审批建设项目环评文件时，均要求符合国家产业政策和行业准入条件，对未开展规划环评的一律不予审批。2013年，省环保厅对40个不符合国家产业政策、不满足环评许可条件的建设项目暂缓受理或不予审批。14. 推进清洁生产审核工作。依法公布了211家强制性清洁生产审核重点企业名单。114家企业完成了强制性清洁生产审核并通过评估验收。

减排成果：到2013年底，28个国家级重点减排项目已完成27个，占96%；未完成1个，占4%。1 066个省级重点减排项目已完成1 056个，占99%；未完成10个，占1%。全省129个县（市、区）建成投运了144座污水处理厂，全省污水处理能力为352.25万吨/日。已有17个火电脱硝项目建成投运，火电脱硝机组装机容量达到780万千瓦时，完成国家下达任务的77%；有44个水泥脱硝项目建成投运，熟料生产规模在4 000吨/日以上的7条生产线已按国家要求全部完成脱硝改造，脱硝工程建设取得了突破性进展。

通过实施各项减排措施，主要污染物排放量明显减少。2013年全省COD排放量为52.51万吨，与上年同比下降4.29%；NH_3-N排放量为5.63万吨，与上年同比下降4.02%；SO_2排放量为66.01万吨，与上年同比下降1.81%；NO_X排放量为53.13万吨，与去年同比下降2.39%。全省环境质量总体上保持稳定，局部地区和部分指标有所改善。一是全省环境空气质量保持稳定。对全省16个州（市）政府所在城市环境空气质量监测结果表明，二氧化硫、二氧化氮和可吸入颗粒物平均浓度为0.022毫克/立方米、0.016毫克/立方米，0.050毫克/立方米，与上年相比基本持平（2012年平均浓度分别为0.023毫克/立方米、0.016毫克/立方米，0.049毫克/立方米）。昆明市从2013年1月1日起，执行国家空气质量新标准，空气优良率为91.9%。除昆明市外，其余15个州（市）空气优良率为99.8%。二是全省地表水水质明显好转。全省181个国控、省控断面中，水质达到Ⅲ类以上的有124个，占总断面的68.51%，比2012年的67.04%提高了1.47个百分点。其中：化学需氧量平均浓度由2012年的17.65毫克/升降至16.43毫克/升，下降了6.9%；氨氮由2012年1.339毫克/升降至1.314毫克/升，下降了1.9%。九大高原湖泊水质与上年相比保持稳定。三是全省地表水重金属持续好转。全省225个开展重金属监测的断面中，按五项重金属指标评价，水质达到Ⅲ类以上的有219个，占监测总断面的97.3%，比上年的95.1%提高了2.2个百分点；所有出境断面水质重金属均未超标，水质稳定。

（王丽达）

九大高原湖泊水污染防治

2013年，云南省政府先后召开滇池、抚仙湖水污染综合防治工作会，安排部署九湖水污染综

治理后的滇池草海　　（许太琴　摄）

合防治工作。组织开展了全省1平方千米以上天然湖泊调查，争取国家把抚仙湖纳入了全国江河湖泊竞争性立项重点支持范围。组织完成了2012年度九湖水污染综合防治工作国家和省里的考核。修订了九湖“十二五”规划目标责任书考核办法，制定了九湖专项资金管理办法，开展了九湖“十二五”规划中期评估，专题调度“十二五”规划、良好湖泊及省政府现场办公会重点项目执行情况，全力推进项目实施。通过努力，九湖水质总体保持稳定，主要入湖污染物总量基本得到控制，重污染湖泊水质恶化趋势得到遏制，主要污染指标呈稳中有降的态势。目前，泸沽湖、抚仙湖保持地表水Ⅰ类水质，水质优；洱海水质在Ⅱ－Ⅲ类之间，水质良好；阳宗海水质为Ⅳ类水质；程海（除氟化物外）为Ⅴ类；滇池、星云湖、杞麓湖、、异龙湖水质为劣Ⅴ类。

治理后的入滇池河道——大观河　（许太琴　摄）

滇池环湖东路生态治理　（许太琴　摄）

主要措施：1. 推进《九湖水污染防治“十二五”规划》项目落实。《九湖水污染防治“十二五”规划》分别于2012年4月、5月相继由国务院和省政府批复实施，共计项目295个，项目总投资552.74亿元。九湖治理“十二五”规划项目实施是2013年省人民政府20个重点工作之一，各地加大项目实施力度，全力推进九湖水污染治理各项工作。截至2013年底，九湖“十二五”水污染防治综合规划项目完工73项、在建152项、开展项目前期工作66项，完工率24.7%，开工率76.3%，累计完成投资258.11亿元，投资完成率46.7%。2. 组织实施好省政府现场办公会确定项目的建设工作。2009年以来，省政府相继召开了异龙湖、程海、杞麓湖、泸沽湖及洱海治理现场办公会，明确了各湖泊阶段性保护的目标和任务，科学地确立了异龙湖4大工程、程海“4114711工程”、杞麓湖“12345工程”、泸沽湖“14410工程”、洱海“2333工程”的任务，为九湖重污染湖泊、水质良好湖泊提出了保护治理的新思路。各地各部门对此高度重视，加强组织领导、落实治理责任、加大投入力度，全力推进项目建设。截至2013年底，异龙湖4大重点工程项目完工3项，在建1项，累计完成投资3.47亿元；程海7个重点工程项目完工5项，在建2项，累计完成投资3.43亿元；杞麓湖16个重点工程项目，完工4项，安装调试4项，在建6项，开展前期2项，累计完成投资4.88亿元；泸沽湖13个重点工程项目，在建9项，开展前期4项，累计完成投资1.81亿元；洱海27个重点工程项目，安装调试2项，在建14项，开展前期11项，累计完成投资5.9亿元。3. 推进了国家水质良好湖泊生态环境保护。2010年以来，国家先后将抚仙湖、洱海、泸沽湖列入良好湖泊生态环境保护范围。截至目前，共争取到中央财政水质良好湖泊生态环境保护专项资金6.54亿元，实施项目35个。其中：抚仙湖5个项目、总投资12.64亿元，完工3个，在建2个，累计完成投资2.38亿元（国家支持2.74亿元）；洱海26个项目、总投资19.09亿元，完工12个，在建12个，开展前期2个，累计完成投资7.79亿元（国家支持3.44亿元）；泸沽湖4个项目、总投资9 400万元，在建4个，累计完成投资1 500万元（国家支持3 600万元）。2013年通过竞争立项，抚仙湖被纳入国家重点支持的15个生态良好湖泊名录，国家将在今后三年内给予重点支持。

（王丽达）

重点流域水污染防治

积极推进《重点流域水污染防治规划（2011～2015年）》的实施，配合国家完成了对云南省2012年度重点流域水污染防治规划实施情况的现场检查考核工作，三峡库区上游流域6个水质考核断面全部满足年度水质控制目标，规划项目进展整体顺利，通过了国家考核，考核结果为较好，在三峡库区上游流域6个省（市）中位列第二名。

主要措施：1. 持续推进牛栏江流域水环境保护。组织对昆明、曲靖两市2011年度牛栏江水环境保护工作情况进行了考核，两市考核结果均为好；配合牛栏江滇池补水工程进一步加强了流域环境监管，加大了环境监察和监测力度，进一步优化了监测布点。牛栏江水质全年整体保持稳定，德泽大坝（牛栏江调水取水点）取水口水质全年达到或优于地表水环境质量Ⅲ类，满足调水水质要求。2. 继续推进沘江流域水污染防治。对《云南省沘江流域水污染防治规划》实施情况进行了再调度，配合重金属污染防治加大了对沘江流域重金属河道清淤和水质自动监测能力建设的支持。

（王丽达）

重金属污染防治

2013年云南省重金属污染防治取得了积极的成效，各重点流域、区域环境质量明显改善。据监测，全省县级以上城镇集中式饮用水水源均未受到重金属污染；69个地表水国控断面达标率为98.14%；11个重点区域水环境质量监测断面达标率为91.53%；南盘江、红河干流出省、出境断面全面达标；文山州南北河、小白河和红河藤条江水质实现总体达标；沘江水质持续好转；六大水系主要河流出省跨界断面重金属污染物继续保持全面达标。全年无涉重金属环境污染事件发生。

主要措施：1. 继续推进实施《重金属污染综合防治“十二五”规划》和《云南省重金属污染综合防治“十二五”规划》，督促11个国家级重金属污染重点防控区域开展规划实施考核工作。2013年3月27日至4月2日国家考核第十组对全省2012年度规划实施情况进行了现场考核，随后通过资料审查、核算形成了考核结果。根据反馈结果，云南省11个国家级重点防控区域中，有8个重点重金属污染物排放量削减率达到5%以上，非重点区域重点重金属污染物排放量超过2007年水平；全省纳入考核的100个国家规划项目中，已完成32个，2012年考核得分为54.74分（总分85分，得分率为64.4%），考核结果较2011年度有显著提高。2. 实地督查督促个旧、东川加快实施重金属污染综合治理方案。个旧市卡房大沟综合整治工作有序推进，专项资金也按修编后的方案进行安排。3. 组织完成规划实施中期考核自评工作。2013年9月，按照省政府办公厅批示（办2013－5765号）要求，省环保厅牵头组织有关部门对照环境保护部印发的《重金属污染综合防治“十二五”规划中期评估工作方案》，对云南省实施规划情况进行了全面评估，评估报告由省政府办公厅审定后报环境保护部及国家相关部委。通过评估，云南省重金属污染物实际排放总量有所下降，环境质量总体稳中趋好，重点项目稳步推进，环境风险得到有效控制，基本实现中期目标，自评为合格。

（王丽达）

固体废物和化学品环境管理

拓宽危险废物处置利用渠道，提升处置范围和能力。截至2013年11月15日，共发放危险废物经营许可证10个，综合证的持证单位由去年的29个增加到37个（其中1家公司许可证到期未办理到期换证手续，已作废；1家重新申新后换证），增长了27.6%；综合利用处置能力由去年的118万吨提高到144.5万吨，增长了22.5%；其中，有色金属冶炼废物处置能力新增近20万吨，进一步提高了有色冶炼废物处置能力。

开展危险废物规范化管理专项行动。组织开展全省2012年工业危险废物的申报登记工作，经统计，云南省2012年工业危险废物产生企业共615家，工业危险废物产生量为309.71万吨；强化危险废物转移联单制度，全年共接收跨省市转移危险废物的申请材料52份，审核后办理联单48份，跨省转移危险废物29 182.8吨（其中有色金属行业27 070吨、化工行业1 252.2吨、其他行业废860.6吨，均为转移出省），较2012年增长42.2%；继续强化对铬渣产生单位陆良化工实业有限公司现场检查力度，确保了除工艺返渣外的全部新产生铬渣当月完成无害化处置，综合利用堆存铬渣3个月内完成无害化处置。

（王丽达）

工业污染防治

全省工业废水治理投资34 766万元，完成治理项目62个；工业废气治理投资126 630万元，完成治理项目149个；工业固体废弃物污染治理投资31 767万元，完成治理项目24个。

规范排污许可证管理，完成16家国控企业排污许可证换证工作。规范上市公司环保核查工作。按照省政府关于促进企业上市的相关精神，加大了对上市再融资企业支持力度，2013年云南省本土企业上市（再融资）环保核查工作进展顺利，协助环境保护部办理了3家上市公司环保核查，融资金额约17.9亿元。

（王丽达）

机动车污染防治

2013年7月，《云南省人民政府关于加强机动车排气污染防治工作的意见》印发实施，明确了今后云南省机动车环保管理工作的目标和工作措施。昆明市全面开展机动车环保标志和实施“黄标车”区域限行政策，于2012年7月1日开始分路段、分步骤对未取得绿色环保合格标志的车辆实施限行政策。全省全面启动新注册机动车环保合格标志核发管理工作。截至2013年底，玉溪市、保山市、普洱市、楚雄州、红河州和德宏州已经开展新注册机动车环保合格标志核发工作。

（王丽达）

大气污染防治

云南省大气扩散条件良好，能源结构较为合理，大气环境质量整体良好。据2011年监测结果，云南省主要城市环境空气质量绝大部分城市达到或优于环境空气质量二级标准，个旧市和昭通市能达到环境空气质量三级标准，主要污染物为可吸入颗粒物。从酸雨区分布来看，云南省酸雨区仅集中分布在楚雄—安宁片区和个旧—开远—蒙自片区。因此，云南省大气污染防治的主要工作是保护现有环境空气质量，并以控制重点区域和重点行业的烟（粉）尘等悬浮颗粒物和二氧化硫、氮氧化物等酸性气体排放为主要措施来改善局部大气环境质量。

“十五”期间是以督促企业“达标排放”为主要措施，对烟（粉）尘等悬浮颗粒物排放企业进行重点整治。“十一五”期间结合节能减排工作，重点推进火电、钢铁、水泥等行业的烟气二氧化硫治理。“十二五”以来，在深入推进二氧化硫治理的基础上，在工业源方面结合污染减排重点推进火电、水泥等行业的烟气氮氧化物治理，在生活源方面结合城市环境综合整治等工作重点，推进机动车尾气污染防治。此外，针对大气环境中PM2.5（粒径小于等于2.5微米的悬浮颗粒物）的监测工作已经启动。

（李凌潇）

农村环境“以考促治”

环境保护部2010年开始在全国12个省、市开展农村环境综合整治目标责任制试点，通过目标责任制考核促进农村环境保护。2010～2011年，结合“七彩云南保护行动”的实施，云南省人民政府每年把农村环境保护工作纳入“七彩云南保护行动工作目标年度考核责任书”，对州（市）人民政府和省直有关部门进行责任制考核，要求每个州（市）每年要推进农村环境保护工作，完成3个农村环境综合整治项目，年终由“七彩云南保护行动”领导小组办公室根据各单位自查报告和现场抽查情况开展年度考核，根据考核结果，评定为优秀、合格或不合格等次，并报请省人民政府核准后进行奖励。2012年起，农村环境综合整治目标责任制在全国全面推行，云南省正式启动农村环境综合整治目标责任制“以考促治”。

（胡　箭）

农村环境综合整治

2008年7月，全国农村环境保护工作电视电话会议提出，要稳步推进农村环境综合整治，重点支持农村饮用水水源地保护、生活污水和垃圾处理、畜禽养殖污染和历史遗留的农村污染治理、农业面源污染和土壤污染防治等与村庄环境质量改善密切相关的整治。2008～2012年间，云南省在全省16个州（市）共开展了204个农村环境综合整治项目。其中，中央环保专项资金支持的有168个，省级生态建设专项资金支持的有34个。2012年，云南省人民政府在《关于加强环境保护重点工作的意见》中明确提出要“落实国家‘以奖促治’政策，开展农村环境连片整治示范，集中整治农村突出环境问题”。云南省将“九大”高原湖泊流域、金沙江和南盘江等水污染防治重点流域、“桥头堡战略”实施重点地区、边境和少数民族聚居区、国家扶贫连片开发重点地区5大重点整治区域确定为“十二五”时期的农村环境综合整治重点区域。

（胡 箭）

农村生态建设示范“以创促治”

主要是以生态乡镇、生态村创建为手段，促进农村环境保护和治理。通过开展农村生态示范创建，搞好生活垃圾处理，发展清洁能源，加强绿化美化，对经过建设生态环境达标的村镇，实行“以奖代补”，事后给予财政资金奖励，重在巩固和提高农村环境质量。截至2012年12月，云南已创建国家级生态乡镇16个，国家级生态村3个，省级生态乡镇218个。

（胡 箭）

农村污染减排“以减促治”

主要是通过开展规模化畜禽养殖（小区）化学需氧量和氨氮减排，促进农村环境保护。2011年，国家环境保护部和云南省人民政府签订云南省“十二五”主要污染物总量减排目标责任书，明确到2015年，50%以上规模化畜禽养殖场和养殖小区配套建设固体废物和废水贮存处理设施，实施废弃物资源化利用。为确保减排目标和任务的实现，云南省环境保护厅建立了规模化畜禽养殖场（小区）化学需氧量和氨氮减排的监测、统计、考核体系，把农村污染减排工作落到了实处。

（胡 箭）

农业农村污染防治

云南省农业农村污染防治主要措施：一是开展农村环境综合整治。2008年以来，云南省在全省16个州（市）共开展了204个农村环境综合整治项目。2012年，启动农村环境连片整治示范，集中整治农村突出环境问题。二是推广农业新技术，防治农业面源污染。2005~2011年间，云南推广配方施肥面积18 405.68万亩次，总减少不合理施肥量（纯量）126.9万吨。三是鼓励和支持规模化畜禽养殖场开展固体废弃物和废水贮存处理设施配套建设。推广普及生态养殖，创建有国家级规模化畜禽养殖示范场59个，省级示范场88个，促进农业源污染减排。四是开展农村新能源建设。截至2011年，全省农村户用沼气池保有280.97万户，同时建设大中型沼气工程73个。秸秆气化集中供气2处。全省农村可以较好地发挥效益的节能炉灶约600万户。太阳能热水器210.23万平方米。五是推进农业“三品”认证。截至2012年，建成国家级有机食品生产基地4个，139家企业获得了217份有机认证证书，涉及40多个品种。

为加强农业农村污染防治，云南省在农业面源污染防治方面采取了一系列措施，大力发展高原特色农业，积极推进农业产业结构调整，发展特色种植业、特色林产业，加快农业产业化经营，促进生态农业发展。开展农业循环经济示范，推广控氮减磷施用有机肥等技术，推行测土配方施肥，加强农作物秸秆等农业废弃物的资源化利用。开展“绿色植保示范村”建设，发展绿色、无公害农产品，积极推进农业“三品”认证，建成国家级有机食品生产基地4个。

（王丽达 胡 箭）

土壤污染防治

云南土壤污染防治的主要措施：一是开展专项调查和监测。2006年，云南省开展全省土壤污染状况调查，初步掌握全省土壤环境质量状况；2011年开始进行土壤环境例行监测试点；“十二五”期间开展“云南试点地区环境与健康专项调查”。二是制定专项规划。制定“云南省‘十二五’重金属污染综合防治规划”对全省重金属污染防治重点区域、流域、行业、企业等进行综合防治。2013年，根据《国务院办公厅关于印发近期土壤环境保护和综合治理工作安排的通知》要求，制定了《云南省近期土壤环境保护和综合治理工作方案》，明确严控新增污染源、确定土壤环境保护优先区域、加快土壤环境保护工程建设、开展土壤污染治理与修复、提升土壤监管能力等。三是开展土壤修复技术的研究和示范。2002年，云南农业大学与法国卡赛里克大学里尔高级农学院合作，开展“土壤重金属污染的农业利用和植物修复”研究，在中国首次提出铅锌矿区直接用作物恢复矿山植被的可选择物种。2010年，昆明理工大学联合云南省环科院、中科院地理与资源所、中山大学和北京瑞美德环境修复公司在个旧大屯开展云南省首个土壤治理修复示范工程。

（胡 箭）

学习杨善洲绿化彩云南

矿山废弃区植被恢复造林工程植树活动

2011 年 8 月 15 日，云南省杨善洲绿化基金会与云南磷化集团有限公司在昆阳举行“学习杨善洲、绿化彩云南”矿山废弃区植被恢复造林工程启动仪式。这次活动的开展得到了省领导以及省林业厅、省环境保护厅、省国土资源厅、省九湖防治污染领导小组办公室和昆明市、晋宁县，以及云南磷化集团有限公司、云南姜氏科技有限公司等爱心企业的大力支持。

在启动仪式上，云南省杨善洲绿化基金会吴光范理事长，云南省林业厅党组成员、副厅长、基金会名誉理事长刘一丹，云南省环境保护厅党组成员、副厅长高正文，云天化集团有限责任公司党委副书记、工会主席李维育，云南磷化集团有很公司党委书记、总经理张文学，昆明市林业局曾令衡局长，晋宁县人民政府岳为民县长等领导分别致辞。此次活动捐赠树苗的云南姜氏科技有限公司姜猛董事长，志愿者代表和雪屏分别发了言。

（黄成伟）

矿山植被恢复造林植树活动现场　（许太琴　摄）

镇雄县杨善洲纪念林植树活动

2011 年 11 月 28 日，云南省杨善洲绿化基金会与镇雄县委、县政府在龙腾广场开展了杨善洲绿化基金募捐暨营建“杨善洲纪念林”植树启动仪式。此次活动得到了省绿化办、昭通市林业局及爱心捐赠企业云南交林林业勘察绿化有限公司的大力支持。

在启动仪式上，云南省杨善洲绿化基金会副理事长、法人代表兼秘书长王德祥指出：开展营建“杨善洲纪念林”活动是深入贯彻党中央、省委、省政府关于向杨善洲同志学习的指示、大力弘扬杨善洲精神的重要举措，在镇雄县开展低温冷凉生态脆弱区固土绿化、水源涵养植树造林活动是“学习杨善洲、绿化彩云南”活动的重要方式；开展生态脆弱区水源保护区固土绿化、水源涵养植树造林活动是深入贯彻落实科学发展观的具体行动。通过此次活动的开展，进一步动员和鼓励社会各界认真实施“生态立省、环境优先”发展战略，共同参与生态建设和保护事业，打造“绿色生态安全屏障”，坚定绿化七彩云南的信心和决心。

镇雄县委副书记王国华在启动仪式上致辞时要求，全县各级干部群众要以此活动为契机，深入推进创先争优及向杨善洲同志学习的活动，真抓实干，确保县级营建“杨善洲纪念林”300 亩以上、各乡镇营建“杨善洲纪念林”100 亩以上的目标圆满实现。

爱心捐赠企业云南交林林业勘察绿化有限公司董事长杨焕章作了发言，并向这次植树活动捐赠价值 5 万元的香樟树苗。王德祥向云南交林林业勘察绿化有限公司颁发了“绿化云南、功在千秋”牌匾。启动仪式后 600 多名志愿者在赤水源镇洗白村关口村民小组共种植 100 亩香樟树 200 亩衫树，计植树 5 000 多棵。此次

种下的树苗由镇雄县林业部门和水源镇轮流管护，林权归关口村民小组村民所有。

（黄成伟）

万家森林植树活动

2012 年 1 月 15 日，云南省杨善洲绿化基金会在云南野生动物园举行“学习杨善洲、绿化彩云南”万家森林植树启动仪式暨志愿者宣传日活动。340 多人参加了植树活动。

出席活动的有：云南省人大常委会原副主任、云南省杨善洲绿化基金会理事长吴光范，云南省委原副秘书长、省委原农办主任、云南省杨善洲绿化基金会常务副理事长李森，云南省林业厅党组成员、副厅长、云南省杨善洲绿化基金会名誉副理事长刘一丹，国家林业局驻云南专员办原专员、云南省林业产业协会会长凌鹤，云南省政府办公厅原巡视员、省信访局原局长、云南省杨善洲绿化基金会副理事长王国亮，云南省商务厅原巡视员、云南省杨善洲绿化基金会副理事长朱旦生，云南省委统战部原副部长、云南省杨善洲绿化基金会副理事长李尊国，云南省政协办公厅巡视员、云南省杨善洲绿化基金会理事邓树斌，云南省林业厅造林绿化处处长、云南省杨善洲绿化基金会理事王卫斌，云南省环境保护厅自然处副处长李建伟，云南省农业厅人事教育处副处长、云南省杨善洲绿化基金会理事周霖，昆明市林业局副局长宋绍明，云南野生动物园总经理刘卓鑫，昆明市苗木行业协会会长赵雷，英奈特云南记者合唱团团长王海燕，云南省杨善洲绿化基金会绿色希望小记者站站长廖红梅，四川长虹电器股份有限公司昆明销售分公司副总经理钟云峰。

万家森林植树活动

万家森林暨志愿者活动捐款现场

（本版摄影　许太琴）

在启动仪式上，吴光范、刘一丹、刘卓鑫，昆明市苗木行业协会等企事业单位负责人分别致辞。并向爱心捐赠企事业单位颁发了“云南省杨善洲绿化基金会纪念奖牌”。

参加此次活动的爱心捐赠企事业单位有：云南省工业经济联合会、云南省林业投资有限公司、云南省林业科学院、云南省宝森林业有限公司、云南省花卉协会、昆明汇丰花卉园艺有限公司、云南绿大地生物科技股份有限公司、云南万子红园林花卉有限公司、昆明兴海绿化有限公司、云南远益园林工程有限公司。

（黄成伟）

环保社区行·大型环保公益活动

2012年4月22日，第43个世界地球日，云南省杨善洲绿化基金会主办的首届“森林云南·环保社区行”大型环保公益活动在昆明市盘龙区桃园广场启动，号召广大市民积极参与植树保水，同时希望唤起更多市民爱护地球，保护家园的意识。这是云南省杨善洲绿化基金会创设的“学习杨善洲、绿化彩云南”系列活动之一。

出席此次活动的有：云南省人大常委会原副主任、云南省杨善洲绿化基金会理事长吴光范，云南省杨善洲绿化基金会常务副理事长李森，名誉副理事长刘一丹，副理事长兼秘书长王德祥，副理事长王国亮，副理事长邓树斌以及云南省人大常委会办公厅，云南省水利厅，云南省林业厅造，云南省农业厅，中共盘龙区委、区人民政府等单位或部门的负责同志。

云南省林业厅副厅长、云南省杨善洲绿化基金会名誉副理事长刘一丹在启动仪式上表示，希望通过“森林云南·环保社区行”，带动和影响更多企业、机构和社会公众，积极参与全省绿化公益事业，树立“人养树、树养水、水养人”的可持续发展观念，使云南的天更蓝、山更绿、水更清！

（程维义）

环保社区行·送书支教活动

2012年5月27日，云南省杨善洲绿化基金会与云南教育基金会、中共盘龙区委、盘龙区人民政府共同在盘龙区阿子营街道办事处侯家营小学开展“送书支教活动”。此次活动是“学习杨善洲，绿化彩云南”第一届“森林云南·环保社区行”大型公益活动的系列活动之一。

出席本次活动的有：云南省人大常委会原副主任、云南省杨善洲绿化基金会理事长吴光范，云南省杨善洲绿化基金会常务副理事长李森，云南教育基金会副理事长程政宁，云南教育基金会副理事长毛天福，云南省杨善洲绿化基金会副理事长兼秘书长王德祥，云南教育基金会秘书长郑大安，云南省杨善洲绿化基金会副秘书长程维义，云南省杨善洲绿化基金会副秘书长许太琴，中共盘龙区委副书记汪宏昌，盘龙区农林局局长奎荣，盘龙区农林局副局长马仲令，阿子营街道办事处党工委副书记、纪委书记李云宝，昆明珍茗金龙水公司常务副总经理刘文勇，云南博华文化传媒有限公司总经理邓晓华，四川长虹电器股份有限公司昆明销售分公司总经理钟云峰，云南省杨善洲绿化基金会绿色希望小记者站站长廖红梅，昆明市苗木行业协会副秘书长李琼芬。

参加活动的还有来自各爱心募捐企业、爱心募捐人士、各新闻媒体的记者和志愿者们。

在启动仪式上，云南省杨善洲绿化基金会向侯家营小学颁发“杨善洲爱心图书室”牌匾，并赠送了图书。侯家营小学的孩子们提前收到了“六一”儿童节的礼物和慰问金。活动现场，云南省杨善洲绿化基金会“绿色希望小记者艺术团”的小记者们为侯家营小学的同学们表演了节目。

（程维义）

环保社区行·盘龙区万人义务植树活动

2012年6月3日，云南省杨善洲绿化基金会在昆明市盘龙区阿子营街道办事处高仓湿地松华坝水源林保护区开展“学习杨善洲、绿化彩云南”第一届“森林云南·环保社区行”爱心林暨昆明市创建国家森林城市盘龙区万人义务植树活动启动仪式。

出席活动的领导和嘉宾有：云南省人大常委会原副主任、云南省杨善洲绿化基金会理事长吴光范，云南省委原副秘书长、省委原农办主任、云南省杨善洲绿化基金会常务副理事长李森，云南省人大常委会办公厅副主任刘昶军，云南省人大常委会农业工作委员会副主任徐显云，云南省林业厅党组成员、副厅长、云南省杨善洲绿化基金会名誉副理事长刘一丹，云南省环境保护厅党组成员、副厅长任治忠，云南省林业厅原巡视员、云南省杨善洲绿化基金会副理事长兼秘书长王德祥，云南省政府办公厅原巡视员、省信访局原局长、云南省杨善洲绿化基金会副理事长王国亮，云南省政协办公厅巡视员、云南省杨善洲绿化基金会副理事长邓树斌，云南省林业厅办公室主任文彬，云

盘龙区万人义务植树活动现场

南省绿化办副主任、省林业厅造林绿化处处长王卫斌，昆明市绿化委员会办公室专职副主任马陆章，中共盘龙区委书记吴涛，中共盘龙区委副书记、区长尹旭东，中共盘龙区委副书记刘跃洲、汪宏昌，盘龙区人大常委会主任陈跃林，盘龙区政协主席李如春，昆明珍茗食品有限责任公司常务副总经理刘文勇，云南方舟矿业投资有限公司副总经理夏跃辉。

参加植树活动的还有：云南省林业厅、云南省环保厅有关处室的领导，云南省杨善洲绿化基金会的理事、云南省林业厅机关离退休老干部的代表，中共盘龙区委、区政府、区人大、区政协的领导及机关干部的代表，爱心人士代表及志愿者。

（黄成伟）

绿化进校园·鹤庆一中植树活动

2012年6月29日，云南省杨善洲绿化基金会、云南教育基金会到大理州鹤庆一中开展了“学习杨善洲、绿化彩云南”绿化进校园植树活动。活动的开展得到了鹤庆县委、县政府的大力支持，云南远益园林科技有限公司作了爱心捐赠。

“绿化进校园”鹤庆一中植树活动启动仪式

植树活动现场　　（本版摄影　许太琴）

“绿化进校园”鹤庆一中植树暨捐赠书画活动现场

植树活动现场

活动仪式由云南省杨善洲绿化基金会副理事长兼秘书长王德祥主持。

在捐赠仪式上，大理州政府洪云龙副州长致欢迎辞，云南省人大常委会原副主任、云南省杨善洲绿化基金会、云南教育基金会理事长吴光范，鹤庆一中彭一谦校长和云南远益园林科技有限公司副总经理刘国强分别作了讲话。云南省杨善洲绿化基金会常务副理事长李森代表基金会向鹤庆一中赠送了图书画册。在鹤庆一中新校区植树活动现场，吴光范，云南省杨善洲绿化基金会常务副理事长李森，云南省科协李仁副主席，大理州人民政府洪云龙副州长，大理州教育局刘洪局长，鹤庆县委常委、县人民政府李镜副县长共同为鹤庆一中绿化进校园纪念石碑揭幕。

参加植树活动的省州县领导、基金会领导及基金会秘书处工作人员和学生代表共100多人在校园内的“书山”片区种下了价值20多万元的云南山茶花和高山杜鹃等绿化树种。

（黄成伟）

绿化进校园·西南林业大学植树活动

2012年6月25日，云南省杨善洲绿化基金会与西南林业大学共同在白龙校区开展绿化进校园植树活动。启动仪式由西南林业大学刘建华副校长主持，刘惠民校长致辞，云南省杨善洲绿化基金会副理事长兼秘书长王德祥讲了话。

在启动仪式现场，云南省杨善洲绿化基金会理事长吴光范，常务副理事长李森，西南林业大学党委书记陈宝昆，校长刘惠民共同为“学习杨善洲、绿化彩云南”建设生态校园纪念碑揭幕。

参加植树活动启动仪式的还有来自各院系的学生代表100多人。此次造林绿化活动共完成土地绿化60多亩，种植大树1 600多株，植物种类达60多种。

西南林业大学建设生态校园植树活动

（本版摄影　许太琴）

西南林业大学植树活动启动仪式

活动的开展得到了云南姜氏科技有限公司，云南森宝林业有限，云南山河园林有限公司，云南交林林业勘察绿化有限公司等爱心企业和中国绿色时报，云南日报，云南人民广播电台，春城晚报，云南信息报，昆明日报和生活新报等新闻媒体的大力支持。

（程维义）

云南省外商投资企业爱心林暨杨善洲纪念林植树活动

2012年7月31日，由云南省杨善洲绿化基金会、云南省商务厅、云南省林业厅、云南省外商投资企业协会、中共盘龙区委、区人民政府共同主办，盘龙区农林局、盘龙区滇源街道办事处、昆明市苗木行业协会、云南姜氏科技有限公司、云南恒苑绿色产业开发有限公司协办的云南省外商投资企业爱心林暨杨善洲纪念林植树活动启动仪式在昆明市盘龙区滇源街道办事处松华坝水源保护区大尖山举行。

云南省外商投资企业爱心林

（本版摄影　许太琴）

此次植树点大尖山造林区位于滇源街道办事处前所村委会、团结村委会，处于松华坝水源保护区松华坝水库主要水源河流牧羊河、冷水河之间，最高海拔2443米，属省级公益林区。2006年至2009年间，连续4年发生森林火灾，火烧迹地面积为3 500亩。此次活动共营建123.5亩云南省外商投资企业爱心林及222.2亩杨善洲纪念林，共植树345.7亩，种植川滇桤水、杂交鹅掌楸38 970株（其中川滇桤术大树600株，小苗18 420株；杂交鹅掌楸2万株）。

参加此次爱心林植树活动的外商投资企业有：昆明赛伦房地产有限公司，云南英茂糖业有限公司，昆明贝克诺顿制药有限公司，昆明铂阳日君光伏设备有限公司，云南瑞安建材投资有限公司，昆明积大制药有限公司，华致酒行连锁管理股份有限公司，昆明芬美意香料有限公司，云南德凯宝马汽车技术服务有限公司，昆明肯德基有限公司，昆明福林堂药业有限公司，昆明信威食品有限公司，云南龙润茶科技有限公司，云南华之味食品有限公司，云南云成印务有限公司，昆明通用水务自来水有限公司，昆明正大有限公司，云南昆岭薄膜工业有限公司，云南广一联畜禽有限公司，昆明明正装饰有限公司等。

云南省人大常委会原副主任、云南省杨善洲绿化基金会理事长吴光范，云南省商务厅党组成员、副厅长朱晓阳，云南省林业厅党组成员、纪检组组长沈光善，常务副理事长李森、副理事长王德祥、王国亮、朱旦生、李尊国，中共盘龙区委副书记江宏昌等领导出席启动仪式。

在活动现场，省杨善洲绿化基金会向云南省外商投资企业协会和20户外商投资爱心捐赠企业颁发了基金会荣誉奖牌，并举行了云南省外商投资企业爱心林揭牌仪式。

（黄成伟）

万亩森林·石关摩天岭杨善洲纪念林植树活动

2012年8月28日，由云南省杨善洲绿化基金会、云南省林业厅、云南省环保厅、中共盘龙区委区政府共同主办，盘龙区农林局、云南森林自然中心承办，云南姜氏科技有限公司、云南山河园林有限公司支持的“学习杨善洲、绿化彩云南”松华坝水源保护区“万亩森林·石关摩天岭杨善洲纪念林”植树活动在云南森林自然中心国有林区火烧迹地举行。

此次植树点石关摩天岭林区属于云南森林自然中心管辖的省级公益国有林区，于2010年初发生森林火灾，火烧迹地面积为1 800亩。

云南省杨善洲绿化基金会常务副理事长李森，副理事长兼秘书长王德祥以及中共盘龙区委，云南省林业厅造林绿化处，云南省林业科技推广总站，云南森林自然中心，盘龙区农林局等出席启动仪式。云南姜氏科技有限公司，云南山河园林有限公司，昆明周利金苗圃总经理周利金等爱心企业和中国绿色时报，云南日报，云南电视台，云南人民广播电台等新闻媒体记者，以及省林业厅机关和爱心企业的工作人员共60多人参加了爱心林植树活动。共种植了桤木103株。

宜良县杨善洲纪念林植树活动

2012年6月8日，宜良县杨善洲纪念林暨2012年党政军义务植树活动启动仪式在宜良县匡远街道办事处昆石高速公路面山荒山荒坡举行。云南省杨善洲绿化基金会副理事长兼秘书长王德祥及云南省林业厅相关处室负责人应邀参加了植树活动，宜良县委常委、纪委书记李寿志在启动仪式上致辞，号召全县干部职工和群众积极投入到“学习杨善洲、绿化彩云南”造林绿化活动中，用实际行动创建“森林宜良”。

王德祥、宜良县委书记张之亮为“宜良县杨善洲纪念林”纪念碑揭幕。

参加活动的有中共宜良县委，县人大，县人民政府，县政协的领导同志，还有各委办局的干部职工代表共100多人。种植了滇朴、香樟30多亩。

（程维义）

东川区杨善洲纪念林植树活动

2013年4月19日，由云南省杨善洲绿化基金会、云南省林业厅、昆明市林业局、中共东川区委、区人民政府共同主办，东川区人大、区政协、11户爱心捐赠企业和新闻媒体支持的“学习杨善洲、绿化彩云南·东川杨善洲纪念林”植树活动在东川汤丹镇达朵村新田湾干热河谷举行。植树活动启动仪式由云南省杨善洲绿化基金会副理事长兼秘书长王德祥主持。

云南省人大常委会原副主任、云南省杨善洲绿化基金会理事长吴光范、副理事长李尊国、邓国斌、云南省林业厅副巡视员王哲，国家林业局驻云南专员办原专员、云南省林业产业协会会长凌鹤，云南省委统战部原副部长、海联会副会长、云南省杨善洲绿化基金会副理事长李尊国，云南省政协办公厅巡视员、云南省杨善洲绿化基金会副理事长邓树斌，云南省老科协林业分会副会长兼秘书长刘昌芬，昆明市林业局副局长宋绍明，云南省观赏苗木协会副会长、昆明市苗木林业协会会长赵雷，中共东川区委书记陆平，中共东川区委副书记、区长胡江辉，中共东川区委副书记余祖林，东川区人大常委会主任李增平、东川区政协主席张家福，中共东川区委常委、宣传部部长陈波等领导出席启动仪式。

参加活动的还有嵩明志龙林木良种培育有限公司，昆明兴海绿化有限公司等12家爱心企业的董事长或总经理，20多家国家、省、市、区的新闻媒体记者，东川区委办、区政府办、区林业局、区团委、汤丹镇的领导和代表，以及各方爱心人士和来自省杨善洲绿化基金会秘书处的工作人员共200多人。

吴光范在讲话中指出：今天造林绿化活动的举行，是在全省接连遭遇四年大旱、水库蓄水减少、人畜饮水困难的情况下，爱心捐赠企业和爱心单位急东川人民所急，帮和谐社会建设所需，体现了对东川各族群众的深情厚谊，体现了关心

“东川杨善洲纪念林”植物活动捐赠现场　（许太琴　摄）

公益事业、助人为乐的道德情操。他强调，爱心捐赠单位和爱心人士的奉献将为东川区的“生态修复攻坚”增添一片绿色的希望，为东川区留下永恒的纪念！他表示，云南省杨善洲绿化基金会作为深入持久学习和弘扬杨善洲精神的重要载体，将继续采取扎实可行的措施和行动，创新思路，广开门路，搭建平台，积极加强与社会各界和爱心人士的联系，发挥好桥梁纽带作用，把更多的社会力量凝聚到造林绿化上来，以杨善洲同志为榜样，为改善生态环境，助推“森林云南”建设，构建生态安全屏障，做出新的更大的贡献！

此次活动共募集造林资金40万元、绿化苗木和种子价值81万元，将完成杨善洲纪念林500亩，城乡道路绿化美化526亩。

（黄成伟）

爱在东川·省直机关东川青年林植树活动启动仪式

2013年6月18日，由云南省直机关团工委，云南省直机关青联和云南省林业厅机关党委联合组织的“美丽中国，爱在东川·省直机关东川青年林”义务植树活动在东川区汤丹镇达朵村举行。这标志着云南省省直机关各单位有了自己的青年林。此次植树活动，为东川捐款12万元，种下了200亩新银合欢树苗，5年后将交给国家。云南省杨善洲绿化基金会积极支持并参与此次活动，并捐赠了价值2万元的新银合欢树苗。

云南省省直机关团工委还将在东川建立青年义务植树基地，继续通过多种形式广泛开展植树造林活动，不断扩大种植面积，把“省直机关青年林”建设成省直机关团组织的活动基地、团员青年的教育基地。

（程维度）

万亩森林·云南大学总裁班杨善洲纪念林植树活动

2013年6月20日，由云南省杨善洲绿化基金会、云南大学高层管理者培训与发展中心、盘龙区农林局、盘龙区滇源街道办事处共同主办，在松华坝水源保护区滇源街道办事处对角山开展了“万亩森林·云南大学总裁班杨善洲纪念林”植树活动。

此次植树点对角山造林区位于滇源街道办事处苏海村，处于松华坝水库主要水源河流牧羊河、冷水河之间，属省级公益林林区，几年前发生森林火灾，火烧迹地面积达到2 000多亩。此次活动共种植川滇桤木1.67力株、完成火烧迹地造林79.2亩。

植树活动启动仪式由云南省杨善洲绿化基金会副秘书长程维义同志主持。盘龙区农林局，滇源街道办事处，云南大学高层管理者培训与发展中心领导和云南大学总裁班各班代表分别作了讲话，共有100多名志愿者参加了植树活动。

（黄成伟）

万亩森林·爱，让天空蔚蓝植树活动

2013年6月23日，由云南省杨善洲绿化基金会、盘龙区农林局、盘龙区阿子营街道办事处共同主办，由嵩明志龙林木良种培育有限公司、昆明顺泉苗木种植有限公司、云南乐道体育服务有限公司、云南信息公益周刊、云南网、爱心之旅团队、云南乐道户外、谭弼网球教学、云南橙果商贸有限公司支持的在松华坝水源保护区阿子营街道办事处集镇后山开展了“万亩森林·爱，让蓝天蔚蓝”植树活动启动仪式。

此次植树点位于昆明市盘龙区阿子营街道办事处后山，处于松华坝水源保护核心区，由阿子营街道办事处提供宜林荒山400亩，分3年建设公益林，并接受基金会委托，负责做好爱心林的后期管护工作。由嵩明志龙林森良种培育有限公司、昆明顺泉苗木种植有限公司捐赠造林所需树苗。参加启动仪式的100多人共种植红叶石楠、竹柳、红豆杉、臧柏树苗2 280株、完成造林面积45亩。

现场有60多名爱心志愿者进行了认养捐款活动（捐款100元认养一棵树苗），将认养者的名牌挂在“爱心树”上，认养捐款、云南乐道体育服务有限公司捐款及捐赠树苗价值共计5.46万元，交由阿子营街道办事处，用于树苗养护，确保成林。

（黄成伟）

昭阳区杨善洲纪念林植树活动

2013年7月18日，由云南省杨善洲绿化基金会、云南省林业厅，中中昭通市委、市人民政府，中共昭阳区委、区人民政府共同主办，昭通市林业局、昭阳区林业局承办，嵩明志龙林木良种培育有

限公司、云南旺鑫园林绿化工程有限公司和中国绿色时报、云南信息报等媒体单位支持的“学习杨善洲、绿化彩云南·昭通市 2013 年义务植树暨昭阳区杨善洲纪念林植树活动”苗木捐赠仪式在昭阳区举行。

云南省杨善洲绿化基金会常务副理事长李森，云南省党建研究会副会长、省杨善洲精神研究会特邀研究员、省委组织部原部务委员林涛，云南省关工委常务副主任、省委老干局原局长蒋莉，国家林业局驻云南森林资源监督办原专员、省林业产业协会会长凌鹤，云南省杨善洲绿化基金会副理事长兼秘书长王德祥，云南省政协办公厅原巡视员、省杨善洲绿化基金会副理事长邓树斌，云南省杨善洲绿化基金会副秘书长程维义，云南省、市苗木协会，昭通市林业局，昭阳区林业局有关领导出席了捐赠仪式。

参加捐赠活动的还有嵩明志龙林木良种培育有限公司、云南旺鑫园林绿化工程有限公司、昆明泛亚花木城、云南远益园林工程有限公司、昭通广丰煤炭运销有限责任公司、昭通绿艺绿化有限公司等爱心企业、中国绿色时报、云南信息报等新闻媒体记者，以及来自昭通市十一县区的党政领导、部门领导、昭阳区群众和来自云南省杨善洲绿化基金会秘书处的工作人员 400 余人。

此次活动共募集到雪松、大叶女贞、侧柏、红豆杉、竹柳、桂花、紫薇、红叶石楠、球花石楠共计 13.32 万株，价值 70.2 万元。捐赠仪式以后，冒雨种植了红豆杉、红叶石楠等树苗，完成昭阳区面山绿化、营建杨善洲纪念林 416 亩。

（程维义）

绿化进校园·云南省政法干部学校植树活动

2013 年 8 月 16 日，由云南省杨善洲绿化基金会、云南省政法干部学校，云南嘉缘花木绿色产业有限公司共同主办的“学习杨善洲、绿化彩云南·绿化进校园”植树活动启动仪式在省政法干部学校龙头街新校区举行。

启动仪式由云南省杨善洲绿化基金会常务副理事长李森主持。

云南省人大常委会原副主任杨善洲绿化基金会理事长吴光范，省杨善洲绿化基金会常务副理事长李森，副理事长王国亮、朱旦生、王德祥，云南省司法厅党委书记、厅长马继延，云南省司法厅党委委员、纪委书记杨琼瑛，云南省司法厅党委委员、政治部主任普仲亮，云南省政法干部学校党委书记李涛，副书记、校长李记臣以及省林业厅，昆明市林业局，省杨善洲绿化基金会，云南省、市苗木行业协会等出席启动仪式。云南嘉缘花木绿色产业有限公司、昆明泛亚花木城、普洱市鼎达园林景观有限公司等企业代表，有关新闻媒体记者，以及学校师生志愿者 200 余人参加了现场植树活动。

吴光范在启动仪式上讲话。他说，云南省政法干部学校建校 50 年以来，始终坚持“从严治校、从严治警”的办学方针，培养了大批多技能、复合型政法人才，为全省实施“依法治国、科技兴滇”战略作出了积极贡献。新校区的建成，将进一步提升学校的办学条件，为加快云南省政法干部队伍建设多出人才、快出人才、出优秀人才打下了良好的基础。我们衷心希望以此活动为新的起点，认真实践 2013 年 3 月 2 日习近平总书记在首都义务植树活动上的讲话精神，落实省委书记秦光荣关于“以学习杨善洲精神作为载体，推动教育实践活动深入开展”的讲话精神及“植树造林是最大的道德”的理念，以实际的行动宣传杨善洲艰苦奋斗、无私奉献、坚忍不拔的崇高精神，促进广大师生积极参与“造林绿化、改善生态环境、共建美好家园”的各项活动中来，使我们的校园环境更绿、更优美、水更清、空气更洁净！

吴光范、马继延为“学习杨善洲、绿化彩云南·进校园云南省政法干部学校杨善洲纪念林”纪念碑揭幕。

此次造林绿化活动完成种植 18 个树种 618 株大树、7.2 万株地被灌木、3 300 平米草坪及 1 组景观石。

（和雪屏）

七彩云南保护行动

七彩云南保护行动

由云南省人民政府组织实施的生态环境保护重大行动。主题为“七彩云南·我的家园”，包括环境法治、环境治理、环境阳光、生态保护、绿色创建、绿色传播、节能减排7个子行动。

2006年12月30日，云南省政府召开第26次省长办公会，成立以省长为组长、省级相关委、办、厅局参加的七彩云南保护行动领导小组及办公室。2007年1月18日，省政府发布《云南省人民政府关于七彩云南保护行动的通知》，2007年2月1日，由云南省委、省人民政府主办，省环保厅承办的“七彩云南保护行动”启动仪式在昆明世博园隆重举行，云南省委、省人大、省政府、省政协主要领导，国家环保部领导、联合国环境规划署驻华代表，东南亚各国驻昆领事馆和机构代表及省级各委办厅局的主要负责人、各州市党政主要领导、社会各界群众代表3 000余人参加启动仪式，“七彩云南保护行动”全面展开。

2009年12月，省政府组织“七彩云南保护行动”实施3周年研讨座谈会，“七彩云南保护行动”领导小组成员单位成员、省内专家和学者、国内外非政府组织及民间环保组织代表、媒体负责人参加了座谈会。时任省长的秦光荣撰写了《感悟造化天道·保护灵性自然》的纪念文章，提出人与自然和谐相处的新思考。2009年云南省委、省人民政府出台了《中共云南省委 云南省人民政府关于加强生态文明建设的决定》,，提出“以七彩云南保护行动为载体，努力构建生态文明产业支撑体系、生态文明环境安全体系、生态文明道德文化体系、生态文明保障体系，成为生态文明建设排头兵”，编制了《七彩云南生态文明建设规划纲要（2009~2020年）》，以七彩云南保护行动为载体，稳步推进云南省生态文明建设。

行动实施的主要活动和进展：

一、环境法治行动。建立司法机关介入环境保护的机制。2008年11月，昆明市设立了环保公安分局，组建环保警察队伍。2008年12月，昆明市、玉溪市中级人民法院分别设立了环境保护审判庭，之后玉溪市的澄江、通海县相继成立了环保法庭。依法审判了澄江县锦业公司砷污染、陆良化工实业有限公司铬渣污染事件，云南省环境司法在司法体系中地位较低的状况得到改善。出台《云南省环境行政问责办法》，对在落实环境保护职责过程中不履职、不当履职、违法履职，并导致严重后果或者恶劣影响的责任部门和责任人进行责任追究。

二、环境治理行动。一是重点整治流域重金属污染。11个重点防控区、100个重点治理项目列入国家“十二五”重金属污染综合防治规划。启动个旧市重金属污染综合防治等10个重金属污染治理项目。依法关停淘汰了一批涉重金属污染企业。二是全面提速以滇池为重点的水环境综合治理工作。2011年以来，通过重点工程的完成并与原有工程合并发挥环境效益，九湖水质总体保持稳定，重点流域水质情况得到改善。

三、环境阳光行动。制定《云南省依申请公开政府环境信息管理办法（试行）》，并将不依法公开环境信息纳入《云南省环境行政问责办法》的行政问责范围。成立工程领域信用信息平台建设工作领导小组，构建全省企业环境信息平台，通过企业环境信息平台，提供企业环境违法信息和环境行政处罚信息。

四、生态保护行动。一是强化生物多样性保护。建立生物多样性保护联席会议制度，2008年、2010年和2012年，省政府分别在丽江、腾冲和西双版纳召开了3次生物多样性保护联席会议，先后发布《滇西北生物多样性保护丽江宣言》、《国际生物多样性年云南行动腾冲纲领》和《云南省生物多样性保护西双版纳约定》，提出了推动生物多样性保护具体措施。二是全面实施森林云南建设。2009年12月31日云南省政府发布《关于加快林业发展建设森林云南的决定》，对建设完备的森林生态体系、建设发达的森林产业体系、建设繁荣的森林文化体系等几个方面分别提出了到2012年、2020年两个阶段的具体目标任务。三是实施农村环境综合整治。2008~2012年间，云南省在全省16个州（市）共开展了204个农村环境综合整治项目。

五、绿色创建活动。截至2012年12月，云南省15个州（市）、70多个县（市、区）开展了生态州（市）和生态县（市、区）建设，累计建成10个国家级生态示范区、29个国家级生态乡镇、3个国家级生态村、276个省级生态乡镇。创建省级绿色学校639所，省级绿色社区191个。

六、绿色传播行动。先后组织开展了“魅力三江·七彩云南——滇西北生物多样性保护大型电视主题活动”、“走进七彩云南·泛珠三角区域环保演讲比赛”、“七彩云南环境保护奖评选”、“生态文明大家谈”等大型宣传活动，出版了《公民节约资源行为规范》等一批“绿色传播”行动系列丛书。

七、节能减排行动。强化地方政府的减排职能，先后出台《云南省人民政府关于进一步加强节能减排工作的若干意见》、《云南省“十一五”主要污染物总量减排工作考核办法》、《云南省节能减排工作行政问责实施意见》、《云南省人民政府关于全面推行环境保护“一岗双责”制度的决定》等一系列政策措施。省政府每年与州市政府签订减排目标责任书，把减排指标完成情况纳入各州（市）经济社会发展综合评价体系，对未完成任务州（市）的建设项目实施“区域限批”，“十一五”期间，对玉溪市实施了“区域限批”，对泚江流域实施了“流域限批”。

（王丽达）

“森林云南”建设

2009年12月31日云南省政府《关于加快林业发展建设森林云南的决定》正式出台。《决定》阐述了建设“森林云南”的重大意义并明确了建设“森林云南”总体建设要求、目标任务和具体保障措施，《决定》并就建设完备的森林生态体系、建设发达的森林产业体系、建设繁荣的森林文化体系等几个方面分别提出了到2012年、2020年两个阶段的具体目标任务。

其目标任务是：到2012年，全省森林覆盖率达到53%以上，活立木蓄积量达到18亿立方米，林业总产值超过600亿元，农民从林业获得的人均收入达到1 000元，城市建成区绿化率超过35%；到2020年，全省森林覆盖率达到并保持在56%左右，活立木蓄积量达到20亿立方米以上，林业总产值超过2 000亿元，农民从林业获得的人均收入达到4 000元，城市建成区绿化用地超过35%，绿化率超过40%。

（杨志平）

“2014·万家森林植树活动”

2014年1月16日，由云南杨善洲绿化基金会和云南森林自然中心共同组织主办的“2014·万家森林植树活动”在云南森林自然中心双乳山林区举行。参加活动的单位有：云南省林业厅、昆明市林业局、云南省林业技术推广总站、云南省林业职业技术学院等单位及部分绿化公司代表和社会爱心人士。云南省人大常委会原副主任、省杨善洲绿化基金会理事长吴光范宣布“2014·万家森林植树活动”开始。本次活动共种植云南樱花等苗木200余株。云南省林业厅党组成员、副厅长刘一丹到现场参加植树活动。

（黄成伟）

林业生态建设工程

云南省重点开展的林业生态建设工程主要有：

一、天然林保护工程。1998年开始实施，1998～2010年实施天保一期工程，亩，占年计划的105%，超额完成国家下达的森林管护任务。完成天保公益林建设240.12万亩，占总任务的98.78%。完成森林管护18 874.14万亩。2011～2020年实施天保二期工程。

二、退耕还林工程。2000年在9个县区开展试点，2002年在129个县市区全面启动实施，至2011年底，全省累计完成工程建设任务2 353.5万亩，其中：退耕地还林533.1万亩，荒山荒地造林992万亩，封山育林170万亩；巩固成果项目造林594万亩，补植补造64. 4万亩。累计完成投资149亿元，工程覆盖129个县，惠及130万户、544.6万退耕农民。

三、长江、珠江、澜沧江、南汀河等江河流域防护林工程。营造防护林11.92万亩。

四、农村能源建设工程。完成新建沼气池20.77万户，农村节柴改灶完成7.33万户。

五、生物多样性保护工程。亚洲象、滇金丝猴、苏铁、古茶树等物种得到有效保护，加强了湿地保护与规划，大山包、碧塔海、纳帕海、拉市海列入国际重要湿地。

随着天然林保护、退耕还林等一大批重点生态建设工程的实施，云南省森林资源正在呈逐年增加趋势。全省已消灭森林赤字，实现有林地面积和森林蓄积量的双增长。森林覆盖率49.91%。活立木总蓄积量15.48亿立方米，约占全国的1/8。

（秦　硕　整理）

天然林保护工程

天然林保护工程即生态环境建设和保护工程。简称天保工程。是国家针对中国生态环境恶化现状，在长江上游、黄河上中游、新疆自治区、海南省以及东北内蒙古重点国有林区实施的一项加强生态环境建设和保护的工程。工程从1998年开始实施。1998年8月、9月，云南省政府两次向国务院呈报云南省《关于实施天然林保护工程方案的请示》，得到批准。当年9月19日云南省政府召开金沙江流域天然林保护工作会议，拉开了云南实施的天然林保护工程的序幕。1998年10月1日，云南省政府发布《关于停止金沙江流域和西双版纳州境内天然林采伐的布告》，全面停止金沙江流域和西双版纳州所属的县天然林采伐。1998～2010年实施天保一期工程，2011～2020年实施天保二期工程。

天保工程一期实施范围包括金沙江流域和西双版纳州、17个国有重点森工企业，涉及13个州（市）66个县（市、区），工程区总面积3.60亿亩。工程实施期间昆明市、丽江县行政区划调整，工程实施单位调整为13个州（市）69个县（市、区）、17个国有重点森工企业。1998～2010年，中央和省级投入资金77.36亿元（中央资金投入68.78亿元，省级投入8.58亿元）。实施内容主要包括：调减天然林商品材采伐，森林管护，公益林建设，分流安置森工企业职工、剥离森工企业政社性机构及免除森工企业各类贷款部分债务，工程支撑保障体系建设、森工企业非经营性基础设施及棚户区改造、人工商品林采伐试点、农村能源建设等。

天保工程一期，累计调减商品材采伐3 394万立方米，管护森林面积18 965万亩，营造公益林3 764万亩，分流安置富余人员1.18万人，移交地方管理政社性机构81个1 059人，办理完结豁免的企业债务26 966万元，完成国有林区棚户区和危旧房改造8 859户，新建沼气池87万口、节柴改灶88万口，新建中心苗圃、良种基地、种苗示范基地118个，实施科技支撑项目25项，新建和维修森林管护站所1 609处、瞭望台598座、防火线9 901千米、防火林带678.6千米，建设国家级重点火险区专业扑火队营房15个，完成防火通讯网改造工程75个县。

13年间，天保工程区有林地面积由1.68亿亩上升到1.83亿亩，森林蓄积量由8.89亿立方米增加到11.08亿立方米，森林覆盖率由59.25%增加到64.69%，治理水土流失面积1.26万平方千米，年均减少土壤侵蚀量1 630万吨。

天保工程二期规划期为2011～2020年。2010年，国家发布《长江上游、黄河上中游地区天然林资源保护工程二期实施方案》，确定云南省天保工程二期实施单位为13个州（市）72个县（市、区）、3个国有重点森工企业。《天然林资源保护工程二期云南省实施方案》规划工程区总面积3.45亿亩，资金投入概算170.98亿元（中央投资132.58亿元、地方投资38.40亿元），管护国有林、公益林面积15 232万亩，辐射监管集体商品林8 000多万亩，完成国有中幼林抚育1 370万亩、公益林建设1 485万亩，安置森工企业及国有林场职工就业1.2万人，为农村劳动力提供森林管护岗位2万个以上，到2020年天保工程区新增森林面积1 000万亩，净增森林蓄积1.7亿立方米，森林覆盖率（含灌木林）提高到67%以上。

（江　云　整理）

退耕还林工程

是在水土流失严重或粮食产量低而不稳定的坡耕地和沙化耕地，以及生态地位重要的耕地，退出粮食生产，因地制宜地造林种草，恢复林草植被的建设工程。是中国迄今为止规模最大的生态工程。

云南省退耕还林工程自2000年在9个县区开展试点，2002年在129个县市区全面启动实施，2007年进入完善政策、巩固成果的发展阶段。至2011年底，全省累计完成工程建设任务2 353.5万亩，其中：退耕地还林533.1万亩，荒山荒地造林992万亩，封山育林170万亩；巩固成果项目造林594万亩，补植补造64.4万亩。累计完成投资149亿元，工程覆盖129个县，惠及130万户、544.6万退耕农民。退耕还林使云南省的林草覆盖度提高了3个百分点。2012年云南省委省政府针对全省1 200万亩25度以上陡坡地、石漠化及水土流失严重的现状，决定用10年时间实施陡坡地生态治理1 000万亩。陡坡地生态治理以乌蒙山区、怒江流域、藏区等生态脆弱地区为重点，突出25度以上陡坡地、城镇面山、交通沿线、江河湖库等特殊生态脆弱区的坡耕地。陡坡地生态治理按每亩300元标准，给予土地承包经营权人一次性陡坡地生态治理生活补助，并通过整合生态建设项目解决造林费用，确保治理成效。

（栩　榕　整理）

防护林建设工程

为改善生态，促进经济社会的可持续发展，20世纪80年代以来，国家相继在“三北”地区、长江、珠江、淮河等重要江河流域实施了一系列防护林体系建设工程。这些工程已被国家整合为三北、长江流域等重点防护林体系建设工程。云南省重点实施了长江流域防护林工程和珠江流域防护林工程。

珠江流域防护林建设

1996年，云南省启动实施珠江流域防护林工程建设。一期工程从1996年实施至2000年，包括10个重点建设县。二期工程从2001年到2010年，在珠江流域33个县（市、区、场）共完成国家投资21 500万元，地方配套资金6 000万元；完成建设任务15.7万公顷。2010年，珠江流域防护林体系二期工程建设结束后。国家决定在巩固一期、二期工程建设成果的基础上，进一步实施珠江流域防护林体系三期工程建设。云南珠江流域防护林体系建设三期工程规划共覆盖5个州（市）17个县（市、区）。规划的主要内容包括工程造林（含人工造林和封山育林）、低效林改造、适用技术推广及监测体系建设。

（江　云　整理）

低效林改造工程

云南全省林分平均蓄积量和生长量分别为6.88立方米/亩、0.28立方米/亩，林地生产力较低，制约了云南省林业的发展。云南省共有7 470万亩低效林，占全省森林面积的近三成。2009年，云南省试点低效林改造，2010年全面启动计划用10年左右时间完成6 000万亩低效林改造任务。至2012年12月，全省已累计投入资金16亿多元，累计完成972万亩，林地综合生产力比改造前提高60%以上，初步实现了森林增长、产业增效、农民增收的目标。

“长治”工程

长江上中游水土保持重点防治工程。1988年4月，国务院以《国务院关于将长江上游列为全国水土保持重点防治区报告的批复》，批准云南省列入长江上游水土保持重点防治区。

1989年云南省正式启动“长治”工程。一期共启动昭通、彝良、巧家、元谋、牟定、姚安6个县。截至2011年，云南“长治”工程已实施了7期，涉及6个州（市）的31个县（市、区），实施小流域786条，治理水土流失面积1.3万平方千米，总投资17.5亿元。其中有9个县和46条小流域被水利部、财政部分别命名为全国水土保持示范县和示范小流域，7个县被长江水利委员会命名为“长治”样板县。楚雄州被列为长江流域水土保持大示范区，涉及牟定、姚安、大姚、元谋和楚雄5个重点县市。经二十年来“长治”持续、规模、连片、综合的重点治理，极大地改善了项目区生态环境和生产条件，促进了项目区农村经济发展和农民经济收入，取得了“三增三减”的好成绩，即人均基本农田、人均粮食产量及人均纯收入增加，坡耕地面积、土壤侵蚀量及贫困人口减少。不断总结和探索出高效农业型水土流失治理、石坎梯田治理、提高水资源利用率的治理、社会主义新农村建设、种及养殖业相结合兼顾休闲度假等适宜云南省流域水土保持综合治理的技术路线和治理模式。

“珠治”工程

珠江上游南北盘江石灰岩地区水土保持综合治理工程。2003年，经国家发展和改革委员会和水利部批准，云南启动了珠江上游南北盘江石灰岩地区水土保持综合治理试点工程（简称“珠治”试点工程）。曲靖市的宣威、沾益、罗平、马龙，玉溪市的澄江、华宁、江川7个县（市）被列为“珠治”试点县。“珠治”试点工程是云南省在水利部新的治水思路指导下实施的第一个国家重点工程。一是项目管理规范。参照了基建项目建设程序，以项目区为治理和投资单元立项、建设和管理。二是治理重点突出。工程坚持以坡面整治为重点，以坡耕地改造为突破口，把发挥生态的自我修复能力作为水土流失防治的一项重要措施，加快植被恢复；以“水”为主线重视沟道、坝塘、坡面水系等水利水保工程建设，把合理利用水资源，安排解决生态用水作为主要任务，从而有效地改善农业生产条件和生态环境。工程实施过程中充分发动治理区群众，把治理水土流失与经济开发融为一体，把水土保持与脱贫致富、扶贫攻坚、抗灾夺丰收相结合。三是治理工程成效显著。到2005年底，“珠治”试点工程全面竣工，共实施了42条小流域，治理水土流失面积538平方千米。2006年，云南顺利启动珠江上游南北盘江石灰岩地区水土保持综合治理工程（简称“珠治”工程），实现了云南珠江流域水土保持综合治理工程由试点到示范的跨越。

“西南诸河”工程

由水利部组织的水土流失治理工程。西南诸河地处中国西南边陲，云南省包括红河、澜沧江、怒江、伊洛瓦底江4条国际河流，涉及昆明、楚雄、玉溪、红河、文山、普洱、大理、丽江、怒江、迪庆、保山、临沧、西双版纳和德宏14个州（市）的81个县（市、区），流域土地总面积21.6万平方千米，占云南省国土面积的55%。2010年12月，云南省水利厅编制完成《西南诸河（云南部分）水土保持规划》，并通过了水利部组织的技术审查。2011年7月，水利部办公厅下发《西南诸河（云南部分）水土保持规划审查意见的通知》。同年，云南省人民政府下发了《关于同意西南诸河（云南部分）水土保持规划的批复》。规划利用20年，以小流域综合治理为载体，突出坡耕地水土流失综合治理等措施，建立完善的监督管理体系和动态监测网络，全面遏制人为水土流失，使规划区水土流失得到有效防治，农业生产条件和生态环境得到彻底改善，实现人与自然和谐、经济社会可持续发展的目标。

（桐　榕　整理）

水土流失生态修复工程

由水利部门组织实施的水土流失治理工程。2000以来，云南按照中央治水方针和经济社会发展对水土保持生态建设的要求，在大区域封禁治理的基础上，对局部水土流失严重的地区辅以相应的人工措施，将人对自然的负面影响降到最低，实现人与自然和谐相处。

2001年云南姚安县被列入长江流域水土保持生态修复县，2002年云南西山区、宣威市、大姚县、新平县、勐腊县和香格里拉县6个县（市、区）被列为第一批全国水土保持生态修复试点县。2006年，云南蒙自县、洱源县、腾冲县、福贡县、临翔区5个县（区）被列入第二批全国水土保持生态修复试点县。2004年，经长江水利委员会批准，西山、呈贡、水富、绥江、马龙、禄丰、南华、玉龙8个县（区）列为“长治”生态修复工程县。各生态修复项目县积极落实了管护责任，积极实施各项人工辅助措施，相继制定出台了《水土保持生态修复工程实施管理办法》。2007年，景谷县曼转河流域被长江水利委员会列入西南诸河水土保持生态修复试点，为云南西南诸河流域开展生态修复工程建设提供了可供借鉴的技术路线和成功经验。2011年，云南累计实施生态修复面积115.6万平方千米。

碳汇造林

在确定了基线的土地上，以增加碳汇为主要目的，对造林及其林木（分）生长过程实施碳汇计量和监测而开展的有特殊要求的造林活动。碳汇是指碳排放权交易制度的简称，一般是指从空气中清除二氧化碳的过程、活动和机制，主要是指森林吸收并储存二氧化碳的多少，或者说是森林吸收并储存二氧化碳的能力。与普通的造林相比，碳汇造林突出森林的碳汇功能，具有碳汇计量与监测等特殊技术要求，强调森林的多重效益。

2004年，中国碳汇工作开始起步。国家林业局将广西利用世界银行生物碳基金开展的造林再造林项目作为碳汇试点实施。四川、云南也在利用保护国际筹集的资金，启动碳汇试点工作。2010年11月17日，全国碳汇造林试点启动会暨国家林业局西南林业碳汇计量监测中心挂牌仪式在昆明举行，这标志着中国林业应对气候变化的重要措施“碳汇造林”进入实质推进阶段，云南、山西、浙江、内蒙古、陕西、广西等省区成为试点省区。

云南省森林覆盖率达50%以上，活立木总蓄积量达17.12亿立方米，居全国第二位。据初步测算，全省碳汇储量达31.3亿吨。碳汇造林潜力巨大。2005年4月，保护国际和美国大自然协会共同在腾冲开展了“清洁发展机制小规模再造林景观恢复项目”2007～2008年，保护国际成功在美国碳汇市场卖掉了腾冲项目9万吨二氧化碳减排量，收入50万美元，成为全球第二个成功的林业碳交易案例。

外来入侵物种

在人类有意或无意引入下，转移到其自然分布范围及扩散潜力之外，对当地生物多样性、人类健康和经济构成威胁或损害的物种、亚种、低级生物物质及其可能存活并繁殖的部分、配子或繁殖体。外来入侵物种包括自然物种和转基因物种。

外来入侵物种具有强大的繁殖特性，生态适应性和竞争力，通过人类活动或借助自然力量传入、扩散、传播。截至2012年，国家环保部公布了两批入侵中国的外来物种名单。首批公布有16种外来入侵物种，分别为紫茎泽兰、薇甘菊、空心莲子草、豚草、毒麦、互花米草、飞机草、凤眼莲（水葫芦）、假高粱、蔗扁蛾、湿地松粉蚧、强大小蠹、美国白蛾、非洲大蜗牛、福寿螺、牛蛙。

云南外来入侵物种现状通过早期实地调查和查阅文献资料，云南省共查明外来入侵物种209种，其中：植物158种，占外来入侵物种的75.6%；无脊椎动物22种，占外来入侵物种的10.53%；病原微生物13种，占外来入侵物种6.22%；脊椎动物16种，占外来入侵物种的7.66%。

外来入侵物种可分为严重危害种、潜在严重危害种、严重入侵种、有毒入侵种、一般入侵种及潜在危害种。云南外来入侵物种中危害较严重的有紫茎泽兰、薇甘菊、凤眼莲、空心莲子草、马缨丹、肿柄菊、蔗扁蛾、湿地松粉蚧、强大小蠹和福寿螺等。许多入侵物种已对云南的生态和经济造成危害。

云南省石漠化治理研究取得进展

由云南省科技厅支持、云南省老科技工作者协会完成的《云南省岩溶地区石漠化治理技术规程研究》课题日前通过专家组验收。研究课题延伸完善了传统石漠化的定义，开展了云南石漠化区域分区研究，提出了不同石漠化类型区植被修复的参考物种，对科学设置石漠化综合治理的生物措施和工程措施具有现实指导意义。

课题组研究发现，云南是全国石漠化类型最多的省区。云南省岩溶地区的石漠化有别于贵州、广西等省区的石漠化，它不仅发生在湿润、半湿润气候条件下，而且发生在干旱、半干旱的气候条件下；不仅发生在热带、亚热带地区，还发生在温带、寒温带地区。云南立体气候十分突出，随着海拔的升高，温度、湿度、降雨量也在不断变化，石漠化的类型及治理措施也会不同，科学分区，因地制宜，因害设防尤其重要。

课题组在大量深入调查研究的基础上提出，岩溶地区每形成1厘米厚的风化土层需要4000～8000年的时间，森林生态系统的修复重建是治理石漠化的首要任务，研究成果将云南现有的65个石漠化综合治理工程县区划为南部湿热石漠化区、滇南湿润暖热石漠化区、滇东南半干旱明热石漠化区、滇东南半湿润暖热石漠化区、滇中东润湿温暖石漠化区、滇东北夏暖冬凉石漠化区、西藏高原东南缘高寒石漠化区等10个区若十个亚区，并按照保护和发展生物多样性的原则提出了适宜各亚区开展林草植被修复建设的树种和草种。

石漠化治理工程

全国石漠化岩溶地区涉及贵州、云南、广西、湖南、湖北、重庆、四川、广东8个省451个县。2008年2月，国务院批复《岩溶地区石漠化综合治理规划大纲》，明确了石漠化治理工程建设的生态、经济、社会三大目标和具体任务。确定了以点带面、点面结合、滚动推进”的工作思路。

云南是中国岩溶分布最广、危害程度最深、治理难度最大的省区之一，其中65个县市已显出“山坡草木不长，沟谷耕地大幅缩减”的石漠化状态。2008年开始，国家发改委、财政部、国土资源部等部门共投入6.6亿元，选择石漠化程度较高的西畴等12个县开展石漠化治理试点，随后将35个县纳入国家石漠化重点治理县，累计治理总面积达3 200多平方千米。2012年，云南省多方筹集资金4.8亿元，将石漠化综合治理区域覆盖到65个县，增加治理面积1 071平方千米。省政府组织国土资源、地勘、林业等部门力量，开展大面积水文地质区调和岩溶、石漠化重点地域详细调查和总体评价，并编制全省岩溶地区石漠化治理规划，先后总结探索出各种生物工程措施一起上的综合治理模式。据资料，12个先行试点县实施封山育林81 000公顷，人工造林27 100公顷，改良草地1 800公顷，完成坡改梯2 700公顷。

（江　云　整理）

濒危动物灰叶猴在无量山保护区恢复生机

国家I级重点保护动物灰叶猴主要栖息在江河两岸和低山沟谷地带的热带雨林、季雨林和南亚热带季风常绿阔叶林中。上世纪60年代至70年代，由于对热带、南亚热带原始森林大面积砍伐，造成灰叶猴种群数量急剧下降，濒临灭绝。根据中科院昆明动物研究所研究报道，云南中部无量山区60年代至70年代，在澜沧江两岸低海拔地区有较茂密的原始森林，生存有数十群灰叶猴，70年代由于这些森林被完全砍伐殆尽，无量山区的灰叶猴几乎绝迹。为抢救性保护弥足珍贵的自然资源和生物物种，云南省人民政府于1986年批准建立无量山省级自然保护区，于2000年经国务院批准晋升为国家级自然保护区。经过近30年的保护管理，无量山自然保护区内森林植被受到严格保护，逐渐显现出了蓬勃的生机。调查表明，无量山保护区内灰叶猴约37群，1 690只，95%以上的群体都生活在无量山国家级自然保护区内；其中景东片区分布灰叶猴约30群，群体大小为50～60只，个体数量约为1 500只，南涧片区约7群，数量约190只。

黑颈鹤种群数量在大山包保护区趋于稳定

大山包黑颈鹤国家级自然保护区是以黑颈鹤及其栖息地的亚高山沼泽化草甸高原湿地生态系统为主要保护对象的野生动物类型自然保护区。始建于1990年，1994年升格为省级自然保护区，2003年晋升为国家级自然保护区，2004年12月被湿地国际组织列入“国际重要湿地”名录。近20年持续监测表明，通过各级政府和有关部门积极保护，保护区内黑颈鹤数量自2000年逐步恢复增长，从2003年起至今，近10年内黑颈鹤数量稳定于1 100只左右。2012～2013年越冬期，2012年11月2日首批黑颈鹤至大山包保护区越冬，截至2013年6月8日最后2只黑颈鹤飞离大山包，全年共监测记录黑颈鹤数量及行为218天，同步调查黑颈鹤种群数量为1 185只。黑颈鹤主要分布在大山包保护区境内大海子、勒力寨、小海坝、长会口四个湿地。黑颈鹤幼体占整个大山包黑颈鹤种群数量的比例为9.97%。黑颈鹤在大山包停留时间保持在190天左右，趋于稳定。尚未结束的2013～2014年越冬期，已监测到3只带环志的黑颈鹤。其中一只环志黑颈鹤连续六年在大山包大海子湿地越冬生活，见证了其从幼鹤到成年的成长过程，也证明了大山包保护区是它越冬最美好的乐园。

云南省极小种群物种拯救保护规划纲要

极小种群物种是指分布地域狭窄或呈间断分布，长期受到外界因素胁迫干扰，呈现出种群退化和数量持续减少，种群（population）及个体（individual）数量都极少，已经低于稳定存活界限的最小生存种群（MVP），而随时濒临灭绝的野生动植物种类。极小种群物种具有种群数量小、分布生境狭窄、人为干扰严重、濒临灭绝的特点。

《云南省极小种群物种保护规化纲要》提出了云南省需要保护的极小种群物种名录、保护的总体思路、目标、任务和措施。选择极小种群物种112种。其中野生植物物种62种，含国家Ⅰ级重点保护植物20种，国家Ⅱ级重点保护植物28咱，IUCN评价为极危种（CR）45种、濒危种（EN）7种、缺乏数据种（DD）1种，云南省特有30种，在国内仅云南分布3种，在自然保护区内有分布39种。野生动物物种50种，含国家Ⅰ级重点保护动物29种，国家Ⅱ级重点保护动物9种，省级重点保护动物1种，IUCN评价为极危种（CR）3种、濒危种（EN）11种、渐危种（VU）20种、缺乏数据种（DD）2种，云南省特有5种，在国内仅云南分布22种，在自然保护区内有分布35种。

云南省极小种野生植物拯救保护进展

云南是全国极小种群物种集中分布的省份，为保护云南宝贵的极小种群野生植物资源，主要开展以下工作：一是组织开展巧家五针松、华盖木等15种极小种群野生植物的分布情况、种群数量和受威胁因素调查。二是编制《云南省生物多样性保护工程规划》、《云南省极小种群物种拯救保护规划纲要》、《云南省极小种群物种拯救保护紧急行动计划》和《云南省极小种群野生植物保护小区（点）建设试点方案》来指导拯救保护工作。三是建设云南蓝果树等保护小区（点）10余个。四是掌握了华盖木等15个物种的频危机理和人工繁育技术，成功繁育苗木近40 000株。五是先后建立近地保护园（基地）10个，近地保护极小种群野生植物5 000多株。六是所有极小种群野生植物均在迁地保护中得到有效保存。七是开展回归试验，回归定植3 000余株云南蓝果树、杏黄兜兰等极小种群野生植物。八是组织拍摄《生物多样性保护——云南在行动》和《极小种群保护——云南在行动》等宣传片，编制《云南省极小种群野生植物保护——华盖木》宣传用书。同时，在苹果软件上插入华盖木保护管理知识供各国人民下载。九是自开展资源调查以来，全省共筹集960万元开展野生植物资源调查和极小种群物种拯救保护工作。其中：资源调查760万元，极小种群物种拯救保护省级专项资金200万元。

大山包湿地成功申报省级科普基地

大山包国家级自然保护区以其独特的高原湿地生态系统孕育了丰富的动植物资源，这里不仅是国家一级保护动物黑颈鹤的越冬天堂，也是斑头雁、赤麻鸭、绿头鸭等水禽的重要栖息地。2012年大山包保护区向云南省科技厅申报“云南省科学普及教育基地”，2013年，云南省科技厅考察组实地考察了大山包湿地。2013年10月18日，大山包湿地与其他16家单位经云南省科技厅批准成为第九批“云南省省级科学普及教育基地”。

大山包保护区目前已建成180平方米的黑颈鹤科普教育馆，内设动物标本15个、展板24块、模型4件、多媒体展教仪器2台、沙盘1个，详尽了介绍了大山包黑颈鹤的分布、黑颈鹤一天的活动、黑颈鹤的食物、黑颈鹤的繁殖过程、黑颈鹤迁徙路线、大山包湿地概况、大山包湿地功能、大山包拥有的野生动物种类、大山包旅游资源概况、大山包资源保护工作成果等，内容丰富、全面，同时已建成的中海子自动气象站、大海子视频监控系统、黑颈鹤行为研究隧道、大海子野生动物救护站、大海子水禽监测屋可用于向游客和学生普及气象、野生动物救护知识，开展野外观鸟、黑颈鹤行为研究等活动。

省级科学普及教育基地建设将促进大山包保护区生态环境保护和生物多样性保护宣传教育工作，提高社会各界对大山包湿地和黑颈鹤等鸟类的认识，引导他们保护黑颈鹤、保护大山包湿地。

（秦　硕　整理）

生态文明建设

生态文明建设大家谈

争当生态文明排头兵　谱写绿色发展新篇章
——访中共云南省委书记秦光荣

2013年12月19日

建设"美丽中国"是党的十八大作出的重要部署。作为中国西南生态屏障和"美丽中国"版图中的"绿色明珠"，云南省将如何进一步推进生态文明建设？"美丽云南"有何新的举措？新华社记者专访了中共云南省委书记秦光荣。

记者：党的十八大提出要把生态文明建设融入经济建设、政治建设、文化建设、社会建设的全过程。请问云南在生态文明建设中作出怎样的部署安排？

秦光荣：习近平总书记对加强生态文明建设发表了一系列重要讲话，明确要求云南要"切实加强生态文明建设，努力使'七彩云南'放射出更加耀眼的光芒"，"要使云南的天更蓝、地更绿、水更清"，"努力争当全国生态文明建设的排头兵"。这些明确指示充分体现了中央对生态文明建设的重视，为我们指明了生态文明建设的前进方向。

在贯彻落实党的十八大精神和习近平总书记的指示中，2013年8月，云南省委、省政府出台了争当生态文明建设排头兵的决定，提出要深刻认识云南在国家生态建设中的地位，着力加强生态保护与建设，着力建设生态文化，着力建设城乡宜居生态环境，着力完善生态制度建设，着力强化生态保障措施，到2020年，努力把云南建设成为美丽中国示范区，争当全国生态文明建设排头兵。

记者：云南生态建设有怎样的定位？您对生态文明建设有怎样的认识？

秦光荣：云南拥有良好生态环境和自然禀赋。由于特殊的地形地貌和多样的气候类型，云南形成了极为丰富的物种资源，以全国4%的国土面积分布了全国一半以上的植物和接近一半的动物种类，是著名的"植物王国""动物王国"和生物物种"基因库"。与此相应，云南又是生态环境比较脆弱敏感的地区，保护生态环境和自然资源的责任重大。作为中国西南生态安全屏障和生物多样性宝库，云南承担着维护区域、国家乃至国际生态安全的战略任务。

我们体会，保护环境就是保护生产力，良好的生态环境，既是云南最宝贵的资源，也是云南最明显的优势和最靓丽的名片。千发展、万发展，永续发展才是最根本、最美丽的发展。云南必须倍加珍惜良好的生态环境和资源禀赋，切实保护好、发展好云南各族人民赖以生存的美好家园。"像珍惜生命一样珍惜云南的良好生态，像保护眼睛一样保护云南的优美环境"。

记者：云南省近年实施的"七彩云南保护行动"成效如何？

秦光荣：近年来，省委、省政府坚持"生态立省、环境优先"理念，实施了"七彩云南保护行动"等举措，并推动全省产业结构不断优化，使云南生态环境总体状况不断改善，成为全国自然环境最好、生态保护最好的省份之一，为建设"美丽云南"奠定了良好的基础。

有几组数据可以说明：一是云南的空气质量好，全省区域环境质量好或较好的比例高出全国11.2个百分点，全省18个主要城市空气环境质量优良率达90%以上。二是云南的水质好，境内有金沙江、珠江、澜沧江、怒江、红河等水系保持较好水质，九大高原湖泊保护和治理取得了很好的成效。三是云南的绿化好，全省森林覆盖率达到54.64%，居全国前列。

记者：如何统筹推进生态文明建设？

秦光荣：党的十八大提出了"五位一体"的总体部署，要求把生态文明建设融入经济建设、政治建设、文化建设、社会建设的全过程。"五位一体"是统一的整体，不可偏离偏废，忽视其中任何一个方面，都会付出沉重代价。

在生态文明建设的推进中，我们将重点处理好四个方面的关系：一是处理好人与自然的关系，把良好的生态环境当作资源、资本，更加尊重自然、敬畏自然、顺应自然，切实保护好云南这片"生态绿洲"。二是处理好发展与保护的关系，"宁可牺牲一点发展速度，也要守住良好的生态环境"。三是处理好生态文明建设与转变发展方式的关系，努力用最少的资源投入、最小的能源消耗、最小的环境代价，实现最大的经济社会效益。四是处理好行政主导与法制保障的关系，既发挥政府的主导作用，又综合运用法律、经济、技术、文化和行政等手段，推进依法治理、依法保护。

记者：目前云南推进生态文明建设有些什么具体举措？

秦光荣：经过深入调研，我们提出了要以“十大工程”为抓手推进“美丽云南”建设。一是推进实施九大高原湖泊和六大江河流域综合治理工程。二是实施植树造林工程，推进农村环境综合整治。三是扩大森林面积，提高森林质量，实施天然林保护和防护林工程。四是实施陡坡地生态治理工程，对全省1 000余万亩25度以上陡坡地和特殊生态脆弱区实施生态治理和恢复。五是实施石漠化治理工程，加强对全省65个重点县的石漠化治理。六是实施生物多样性保护工程，以滇西北、滇西南为重点，构建全方位、多层次的生物多样性保护体。七是实施节能减排工程。八是实施循环经济、低碳经济发展试点工程。九是实施产业生态化工程。十是实施生态建设保障工程，探索建立生态建设综合评价体系、法规政策体系。

我们将倍加珍惜良好的生态环境，加快推进“美丽云南”建设，争当全国生态文明建设的排头兵，努力绽放“美丽中国”最美的风景。

（原载《春城晚报》2013年12月20日）

云南省生态文明建设研究会学术年会——专家谈

11月26日，由云南省社会科学界联合会主办、云南省生态文明建设研究会承办的云南省生态文明研究会学术年会在昆明市省文史馆举行。云南省原人大常委会副主任吴光范，云南省社科院巡视员江克，中共十八届三中全会云南省地方志编纂委员会办公室主任李一是出席了会议。

会上，与会专家对党的十八届三中全会决定中“加快生态文明制度建设”进行了深入解读，并对如何建设好云南省生态文明制度给出了自己的意见和建议。

一、科学规划城市管理　有序开展城市建设

云南省原人大常委会副主任吴光范在会上指出，云南省要进行生态文明建设，城市建设环节不可忽视。昆明曾经有着“东方威尼斯”的美誉，城市美观有序，但如今，随城市发展而来的水资源污染，使昆明往昔风采不再，城市缺乏科学的管理规划带来的无序开挖也使城市环境不如往昔。他建议，在城市建设上要变无序开挖为有序开挖，要科学合理地进行城市管理规划，在此基础上，要以十八届三中全会精神为着力点，才能真正构筑中国梦、云南梦，实现富民强滇梦想。

二、把“决定”做为总纲领　推进云南生态文明建设

省社科院巡视员江克谈起建设云南省生态文明时说，“决定”共有60条，其中第十四部分“加快生态文明建设”就占了4条，可见建设生态文明制度的重要性。对此，他向在座专家学者分享了两点感触：一是生态、制度、体制、机制等词在“决定”第十四部分中出现得最多，明确地强调了生态文明建设中的体制、制度、机制建设的重要性：二是“决定”中采纳了多年来从事生态文明建设的专家学者以及不同行业人士的意见和建议。

江克还在会上提出，要把“决定”作为指导云南生态文明建设的总纲领，把云南的研究成果与中央的政策指示“撮合”到一起，推进云南的生态文明建设。

三、树立个人正确价值观　寻找新思路治理滇池污染

云南省社科院研究员蔡毅从哲学工作者的角度看治理滇池污染，认为应树立个人正确价值观，寻找新思路、新办法治理滇池污染。

“滇池污染治理不应该依靠领导者的个人铁腕”。他说，依靠领导个人的铁腕方式只能让滇池一时清澈，却并不是长期有效的办法。滇池污染80%源自城市污水排放，而每个人都是城市污水的排放者，所以，要引导人们树立正确的价值观，用正确价值观约束个人的行为，这样才能真正实现人与自然和谐发展。

其他参会专家学者也分别从旅游产业生态化、生态文明建设推进新型城镇化、加快建立生态补偿机制以及农村生活污水调查等方面提出了自己的观点和看法。

生态文明建设实践

综述

2013 年省委省政府出台了《关于争当生态文明建设排头兵的决定》，按照省委全面深化改革的总体部署，云南省环保厅牵头开展了生态文明制度创新专题调研，围绕实行自然资源产权和用途管制、实施主体功能区战略、完善资源有偿使用及生态补偿机制、改革生态环保管理体制 4 个方面，提出了一系列意见和建议。2013 年 6 月，云南省委省政府发出通知要求全省各地各部门 认真学习贯彻习近平总书记关于推进生态文明建设重要讲话精神，云南省将通过建章立制，不断完善云南省生态文明建设制度机制建设，一是省政府调整充实了七彩云南生态文明领导小组。原来的七彩云南领导小组和云南省生态文明建设领导小组合并成为七彩云南生态文明领导小组，并充实七彩云南生态文明建设领导小组成员单位，为推动生态文明建设提供了组织保障。二是进一步完善云南省生态文明建设新的工作体系。通过一个领导小组（省七彩云南生态文明建设领导小组）、一个纲要（《七彩云南生态文明建设规划纲要（2009～2020 年）》）、一个行动（七彩云南保护行动）、两个决定（《关于加强生态文明建设的决定》和《关于争当全国生态文明建设排头兵的决定》）、以及生态创建、十大工程（七彩云南生态文明建设十大重点工程），构建完善云南省生态文明建设新的工作体系和基本推进格局。

（王丽达）

生态文明建设示范区创建

生态文明建设示范区创建作为当前生态文明建设的重要抓手和有效载体，分生态村、生态乡镇、生态县、生态市、生态省和生态工业园区 6 级创建。2013 年云南省组织拟制了云南省生态文明州市县区申报管理规定（试行）《规定》从申报范围、申报条件、申报时间与内容、技术评估和考核验收、监督管理等方面对云南省生态文明州市县区的创建工作进行了规范，明确了创建生态文明州市县区的 6 个基本条件和建设指标，为云南省的生态创建工作提供了依据政策和技术支持。完成了 2013 年度 15 个国家级生态乡镇的省级验收，其中 12 个乡镇基本达到国家级生态乡镇建设要求，上报环保部审批。组织完成了第八批省级生态文明乡镇和第一批省级生态文明村的考核验收和上报工作，其中 52 个乡镇和 9 个村获得了省人民政府命名。完成了 20 个县（市、区）生态建设规划的审查。

截至 2013 年底，全省 16 个州市、82 个县（市、区）开展了生态建设示范区创建，已累计建成 10 个国家级生态示范区、55 个国家级生态乡镇、3 个国家级生态村、328 个省级生态文明乡镇、9 个省级生态文明村。全省有 30 个乡村被农业部命名为“美丽乡村”。

（王丽达）

云南首批省级生态文明教育基地通过评审

由云南省林业厅牵头组织教育厅、团省委有关负责人及林业专家组成的评审委员会，于 2013 年 12 月 31 日对凤庆县凤山镇安石村、临沧市花果山城市森林公园“云南省生态文明教育基地”进行复核评审。

临沧市凤庆县安石村距县城 6 千米，2013 年全村实现经济总收入 3 543 万元，农民人均纯收入 9 392 元。其中，茶叶收入 1 800 万元，人均达 5 788 元；核桃产量达 214 吨，产值 600 万元，人均达 1 929 元；桃、李、甜柿、杨梅等经济林果收入 1 675 元。安石村是“生态建设产业化，产业发展生态化”发展思路的践行者，是用好用活“退耕还林”政策的典范。

临沧市花果山城市森林公园位于临翔区西南郊的花果山上，森林公园生态环境质量良好，建设有 1 个珍稀植物园。拥有较丰富的生态教育资源和受益群体，既能为社会提供林业科技培训、推广和交流服务，又能对推动临沧市林业生态建设，促进林业产业发展，繁荣林业生态文化发挥积极作用，是一个面向社会的生态科普和生态道德教育基地。

凤庆县凤山镇安石村、临沧市花果山城市森林公园是云南省首批申报省级生态文明教育基地并获得评审委员会评审通过的单位，标志着云南省生态文明教育基地评审、命名工作正式开始。

（陈媛媛）

西双版纳国家级自然保护区获国家生态文明教育基地称号

2013 年 9 月 17 日，国家林业局、教育部、共青团中央授予西双版纳国家级自然保护区等 13 家单位“国家生态文明教育基地”称号。云南省至今已有三家单位获此殊荣。西双版纳国家级自然保护区已先后获得全国科普教育基地、国家级大学生野外实践基地和云南省科普教育基地及生物多样性保护教育基地等称号。

（陈媛媛）

云南省“全国生态文化村”活动

“全国生态文化村”创建遴选命名活动，由中国生态文化协会组织，每年开展一次，旨在树立农村生态文化建设先进典型，加强农村生态建设，发展绿色生产，倡导绿色生活，建设绿色家园，促进全国农村走生产发展、生活富裕、生态良好的文明发展道路，对引导全社会牢固树立生态文明意识和生态文明理念具有重要意义。从 2009 年至今已连续 4 年在全国开展了生态文化村遴选命名活动。目前云南省已有 7 个行政村获“全国生态文化村”。2009 年云南省弥勒县可邑村被命名为首批“全国生态文化村”之一，是云南省唯一获此殊荣的自然村。2010 年云南省大理州漾濞县苍山西镇光明村和保山市隆阳区水寨乡海棠洼村荣获“全国生态文化村”称号。2011 年云南省石林彝族自治县石林镇月湖村荣获“全国生态文化村”称号。2012 年普洱澜沧县惠民乡景迈村，保山市腾冲县固东镇江东村，江川县明星村三个村凭借着良好的生态环境、繁荣的生态文化、兴旺的生态产业，荣获“全国生态文化村”称号。

（陈媛媛）

国家生态文明教育基地授牌及绿化工程竣工验收仪式

2012 年 6 月 28 日，云南省林业厅和云南省杨善洲绿化基金会共同在保山市施甸县善洲林场举行了国家生态文明教育基地授牌及绿化工程竣工验收仪式。活动的开展得到了保山市政府、施甸县委、县政府的大力支持和省林业科学院，昆明市林业局，昆明市苗木行业协会，云南中国书画研究中心，漾濞县林业局以及爱心捐赠企业的积极参与。

在绿化工程竣工验收仪式上，全体人员首先参观了由云南省杨善洲绿化基金会援建的善洲林场党徽绿化景观工程，并集体合影留念。随后，全体同志到杨善洲基地举行了“七一”缅怀善洲书记、向杨善洲同志墓敬献花圈仪式。

杨善洲林场展览室之一

杨善洲林场展览室之二

国家生态文明教育基地授牌现场

（本版摄影　许太琴）

国家生态文明教育基地——施甸县杨善洲林场

国家生态文明教育基地授牌暨书画作品捐赠仪式

书画家现场挥毫

云南省委原副秘书长、省委原农办主任、云南省杨善洲绿化基金会常务副理事长李森主持了国家生态文明教育基地授牌仪式和绿化工程竣工验收仪式及捐赠仪式。

在活动仪式上，云南省人大原副主任、云南省杨善洲绿化基金会理事长吴光范，云南省林业厅党组成员、副厅长、云南省杨善洲绿化基金会名誉副理事长刘一丹分别致辞。保山市副市长刘刚，施甸县委副书记何树林，爱心捐赠企业代表云南山川园林有限公司总经理胡济民先后作了发言。

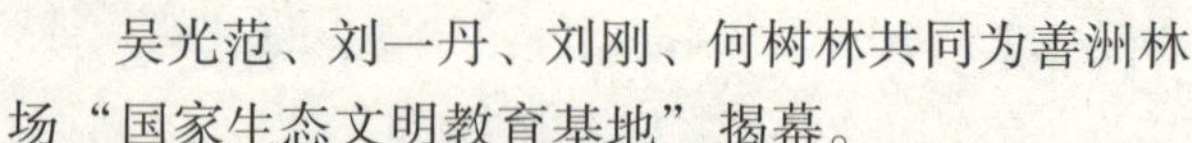

吴光范、刘一丹、刘刚、何树林共同为善洲林场“国家生态文明教育基地”揭幕。

国家生态文明教育基地

（本版摄影　许太琴）

云南省杨善洲绿化基金会向杨善洲纪念馆赠送了书画作品，并向爱心捐赠企事业单位云南生态文明建设研究会、云南中国书画研究中心、漾濞县林业局、云南山川园林有限公司、云南德圃佳苗农业科技有限公司颁发了基金会荣誉奖牌，向爱心书画家代表颁发了基金会荣誉证书。

（陈媛媛）

生态示范

国家生态示范区

由国家环境保护部审查批准建立，进行统一规划和综合建设，实现生态良性循环和社会经济全面、健康、持续发展的示范性行政区域。生态示范区是以生态经济学原理为指导，以协调经济、社会、环境建设为主要对象，在一定行政区域内，以生态良性循环为基础，实现经济社会全面健康的持续发展。生态示范区是一个相对独立的，又对外开放的社会、经济、自然的复合生态系统。1995年，原国家环境保护局发布《全国生态示范区建设规划纲要》，自此，生态示范区建设试点工作在全国开展。全国生态示范区建设试点考核验收指标由原国家环境保护局制定，根据不同地区经济发展与生态环境状况，分三类地区设定考核指标值。全国总计命名了七批共528个国家级生态示范区。

1995年，云南省开始国家生态示范区建设工作。截至2010年，先后有有21个国家级生态示范区建设试点地区，其中10个通过国家验收获得命名，即：通海县（第二批），西双版纳州（第三批），红塔区（第五批），澄江县（第六批），江川县、易门县、华宁县、麒麟区、思茅区、楚雄市为第七批命名县市。

2010年，环境保护部下发了《关于进一步深化生态建设示范区工作的意见》，明确提出了生态建设示范区创建。国家级生态示范区建设试点不再继续开展，原开展国家级生态示范区建设试点的地区转而开展生态建设示范区创建。

（刘静波）

生态建设示范区

生态省（市、县）、生态工业园区、生态乡镇（即原环境优美乡镇）、生态村的统称，是最终建立生态文明建设示范区的过渡阶段。1995年，原国家环保总局在全国组织开展生态示范区建设试点（参见“国家级生态示范区”条目）。2010年，环境保护部下发了《关于进一步深化生态建设示范区工作的意见》明确提出了生态建设示范区创建。生态建设示范区是以生态产业、资源保障、生态环境、生态人居、生态文化体系建设为重点任务，其本质是促进区域社会、经济与生态环境的协调发展，推动整个区域走生产发展、生活富裕、生态良好的文明发展道路。为规范生态建设示范区工作，环境保护部出台了生态建设示范区的建设指标、规划编制大纲、技术资料审核规范、考核验收程序、管理规程等一系列文件。

云南省环境保护厅负责开展云南生态建设示范区的相关工作，组织国家级生态建设示范区的审查上报，省级生态建设示范区的验收命名和生态市、县建设规划的专家论证，制定省级生态建设示范区指标体系，建立抽查、复查长效机制，进行监督管理。2009年，云南省环境保护厅下发了《云南省生态乡镇建设管理规定》。2012年，云南省环境保护厅编制修订了《云南省省级生态乡镇（街道）申报及管理规定（修订）》，制定了《云南省省级村申报及管理规定（试行）》。截至2012年12月，云南省15个州（市）、70多个县（市、区）开展了生态州（市）和生态县（市、区）建设，累计建成10个国家级生态示范区、29个国家级生态乡镇、3个国家级生态村、276个省级生态乡镇。

（刘静波）

生态市

社会经济和生态环境协调发展，各个领域基本符合可持续发展要求的市级行政区域，生态建设示范区的重要组成部分（参见“生态建设示范区”条目）。其内涵主要包括：1. 生态市是一个以人为主导，自然环境为依托，资源流动为命脉，社会体制为经络的社会—经济—自然复合开放系统。2. 生态市既要保证经济的持续增长，发挥最大的经济效益，又要保证经济增长的质量，不以人的自身健康损害和环境污染作代价。3. 生态市的发展要同城市地域空间的自然生态环境相协调、和谐，给人们提供一个污染低、绿化好、舒适的生活环境。4. 生态市具有合理的产业结构和产业布局，具有低投入、多产出、高循环、高效运行的生态系统和控制系统。

生态市分为国家级和省级两个层次，国家级生态市考核指标由国家环保部制定，包括5项基本条件和19项建设指标，涵盖了经济发展、生态环境保护、社会进步三个方面。省级生态市考核指标由各省（自治区、直辖市）自行制定。云南省省级生态市申报管理规定及建设指标正在制定中。

（刘静波）

生态县

生态建设示范区的重要组成部分（参见“生态建设示范区”条目）生态县考核的重点导向是生态环境质量持续改善、生态文明程度显著提高。生态县分为国家级和省级两个层次，国家级生态县考核指标由国家环保部制定，包括5项基本条件和22项建设指标，涵盖了经济发展、生态环境保护、社会进步三个方面。国家级生态县，由国家环保部授牌表彰 。省级生态县考核指标由各省（自治区、直辖市）自行制定。云南省省级生态县申报管理规定及建设指标正在制定中。

（刘静波）

生态乡镇

生态建设示范区的重要组成部分（参见“生态建设示范区”条目）。生态乡镇建设是生态文明建设的细胞工程和基础工程。生态乡镇建设重点解决乡镇环境问题。从调整农业产业结构，发展生态农业、循环型农业着手，解决农村饮用水源地污染防治、农村聚居区生活污染防治、农村面源污染防治、土壤污染防治、畜禽养殖污染防治、农村地区工矿污染防治。重点推进农村生活污水和生活垃圾收集处理，解决农村环境“脏、乱、差”问题，加强农村生态环境保护，改善农村生产生活环境，促进农村经济、社会、环境可持续发展。

生态乡镇分为国家级和省级两个层次。环境保护部2010年印发了《国家级生态乡镇申报及管理规定（试行）》，将原“全国环境优美乡镇”更名为国家级生态乡镇。国家级生态乡镇考核标准，包括5项基本条件和15项建设指标，涉及环境质量、环境污染防治、生态保护与建设三个方面。国家级生态乡镇由国家环保部命名表彰。省级生态乡镇考核指标由各省（自治区、直辖市）自行制定。云南省生态乡镇建设始于2003年，原云南省环境保护局（今省环境保护厅）印发了《云南省生态乡镇建设验收暂行规定》，2009年修订为《云南省生态乡镇建设管理规定》，2012年再次修订为《云南省省级生态乡镇（街道）申报及管理规定（修订）》。云南省生态乡镇由云南省人民政府命名。至2012年12月，云南省已累计建成29个国家级生态乡镇，276个省级生态乡镇。

（刘静波）

生态村

在一个自然村或行政村范围内充分利用自然资源，加速物质循环和能量转化，以取得生态、社会、经济效益同步发展的农业生态系统。如生态工程建设（种植工程、养殖工程、物质能量合理循环工程），强调经济、生态、社会效益的统一。

生态建设示范区中的生态村，是生态建设示范区的重要组成部分（参见“生态建设示范区”条目）。它是运用生态系统的生物共生和物质循环再生原理及以系统工程方法，将传统农业精华与现代科技进行有机结合，因地制宜地配置农业各子系统的结构和比例，使生态、经济和社会发展进入良性循环及资源综合合理利用的村级行政区域，是生态文明建设的细胞工程和基础工程。生态村分为国家级、省级和市级三个层次。环境保护部制定了《国家级生态村创建标准（试行）》，考核指标涉及经济水平、环境卫生、污染控制、资源保护与利用、可持续发展和公众参与等方面。国家级生态村由国家环保部命名表彰。省级和市级生态村考核指标由各省（自治区、直辖市）和各市自行制定。云南省2012年制定了《云南省省级生态村申报及管理规定（试行）》。至2012年，云南省已建成3个国家级生态村。

（刘静波）

生态保护

自然环境保护

综述

2013年，云南省自然保护工作着眼构建中国西南安全生态屏障，积极推进生物多样性保护、农村环境保护、自然保护区监管、土壤环境保护等各项工作。一是强化农村环境综合整治项目前期工作。制定了农村环境综合整治项目管理办法和项目申报指南，规范了农村环境综合整治项目管理，提高了资金使用效益和项目实施成效。抓好项目库建设，筛选组织115个项目申请中央农村环保专项资金5.5亿元，涉及558个建制村。二是推进土壤环境保护和综合治理。组织编制并报请省政府在全国率先下发了《云南省近期土壤环境保护和综合治理方案》，环保部印发各省学习借鉴。三是不断完善自然保护区综合管理。自然保护区基础调查与评估顺利通过环保部验收，省级自然保护区环境卫星遥感监测监察试点工作进展顺利，组织了云南文山、元阳观音山等10个自然保护区范围和功能区调整论证，乌蒙山、寻甸黑颈鹤分别晋升为国家级、省级自然保护区。四是生物多样性保护取得积极进展。省政府印发实施《云南省生物多样性保护战略与行动计划(2012～2030年)》，省政府设立了省级生物多样性保护专项资金，组织实施了一批生物多样性保护和利用示范项目。五是启动了生态红线划定前期研究、流域生态健康评估试点、“国家环境功能区划编制与试点研究”项目，完成了《云南省环境功能区划研究实施方案》，以及《云南省生态系统格局及其十年变化报告》等7个专题报告。

（王丽达）

生物多样性保护

发布《云南省生物多样性保护战略与行动计划(2012～2030年)》，提出了全省生物多样性保护的6个优先区域、9大保护优先领域和34项行动，优先保护区域涉及16个州（市）、101个县（市、区），总面积约9.5万平方千米，占云南国土面积的23.8%，战略行动计划成为指导云南省未来20年生物多样性资源有效保护和可持续利用的纲领性文件。

主要行动：1. 设立生物多样性保护专项资金。由省级财政设立生物多样性保护专项资金，重点支持云南珍稀濒危、特有或极小种群野生动植物物种的拯救、保护、恢复和利用，为战略与行动计划的实施提供了资金保障。2. 实施批生物多样性保护和利用示范项目。下达省级生物多样性保护专项预算资金5 000万元，分两批支持云南具产业化利用潜力物种资源评估及筛选、云南珍稀特有优质鱼类滇池金线鲃人工繁殖扩大试验研究、蒜头果和滇牡丹产业化关键技术研究与示范、持续干旱对生物多样性的影响评估及对策研究和巧家五针松、多歧苏铁、华盖木、云南蓝果树、绿孔雀、羚牛等珍稀濒危物种的繁育或保护等共61个项目，涉及战略与行动计划确定的9大领域，重点突出物种资源的开发利用和珍稀濒危物种的拯救和保护。3. 生物多样性保护项目初见成效。生物多样性保护专项资金第一批项目已启动实施，并取得积极进展，初见成效。滇牡丹初步工艺提取的出油率达22%，被誉为“植物脑黄金”的α－亚麻酸含量高达43.8%，可见，滇牡丹作为油用和观赏资源具有良好的开发前景；引种200余尾滇池金线鲃补充塘养种群，繁殖出鱼苗90余万尾，对其

西双版纳热带植物园　　（江　楠　摄）

中的30万尾进行耳石标记，对准备放流的20万尾进行放流前的适应性训练，放流了5万尾；初步调查表明亚洲钳嘴鹳从2010年4月在云南第一次记录以来，全省已有26个分布地点，群体数量进一步扩大，最多达到500多只，在云南季节性出现和消失规律较为明显，但停留时间正在发生变化，在适宜栖息的湿地，有可能从游荡转为定居。④举办生物多样性图片展。2013年10月，在上海举办了为期7天的生物多样性图片展，展出地质地貌和景观类、植物多样性、动物多样性、生物产业类等云南生物多样性图片408幅，近3万人次参观了展览。之后到大理州、丽江市、德宏州、西双版纳州进行了巡展，超过12万人次参观了展览。

（王丽达）

自然保护区建设与管理

全面启动国家级、省级自然保护区总体规划编制工作。对云南元江、红河阿姆山、会泽驾车、纳帕海、文山老君山、云南黄连山、丽江拉市海、寻甸黑颈鹤、云南文山、元阳观音山等10个国家级、省级自然保护区的总体规划、范围和功能区调整进行评审，提出审批建议和意见。寻甸黑颈鹤自然保护区经晋升为省级自然保护区。乌蒙山省级自然保护区晋升为国家级自然保护区。

组织云南纳板河流域、会泽黑颈鹤、苍山洱海、大山包黑颈鹤4个国家级自然保护区申报各类资金项目。2013年，中央预算内投资计划下达会泽黑颈鹤湿地保护与恢复工程建设项目789万元，分别下达纳板河流域、大山包黑颈鹤国家级自然保护区生物多样性专项400和230万元，提前下达2014年纳板河流域、大山包黑颈鹤国家级自然保护区生物多样性专项资金分别为374万元和3万元。

继续推进省级自然保护区环境卫星遥感监测监察试点，完成全省自然保护区基础调查与评估工作。印发了《云南省自然保护区与国家公园巡护办法》、《云南省国家级自然保护区与国家公园生物多样性监测办法》。

（王丽达）

集中式饮用水水源保护

推进饮用水水源地保护管理工作，督促16个州市完成县级以上城镇集中式饮用水水源保护区划定审批工作，组织完成《云龙水库饮用水水源保护区划分方案》。开展全省县级以上城镇集中式饮用水水源地常规指标监测工作。认真组织全省129个县（市、区）的181个县级以上城镇集中式饮用水源地水源环境状况评估工作，完成《云南省2012年集中式饮用水水源环境状况评估报告》并上报环保部。评估结果显示，全省城镇集中式饮用水水源水质总体良好，满足饮用水水源水质要求。181个水源地中有172个水质达到要求，水源达标率为95%，水量达标率为100%。9个未达标水源地主要是总氮、总磷等指标超标，没有出现有毒有害指标超标的情况。

（王丽达）

土壤环境保护

发布了《云南省近期土壤环境保护和综合治理方案》，并由省政府正式印发执行。建立了云南省土壤环境保护和综合治理联席会议制度，制定了《云南省近期土壤环境保护和综合治理方案重点工作部门分工方案》。根据《方案》中明确的近期重点工作：“划定土壤环境保护优先区域和重点治理区、开展重点项目前期工作以及州市土壤环境保护和综合治理方案编制”，在2013年七彩云南保护专项资金中安排60万元用于划定土壤环境保护优先区域；在省级生态建设专项资金中分别安排320万元、60万元用于支持8个州市编制州市土壤环境保护和综合治理方案编制和昆明市蔬菜基地土壤污染修复技术试验示范项目。云南省土壤环境保护和综合治理有关工作走在全国前列。

（王丽达）

矿产资源保护

采取法律、经济、技术等手段，防止乱采滥挖，最大限度地提高矿产资源的总回收率，以达到充分合理地利用资源，尽量减少矿产资源的损失和浪费的活动。矿产资源保护既是国家的一项重要技术政策，又是矿山生产部门的一项重要任务，必须依照国家统一制订矿产资源保护条例，由专门机构进行监督检查，同时发动广大公众做好这项工作。

矿产资源保护活动主要有：

一、矿产勘查时，应认真贯彻综合找矿勘探、综合评价的方针，开展开发利用条件和矿石物质成分的研究试验工作，并对其共（伴）生的各种矿产拟定正确合理的勘探程度和综合工业指标，为综合开发和综合利用提供资料。

二、矿山设计时，应充分考虑矿区各种共生矿产和伴生组分的综合利用；在设计水库、厂房、运输线路、仓库、管道系统、高压线路、废石堆、尾砂坝等大型建筑物时，要充分考虑工程区内矿产资源的分布情况，避免造成压矿。

三、矿山开采时，矿山企业必须根据设计要求，本着贫富、大小、厚薄、难易兼采和综合利用的原则，制订合理、切实可行的技术措施和作业程序；经常研究、改进采矿方法，降低贫化率和损失率，最大限度地回采地下资源。

四、选冶过程中，应综合回收一切矿产资源，积极采取技术措施，提高回收率，对暂时或当前技术经济条件不能回收者，应妥善保存以便将来利用。

云南省矿产资源丰富，矿产种类相对齐全，至2009年底，全省共发现各类矿产142种，占全国已发现矿种（171种）的83.4%。在已发现的矿产中，查明资源储量并编入2009年度《云南省矿产资源储量简表》的矿产有86种，其中能源矿产2种，金属矿产39种，非金属矿产45种。为加强对矿产资源保护，云南省编制了《矿产资源总体规划》，省政府颁布了《云南省探矿权采矿权管理办法》、《云南省矿产资源有偿使用费征收和使用办法》、《云南省矿业权交易办法》，对矿业权设置的规划控制、提高矿业权申请的准入条件、勘查区块面积核减、违法违规矿业权退出机制和加强对矿业权的监管等方面做出了明确规定。

森林生态系统类型自然保护区

以森林植被及其生境所形成的自然生态系统作为主要保护对象的自然保护区。主要保护对象为典型和有代表性的森林、稀树草原群落及其生境形成的生态系统，包括生态系统或物种已遭破坏，而又有重要价值、有待恢复的地区，以及主要发挥水源涵养、水土保持等生态公益效益的森林。

云南省自1958年建立自然保护区以来，至2011年末，共建有森林生态系统类型自然保护区98处，面积223.63万公顷，分别占全省自然保护区总数的62.6%和总面积的78.0%。其中国家级13处，省级24处，州（市）级34处，县级27处。森林生态系统类型自然保护区具有以下特点：

一、云南森林生态系统的典型代表，包括热带雨林、热带季雨林、季风常绿阔叶林、中山湿性常绿阔叶林、寒温性针叶林、暖性针叶林等森林生态系统类型，具有重大的科研价值和重要的保护意义。

二、保护着绝大部分的国家重点保护的动植物物种，如亚洲象、印支虎、滇金丝猴、羚牛、白颊长臂猿等4种长臂猿，黑颈鹤等多种鹤类，灰叶猴、马来熊等野生动物；望天树等多种龙脑香科树种、鹿角蕨、华盖木、四数木、野生稻、长蕊木兰、红豆杉、野生天麻、野生古茶树群落、龙血树、以及多种兰科和苏铁科等野生植物。

三、面积相对较大。

内陆湿地和水域系统类型自然保护区

以水生和陆栖生物及其生境共同形成的湿地和水域生态系统作为主要保护对象的自然保护区。主要保护对象是 水生和陆栖生物及其生境共同形成的湿地和水域，以及水生珍稀濒危野生生物种群的天然集中分布区。

至2011年末，云南省共建有湿地生态系统类型自然保护区14处，面积11.06万公顷，分别占全省自然保护区总数的9.2%和总面积的3.8%。云南省内陆湿地和水域系统类型自然保护区中最主要的保护对象是黑颈鹤——是当今世界上15种鹤中惟一在高原生活的鹤类，也是全球急需挽救的珍稀濒危物种和国家一级重点保护动物。由于种群数仅6 000余只，极为稀少，被《濒危动植物种国际贸易公约》和《国际鸟类红皮书》定为全球急需挽救的珍稀物种。

野生动物类型自然保护区

以野生动物物种，特别是珍稀濒危动物和重要经济动物种种群及其自然生境作为主要保护对象的自然保护区。主要保护对象是国家和地方重点保护的或有重要经济科研价值的动物物种及其栖息地、繁殖地、迁移地或物种储存地，候鸟的繁殖地、越冬地和停歇地，包括应拯救物种和扩大种群而人工养殖、放养、驯化动物的保护区。

至2011年末，云南省共建有野生动物类型自然保护区19处，面积39.75万公顷，分别占全省自然保护区总数的12.2%和总面积的13.9%，其

西双版纳自然保护区内的亚洲象　（刘建明　摄）

中国家级3处，省级2处，州（市）级13处，县级1处，已建立14处鸟类环志站，滇金丝猴、亚洲象等动物繁育基地8处。20世纪80年代以来全省分别开展了亚洲象，绿孔雀、鼷鹿、黑颈鹤等种群的分布与数量专题调查。主要保护滇金丝猴、亚洲象、白掌长臂猿、白眉长臂猿、印支虎、黑冠长臂猿、羚牛、豚鹿、白颊长臂猿、绿孔雀、马来熊、白腰雨燕等动物。

野生动物类型保护区具有以下特点：

一、保护了种类丰富野生动物及其栖息地。全省有脊椎动物1 737种（包括鱼类），占全国脊椎动物总数的59.0%，大多在自然保护区内得到了有效保护。

二、保护了特有的野生动物及其栖息地。中国的脊椎动物中：哺乳类有73个特有种，云南分布有30种；鸟类有99个特有种，云南分布有32种；两栖爬行类有56个特有种，云南分布有13种，占23%。这些特有种大多在保护区内得到了有效保护。

三、在全国范围内只有云南有天然分布的动物有亚洲象、绿孔雀、印度野牛、白颊长臂猿、白眉长臂猿、鼷鼠、豚鹿等，这些物种多分布于自然保护区内。

野生植物类型自然保护区

以野生植物物种，特别是珍稀濒危植物和重要经济植物种种群及其自然生境作为主要保护对象的自然保护区。主要保护对象是国家和地方重点保护或有重要经济、科研价值的植物原生地或特有、典型的植被类型分布区，包括因拯救物种、扩大种群和保存基因而人工种植、驯化的移地保护区、种质保存基地。

至2011年末，云南省共建有野生植物类型自然保护区8处，面积8.03万公顷，分别占全省自然保护区总数的5.1%和总面积的2.8%，其中省级5处，州（市）级1处，县级2处。主要保护对象包括阿萨姆娑罗双、东京龙脑香、羯布罗香、望天树、龙血树、红豆杉、多种苏铁科、云南松、思茅松、中华桫椤等。

龙血树　（许太琴　摄）

古生物遗迹类型自然保护区

以地质时期形成并赋存于地层中的动物、植物等遗体化石或遗迹化石为保护对象的自然保护区，又称古生物遗迹保护区、地质公园。重点保护已经命名的古生物化石种属的模式标本、保存完整或者较完整的稀有的古脊椎动物化石、国内稀有或者在生物进化及分类中有特殊意义的化石、大型或者集中赋存的重要古生物化石产地等。分为国家级古生物化石保护区和省级古生物化石保护区。保护区的管理按照国家有关自然保护区的规定执行。

建立古生物遗迹类型自然保护区旨在保护不可再生的古生物遗迹资源，有助于研究物种演化过程和环境的变化。国家禁止任何单位和个人擅自采掘古生物化石。科研机构、高等院校因研究教学需要，采掘国家级保护区内古生物化石，要经过国土资源部组织专家进行评审；采掘省级保护区内古生物化石，要经过省国土资源厅组织专家进行评审。

至2012年，云南省共建立云南澄江动物群古生物、云南禄丰恐龙、云南罗平生物群古生物遗迹类国家地质公园3个，云南梅树村寒武系剖面地质遗迹保护区1个，澄江帽天山寒武纪古生物化石省级自然保护区1个，保护区总面积214.35平方千米。

地质遗迹类型自然保护区

以在地球演化的漫长地质历史时期，由于各种内外动力地质作用，形成、发展并遗留下来的珍贵的、不可再生的地质自然遗产为保护对象的自然保护区。又称地质遗迹保护区、地质公园。主要保护重要地层剖面、岩性岩相建造剖面、典型地质构造剖面、构造形迹、化石与产地、古生物活动遗迹，特殊地质景观、岩石、矿物、宝玉石及其典型产地，独特温泉、矿泉、矿泥、地下水活动痕迹以及具有特殊意义的瀑布、湖泊、奇泉，典型地质灾害遗迹。

根据地质遗迹的典型性、代表性、稀有性、完整性，可划分为世界、国家、省、市、县五级。按照保护区内地质遗迹的重要程度，可分别实施一级保护、二级保护和三级保护。建立地质遗迹类型自然保护区可以保护不可再生的地质遗迹资源，有助于研究地质演化过程和物理、化学条件或环境的变化，为人类认识地质现象、推测地质环境和演变条件提供重要依据，是研究地质作用过程和形成原因的实际资料。

截至2012年，云南省共建立世界地质公园1个，国家地质公园9个，地质遗迹保护区2个。保护区总面积3 513.41平方千米。

古树名木保护

古树名木是林木资源中的瑰宝，是自然界的璀璨明珠。从历史文化角度看，古树名木被称为“活文物”，蕴藏着丰富的政治、历史、人文资源；从经济角度看，古树名木是森林和旅游的重要资源；从植物生态角度看，古树名木为珍稀和濒危植物，在维护生物多样性、生态平衡和环境保护中有着不可替代的作用。

古树名木分为国家一、二、三级。据云南省古树名木普查统计，全省古树名木有3 718株，分别隶属78科186属366种，其中一级保护（树龄500年以上）284株；二级保护（树龄300～499年）984株；三级保护（树龄100～299年）2513株。

1995年9月，云南省第八届人大常委会第十六次会议通过《云南省珍贵树种保护条例》，建立了古树名木档案，保护工作逐步得到落实。各公园陆续对古树名木挂牌保护，并采取各种保护措施。如：昆明西山太华寺山门外的古银杏（600余年），因地基下陷导致古树倾斜，西山公园及时采取措施，用毛石垒砌土墙，做水泥桩支撑；昆明黑龙潭公园对明代云南山茶实施换土、施肥、滤水等保护措施；禄丰县对土官村旷野中的两株树龄达300年的古翠柏砌围墙予以保护。通海秀山的寺庙中，至今仍保留着堪称“秀山三绝”的宋代古柏、元代香杉、明代玉兰且生长良好。为保护好这些古树名木，通海县聘请专家对古树的植物种类和树龄进

昆明西山公园内的古银杏树　　（许太琴　摄）

秀山公园内的宋代柏树

秀山公园内的元代香杉

行鉴定、挂牌；采用水泥浇注堵洞、钢筋牵引、钢架支撑；采取防雷、防治病虫害等措施进行保护。丽江玉龙县玉峰寺的万朵茶花古树，因旅游开发，观赏人数陡增，寺院建起围栏，既保护了古树，又有利于游客留影。

（安　婕）

秀山公园内的明代茶树

（本版摄影　许太琴）

野生食用菌保护

据统计，全省野生食用菌达600多种，占世界食用菌种类的35%，占全国的75%左右，资源总量约为50万吨/年。野生食用菌种类及产量均居全国之冠。其中产量高、价值大的主要品种有松茸、牛肝菌、块菌、奶浆菌、羊肚菌、香菇、木耳、竹荪、猴头菌、青头菌、鸡枞、鸡油菌、干巴菌等13种。

云南省野生食用菌保护的主要措施：一是编制指导性规划。2011年，编制发布《云南省“十二五”食用菌产业发展总体规划》，提出“推进野生食用菌人工促繁基地建设”目标，加强野生食用菌保护，促进食用菌产业持续、稳定、健康发展。二是成立保护组织。2011年，成立“云南野生食用菌保护协会”，旨在保护云南省野生食用菌，推动全省野生菌实现良性发展。同时，为广大山区农户提供技术和无偿科技咨询服务，开展野生食用菌科学知识普及和技术传播。三是出台保护措施。制定了诸如不采摘童菇、采集野生伞菌类时只采集地上可食部分等野生食用菌具体保护措施。

西双版纳国家级自然保护区

位于云南省西双版纳傣族自治州境内的景洪、勐海、勐腊三县市，总面积 241 776 公顷。始建于 1958 年，是中国最早建立的 20 个自然保护区之一，也是云南省建立的第一个自然保护区。原为省级自然保护区，1986 年升为国家级自然保护区。1993 年加入联合国教科文组织世界人与生物圈保护区网络，是以保护热带雨林、季雨林和热带珍稀野生动物为主的大型综合性自然保护区，也是中国热带生物多样性最丰富、热带重要生物类群分布最集中、热带森林生态系统最完整的自然保护区之一。

西双版纳野生兰花　（刘建明　摄）

西双版纳自然保护区内的望天树　（刘建明　摄）

西双版纳自然保护区里的鹿角厥　（刘建明　摄）

板根现象　（许太琴　摄）

西双版纳自然保护区　（刘建明　摄）

西双版纳自然保护区纳板河风光　（刘建明　摄）

南滚河国家级自然保护区

位于云南省临沧市沧源、耿马自治县。总面积 50 887 公顷。始建于 1980 年 3 月，原为省级自然保护区，1994 年升为国家级自然保护区。主要保护对象是亚洲象、孟加拉虎及森林生态系统。是云南省具有全球保护意义的 A 级自然保护区之一。

沧源县南滚河国家级自然保护区　（刘建明　摄）

南滚河国家级自然保护区的热带雨林
（刘建明　摄）

高黎贡山国家级自然保护区

位于云南省保山市、怒江州所辖的贡山、福贡、泸水、隆阳、腾冲五区（县）。总面积 405 200 公顷。1983 年批准为省级自然保护区，1986 年升为国家级自然保护区。1992 年被世界自然基金会（WWF）评定为具有国际重要意义的 A 级保护区，2000 年被联合国教科文组织批准为世界生物圈保护区。被誉为物种多样化中

高黎贡山自然保护区之一　（许太琴　摄）

高黎贡山自然保护区内的杜鹃花　（刘建明　摄）

高黎贡山自然保护区内的红腹角雉（刘建明　摄）

高黎贡山自然保护区之二　（许太琴　摄）

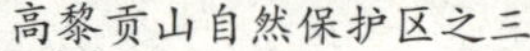
高黎贡山自然保护区之三 （许太琴 摄）

高黎贡山的杜鹃花 （刘建明 摄）

心横断山区的核心、东亚植物区系的摇篮、重要模式标本产地。2003 年作为“三江并流”的组成部分被联合国教科文组织接纳为世界自然遗产。

白马雪山国家级自然保护区

位于云南省迪庆州辖区内的德钦、维西县。成立于 1983 年，原为省级自然保护区，1988 年升为国家级自然保护区。总面积 276 400 公顷。主要保护对象是高山针叶林、滇金丝猴等。

白马雪山自然保护区 （刘建明 摄）

哀牢山国家级自然保护区

位于云南省楚雄、普洱、玉溪 3 州市的楚雄、双柏、南华、新平、景东、镇沅 6 县市。面积 67 700 公顷。1981 年筹建，1986 年 3 月 批准为省级自然保护区，1988 年升为国家级自然保护区。主要保护对象是以亚热带山地和云南特有树种景东石栎、木果石栎、倒卵叶石栎等为优势的中山湿性常绿阔叶林生态系统以及黑长臂猿、绿孔雀等众多的野生动植物和国际候鸟通道。

哀牢山自然保护区云海 （刘建明 摄）

无量山国家级自然保护区

位于云南省大理州南涧县和普洱市景东县。总面积 30 938 公顷。1986 年建立，原为省级自然保护区，2000 年 4 月升为国家级自然保护区。主要保护对象为南亚热带常绿阔叶林及珍稀动物。无量山处于横断山区和云南高原两大自然地理区域的结合部，是中亚热带与南亚热带气候的南北过渡地区，特殊的地理位置、多样的气候类型和高大的山体，使无量山植物和动物呈现种类丰富、类型多样、区系复杂的特点，在对中国乃至世界的珍稀动物保护上有着重要的意义。

大围山国家级自然保护区

位于云南省红河州境内的河口、屏边、个

大围山国家级自然保护区　　（刘建明　摄）

旧、蒙自4县（市）。总面积43 992.6公顷。1986年建立省级自然保护区，2001年升为国家级自然保护区。主要保护对象为热带雨林、热带季雨林、季风常绿阔叶林生态系统的多种苏铁科等珍稀野生动植物，是中国乃至世界生物多样性的关键地区之一。

苍山洱海国家级自然保护区

位于大理白族自治州境内，总面积79 700公顷，其中苍山面积为54 600公顷，洱海面积25 100公顷。1981年11月批准建立省级自然保护区，1994年4月晋升为国家级自然保护区。主要保护对象为以苍山冷杉—杜鹃林为特色的高山垂直带植被及生态景观，第四纪冰川遗迹，高原淡水湖泊水体湿地生态系统，以大理裂腹鱼为主的特殊鱼类区系。

大理苍山　（刘建明　摄）

洱海远眺　　（张艳秋　摄）

（江　云　整理）

昭通大山包黑颈鹤国家级自然保护区

位于云南省昭通市昭阳区西北部大山包乡，总面积19 200公顷。保护区内最高海拔3 364米，最低海拔2 210米。1990年建立县级自然保护区，1994年升为省级自然保护区。2003年升为国家级自然保护区。2004年12月被湿地国际组织列入“国际重要湿地”名录。

区内记录有植物72科197属358种，其中蕨类植物6科7属8种，种子植物66科190属350种。记录有陆生脊椎动物5纲28目68科253种。另有昆虫15目71科223种。主要保护对象是黑颈鹤及其栖息地的亚高山沼泽化草甸高原湿地生态系统。保护区被誉为中国6处“中国最美湿地”之一，具有极为重要的科研价值和生态环境保护意义。

永德大雪山国家级自然保护区

位于云南省西南部，永德县境内，总面积17 541公顷。1986年3月建立省级自然保护区，2006年2月升为国家级自然保护区。

保护区天然森林植被共划分有7个植被型、11个植被亚型、15个群系。其中以红木荷、截头石栎为代表的季风常绿阔叶林，以木果石栎为标志的中山湿性常绿阔叶林和以云南松为优势的暖性针叶林，构成保护区的主要森林类型。区内记录有种子植物189科885属2 148种（含58变种/亚种），其中国家Ⅰ级保护植物有长蕊木兰、云南红豆杉2种，国家Ⅱ级保护植物和省级保护植物有桫椤、金毛狗、水青树等11种。记录有脊椎动物31目101科477种，其中国家Ⅰ级重点保护野生动物有西黑冠长臂猿（滇西亚种）、云豹、灰叶猴、黑颈长尾雉、绿孔雀、巨蜥、蟒等，国家Ⅱ级重点保护野生动物有黑熊、猕猴、短尾猴、水鹿、白鹇、原鸡等。主要保护对象为以中山湿性常绿阔叶林为代表的南亚热带山地垂直带自然生态系统及西黑冠长臂猿（滇西亚种）、云南红豆杉等珍稀特有野生动植物物种。

云龙天池国家级自然保护区

位于大理白族自治州云龙县境内。总面积6 630公顷。分为南北不相连的两片，最低点海拔2 100.0米，最高点3 638.9米，相对高差1 538.9米。建于1983年为省级自然保护区，2012年晋升为国家级自然保护区。保护区地处横断山地区纵向岭谷区的核心区域，是生物多样性热点地区。

保护区天然植被包括有8个植被型、11个植被亚型、17个群系。其中以云南松分布面积最大，而北部则以温性和寒温性针叶林为主，是滇金丝猴的主要生境。区内记录有维管植物168科477属1 118种。记录有脊椎动物共有275种。其中兽类60种，鸟类156种，两栖类15种，爬行类18种，鱼类26种。主要保护对象是以滇金丝猴为旗舰种的珍稀濒危野生动物资源及其栖息环境和云南松林原生生态系统，以及高原湖泊景观。

州市级自然保护区

云南省州（市）人民政府批准成立的自然保护区。截至2012年12月，云南省共有州（市）级自然保护区58个，其中森林生态类型34个，野生动物类型11个，其他13个。

云南省州（市）级自然保护区名录

序号	自然保护区名称	类型	行政区域	主管部门	主要保护对象	面积（公顷）	现级别批准时间	现级别批建文号	总体规划及调整
1	牟定化佛山州级自然保护区	森林生态	牟定县	林业	森林景观、珍稀动植物	667	1982	州政发〔1982〕42号	
2	楚雄西山州级自然保护区	森林生态	楚雄市	林业	森林景观、珍稀动植物	221	1982	州政发〔1982〕42号	
3	大姚昙华山州级自然保护区	森林生态	大姚县	林业	森林景观、珍稀动植物	1231.4	1982	州政发〔1982〕42号	
4	永仁方山州级自然保护区	森林生态	永仁县	林业	森林景观、珍稀动植物	733	1982	州政发〔1982〕42号	
5	武定狮子山州级自然保护区	森林生态	武定县	林业	森林景观、珍稀动植物	1360	1982	州政发〔1982〕42号	
6	禄丰樟木箐州级自然保护区	森林生态	禄丰县	林业	森林景观、珍稀动植物	3631	1982	州政发〔1982〕42号	
7	永平永国寺州级自然保护区	森林生态	永平县	林业	半湿润常绿阔叶林（水源林）	2187	1988	大政发〔1988〕63号	
8	弥渡太极顶州级自然保护区	森林生态	弥渡县	林业	半湿润常绿阔叶林、云南松林（水源林）	2673	1988	大政发〔1988〕63号	
9	祥云水目山州级自然保护区	自然文化综合体	祥云县	林业	名胜古迹、半湿润常绿阔叶林、云南松林	1500	1988	大政发〔1988〕63号	
10	漾濞雪山河州级自然保护区	森林生态	漾濞县	林业	半湿润常绿阔叶林	1000	1988	大政发〔1988〕63号	
11	剑川石宝山州级自然保护区	自然文化综合体	剑川县	林业	名胜古迹、半湿润常绿阔叶林	2800	1988	大政发〔1988〕63号	

续表

序号	自然保护区名称	类型	行政区域	主管部门	主要保护对象	面积（公顷）	现级别批准时间	现级别批建文号	总体规划及调整
12	鹤庆朝霞寺州级自然保护区	地质遗迹	鹤庆县	林业	地貌景观、地下水资源、古树	800	1988	大政发〔1988〕63号	
13	洱源罗坪鸟吊山州级自然保护区	野生动物	洱源县	林业	迁徙候鸟及自然景观	925	1988	大政发〔1988〕63号	
14	洱源茈碧湖州级自然保护区	湿地生态	洱源县	林业	高原湖泊及湖周森林景观资源	800	1988	大政发〔1988〕63号	
15	大理凤阳州级自然保护区	野生动物	大理市	林业	古榕树、鸳鸯	67	1988	大政发〔1988〕63号	
16	巍山巍宝山州级自然保护区	自然文化综合体	巍山县	林业	名胜古迹、半湿润常绿阔叶林、云南松林	2000	1988	大政发〔1988〕63号	
17	南涧凤凰山州级自然保护区	森林生态	南涧县	林业		2500	1988	大政发〔1988〕63号	
18	水富铜锣坝市级自然保护区	森林生态	水富县	林业	山地湿性常绿阔叶林及其珍稀野生动植物	2484	1988	云政涵〔1988〕158号	
19	弥渡大黑山州级自然保护区	森林生态	弥渡县	林业	森林植被、水源涵养	9200	2001	大政发〔2001〕37号	
20	弥渡天生营州级自然保护区	森林生态	弥渡县	林业	森林植被、李文学起义遗址	13000	2001	大政发〔2001〕37号	
21	巍山鸟道雄关州级自然保护区	野生动物	巍山县	林业	候鸟迁徙地	1080	2001	大政发〔2001〕37号	
22	永平博南山州级自然保护区	森林生态	永平县	林业	半湿润常绿阔叶林	4499.8	2001	大政发〔2001〕37号	面积调整、大政复〔2006〕16号
23	南涧大龙潭州级自然保护区	湿地生态	南涧县	林业	水源涵养	1073	2001	大政发〔2001〕37号	
24	楚雄三峰山州级自然保护区	森林生态	姚安县 牟定县 南华县	林业	森林、野生动物	47130.9	2001	楚政复〔2001〕2号	2009年经州政府批准面积减少548公顷
25	元谋土林州级自然保护区	古生物遗迹	元谋县	林业	土林地质景观	1992	2001	楚政复〔2001〕3号	

续表

序号	自然保护区名称	类型	行政区域	主管部门	主要保护对象	面积（公顷）	现级别批准时间	现级别批建文号	总体规划及调整
26	红塔山市级自然保护区	森林生态	红塔区	林业	森林生态系统、自然景观和水源林	5696	2001	玉政复〔2001〕30号	
27	双柏恐龙河州级自然保护区	野生动物	双柏县	林业	森林、珍稀动物	9521.4	2003	楚政复〔2003〕19号	
28	牟定白马山州级自然保护区	森林生态	牟定县	林业	森林、珍稀动物	15837.9	2003	楚政复〔2003〕19号	
29	姚安花椒园州级自然保护区	森林生态	姚安县	林业	森林、珍稀动物	37061.2	2003	楚政复〔2003〕19号	
30	姚安大尖山州级自然保护区	森林生态	姚安县	林业	森林、珍稀动物	10134	2003	楚政复〔2003〕19号	
31	双柏白竹山州级自然保护区	森林生态	双柏县	林业	森林、珍稀动物	8389	2003	楚政复〔2003〕18号	
32	玉白顶市级自然保护区	森林生态	新平县 峨山县	林业	森林生态系统、自然景观和水源林	6962	2003	玉政复〔2003〕109号	
33	易门龙泉市级自然保护区	森林生态	易门县	林业	森林生态系统、自然景观和水源林	11367	2003	玉政复〔2000〕20号	
34	永善小岩方市级自然保护区	森林生态	永善县	林业	天然山地湿性常绿阔叶林及其光叶珙桐、云豹、黑熊等珍稀野生动植物	9698	2003	昭政发〔2003〕61号	
35	永善五莲峰市级自然保护区	森林生态	永善县	林业	天然山地湿性常绿阔叶林及其云南红豆杉、云豹、黑熊等珍稀动植物	35420	2003	昭政发〔2003〕61号	
36	盐津老黎山市级自然保护区	森林生态	盐津县	林业	天然山地湿性常绿阔叶林及其珍稀野生动植物	297.4	2003	昭政发〔2003〕61号	
37	盐津白老林市级自然保护区	森林生态	盐津县	林业	天然山地湿性常绿阔叶林及其珍稀动植物	2200	2003	昭政发〔2003〕61号	

续表

序号	自然保护区名称	类型	行政区域	主管部门	主要保护对象	面积（公顷）	现级别批准时间	现级别批建文号	总体规划及调整
38	镇雄袁家湾市级自然保护区	森林生态	镇雄县	林业	天然山地湿性常绿阔叶林及其珍稀动植物	1633.8	2003	昭政发〔2003〕61号	
39	大关罗汉坝市级自然保护区	森林生态	大关县	林业	天然山地湿性常绿阔叶林，高原湿地生态系统	6913	2003	昭政发〔2003〕61号	
40	镇雄以拉市级自然保护区	森林生态	镇雄县	林业	天然山地湿性常绿阔叶林及其珍稀动植物	685	2003	昭政发〔2003〕61号	
41	绥江二十四岗市级自然保护区	森林生态	绥江县	林业	天然山地湿性常绿阔叶林及其珍稀野生动植物	10989	2003	昭政发〔2003〕61号	昭政发〔2007〕42号
42	罗平万峰山市级自然保护区	森林生态	罗平县	林业	岩溶森林植被生态系统白化猕猴	47491	2003	曲政复〔2003〕40号	
43	师宗菌子山市级自然保护区	野生植物	师宗县	林业	半湿润常绿阔叶林及其生态系统	49518	2003	曲政复〔2003〕40号	
44	西双版纳布龙州级自然保护区	森林生态	景洪市 勐海县	林业	以山地雨林为主的森林生态系统和珍稀濒危野生动物之源及其栖息环境	35485	2008	西政复〔2008〕72号	西政复〔2010〕14号
45	大理蝴蝶泉州级自然保护区	野生动物	大理市	建设	蝶蛾及其生境	500	1988	大政发〔1988〕63号	
46	南涧土林州级自然保护区	地质遗迹	南涧县	环保	地质地貌景观	25	1988	大政发〔1988〕63号	
47	鹤庆草海州级湿地自然保护区	内陆湿地和水域生态	鹤庆县	环保	越冬水禽及高原湿地生态系统	400	2001	大政发〔2001〕37号	
48	鹤庆龙华山州级自然保护区	森林生态	鹤庆县	环保	十八寺遗迹及原始森林植被	2500	2001	大政发〔2001〕37号	
49	洱源西罗坪州级自然保护区	森林生态	洱源县	环保	森林植被和野生动物（小熊猫）	1000	2001	大政发〔2001〕37号	
50	洱源黑虎山州级自然保护区	森林生态	洱源县	环保	森林植被和野生动物（黑鹿）	9000	2001	大政发〔2001〕37号	
51	洱源海西海市级自然保护区	内陆湿地和水域生态	洱源县	环保	湿地生态系统及珍稀动植物、森林生态系统	14000	2004	大政通〔2004〕3号	
52	多依河鱼类自然保护区	野生动物	罗平县	农业	土著及特有鱼类	100	2006	曲政复〔2006〕111号	

续表

序号	自然保护区名称	类型	行政区域	主管部门	主要保护对象	面积（公顷）	现级别批准时间	现级别批建文号	总体规划及调整
53	牛街河鱼类自然保护区	野生动物	罗平县	农业	土著及特有鱼类	120	2006	曲政复〔2006〕111 号	
54	五洛河鱼类自然保护区	野生动物	师宗县	农业	土著及特有鱼类	150	2006	曲政复〔2006〕111 号	
55	北盘江鱼类自然保护区	野生动物	宣威市	农业	土著及特有鱼类	500	2006	曲政复〔2006〕111 号	
56	牛栏江鱼类自然保护区	野生动物	沾益县 宣威市 会泽县	农业	土著及特有鱼类	2500	2006	曲政复〔2006〕111 号	
57	南溪河水生野生动物州级自然保护区	野生动物	河口县	农业	水生野生动物	175	2007	红政复〔2007〕31 号	
58	横河梁子黑颈鹤县级自然保护区	野生动物	寻甸县	林业	黑颈鹤及其栖息地	7217.3	2011	昆政复〔2011〕36 号	
	合计					449041.10			

县级自然保护区

由县级人民政府批准成立的自然保护区。截至 2012 年 12 月，云南省共有县级自然保护区 39 个，其中森林生态类型 27 个，自然文化综合体 5 个，其他 7 个。

云南省县级自然保护区名录

序号	自然保护区名称	类型	行政区域	主管部门	主要保护对象	面积（公顷）	始建时间	现级别批建文号
1	佛殿山县级自然保护区	森林生态	西盟县	林业	佛殿遗址、水源含养林	1350	1981	西人发〔2005〕08 号
2	新平哀牢山县级自然保护区	森林生态	新平县	林业	中山湿性常绿阔叶林	10236	1980	新政复〔2008〕106 号
3	牛倮河县级自然保护区	森林生态	江城县	林业	热带雨林、季雨林	4753	1983	江政发〔1983〕59 号
4	德党后山县级自然保护区	森林生态	永德县	林业	季风常绿阔叶林及其珍稀动植物	7333	1984	永政发〔1984〕173 号
5	五台山州级自然保护区	森林生态	禄丰县	林业	水源林	3526.7	1987	
6	磨盘山县级自然保护区	森林生态	新平县	林业	中山湿性常绿阔叶林	7453	1989	新人发〔1990〕6 号

续表

序号	自然保护区名称	类型	行政区域	主管部门	主要保护对象	面积（公顷）	始建时间	现级别批建文号
7	宁洱松山县级自然保护区	森林生态	宁洱县	林业	以阔叶林、思茅松为主水源含养林	2700	1994	普人发〔1994〕11号
8	个旧董棕林县级自然保护区	野生植物	个旧市	林业	董棕原始群落	160	1995	个政复〔1995〕28号
9	勐梭龙潭县级自然保护区	湿地生态	西盟县	林业	天然湖泊及森林生态系统	4200	1995	
10	澜沧江县级自然保护区	森林生态	昌宁县	林业	澜沧江湿地生态系统、珍稀濒危野生动植物（国家保护野生植物21种、野生动物48种）	30353.55	1997	昌政发〔1997〕63号
11	梁王山县级自然保护区	森林生态	澄江县	林业	森林生态系统、自然景观和水源林	2285	1998	澄政发〔1999〕45号
12	景洪县级自然保护区	森林生态	景洪市	林业	热带雨林	44143	1999	景政复〔1999〕96号
13	鲁布革县级自然保护区	森林生态	罗平县	林业	动、植物及其栖息地	7000	1999	罗政复〔1999〕15号
14	易门翠柏县级自然保护区	森林生态	易门县	林业	古翠柏林、半湿润常绿阔叶林	7800	2000	易政复〔2000〕20号
15	鲁纳黄杉县级自然保护区	野生植物	会泽县	林业	天然黄杉林	1745	2000	会政发〔2000〕117号
16	马龙县黄草坪自然保护区	自然文化综合体	马龙县	林业	饮用水源	2950	2000	马政复〔2000〕3号
17	师宗翠云山县级自然保护区	森林生态	师宗县	林业	半湿润常绿阔叶林	11	2000	师政复〔2002〕2号
18	师宗丁累大箐县级自然保护区	森林生态	师宗县	林业	动、植物及其栖息地	293	2000	师政复〔2002〕2号
19	通海秀山县级自然保护区	森林生态	通海县	林业	森林生态系统、自然景观和水源林	9269	2001	通政发〔2001〕42号
20	宜良竹山总山神天然林县级自然保护区	森林生态	宜良县	林业	天然半湿润常绿阔叶林	933	2002	宜政复〔2002〕71号
21	阳宗海老爷山县级自然保护区	森林生态	宜良县	林业	天然常绿阔叶林	1333	2002	宜政复〔2002〕71号
22	宜良九乡麦田河县级自然保护区	森林生态	宜良县	林业	天然常绿阔叶林	1867	2002	宜政复〔2002〕71号
23	翠峰山县级自然保护区	森林生态	麒麟区	林业	半湿润常绿阔叶林	1129	2002	麒区政发〔2002〕51号

续表

序号	自然保护区名称	类型	行政区域	主管部门	主要保护对象	面积（公顷）	始建时间	现级别批建文号
24	朗目山县级自然保护区	自然文化综合体	麒麟区	林业	半湿润常绿阔叶林	900	2002	麒区政发〔2002〕51号
25	青峰山县级自然保护区	自然文化综合体	麒麟区	林业	半湿润常绿阔叶林	1110	2002	麒区政发〔2002〕51号
26	五台山自然保护区	自然文化综合体	麒麟区	林业		1350	2002	麒区政发〔2002〕51号
27	廖郭山自然保护区	自然文化综合体	麒麟区	林业		1450	2002	麒区政发〔2002〕51号
28	江川大龙潭县级自然保护区	森林生态	江川县	林业	森林生态系统、自然景观和水源林	6689	2004	江政复〔2004〕13号
29	华宁登楼山县级自然保护区	森林生态	华宁县	林业	森林生态系统、自然景观和水源林	6144	2004	华政复〔2004〕18号
30	巧家马树县级自然保护区	森林生态	巧家县	林业	黑颈鹤及其越冬栖息湿地生态系统	403	2007	巧政复〔2007〕2号
31	易门脚家店恐龙化石县级自然保护区	地质遗迹	易门县	国土	恐龙化石	1000	1987	易政发〔1987〕96号
32	墨江常林河（坝卡河）自然保护区	森林生态	墨江县	环保	水源林	3500	1995	墨政发〔1995〕11号
33	镇沅湾河县级自然保护区	森林生态	镇沅县	水利	水源林	5000	1995	镇政办复〔1995〕207号
34	梁河勐科河流域县级自然保护区	森林生态	梁河县	环保	水源林	3070	1998	梁政发〔2007〕6号
35	师宗大堵水库县级自然保护区	森林生态	师宗县	水利	饮用水源	160	1999	师政发〔1999〕29号
36	师宗东风水库县级保护区	森林生态	师宗县	水利	饮用水源	4960	1999	师政发〔1999〕29号
37	陆良彩色沙林保护区	地质遗迹	陆良县	国土	彩色沙林地貌景观	5280	2000	陆政办发〔2000〕19号
38	腾冲火山热海县级自然保护区	地质遗迹	腾冲县	环保	地热火山景观	12990	2000	腾政复〔2000〕7号
39	孟连南垒河水生生物自然保护区	野生动物	孟连县	农业	水生生物	200	2004	孟政发〔1998〕130号
	合计					207029.30		

国家水利风景区

综述

水利风景区是经水利部水利风景区评审委员会评定，由水利部公布的可以开展观光、娱乐、休闲、度假或科学、文化、教育活动的区域。国家级水利风景区有水库型、湿地型、自然河湖型、城市河湖型、灌区型、水土保持型等类型。到2012年中国共有518处国家级水利风景区。其中，云南有国家级水利风景区15个。即珠江源风景区、泸西县五者温泉风景区、普洱市梅子湖水利风景区、建水县绵羊冲度假村、景谷县昔木水库风景区、泸西县阿拉湖风景区、芒市孔雀湖生态风景区、西盟县勐梭龙潭水利风景区、保山市北庙湖水利风景区、洱源县茈碧湖水利风景区、泸西县阿庐湖水利风景区、丘北县摆龙湖水利风景区、普洱市洗马河水利风景区、丽江市玉龙县拉市海水利风景区以及文山市君龙湖水利风景区。

水利风景区主要以水域（水体）或水利工程为依托，开展观光、娱乐、休闲、度假或科学、文化、教育活动的区域。在维护工程安全、涵养水源、保护生态、改善人居环境、拉动区域经济发展诸方面都有着极其重要的功能作用。云南大部分国家水利风景区都已开辟为休闲旅游区。

珠江源国家水利风景区

位于沾益县城北50千米的马雄山东麓，海拔2444米，东经103°30′~104°9′，北纬25°29′~26°10′。中国第三大河流——珠江的发源地，是中国三大河流源头唯一铁路、公路通达的地方。景区面积21.5平方千米，包括珠江源头景区、马雄山景区、花山湖景区、彩云洞景区等。景区森林茂密，森林覆盖率98%，有“一水滴三江，一脉隔双盘”的奇异景观。云南八大观赏名花，珠江源有七种，其中尤以杜鹃花最为著名。珠江源风景区经过多年建设，成为“思源”、“寻源”、“品源”、“游源”的胜地。景区雨量充沛，气候温和，四季皆可游览。2002年被国家水利部批准为国家水利风景区。

普洱市梅子湖国家水利风景区

位于普洱市南郊，东经100°29′~101°29′，北纬22°25′~22°50′。水面46.67平方千米，四周森林200平方千米。自然环境优美，生态系统丰富原始。梅子湖水利风景区交通便利，气候舒爽宜人，当年陈毅元帅游览普洱（注：普洱原称思茅）后赋诗一首：“昆明南翔到思茅，一霎凌空路不遥。水库星罗明似镜，万林如海涌波涛。”梅子湖畔目前已修建了度假酒店和环湖游览步道。2003年被国家水利部批准为国家水利风景区。

建水县绵羊冲国家水利风景区

位于建水县城东北的南庄镇罗家坡，东经102°30′~103°10′，北纬23°12′~24°12′。水库总库容1 605万立方米，年调节供水2 700万立方米，设计灌溉面积2 753立方米。每年冬季有3万多只野生水鸟在此栖息。为了保护好野生水鸟，绵羊冲水库管理处专门在水库周围种植了芦苇、水草，并在水鸟聚集的周围投放食物，形成人与自然和谐相处的美丽景致。2005年被国家水利部批准为国家水利风景区。

芒市孔雀湖国家水利风景区

位于芒市市城东，东经98°6′~98°50′，北纬24°15′~24°30′。因历史上是绿孔雀栖息地和湖面

芒市孔雀湖之一　（王　新　摄）

芒市孔雀湖之二 （王　新　摄）

酷似一只开屏的孔雀而得名。湖区呈南北宽、东西窄的不规则长条形，南北最长3.5千米，东西最宽2.1千米，总面积474.7平方千米。风景区内竹类资源丰富，以龙竹、[illegible]竹、凤尾竹为主。水质清澈见底，达到国家一类标准，又因地造天成，使其形如一只开屏的孔雀飞临绿野之间。登高远望，湖光山色，美不胜收。2005年被国家水利部批准为国家水利风景区。

西盟县勐梭龙潭国家水利风景区

位于西盟佤族自治县城西，东经99°18′~99°43′，北纬22°25′~22°57′。勐梭龙潭水面海拔1170米，水域面积46.7平方千米，最深处达37米。佤族人对水格外崇拜，将龙潭称为圣湖。勐梭龙潭与35千米之遥的缅甸龙潭称为"姐妹龙潭"、"夫妻龙潭"，二者水脉相通、同清同浑、齐涨齐落的奇观增添了勐梭龙潭的神秘性和吸引力。勐梭龙潭风景区森林与西盟县城佤族风情共同构成"城在林中、林在水中、水在城中"的人间美景。湖岸周边峭壁耸立，原始森林环绕，树包石、独树成林等独特景观随处可见。2006年被国家水利部批准为国家水利风景区。

保山市北庙湖国家水利风景区

位于保山市，东经98.7°，北纬25.1°。1962年建成，总面积6平方千米，其中水域面积2.8平方千米，总库容7 350立方米，森林面积3.2平方千米。水库大坝外侧基部由巨石铺筑而成，其上由四条平行线和若干条相垂直的线条，把五级大坝分成一块块绿色的芳草地，中间有一条砌有569级台阶的大道直通坝顶，加上500米外就能遥望的"北庙水库"四个大字构成壮观的北庙湖景观。景区周边还有茶园、葡萄园、果园、花圃等景点。2006年被国家水利部批准为国家级水利风景区。

洱源县茈碧湖国家水利风景区

位于洱源县东北的罢谷山下，东经99°55′~99°57′，北纬26°08′~26°10′。海拔1645~3958.4米。因湖中生长一种珍贵的睡莲科水生植物茈碧花而得名，又名宁湖。总库容量9 160万立方米，年调节供水1 877万立方米，水域面积800余平方千米，平均水深11米，最深处32米，平均水温13.9℃。每年农历七月二十二、二十三日是茈碧湖传统的海灯会，各地白族群众把千万朵亲手精心叠成的油纸花点上蜡烛放入湖中祈福，夜间湖面上千万朵的"海灯"星星点点，场面极为壮观。茈碧湖水库西面的标楞寺是南诏八大坛场之一，俗称"唐留古刹"，相传为南诏七圣僧所建，与鸡足山、石宝山、点苍山齐名并称

洱源茈碧湖 （王　新　摄）

云南四大佛教圣地。2007 年被国家水利部批准为国家水利风景区。

泸西县阿庐湖国家水利风景区

位于泸西县北部，北纬 24°35′，东经 103°48′。海拔 2459.3 米～821 米。阿庐湖水库建于 1957 年，是以白水塘水库为主要依托的水利风景区。距国家 AAAA 级风景区——泸西阿庐古洞 6 千米。水库库容 3 550 万立方米，水域面积 2.94 平方千米，被称为泸西县的“高原明珠”。阿庐湖山清水秀，植物资源丰富，生态环境优美。有飞龙上天、砚瓦石、喜鹊凹、绿荫塘、千亩花海、杨梅山森林区、疯子洞与仙鹤岛等景区，高原平湖、雨景、雾凇、朝晖、晚霞、青山、绿水，妖娆多姿，相映成辉。2009 年被国家水利部批准为国家水利风景区。

丘北县摆龙湖国家水利风景区

位于丘北县城西北的曰者镇摆落村，北纬 24°8′，东经 104°，海拔 1452 米。又名红旗水库，始建于 1958 年，是丘北县最大的中型骨干蓄水工程，由八个半岛和离岸小岛构成。摆龙湖是普者黑喀斯特湿地的水源地。风景区内有采茶园、野鸭湾、竹林岛、桃园山庄、水韵阁、观景台、穿心石洞、四岛万年龟、青龙岛、水中雾海等特色自然景观和人文景观。景区周边分布有壮族、苗族、彝族、瑶族、回族等少数民族村寨，民族风情浓郁。2009 被国家水利部批准为国家水利风景区。

普洱市洗马河国家水利风景区

位于普洱市城内，北纬 22°46′，东经 100°59′，海拔 1593.70 米，依托洗马河水库而建，是普洱重要的城市公园和旅游风景区。相传蜀相诸葛亮带兵南征，曾在此洗刷战马，故名洗马河。洗马河公园拥有 9.49 平方千米的水面。景区建设以“诸葛亮南征”历史传说为背景，建成洗马河公园、洗马雕塑群等历史文化景观，具有较高的文化品位。2010 被国家水利部批准为国家水利风景区。

文山市君龙湖国家水利风景区

位于文山城西北部的盘龙河右岸一级支流暮底河下游河段，地处北纬 23°24′，东经 104°9′，属红河流域泸江水系。又名暮底河水库，海拔 2991.2～海拔 618 米。北起天生桥，西至者黑冲、南到滴水坎电站、东以龙潭寨为界，总面积约 21.5 平方千米。水库枢纽工程 2002 年开工兴建，2007 年竣工，坝顶长 308 米，坝顶宽 8 米，坝高 67.1 米。2010 年暮底河水库枢纽工程获中国水利工程优质（大禹）奖。景区分为综合接待区、滨河景观休闲区、民族文化休闲区、农家乐休闲区、温泉水疗度假区、特色体育运动区、攀岩漂流区、水库游览区。2012 年被国家水利部批准为国家水利风景区。

（江　云　整理）

普者黑摆龙湖　　（刘建明　摄）

国家森林公园

鲁布革国家森林公园

位于罗平县与贵州兴义市交界的滇黔结合部，其核心是鲁布革库区及其周边喀斯特山地。“鲁布革”是布依族语的汉译，意为“山清水秀的村庄”。20 世纪 80 年代修建装机容量 60 万千瓦的鲁布格电站，大坝将黄泥河拦腰截断蓄水而成为湖面，形成了壮观的高峡平湖景观。大坝长136米，高105米，整个湖区长19.6千米，蓄水1.3亿立方米。湖岸高出水面300～500米，湖水深邃，由于两岸悬崖峭壁，致使湖区曲径通幽，岸边悬崖上，古树乔木成荫，藤本植物垂吊于湖面，名贵的兰花寄生于古村的桠杈之间，一派原始景象。园内有“疑无行路”、“水上村”、“猴搭桥”、“猴吊厅”、“葫芦口”、“温泉港”等景点。1993年被国家林业局批准为国家森林公园。

珠江源国家森林公园

位于沾益县城北50千米的马雄山东麓。占地12.5平方千米。海拔2444米。属喀斯特地貌区。森林覆盖率达95%以上，植物种类达1 000种以上，野生动物有野兔、野鸡、松鼠、麂子等。已建成入口区、源头区、休闲区、果园区、运动区、山林区和探源怀古区七大景区。景区有山、水、树、洞、花五大奇观，主要景点有珠江正源、大树杜鹃花区、伏地松、龙溪洞、天下第一棋盘、天下第一罗盘、珠源禅寺、珠源第一瀑、霞客草堂等。园内有“一水滴三江，一脉隔双盘，一线串五珠”的奇异景观，以及当今世界第一罗盘——珠江源大罗盘，直径为2.8米，重达10 000千克，刻有“十天干、十二地支、二十四节气”。1993年被国家林业局批准为国家森林公园。

珠江源国家森林公园　　（许太琴　摄）

五峰山国家森林公园

位于陆良县城东南部马街镇汤官箐村南部约2千米处。海拔2339米。面积24.92平方千米。其山形似笔架，突起五峰，因而取名五峰山。园内森林主要为针叶林，树种以云南松为主，间杂生有野生山茶、杜鹃、杨梅等多种灌木。山上有寺庙玉皇阁，山下是陆良彩色沙林。1993年被国家林业局批准为国家森林公园。

棋盘山国家森林公园

位于昆明市西山区三家村西面。海拔2493米。因山上原有一巨石，面呈棋盘纹，纵横各19道，故称棋盘石，棋盘山因此而得名。明末旅行家徐霞客曾游览此地并在其著作中记载。山中的棋盘宫是具有一千多年历史的道教胜迹，其源于民间传说“棋盘祖师离天下凡、奔走峨嵋、驻足玉案、启迪棋王、巡视灾情、降除恶龙，带来风调雨顺”，为此棋盘寺香火绵延千年。棋盘山以云南松、华山松等暖性针叶林和栲、栎类山地常绿阔叶林为主，森林覆盖率达75%以上。1997年被国家林业局批准为国家森林公园。

灵宝山国家森林公园

位于南涧彝族自治县城56千米处的。总面积8.11平方千米。海拔2528米。公园为南涧无量山国家级自然保护区的一部分，森林覆盖率达96.2%，自然山水景观独特，野生动植物资源丰富。园内有树龄上千年的野核桃、元江栲、樟树、榕树、栎树、杉木等。公园山形奇异，远眺似“睡佛”。山脊之上，至今保存着宋代大理国时期的石建筑群，所有建筑均用石料砌筑而成，建筑精巧、典雅古朴，具有较高的建筑和美学价值。每年农历三月二十的灵宝山山会，是周边各县百姓前来朝拜、打歌对调的盛会，1997年被国家林业局批准为国家森林公园。

五老山国家森林公园

位于临沧市临翔区城郊25千米处。传说因为酷似五位仙人座以论道而得名。面积36.04平方千米。森林覆盖率达93%。园内植被为典型的常绿阔叶林，有乔木树种100多种，生长有桫椤、水青树、野茶树、青果树等国家重点保护植物。野生花卉和野生药材众多，珍稀动物有猴面鹰、茶花鸡、太阳鸟、白腹锦鸡、野猪、猕猴、黑眉锦蛇等。主要景点有五老飞瀑、情人谷、鹿恋湖、金竹林大叠水、五峰亭等。山中金竹林大叠水从悬崖峭壁飞流而下，形成高30米、宽3米多的巨大水帘。1999年被国家林业局批准为国家森林公园。

铜锣坝国家森林公园

位于水富县太平乡境内，是滇东北保留较完好的亚热带长绿阔叶林区，总面积32.37平方千米。林中分布有100多种观赏树种、珍奇植物和20多种国家一、二级保护动物。园内水沿山转，湖光山色。铜锣河流到关门滩，飞流而下，形成两叠壮观的瀑布。隆冬时节，瀑布群的崖壁上挂满了冰凌和水柱，形成一道道美丽的冰帘。得天独厚的森林和动植物资源，变化多姿的四季景观等令人神往。1999年被国家林业局批准为国家森林公园。

（江　云　整理）

铜锣坝国家森林公园　（陈忠平　摄）

国家公园

综述

国家公园是由政府划定和管理的保护地，以保护具有国家或国际重要意义的自然资源和人文资源及其景观为目的，兼有科研、教育、游憩和社区发展等功能，是实现资源有效保护和合理利用的特定区域。

2006年，迪庆藏族自治州通过地方立法成立了国家公园——香格里拉普达措国家公园。它的建设体现了国家公园保护、游憩和教育的基本功能，得到了社会各界的高度赞赏和国际上的广泛支持。为此，云南省政府明确提出要积极探索具有中国特色的国家公园保护与建设模式。2008年6月国家林业局批准云南省为国家公园建设试点省。在普达措国家公园之后，云南省政府先后批准了丽江老君山、西双版纳热带雨林、梅里雪山、普洱、高黎贡山、南滚河和大围山等国家公园的建设。

为规范和提高国家公园建设管理工作，2009年12月，云南省人民政府正式出台《云南省人民政府关于推进国家公园建设试点工作的意见》、《云南省国家公园发展规划纲要》，作为云南省国家公园建设的指导性文件。云南省国家公园管理办公室组织有关专家，编制了四个国家公园的地方标准，该地方标准于2009年11月由云南省质量监督局发布，并于2010年3月开始实施，标志着云南省国家公园建设管理工作走上了规范的轨道。

香格里拉普达措国家公园

位于香格里拉县境内，隶属“三江并流”世界自然遗产地和“三江并流”国家级风景名胜区，东经99°59′16″～100°02′38″，北纬27°43′52″～27°58′30″，平均海拔3600米左右。一期建设范围主要包括碧塔海省级自然保护区（国际重要湿地）和属都湖景区及周边地区，总面积约300平方千米，加上二期扩大到尼汝一带，总面积达

798.4 平方千米。其中各类保护地面积 765.94 平方千米，占总用地的 99.81%；游憩用地 1.46 平方千米，占 0.19%。公园分为特别保护区、自然生境区（包括野生动物区和荒野区）、户外游憩区、文化保存区、公园服务区、引导控制区（遗产廊道）等。

香格里拉普达措国家公园碧塔海 （刘建明 摄）

香格里拉普达措国家公园属都湖 （刘建明 摄）

香格里拉普达措国家公园拥有以高山——亚高山寒温性针叶林森林生态系统景观，高山－亚高山草甸、沼泽生态系统和高原湖泊湿地生态系统景观，以高山柳等植被和河流组合而成的高原河流湿地生态系统景观，以中甸叶须鱼（重唇鱼）为代表湖泊珍稀濒危鱼类景观，以黑颈鹤等为代表的鸟类景观，以及藏族村落和文化系统景观。香格里拉普达措国家公园于 2007 年 6 月由云南省人民政府批准成立。

西双版纳热带雨林国家公园

位于西双版纳傣族自治州境内，北纬 21°10′～22°24′、东经 100°16′～101°50′。总面积 2 854.21 平方千米。由西双版纳国家级自然保护区及周边国有林、集体林等区域构成主体，区域范围由地域相近而互不相连结的勐海、攸诺、勐养、勐仑、勐腊、尚勇六大片区构成。公园分为自然生境区、生态保育区、传统利用区、游览展示区、公园服务区等。

西双版纳热带雨林国家公园主要保护对象是热带北缘雨林、季雨林森林生态系统为标志的热带森林生物多样性及热带珍稀濒危野生动植物种群与生存环境。由于特殊的地理位置和气候条件，公园内保存了中国面积最大的原始热带林生态系统，分布有丰富的自然生物物种与种群，具有较高的植被覆盖率，其生物多样性在北半球同纬度地区是独一无二的。亚洲象、望天树等珍稀野生动植物，傣族独特的贝叶文化以及哈尼、布朗、基诺等少数民族原始古朴的原生态文化共同构成公园的主要景观。目前开发比较好的是野象谷景区、原始森林公园景区和望天树景区等。

西双版纳热带雨林国家公园是“动植物王国皇冠上的绿宝石”，是中国重要的生物物种基因库，被列为全球 25 个生物多样性保护热点地区之一，1993 年被列为世界人与生物圈保护区网络成员。2009 年由云南省人民政府批准成立西双版纳热带雨林国家公园。

梅里雪山国家公园

位于德钦县境内，东经 98°22′～98°47′北纬 28°33′～28°41′，是云南与西藏的界山，北连西藏阿冬格尼山，南与碧罗雪山相接，面积约 959.86

香格里拉梅里雪山之一 （许太琴 摄）

香格里拉梅里雪山之二　（许太琴　摄）

香格里拉梅里雪山之三　（许太琴　摄）

平方千米。主峰卡瓦格博峰海拔6740米，是云南省第一高峰。地处怒江、澜沧江流域。梅里雪山国家公园按照严格保护区、重点保护区、一般保护区等三个基本分区，一个亚区（分为传统利用亚区、特殊使用亚区、公园服务亚区、野外服务亚区）和一个外围控制地带建设与管理。

梅里雪山处于南下的青藏高原寒流和印度洋暖湿气流的交汇地带，植被类型丰富多样，森林覆盖率高，垂直带谱发育十分完整，被生物学界称为物种基因库，是山地海洋性冰川地貌景观集大成地。梅里雪山是世界上生态系统保持完整，生物多样性丰富而又独特的重要地区之一。主要保护对象是寒温性针叶林景观、森林垂直带谱、丰富多彩的冰川地貌和藏文化神山体系。主要景观类型有雪山峰、冰川、峡谷、高山流石滩、河流、湖泊、瀑布、植物群落、珍稀濒危动植物以及藏族、傈僳族、怒族等多个少数民族文化，是当今中国乃至全世界民族文化多样性最为密集的地区之一。

梅里雪山作为三江并流世界遗产的重要组成部分于2002年被列入世界自然遗产名录。2009年由云南省人民政府批准成立梅里雪山国家公园。

丽江老君山国家公园

位于丽江市玉龙县西部，北纬26°38′～27°15′，东经99°70′～100°0′。总面积1 085平方千米。

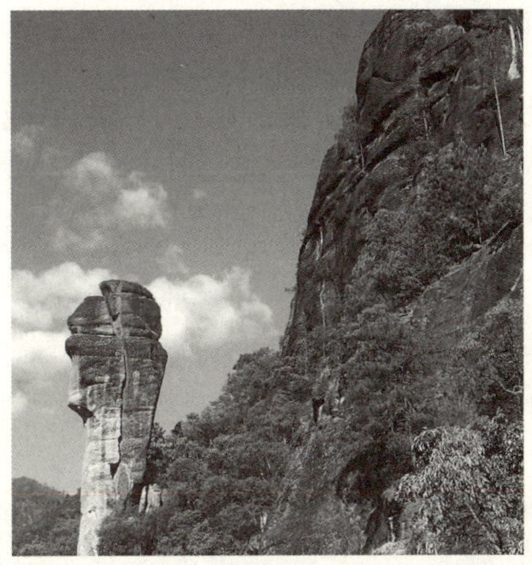

丽江老君山国家公园　（王　新　摄）

区域范围西至丽江与兰坪边界，北至黎明乡北界，南至老君山麓丽江与剑川边界，东部至桃花一带，其主体部分与云南玉龙黎明老君山国家地质公园重叠。分为特别保护区、一般控制区、游憩活动区、传统利用区、公园服务区等。

丽江老君山丹霞地貌　（王　新　摄）

老君山属云岭山脉中支南端的一列山地，平均海拔2500～3000米，最高峰金丝厂金山玉峰海拔4515米。主要保护对象是常绿阔叶林、针阔混交林、寒温性针叶林生态系统，高山湿地生态系统、丹霞景观和国家一级保护动物滇金丝猴及其栖息地。主要景观是原始森林、冰川遗迹、丹霞奇峰、高山湖泊、江河峡谷、高山草甸、珍稀动植物、天然杜鹃林等自然景观以及多种民族风情的人文景观。最具独特性的是中国最大的面积超过560平方千米的黎明丹霞景观、九十九龙潭高山冰蚀湖泊景观和滇金丝猴景观。丽江老君山国家公园作为“三江并流”世界自然遗产地的核心区域之一，具有丰富的地质地貌、生物多样性和景观多样性资源，是集中展示“三江并流”区域资源价值的重要地区，具有一定的典型代表意义。2009年由云南省人民政府批准成立老君山国家公园。

普洱国家公园

位于普洱市思茅区主城南部10千米处，东经101°1′～101°15′，北纬22°30′～22°42′。总面积216.23平方千米。包括莱阳河省级自然保护区、莱阳河国家森林公园、大尖山—老金田河南部森林区域三大部分。分为特殊保护区、生态保育区、游览展示区及公园服务区等。

普洱国家公园在植被上是热带季节性雨林向南亚热带季风常绿阔叶林交汇过渡的区域，是热带森林向亚热带森林生态系统的重要转汇区域，植物植被带有明显的过渡性特征，分布着中国保存面积最大、最完整的季风常绿阔叶林为标志的南亚热带原始森林。分布有亚洲象、犀鸟、原鸡、兰花、藤枣为代表的南亚热带珍稀濒危野生动植物。在物种、生态系统和景观层次上都表现出丰富性和多样性。普洱市有“天下普洱，世界茶都”之称。普洱茶文化是当地人民长期与自然和谐相处孕育出的世界级的独特文化，它和当地传统的少数民族文化共同构成普洱国家公园的文化特征。主要保护对象是具有过渡性特征的南亚热带季风常绿阔叶林及其珍稀野生动植物为代表的自然资源和以普洱茶文化为代表的文化资源及其生境。主要景观是湖泊、溪流、森林、峡谷、野生动物、茶园、果园等。2009年由云南省人民政府批准成立普洱国家公园。

大围山国家公园

位于云南省东南部，北回归线以南，东经103°22′32″～104°00′33″，北纬22°35′32″～23°04′34″，地跨红河哈尼彝族州蒙自、个旧、屏边、河口四个县市，总面积392.169平方千米。大围山国家公园主要依托大围山国家级自然保护区建设，分为严格保护区、生态保育区、游憩展示区、传统利用区等。

公园地处热带北缘，地质历史上未受第四纪冰川侵袭，保存了丰富的物种资源，特别是众多的古老种和珍稀特有种，其气候、植被、植物和动物区系在全国、全球具有代表性。森林生态系统特殊，海拔高差达2200米以上，分布有完整的热带山地森林生态系统。主要保护对象是热带雨林、热带季雨林、季风常绿阔叶林生态系统，多种苏铁科植物，以及珍稀野生动植物种。属于森林生态系统类型的保护地。主要景观是以云南龙脑香、隐翼为标志种的湿润雨林，以马尾树为优势树种、面积达上百亩的马尾树林，保存完好的火山口（包括团山火山、凹嘎火山和鸡窝火山）以及以苗族、瑶族和彝族为主的少数民族风情。2011年由云南省人民政府批准成立大围山国家公园。

高黎贡山国家公园

位于保山市隆阳区、腾冲县和龙陵县，东经98°34′～98°51′，北纬24°56′～26°09′。总面积1 009.6平方千米。范围包括高黎贡山国家级自然保护区、高黎贡山生物走廊带、保护区周边的国有林、小黑山省级自然保护区（古城山片区）。分为严格保护区、生态保育区、游憩展示区、传统利用区等。

公园内动植物种类众多，南北混杂，东西过渡。是青藏高原和中南半岛的南北生物走廊，被誉为亚热带、温带、寒温带野生动植物种质基因库、著名的种子植物模式标本产地、特有动植物物种的中心舞台和世界物种的新起源。是中国常绿阔叶林保存最完整、最原始的地区之一，同时还保存有典型的温性、寒温性针叶林森林生态系统。保存了中国纬度最南端较为完整的高山、亚高山山地垂直带谱，共有具备代表性的植被和生态系统类型7个，是全球生态系统非常丰富的典型性地区，是古老、珍稀濒危保护动植物的集萃地。

主要保护对象是高黎贡山完整的森林生态系统和森林垂直带谱景观，以及羚牛、白眉长臂猿、大树杜鹃、多种兰科植物等珍稀野生动植物。主要景观有高山、峡谷、河流、湖泊、瀑布、高山热泉、高山亚高山山地垂直带谱、热带雨林、草甸、珍稀动植物资源等自然景观，滇西抗日战场、天台寺、宝华寺、丹阳寺、古城寺、诸佛寺、观音寺、怒江双虹桥、江苴古镇、野猪箐木桥、曲石黑鱼河铁索桥等历史文化景观，以傈僳、德昂、汉、彝、白、苗、傣等十多个少数民族构成的文化景观等。2011年云南省人民政府批准成立高黎贡山国家公园。

南滚河国家公园

位于沧源佤族自治县和耿马傣族佤族自治县境内，地处横断山脉怒山山系的南延部分，东经98°54′~99°05′，北纬23°13′~23°19′。总面积519.39平方千米。范围包括南滚河亚热带、热带雨林景区和崖画谷景区，分为严格保护区、生态保育区、游憩展示区、传统利用区等。

南滚河国家公园拥有世界上原始群落分布面积最大的三棱栎林；是世界上已知最粗大竹种巨龙竹的原产地；也是灵长类动物种类分布最多的区域。是中国集中分布有印支虎、亚洲象、白掌长臂猿、黑冠长臂猿等多种珍稀濒危野生动物的保护地，植被类型多样，生物多样性丰富，保护区内有植物98科400余种，野生动物55科560多种，被誉为“动物王国”、“植物基因库”，具有世界意义的生物多样性关键地区之一。

沧源崖画共有崖画群16处，14个点，分布在海拔1200~1700米间的崖壁上。崖画呈红色，内容丰富，构图简练，粗犷奔放，人物、动物形象生动，风格独具。绘画颜料以赤铁矿粉与动物血调合而成。沧源崖画属三千年前新石器时代晚期的文化遗产。该崖画的发现，对研究佤族的先民及西南边疆古代民族的历史、宗教和文化艺术，提供了重要的形象的珍贵资料。现被列为国家级文物保护单位。

翁丁佤族原生态村落是云南省保存最好的佤族村寨。南滚河国家公园也是佤族文化的荟萃之地，保存着中国最后的佤族原生态部落，最典型的佤族民居建筑风格、最原生态的佤族文化。2011年云南省人民政府批准成立南滚河国家公园。

沧源崖画　（张艳秋　摄）

（栩　榕）

国家地质公园

综述

中国国家地质公园是由中国行政管理部门组织专家审定，由国务院国土资源部正式批准授牌，以具有国家级特殊地质科学意义及较高美学观赏价值的地质遗迹为主体，并融合其它自然景观与人文景观而构成的独特的自然区域。地质遗迹是在地球形成、演化的漫长地质历史时期，受各种内、外动力地质作用，形成、发展并遗留下来的自然产物，是自然资源的重要组成部分，更是珍贵的、不可再生的地质自然遗产。

中国国家地质公园的建立是以保护地质遗迹资源、促进社会经济的可持续发展为宗旨，遵循“在保护中开发，在开发中保护”的原则，依据《地质遗迹保护管理规定》，在政府有关部门的指导下而开展的工作。

截至2011年11月，国土资源部公布六批共218家国家地质公园，云南有石林世界地质公园、澄江动物群古生物国家地质公园、腾冲火山地热国家地质公园、禄丰恐龙国家地质公园、玉龙黎明—老君山国家地质公园、大理苍山国家地质公园、丽江玉龙雪山冰川国家地质公园、九乡峡谷洞穴国家地质公园、云南罗平生物群国家地质公园、东川国家矿山公园等十个国家地质公园。

云南石林世界地质公园

位于石林彝族自治县境内，东经103°11′～103°29′，北纬24°38′～24°58′，海拔1500～1900米。公园面积350平方千米，包括乃古石林景区、大石林—李子箐石林景区、清水塘—石厢子石林景区、蓑衣山—文笔石石林景区、长湖景区、月湖景区和大叠水瀑布景区。是世界上唯一位于亚热带高原地区的喀斯特景观，集中了全球喀斯特的各种形态，尤其是部分石灰岩与玄武岩交叠覆盖演化而成的地质地貌。石林形态类型主要有剑状、塔状、蘑菇状及不规则柱状等，无数的石峰、石柱、石笋、石芽、形成了集奇石、瀑布、湖泊、溶洞、峰丛和丘陵于一身的独特地质景观。

石林以其面积广袤、类型多样、成因复杂、发育历史久远而具有典型性，是世界唯一能以石林发育遗迹和石林景观系列展现地球演化历史的喀斯特地貌区。2001年被批准为国家地质公园。2004年成为首批世界地质公园。

澄江动物群古生物国家地质公园

位于澄江县抚仙湖畔帽天山，东经102°58′21″，北纬24°39′15″。整个化石埋藏带呈蛇状蜒蜒达20千米，宽4.5千米，埋藏深度达50米以上。共发现化石点30余处，采集化石3万余块，科学鉴定认为是早寒武纪40个门类，100多个种的古生物化石，涵盖了现代生物的各个门类。包括海绵动物、腔肠动物、软体动物、节肢动物和疑难动物化石等在内的无脊椎动物化石和原始脊索动物化石。还发现多种过去曾大量存在现已灭绝的动物新种，已超出现有动物分类体系，只能冠之以发掘地名来命名，如抚仙湖虫、帽天山虫、云南虫、昆明虫和跨马虫等。由于埋藏地质条件特殊，不但保存了生物硬体化石，而且还保存了十分罕见精美的生物软体印痕化石，为人们研究寒武纪早期动物大爆发及这个时期的动物生理结构、生活习性、系统演化、生态环境提供了极为宝贵的地质遗迹资料。2001年被批准为国家地质公园，2012年“澄江化石地”被列入《世界遗产名录》。

石林喀斯特地貌　　（张艳秋　摄）

腾冲火山地热国家地质公园

位于腾冲和梁河县境内，东经98°23′～98°39′，北纬24°53′～25°27′，由多个火山群组成，保护面积12平方千米。主要地质遗迹分布面积为8平方千米。公园内有97座火山体。其中火山形态保存完整（有火山口、火山锥）的有25座，火山锥类型多样。

腾冲火山地热国家地质公

园内的火山熔岩构造景观主要有熔岩空洞、熔岩塌陷、熔岩流动和原生节理构造等。腾冲火山具有时代年轻、活动频繁、分布密集、种类较齐全和形成地质条件特殊的特征，地下岩浆至今仍在活动，为腾冲热泉提供源源不断的热能。公园以数量众多、类型齐全、景观奇特的火山、地热资源为主体，集地质地貌、民族文化及生物多样性特征于一体。2002 年被批准为国家地质公园。

腾冲热海大滚锅

腾冲树状节理

禄丰恐龙国家地质公园

位于禄丰县境内，东经 102°4′34″，北纬 25°8′31″。古生物地质遗迹保护区面积约 170 平方千米，为恐龙化石埋藏遗址。禄丰恐龙是生活在中生代早期的最古老最原始的种类，以恐龙为代表的禄丰蜥龙动物群，是中国目前有关古脊椎动物化石最丰富最完整的动物群之一。从 1938 年发现第一条恐龙化石迄今，禄丰境内已发掘出尹氏芦沟龙、中国虚骨龙、三叠中国龙、许氏禄丰龙、巨型禄丰龙、黄氏云南龙、巨硕云南龙、新洼金山龙、中国安琪龙、禄丰滇中龙、奥氏肢龙等。已出土的恐龙中，有蜥龙类、虚骨龙类、乌龙类等 25 属 33 种，是研究恐龙家族的发生、发展至衰亡的重要区域。禄丰国家地质公园是中国乃至世界发现恐龙化石数量最多、个体最为完整、种类最丰富的地区，被誉为“恐龙之乡”。2004 年被批准为国家级地质公园。

云南玉龙黎明—老君山国家地质公园

位于玉龙纳西族自治县，东经 99°30′～100°14′30″，北纬 26°37′10″～27°18′40″。包括黎明景区、金丝厂景区、老君山景区及金沙江峡谷游览线三区一线，面积 1 120 平方千米。黎明景区以黎明、黎光、美乐等地的高山丹霞地貌为代表。该区拥有云南三江并流世界自然遗产区内最典型的丹霞地貌。金丝厂景区以高山峰丛地貌及高山冰蚀地貌、冰蚀湖群和高山草甸、生态植被为特征。在海拔 4000 米上下地带分布着几十个冰蚀湖泊，构成由雪峰、湖泊、森林、鲜花组成的美丽景色。老君山景区海拔 4000～4100 米的马蹄形半环状岭脊由规模不一的角峰和刃脊组成，往下为冰蚀谷，凹谷内分布着近二十个冰蚀湖群，周围和沿河谷有石海、石河和石环发育。湖群周边分布着大面积的云杉、冷杉林和杜鹃。金沙江峡谷以金色沙滩、碧江漂流、柳林依人、石鼓胜迹、长江第一湾、三级河谷阶地、金沙江缝合线遗迹等景观为主体。2004 年被批准为国家地质公园。

大理苍山国家地质公园

位于大理市、漾濞县和洱源县接壤地带，主

大理苍山游览　　（本版摄影　张艳秋）

体在大理市范围，东经99°50′~100°22′，北纬25°35′~25°50′，总面积577.1平方千米，海拔2000~4122米。大理苍山是国际第四纪末次冰期“大理冰期”和“大理石”的命名地。包括苍山、花甸坝、白丈岩桥、石门关四个景区。公园内存留有极高科学研究价值的地质、生物、动植物和人类与自然和谐发展的遗迹。苍山变质岩系反映着扬子地块前寒武系结晶基底面貌，大理石展示了地球热动力变质地质作用的奇妙，“大理冰期”冰川遗迹反映出第四纪末次冰期作用的特征与影响等，因此，苍山国家地质公园被誉为“天然地质史书”和植物的模式标本产地、重要的生物物种资源库。2005年被批准为国家地质公园。

云南丽江玉龙雪山国家地质公园

位于丽江玉龙雪山和金沙江虎跳峡一带，东经101°03′~101°15′，北纬26°54′~27°18′，面积为340平方千米。园内具有冰川遗迹、构造山地、断陷盆地、深切峡谷、地质剖面等丰富的重要地质遗迹和显著的地质地貌多样性。园区展示了岩石圈—气候圈—生物圈耦合演化、陆内构造形变、第四纪冰川地质、新生代重大地质事件、垂直生态地质景观等极具地域特色且重要的多元复合地质遗迹模式。完整记录了陆内古金沙江地缝合线遗迹，新构造运动遗迹，典型完整的第四纪冰川遗迹和欧亚大陆距赤道最近的现代冰川，三叠系以来青藏高原南东地区生态地质系统演化机制和效应等；具有新生代特有属种的高山植物区系、众多种子植物模式、生物垂直带谱、土壤带谱高山垂直自然分带模本，是生物多样性显著的区域。2009年被批准为国家地质公园。

云南九乡峡谷洞穴国家地质公园

位于宜良县九乡彝族回族乡境内，东经103°15′~103°29′，北纬24°50′~25°17′，总面积167.14平方千米。包括叠虹桥景区、大沙坝景区、阿路龙景区、三脚洞景区、马蹄湾景区和马蹄峡景区等。九乡溶洞群发育于6亿年前古老的震旦纪灯影组浅海沉积和灰白色含硅质条带的白云岩中。拥有上百座大小溶洞，为国内规模最大、数量最多的洞穴群落体系之一，被誉为“洞穴博物馆”。公园内多个峡谷与洞穴相连，洞内有生物堆积、张口洞古人类活动遗存及哺乳动物化石。洞壁溶蚀景观以溶洞的溶蚀窝穴为代表，重力水沉积中以滴石类石钟乳、石笋、石柱、鹅毛管常见，非重力水以碳酸类文石石花、方解石石花、卷曲石居多。公园汇集了洞穴群景观、峡谷景观、钙化景观、洞穴瀑布景观、化石遗址和史前人类遗址等，有重要的科学文化价值。2009年被批准为国家地质公园。

东川国家矿山公园

位于昆明市东川区。东川作为天南铜都发掘出土有战国晚期至西汉中期精美的青铜器，还有历代采铜矿的坑硐、冶炼铜的土炉，铜矿渣建成的材质独特的民居，古运铜道中的铁索桥等历史遗存。铜矿采冶历史、现代矿山设施、古代老矿硐坑、土炼铜炉组成了中国独一无二的铜矿景观。2010年被批准为东川国家矿山公园。是云南省第一个国家矿山公园。

云南罗平生物群地质公园

位于罗平东南部。包括大洼子古生物化石景区、九龙瀑布景区、多依河景区、鲁布革小三峡景区、金鸡峰丛景区。其主体是罗平生物群古生物化石地质遗迹。

罗平生物群作为中国珍稀的三叠纪海洋生物化石库，记载了地球的一段生命复苏史，也见证了远古海洋的沧桑变迁。辅以锥状喀斯特地貌景观以及河流、瀑布、大泉等水体景观和布依族民族风情等。罗平国家地质公园集珍稀的古生物化石、优美的喀斯特自然景观、浓郁的布依民族风情为一体，品位高、内涵丰富，具有极高的科研科普价值和旅游价值。2011年被批准为国家地质公园。

（江　云）

国际重要湿地

大山包国际重要湿地

位于云南省昭通市昭阳区大山包乡，属温凉性高原季风气候。大山包湿地位于金沙江及其主要支流牛栏江交汇处，集水域、沼泽、草甸为一体，是中国湿地的独特类型，也是长江水系的重要生态屏障之一。2004年12月，被联合国湿地公约秘书局列为国际重要湿地，面积5 958平方千米。1994年建立大山包省级自然保护区；2003年，晋升为国家级自然保护区，保护区面积19 200公顷，大于国际重要湿地面积。据调查，区内分布有高等植物72科197属358种，其中蕨类植物6科7属8种，种子植物66科190属350种，有水生植物28种，湿生植物239种，陆生植物91种；脊椎动物5纲28目68科253种，其中：鱼类3目5科7种，两栖类1目3科6种；爬行类2目3科11种；哺乳动物7目21科63种；鸟类15目36科166种；昆虫有15目71科223种（其中1个新亚种、1个中国特有种、10个中国新记录种）。分布有国家I级重点保护野生动物5种，国家

昭阳区大山包乡草甸

昭阳区大山包乡跳蹲河

昭阳区大山包乡大海子

（本版摄影　陈忠平）

Ⅱ级重点保护野生动物18种。大山包湿地具有以下重点保护价值：1. 位于越冬候鸟迁徙线路上，是许多珍稀濒危越冬候鸟重要的停歇地和越冬地。2. 黑颈鹤是世界上15种鹤类中唯一生活在高原的鹤类，是中国国家Ⅰ级重点保护动物和全球易危物种，其栖息的大山包是中国已知的黑颈鹤越冬栖息单位面积数量最多的区域。3. 大山包分布的沼泽化草甸湿地是乌蒙山区特殊的生态系统，具有重要的研究和保护价值。

2004年大山包黑颈鹤国家级自然保护区管理局成立，负责黑颈鹤和国际重要湿地的保护管理。2008年9月25日由云南省第十一届人民代表大会常务委员会第五次会议通过《云南省昭通大山包黑颈鹤国家级自然保护区条例》。多年来，国际重要湿地管理机构通过开展执法、监测、科研、社区共管、科普宣教等工作，使国际重要湿地内的沼泽化草甸湿地得到很大恢复，根据监测，2012年在大山包越冬或经大山包中转到周边越冬的黑颈鹤数量达1200多只，约占世界黑颈鹤总数的六分之一，越冬期延至210天以上。

拉市海国际重要湿地

位于云南省西北部丽江市玉龙县境内，处于金沙江流域集水区内，是地质活动形成的闭合和半闭合的高原内陆湿地，由沼泽、水面和湖周森林构成的高原淡水湖泊，1998年6月建立拉市海高原湿地自然保护区；2004年12月被联合国湿地公约秘书局列为国际重要湿地，面积3 560平方千米；2005年定为全国“野生动物科普教育基地”和国家级野生动物疫源疫病监测站。据调查，分布有湿地植物24科36属44种；哺乳动物14种；鱼类有10科21属25种；鸟类44科130属233种，其中水禽有89种，国家Ⅰ级重点保护鸟类4种，国家Ⅱ级重点保护鸟类4种。拉市海湿地具有以下重点保护价值。1. 分布有国家Ⅰ级保护动物中华秋沙鸭、黑鹳、黑颈鹤；Ⅱ级保护动物灰鹤、大天鹅等，以及青藏高原特有种斑头雁等重要水禽。2. 具有云贵高原特有的海菜花群落。3. 位于候鸟迁徙线路上，是许多珍稀濒危越冬候鸟重要的停歇地和越冬地。4. 位于生物多样性的热点地区且种类丰富，该地区是中国植物三大特有中心的新特有中心区域之一。

2003年5月13日玉龙纳西族自治县第十三届人民代表大会第一次会议通过《云南省玉龙纳西族自治县拉市海高原湿地保护管理条例》，2002年7月成立拉市海高原湿地省级自然保护区管理局对拉市海湿地进行保护管理。在保护区管理局和各级有关部门的共同努力下，拉市海湿地资源保护得到进一步加强，水禽种类从保护区建立之初的57种增加到89种，数量从建立之初的2.5万只增加到2010年最多时的10万只。

碧塔海国际重要湿地

位于云南省迪庆藏族自治州香格里拉县境内，面积1 985平方千米，距离县城约30千米，属高原

碧塔海湿地之一 （张艳秋 摄）

碧塔海湿地之二 （许太琴 摄）

碧塔海湿地之三　　（许太琴　摄）

淡水湖泊。具有山地温带和山地寒湿带两种主要气候类型。碧塔海湿地地处青藏高原东南缘横断山脉三江纵谷区东部，湖泊被山地完全包围，湖周为茂密的原始森林，是一个封闭状的高原湖泊湿地生态系统。1984 年 4 月建立省级自然保护区。2004 年 12 月被联合国湿地公约秘书局列为国际重要湿地。以碧塔海为依托建立的普达措国家公园。据调查，区内分布有种子植物 140 科 568 属 2 275 种，其中裸子植物 4 科 9 属 20 种，被子植物 136 科 559 属 2 255 种；鸟类 171 种；爬行动物 11 种；两栖动物 13 种；土著鱼类 17 种；昆虫 493 种。碧塔海国际重要湿地具有以下重点保护价值：1. 分布有显著数量的中甸重唇鱼这一特有物种。2. 具有在横断山生物地理区，由水毛茛、中甸乌头等特有物种组成的“五花草甸”特有群落——沼泽化草甸。3. 以香格里拉县作为分布下限的极高山分布物种杉叶藻群落。4. 位于生物多样性的热点地区，是中国植物三大特有中心的新特有中心区域。5. 位于越冬候鸟迁徙路线上，是许多珍稀濒危越冬候鸟重要的停歇地和越冬地，是高原特有鹤类黑颈鹤的重要越冬栖息地之一。碧塔海国际重要湿地是碧塔海省级自然保护区、普达措国家公园资源的重要组成部分。据调查，每年均有数十只黑颈鹤来此地越冬，这些越冬个体均属黑颈鹤的中部越冬种群，估计中部越冬种群数量仅 300 多只，因此，保护该地区的黑颈鹤，对保护黑颈鹤的中部越冬种群具有极其重要的意义。

纳帕海国际重要湿地

位于云南省迪庆藏族自治州香格里拉县境内，湿地地处青藏高原东南缘横断山脉三江并流纵谷区东部，属高原淡水季节性湖泊。1984 年建立省自然保护区。2004 年 12 月被联合国湿地公约秘书局列为国际重要湿地，面积 3 435 公顷，国际重要湿地面积大于省级自然保护区面积。据调查，分布有兽类 9 种；两栖类 2 目 5 科 13 种；鸟类 9 目 12 科 41 种，其中水禽 6 目 8 科 35 种，具有以下保护价值：1. 青藏高原金沙江流域（长江上游）的重要湿地，在承接冰雪融水、保持水土和控制洪水方面发挥着重要作用。2. 分布有国家 I 级保护濒危动物黑颈鹤、黑鹳、胡兀鹫、白尾海雕；II 级保护动物白琵鹭、大天鹅等重要水禽。3. 极高山分布种杉叶藻群落分布的下限，该群落分布面积已明显下降。4. 区域内生境多样，由草甸、沼泽、水面和湖周森林构成。据 2009 年来的监测数据显示，纳帕海湿地越冬黑颈鹤的种群数量约为 360 只。

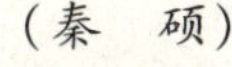

（秦　硕）

纳帕海湿地　　（许太琴　摄）

旅 游

旅游市场

概述

2013 年，全省旅游行业累计接待海内外旅游者 2.5 亿人次，其中接待海外旅游者 533.5 万人次，同比增长 16.5；接待国内旅游者 2.4 亿人次，增长 22.1%。全省实现旅游业总收入 2 111.24 亿元，同比增长 24.1%，其中实现旅游外汇收入 24.2 亿美元，增长 24.2%；实现国内旅游收入 1 961.55 亿元，增长 24.19%，超额完成了“十二五”旅游发展规划既定的目标任务。

海外入境旅游市场

2013 年，全省累计接待海外入境游客 1 043.37 万人次，同比增长 17.7。其中接待海外旅游者（过夜）533.5 万人次，增长 16.5；接待口岸入境一日游游客 509.87 万人次，增长 19.0%。在海外旅游者（过夜）中，接待外国游客 383.17 万人次，增长 16.2%；香港游客 67.1 万人次，增长 18.9%；澳门游客 24.06 万人次，增长 21.4%；台湾游客 59.17 万人次，增长 14.2%。全省实现旅游外汇收入 24.2 亿美元，同比增长 24.2%。其中，海外旅游外汇收入 20.9 亿美元，增长 23.53%；口岸入境一日游创汇 3.3 亿美元，增长 28.59%。全省海外旅游者（过夜）花费水平为 196.75 美元/人天，增加 9.06 美元/人天，口岸入境一日游游客人均花费 64.25 美元/人，增长 8.1%。

国内旅游市场

2013 年，全省共接待国内旅游者 2.4 亿人次，同比增长 22.1%。其中过夜游客 1.31 亿人次，增长 22.3%；一日游游客 1.09 亿人次，增长 22.0%；实现国内旅游收入 1 961.55 亿元，增长 24.19%。其中过夜游客收入 1 542.51 亿元，增长 23.92%；一日游收入 419.04 亿元，增长 25.18%。从各月接待情况看，1 至 12 月，全省每个月平均接待国内旅客达 1 997.7 万人次，增长 22.1%。国内游客平均花费为 572.74 元/人天，增长 5.39%。其中过夜旅游者平均花费 589.47 元/人天，增长 7.01%；一日游平均花费为 350.42 元/人次，增长 3.17%。

红色旅游

2013 年，全省共整合红色旅游建设资金 8 669 万元，其中中央财政投资 3 500 万元，地方财政投资 4 964 万元，社会、民营资金投资 150 万元，旅游发展基金投资 55 万元。全年共组织红色旅游工作培训班 53 期，3 350 余人参加，占培训总数的 95%。创建红色旅游经典 2A 级景区 1 个。全年接待红色旅游游客 837 万人次，增长 27.53%。其中红色旅游景区接待入境游客 7.45 万人次，增长 8.3%；实现红色旅游综合收入 1.79 亿元，增长 13.29%；全省共有红色旅游直接从业人员 1 119 人，间接从业人员 4 989 人。

节假日旅游

2013 年，全省旅游行业春节“黄金周”共接待游客 981.51 万人次，增长 31.9%，占当月接待国内旅客总量的 44.0%；国庆“黄金周”共接待游客 904.22 万人次，增长 21.0%，占 10 月接待国内旅客总量的 38.1%；元旦“小长假”共接待游客 229.4 万人次，占当月接待国内旅客总量的 14.7%；清明节“小长假”共接待旅客 249.8 万人次，占当月接待国内旅客总量的 12.2%；“五一”小长假共接待旅客 427.1 万人次，占当月接待国内旅客总量的 20.9%；7～8 月份暑期旅游共接待国内游客 4 662.46 万人次，占全年接待国内游客总量的 19.4%，增长 23.5%。其中过夜旅游人数 2 517.18 万人次，增长 24.5%；一日游客 2 145.28 万人次，增长 22.9%。实现国内旅游总收入达 370.79 亿元，增长 29.1%。

州市海外入境旅游

2013 年，文山、昭通、大理、迪庆等州市同比增长都超过 22%，其中昭通增长最快，接待海外游客 0.2 万人次，翻了一番以上。迪庆、昆明、丽江位居全省海外游客接待量前三名，分别累计接待海外游客 123.3 万人次、123.1 万人次、99.7 万人次，分别占全省海外旅游者总数的 23.1%、23.1%、18.7%，其中迪庆同比增长 22.1% 以上。口岸入境一日游方面，文山入境一日游游客同比增长 32.7%，增幅居全省第一位。红河、德宏、西双版纳接待规模较大，分别达到 180.3 万人次、

170.9 万人次、69.1 万人次，分别占全省口岸一日游人数的35.4%、33.5%、13.6%，与上年同期相比分别增长 29.4%、8.0%、19.8%。

游客停留时间

2013 年，游客在云南旅游的平均停留时间延长达 2.27 天，增长 3.17%。从出游方式看，2013 年参团赴云南旅游的游客占市场总量的 25%，与上年相比下降 2.93 个百分点。同时散客占比增加到 75%，改变了全省旅游市场的发展格局。

旅游产业

2013 年，云南省拥有旅行社 745 家，其中出境游旅行社 36 家；星级饭店 894 家，星级经济型酒店 67 家，星级特色民居客栈 177 家，A 级旅游景区 198 家；星级旅游汽车公司 45 家，星级旅游汽车 4 115 辆，星级旅游汽车驾驶员 4 275 人；旅游温泉企业 227 家，其中三星级温泉企业 4 家；旅游餐馆 223 家，其中金盘级旅游餐馆 13 家，银盘级旅游餐馆 40 家，铜盘级旅游餐馆 170 家；团队餐企业 163 家；持有导游证（IC 卡）的有 24 657 人，星级导游员 9 057 人。

旅游贡献

2013 年，全省旅游增加值达到 750 亿元，比上年增加 95.25 亿元。占全省 GDP 的 6.4%左右，比上年提高 0.05 个百分点。旅游业对全省交通运输业的贡献达 416.8 亿元，对住宿业的贡献达 375.0 亿元，对餐饮业的贡献达 315.0 亿元，对娱乐业的贡献达 122.9 亿元，对商品零售业的贡献达 439.6 亿元，游览花费达 275.9 亿元。在旅游业的带动下，全省航空客运量达 4 000.5 万人次，增长 25.3%。其中昆明机场运送旅客 2 968.8 万人次，增长 23.8%；铁路运送旅客 3 334.57 万人次，增长 10.7%，其中运送旅游团队人数达 86.68 万人次，增长 9.0%。全省出入境游客为 2 885.73 万人次，增长 13.9%，其中入境游客达 1 460.24 万人次，增长 13.8%。

主要客源国

2013 年，全省海外旅游市场中亚洲客源市场保持两位数的增长，入滇游客达 254.7 万人次，增长 13.9%。其中来自东盟 10 国中的菲律宾、新加坡、泰国游客量分别为 1.5 万人次、23.8 万人次、49.0 万人次，同比增长均超过 14%。菲律宾同比增幅高达 50.1%，东北亚的韩国来滇游客量达 34.4 万人次，同比增长 12.6%。欧洲入滇游客达 81.6 万人次，增长 17.3%。其中法国游客最多，达 15.9 万人次，增长 12.1%；英国、德国、俄罗斯、意大利游客同比增幅均超过 23%。美洲入滇游客达 29.1 万人次，增长 19.4%。其中美国游客达 19.0 万人次，增长 14.8%。大洋洲入滇游客达 11.5 万人次，增长 21.6%。其中澳大利亚游客达 8.9 万人次，增长 24.3%。

旅游项目

2013 年，云南省通过实施 1 个国际会展中心、10 大历史文化旅游项目、10 大国家公园、20 个旅游型城市综合体、200 个旅游重大项目和 60 个旅游小镇为内容的“111226 工程”，不断完善项目管理手段和措施，完成了全省 404 个旅游重大和重点项目，计划总投资 6 586 亿元，其中休闲度假旅游产品类项目占总量的 1/3 以上。着力推进旅游重大（投资 3 亿元以上）350 个，其中新开工旅游重大项目 8 个，部分或全部建成入运营类 55 个、在建类 165 个、前期类 48 个、储备类 82 个。2013 年 1 ~ 3 季度，由省旅游发展委牵头负责全省纳入省级统计管理的旅游重大项目（年度目标完成投资 200 亿元），实际完成投资 148.56 亿元，占年度目标任务数的 74.28%；纳入全省集中考核的 142 个在建类项目（年度目标完成投资 112.35 亿元），实际完成投资 81.64 亿元，占年度目标任务数的 72.7%。

（光杰　海容）

旅游名镇

概述

2007 年，云南省按照旅游资源特色、旅游服务接待设施、旅游接待规模以及知名度等指标，评选出官渡区官渡镇、景洪市勐罕镇、大理市大理镇、鹤庆县草海镇、剑川县沙溪镇、腾冲县和顺镇、古城区大研镇、古城区束河镇、建水县临安镇、

香格里拉县建塘镇十大旅游名镇。并以这十大旅游名镇为示范，通过总结建设经验、探索开发模式、比较优势特色，带动云南省旅游小镇的开发建设。

官渡镇

位于昆明市官渡区南部。2007 年由云南省旅游局授予“云南旅游名镇”” 称号。昆明国家级历史文化名城的组成部分。官渡镇 4 000 多年前就有人居住，是滇文化发祥地之一，在滇池岸边形成螺丝壳堆积如山的渔村，古称“蜗洞”；南诏大理国时期在此设渡口，改为“官渡”，成为滇池东北岸一大集镇和交通要冲：昆明老八景之一“古渡渔灯”即反映了昔日官渡的繁荣。官渡镇文化遗存丰富，文化古迹众多，现有国家、省、市级历史文物 10 余处，其中国家重点文物金刚塔是“官渡文明”的标志。官渡古镇的修复和建设作为昆明市实施国家级历史文化名城保护的标志性工程，建设了金刚塔、妙湛寺、法定寺、文明阁、土主庙、观音寺、上下阁楼、广济寺、民居等景点，有滇剧、滇菜、昆明小吃、传统手工艺等民间文化活动，建设有颇具特色的民居客栈，成为昆明旅游小镇的代表。

官渡古镇金刚塔　　（许太琴　摄）

官渡古镇双塔　　（张艳秋　摄）

大理镇

位于大理市中部，洱海西岸。2007 年由云南省旅游授予“云南旅游名镇”称号。国家级历史文化名城，国家级风景名胜区组成部分，云南省“文献名邦”之一。大理镇以大理古城为中心，东临洱海，西靠苍山，是古代南诏国和大理国的都城，作为古代云南地区的政治、经济和文化中心长达五百余年。现存古城始建于明洪武十五年（公元 1382 年），城内主大待纵贯南北，街道两旁青瓦屋面，民居、商店、作坊相联，风貌古朴。以白族为主体的少数民族聚居于此，其特有的本主文化、白族民居、节日庆典、民间工艺赋予大理镇丰富的文化内涵。大理镇是云南开发较早的地区，以古城的山水、街巷、建筑为物质特载体，以白族文化为精神内核，形成崇圣寺三塔、洋人街、文献楼、五华楼、白族民居等旅游观光景点，三月街、本主节、火把节、绕三灵、栽秧会等旅游节庆产品，希夷之大理、洞经音乐等旅游演艺产品，三道茶、生皮、乳扇、酸菜鱼等旅游餐饮产品，木雕、银器、扎染、白族服饰等工艺产品，酒吧、客栈等度假休闲产品。

大理古城　　（许太琴　摄）

大理古城楼　（许太琴　摄）

大理古城街道　（许太琴　摄）

大理古城洋人街　（许太琴　摄）

沙溪镇

位于剑川县西南部，地处茶马古道上的要冲。2007 年由云南省旅游局授予“云南旅游名镇”称号。国家级文化名镇。沙溪镇历史悠久，在青铜业、盐业和商贸运输业的带动下，成为经济繁荣的陆路交通码头，在促进这一地区民族宗教文化兴旺发达的同时，创造出石钟山石窟文化、兴教寺密宗佛教文化、寺登四方街民族商业建筑文化等灿烂的历史文化。镇内有国家重点文物石钟山石窟、兴教寺古建筑群，世界纪念性濒危建筑遗产寺登街。沙溪镇的旅游开发以古镇的山水、街巷、建筑为依托，以白族文化、宗教文化、商贸文化为特色，形成四方街、古戏台、老马店、寨门、兴教室、鳌峰山古墓群、长乐魁阁、本主庙、慈荫庵、城隍庙、古道、古石桥、传统民居等观光景点，石宝山歌会、火把节、二月八太子会、儒家洞经会、佛教妈妈会、本主祭祀等民俗活动，木雕、布扎、挑花刺绣等工艺品，乳饼、松茸、芸豆等特色小吃。

大理沙溪古镇古戏台　（张艳秋　摄）

大理沙溪古镇老街　（张艳秋　摄）

临安镇

位于建水县中部，是建水县政治、经济、文化和交通中心。2007年由云南省旅游局授予“云南旅游名镇”的称号。是国家级风景名胜区、云南省“文献名邦”之一。临安镇自古享有“滇南邹鲁”、“文献名邦”的美誉，最早为南诏时修筑的土城，明洪武二十年（1387年）扩建为砖城，古城历经12个世纪的建设，至今保存有50多座古建筑，被誉为“古建筑博物馆”和“古民居博物馆”，有文庙、朝阳楼、指林寺、朱家花园等文物古迹。临安镇旅游开发以儒家文化和民族文化为依托，以古建筑、古民居、民间工艺为特色，发展人文观光、特色购物、文化体验等旅游产品，形成文庙、朝阳楼、玉皇阁崇圣文塔、指林寺、学政考棚、朱家花园、小桂湖、崇政书院、白衣楼、文笔塔、天柱塔等观光景点，紫陶、酸甜石榴、草茅、临安烧豆腐等特色购物产品，洞经音乐、祭孔乐舞、彝族花灯、彝族火把节、苗族“踩花山”、哈尼族“昂玛奥”节等文化体验产品。

和顺镇

位于腾冲县城西南部。2007年由云南省旅游局授予“云南旅游名镇”称号。是国家级历史文化名镇，国家AAAA级旅游景区。和顺镇以体现中华文化精粹的村落风貌、民居建筑、民间艺术、饮食文化、民间工艺、生活习俗而著称，是一个集“山水、侨乡、边镇”特色于一身的历史文化名镇，在2005年中央电视台中国魅力名镇评选中被评为中国十大魅力名镇之首。和顺镇是云南省近年新兴的旅游目的地，其旅游开发以山水田园风光为依托，以历史文化、侨乡文化、民俗文化和建筑文化为特色，着力发展观光游览、文化体验和休闲度假等旅游产品，形成艾思奇纪念馆、元龙阁、中天寺、文昌宫、商号、牌坊、宗祠、月台、照壁、闾门、洗衣亭、民居等观光景点，和顺图书馆、马帮馆、滇商馆、夷方馆、皮影艺术馆、翡翠大王家乡、民间手工艺等文化体验产品，大救驾、饵丝、火锅等风味饮食产品，酒吧、茶吧、书吧、民居客栈等度假休闲产品。

腾冲和顺乡

腾冲和顺乡图书馆

腾冲和顺乡艾思奇纪念馆大门

腾冲和顺乡艾思奇纪念馆　（本版摄影　张艳秋）

大研镇

位于古城区，北依象山、金虹山，西枕狮子，东临良田阔野。2007 年由云南省旅游局授予“云南旅游名镇”称号。是国家 AAAA 级旅游景区，国家级历史文化名城的主体部分。大研镇具有“三山为屏、一川相连、三河穿越”的大环境格局，古老的道路和依山就水，错落有序的建筑形成多样化的城镇空间。以纳西族为主体的少数民族生活于此，其特有的宗教信仰、建筑风格、节日庆典、服饰饮食、文学艺术赋予大研镇丰富的民族文化内涵。1996 年的“2·3”地震使大研镇受到重创，同时也给古镇保护和旅游开发带来了机遇。1997 年，以大研镇为主体的丽江古城列入世界文化遗产名录，大研镇由此进入旅游发展黄金时期。大研镇的旅游开发以古镇的山水、街巷、建筑为物质载体，以纳西族文化为精神内涵，发展古镇观光、文化体验和度假休闲旅游产品，形成四方街、木府、大石桥、三眼井、民居等观光景点，纳西古乐、纳西打跳、东巴文化、服饰饮食等文化体验产品，酒吧、民居客栈等度假休闲产品。

丽江大研古镇四方街

丽江大研古镇人家

丽江大研古镇小桥流水

束河镇

位于古城区北部，束河在纳西语中称“绍坞”，意为“高峰下的村寨”。2007 年由云南省旅游局授予“云南旅游名镇”称号。世界文化遗产、国家级历史文化名城的组成部分。束河镇历史悠久，是纳西族先民在丽江坝子中最早的聚居地之一，历经唐、宋、元、明、清千余年，为国内少有的农耕文化、商业文化并存的活标本，也是茶马古道上保存完好的重要集镇之一。束河镇依山傍水，面临田园阡陌，高低错落的民居依山而筑，临水而居，一派“小桥流水人家”

束河古镇九鼎龙潭古寺

束河古镇古桥

（本版摄影　许太琴）

情调。束河镇是继大研镇之后丽江古城的旅游新热点，其旅游开发贯彻“保护古镇，开辟旅游配套区”的策略，以古镇风光和纳西文化为特色，形成青龙桥、四方街、九鼎龙潭、三圣宫、普济寺、西山、石莲山、茶马驿栈与民居院落等观光景点和迷人的“束河八景”，并形成正月十五棒棒会、农历二月初八三朵节、梨花节、立夏圣水节、火把节、美食特产、民间工艺等文化体验产品，酒吧、茶吧、民居客栈等度假休闲产品。

草海镇

位于鹤庆县北部，大丽公路穿境而过。2007年由云南省旅游局授予“云南旅游名镇”称号。是国家级AA级旅游景区。草海镇风光秀丽，有五潭三海、两大河流和草海湿地保护区，且名优特产丰富，有鹤庆火腿，金、银、铜手工艺品。草海镇的旅游开发以民间手工艺生产为特色，其新华村是一个“小锤敲过千年”的古老村寨，形成家家有手艺、户户是作坊的生产格局，手工艺人寸发标被联合国教科文组织授予“民间工艺美术大师”。优美的自然风光、浓郁的民族文化、精湛的手艺技艺，形成草海镇独具魅力的旅游特色。可游览上帝庙、神仙洞、新林溶洞、花果山、观音岩、黑龙潭、星子龙潭等景点，购买九龙壶、九龙杯、十八般兵器、盔甲、净水壶、餐具、酒具、首饰等纯银制品和擂钵、水瓢、饭勺、盆、锣锅、大锅、净水碗、烛台、铃铛、酒具等铜制品，品尝龙潭鱼、猪肝渣、火腿等白族风味美食，草海镇成为远近闻名的白族手工艺旅游名镇。

建塘镇

位于香格里拉县中部，是云南进入四川、西藏的交通枢纽和滇、川、藏茶马互市的重镇。2007年由云南省旅游授予“云南旅游名镇”称号。是省级历史文化名城的主体部分。建塘镇区分为城（中心镇）和新城两部分。建于明代的独克宗古城，是藏区至今保存最完好的古城，古城建设布局形似八瓣莲花，城内街市环山而建，分金龙、仓房、北门三街和33条巷，中心有集市交易场所四方街，民居建筑是藏式雕房与纳西井干式木板屋结合的产物。以藏族为主体的少数民族长期在此居住生活，其特有的宗教信仰、建筑风格、节日庆典、服饰饮食、文学艺术赋予建塘镇丰富的民族文化内涵。建塘镇的旅游开发以独克宗古城为依托，以藏族文化为特色，形成攒经堂、四方街、龟山公园、三江并流世界自然遗产迪庆管理中心、迪庆藏族自治州博物馆、四方街、民居等观光景点，藏民家访、藏医药养生、建塘锅庄、茶会歌、建塘歌庄、服饰饮食等文化体验产品，酒吧、民居客栈等度假休闲产品。

香格里拉独克宗古镇　（王　新　摄）

勐罕镇

位于景洪市南部，南临澜沧江，是澜沧江黄金水道和西双版纳旅游东环线的重镇。2007年由云南省旅游局授予“云南旅游名镇”称号。勐罕镇以浓

勐罕镇傣族园　（许太琴　摄）

孟罕镇傣族园大门　（许太琴　摄）

勐罕镇曼春满缅寺

（许太琴　摄）

郁的傣乡风情和绮丽的亚热带风光而闻名于世，享有“孔雀羽翎”、“鱼米之乡”的美誉。橄榄坝是西双版纳海拔最低的坝子，天气炎热，盛产热带水果。勐罕镇的小乘佛教、贝叶文化、傣族民居、节日庆典、服饰饮食，哈尼族的语言和“无字”文化，赋予勐罕镇丰富的民族文化内涵。勐罕镇旅游以亚热带自然风光为依托，以傣族风情为特色，形成曼春满缅寺、民族神话园、曼听白塔、哈尼古寨、龙得湖、树包塔、独树成林、澜沧江沿岸风光、千亩攀枝花林、千年芒果树等旅游观光景点，开发泼水节、傣家风味、民族服饰、民族工艺等文化体验旅游产品，盛产热带水果、水果干、米酒、糯米香茶等特色物品、农家乐等休闲度假产品。

（秦　硕）

傣乡风情之一

傣家自产自销的热带水果

傣乡风情之二

傣乡风情之三

（本版摄影　许太琴）

理论研究

生态文明建设研究

彩叶树种在美丽云南建设中的应用研究

随着我国城市园林绿化发展的进一步加快，人们观赏水平的不断提高，传统单一的绿色植物景观已不能满足人们的需求，而彩叶树种丰富的色彩景观，在城市园林绿化和乡村屋景配置中发挥着越来越重要的作用。顺应潮流，开拓创新，把彩叶树种充分运用到园林景观中去，丰富城市和乡村园林色彩，弥补城市淡花季节色彩单调的缺憾，是开辟园林绿化发展的新道路。云南因其自然条件优越不仅孕育了丰富的植物种质资源，而且还适合多种外来植物的生长，然而在目前的云南城市和乡村绿化中还存在着树种单一、结构不合理、观赏类型单调、景观效果差、林荫道少、遮荫避日不够等问题。

一、彩叶树种的基本类型

在园林应用中，根据彩叶树种叶色变化的特点，一般分为常年异色叶树种、春色叶树种和秋色叶树种等3种类型。

（一）常年异色叶树种

指某些树的变型或变种，其叶常年均呈异色，而不必待秋季来临，因此称为常色叶树。如全年呈紫色的有紫叶李、紫叶矮樱、美人梅、紫叶小檗等；全年叶均为金黄色的有金叶鸡爪槭、金叶雪松等。还有花叶黑松、金黄球柏、金叶桧、洒金云片柏、红花檵木、银边海桐、花叶橡皮树、金山绣线菊、花叶朱槿、变叶木、红背桂、红枫、金边大叶黄杨、金边胡颓子、洒金东瀛珊瑚、金叶女贞、金边接骨木、金叶假连翘、菲黄竹、金边六月雪等。

（二）春色叶树种

指春季新发生的嫩叶有显著不同叶色的树种。如春季嫩叶呈红色的臭椿、五角枫，呈紫红色的黄连木及垂柳、金叶含笑、樟树、朴树、山麻杆、石楠等。

（三）秋色叶树种

在秋季叶子能有显著变化的树种均称为秋色叶树。如秋叶呈红色或紫红色的有黄栌、元宝枫、柿树等，呈黄色的银杏、栾树等树种，以及金钱

昆明黑龙潭公园红叶 （许太琴　摄）

昆明植物园枫叶　（许太琴　摄）

松、西南落叶松、水杉、白桦、榉树、鹅掌楸、檫木、枫香、球穗花楸、乌桕、重阳木、厚皮香、鸡爪槭、三角枫、野鸦椿、黄连木、火炬树、漆树、无患子、黄檗、卫矛、白蜡等[1]。

（四）云南彩叶树种常见种类

云南是中国的植物王国，常见的彩叶树种有：银杏、池杉、水杉、落羽杉、昆明刺柏、黄金球柏、滇杨、滇朴、花叶榕、紫叶小檗、南天竹、鹅掌楸、北美鹅掌楸、杂交鹅掌楸、樟树、羽衣甘蓝、枫香、红花檵木、杜仲、悬铃木、球花石楠、紫叶李、红叶石楠、臭椿、苦楝、乌桕、变叶木、红桑、红背桂、一品红、小叶黄杨、黄连木、清香木、三角枫、鸡爪槭、金心大叶黄杨、无患子、复羽叶栾树、山杜英、彩叶朱槿、鹅掌柴、洒金珊瑚、柿树、金叶女贞和假连翘等百余种。

二、彩叶树种的应用现状

（一）国外彩叶树种应用

糖槭是加拿大的国树，也是著名的秋色叶树种，加拿大每年都要举办盛大的“槭树节”；美国明尼苏达大学树木园的糖槭林，每到秋季，红黄相间，景色诱人[2]；在英国园林中，秋景彩叶树种色彩丰富，季相变化明显，充分利用由金黄色和鲜红色的秋色叶树种组成，极为迷人，常见的种类有北美黄栌、连香木树、槭树、北美枫香、白蜡、北美紫树、桦木类等。

（二）国内彩叶树种应用

中国作为园林之母，拥有丰富的树木资源，彩叶树种资源也极为丰富。据 1993～1997 年的初步调查，全国彩叶树种达 62 个科 108 个属共 400 多种[3]。但与国外相比，中国对彩叶树种的利用和品种选育尚处于起步阶段。直到 20 世纪 90 年代，才开始重视彩叶树种的应用，从国外引进大量的彩叶树种，尤其是 1996 年国家“948”国际先进农业引进项目正式把引进国外园林花卉优良品种列入“九五”首批重点引进项目之后[4]。目前，国内彩叶树种使用数量比较少，只有近几年北京、天津、上海、大连等一些大城市开始注意重视彩叶树种的使用。北方地区受气候条件限制园林树种相对单调，色彩比较缺乏，更应该加强彩叶树种的应用，重视彩叶树种的使用，改善城市生态环境、提高城市景观价值。

（三）云南彩叶树种在城市、乡村绿化中的配置

彩叶树种配置时，根据植物的生物学特性、生态习性和观赏特性，考虑美学中有关色彩和季相、对比和衬托、节奏和韵律、层次和背景以及意境表现等艺术性问题。彩叶树种在园林绿化中有以下几种应用形式。

1. 孤植

孤植是为突出显示树木的个体美常采用的方法，彩叶树种色彩醒目，可作为景观中心和视觉焦点，发挥景观的中心视点或引导视线的作用。如银杏，树干挺拔，叶型奇特，适合孤植，形成视觉中心。

2. 丛植

丛植三五成丛地点缀于园林绿地中的彩叶植物，既丰富了景观色彩，又活跃了园林气氛。常见的丛植彩叶树种有：紫叶李、樱花、红枫、鸡爪槭、紫薇等。这些树种在厂区绿地、街头绿地、公共绿地及居住区绿地内到处可见，点缀于园林绿地中，与上层的高大乔木、下层的地被、草坪配置，形成既有纵向层次又有横向色彩的景观，均能起到锦上添花的作用。

3. 镶嵌

金叶黄杨、金边黄杨、金叶女贞、紫叶小檗等株丛紧密且耐修剪，是极为优良的篱垣材料。与绿色基础种植材料相互搭配构成美丽的镶边、字符、图案等，特别是在绿色草坪背景下的基础种植，将彩叶树种衬托得更加美丽。

4. 群植

或片以彩叶树种为主要树种成群成片地种植，构成风景林，独特的叶色和姿态一年四季都很美丽。如枫香、银杏、鹅掌楸、金叶刺槐、紫叶矮樱和栾树均可成片种植成风景林，其美化的效果要远远好于单纯的草坪及绿色风景林[5,6]。

总之，应用彩叶树种，都要注重不同色彩及背景植物的合理搭配，注重彩叶树种与各类针阔叶树种的混交配置，注意彩叶树种与环境之间的协调，形成视觉效果上的跳跃变化，以获得最佳观赏效果。

三、云南彩叶树种在城乡绿化中的应用及对策

云南是中国植物多样性最丰富的地区之一，有观赏价值的野生植物约为 2 500 种，但目前普遍用于城市绿化的不到 1/10，常用的只有几十种，有特色的乡土树种占的比例更少。在昆明，乡土植物的利用尚不充分，园林绿化的特色不甚鲜明。

当前云南的园林植物配置中，过分追求绿色和过多使用常绿植物，导致色彩单一，季相景观不

突出。同时，色彩的选择不当，不仅达不到美化环境的目的，反而带来负面效应。例如，在一些中小学校园里种植了许多常绿植物，如雪松其深绿的叶色，代表了庄严肃穆，同青少年活泼好动的特点是十分不协调的。在可供绿化配植的植物中，许多植物色彩是十分丰富的。例如传统栽培的鸡爪槭，红色叶片十分优美；银杏在秋天到来时，叶片变成灿烂的金黄色，在秋天的阳光下，宛如镀上一层黄金；乌桕和卫矛在秋天则变成深红色；紫叶李一年四季全株叶片紫红。更不用说那数以百计叶色各异的灌木和地被植物了。只要配置得当，不同的季节，植物会呈现出不同的色彩，使人们通过植物的季相变化感觉到大自然的四季转换。

（一）云南彩叶树种在园林景观配置中的应用

1. 在城市园林景观中的应用

在城市行道绿化、工矿企业厂区绿化和学校公园区绿化，彩色树种的利用要考虑到植物与道路、水体、草坪、建筑的色彩、质地等方面的搭配，如色泽鲜黄或鲜红的槭树类、黄连木、苦楝等，可以与其它常绿的植物配置[7]。选用株型紧密且耐修剪的彩色树种，在行道下、草坪中采取孤植、列植、丛植等形式，与绿色基础种植材料相互搭配构成美丽的镶边、图案等，往往将彩色树种衬托得更加美丽，使城市绿化呈现出色彩缤纷的绚丽景象。

在开阔的城市周围，公路、河流两侧以及规模较大的群落构成中，可采用群植或片植的方式，将彩叶树种成群成片种植，以形成风景林，使独特的叶色和姿态一年四季大放异彩。还可在原先的人工林中进行景观伐和景观补植，除了将彩叶树种点缀其中外，还可配置些观花观果的植物，如硕果满枝的柿子、山楂、桃树等，逐步把人工林改建成风景林，丰富森林景观多样性，形成春、夏、秋树美化、香化的诱人景色，增强主体景观的艺术档次，产生迷人的景观效果。如著名的北京香山、江西庐山、长江三峡等处的彩叶胜景，其美化的效果要远远好于单纯的绿色风景林[8]。

2. 在乡村居住区的应用

在彩叶树种的选择上，一般色彩明亮、层次丰富的彩叶植物景观较受公众喜爱。因此，乡村居住区彩叶植物较理想的造景，主要应用如下：

（1）安静的休憩场所。在休憩场所宜种植颜色较为缓和柔顺的彩叶植物，配合建筑小品或在水边种植，营造较为安静的休憩环境。在休憩活动的环境中，彩叶植物作为点景植物，其应用比例不宜大于绿叶植物。

（2）开阔的中央广场。在开阔的中央广场中，各景观要素的周围可丛植或列植彩叶乔木，或种植彩叶模纹灌木，作为硬质景观的背景，烘托主题。

（3）幽静的小路。居住区园路的环境宜安静，可将彩叶乔木丛植或列植，以高大的绿叶乔木作为背景，下层密植灌木和地被，从而形成一个幽静的空间环境。

（4）活泼的运动场所。居住区运动健身场所的氛围应活泼热闹，吸引人们来此锻炼身体，选用颜色鲜艳的彩叶植物孤植或丛植于其中，作为点缀，用来活跃场所的气氛。

（5）与设施结合。彩叶植物与亭廊结合时，可在廊架上种植藤本植物，彩叶植物明亮的色彩可减弱建筑材料造成的沉重感；在游乐或健身场所，可孤植或丛植颜色活泼的彩叶植物如红枫，从而使场所的氛围活泼生动起来。彩叶植物与硬质景观，如雕塑、景墙结合时，可丛植或整齐地列植，作为硬质景观的背景，烘托主题。

（6）与水结合。在水边宜种植亲水的彩叶植物，如水杉；在长条形的水池边可种植带状彩叶灌木，形成统一的节奏感。

（7）营造园林主景。一般在以大片绿叶为背景的植物景观中，宜选用色彩鲜艳明亮的彩叶植物如红枫、枫香、乌桕，来点景或形成主景。此外，在进行色彩搭配时，还要考虑树形等特征，比如垂柳与香樟的叶色相近，但二者树形迥异，配植的景观效果较好[9-11]。

（二）云南彩叶树种在园林景观配置中的应用对策

云南城乡道路和居住区绿地彩叶植物应用中的不足彩叶植物种类还不丰富。其中彩叶乔木、彩叶草本和彩叶藤本种类偏少，尤其是乡土种类缺乏。为追求异域风情，盲目引用外来树种；过多地强调四季常青，彩叶树和落叶树运用比例小，缺乏一种反映自然时序的叶片变色和落叶之美；彩叶植物的配置形式单一，彩叶灌木多修剪成规则式或采取片植满栽的形式，致使有的地方景观显得单调，彩叶植物的配置形式。不论是“乔—灌—草”复层结构、还是“乔—灌”复层结构，都存在着乔木、灌木、草（藤）本相互间搭配不合理的现状。多数缺乏艺术性、无生动的色彩对比、层次对比和质感对比，千篇一律，呆板无趣。在彩叶植物配置时，没有遵守适地适树原则，使其叶色特点没有充分展现。

1. 充分挖掘乡土彩叶树种体现地方特色

目前在园林行业中存在一种认识上的误区，认为外来树种用得越多越好，植物越奇特越好。造成很多城市出现景观雷同、植物种类相同等同质化现象，这些错误的思想认识直接影响了乡土园林植物的选育和发展。充分利用野生彩叶树种资源，不仅能够丰富彩叶树种的种类而且能体现园林绿化景观的地方特色。首先要在园林建设各部门中，尤其要在相关园林设计部门中加强乡土彩叶树种知识的学习，使园林工作者认识到乡土彩叶树种的重要性，改变以往对于乡土彩叶植物产生的偏见，建立正确的思想观念。充分挖掘乡土彩叶树种体现地方特色，要重视乡土彩叶树种的基础研究工作。要组织林业、园林等相关部门开展本地区野生彩叶植物普查工作，从中选择出姿态优美、叶色鲜艳、季相变化明显、景观效果好的野生彩叶植物，进行驯化培养研究。

2. 加强彩叶树种引种和推广工作

积极引进适合各地生长的优秀彩叶植物，尤其要加大对于常绿彩叶树种、彩叶草本、彩叶藤本、镶边彩叶植物、花斑和花叶彩叶植物的引种工作，不断丰富园林绿化中彩叶苗木的种类，增强生物多样性[12]。对于已经证明适合本地区生长的彩叶树种，要加大对其中优良品种的推广力度。同时设计人员要多注意对新引进彩叶树种的学习，不能把创造多彩园林植物景观效果的重任，全部放在传统、常见的彩叶树种的用量上。要更多地考虑那些已经取得良好的效果，且适应性强的彩叶植物如槭树科、壳斗科、木兰科树种的应用。同时要加强设计部门和苗木生产部门之间的协作配合。应当以园林规划设计为引导，规模化育苗为基础，有针对性的大量培育优良的彩叶树种，为建设色彩丰富的城市园林景观储备苗木资源。加强园林苗木生产基地与科研院所之间的合作，为科学化、规范化引种彩叶树种提供科技支撑。

3. 重视养护管理突显彩叶树种特色

植物种植工程的养护工作是长久的，养护工作做不好，植物就很难达到预期效果。彩叶花灌木要注意适时修剪，来保持良好长势，对于组合形成模纹图案或绿篱的彩叶要经常注意修剪，使彩叶植物生长整齐紧密，呈现出较好的景观效果。在城市绿地中，存在许多彩叶植物管理不当造成景观达不到预期效果的例子。在有些绿地当中存在杂草丛生，乔灌木未及时修剪，达不到设计的效果[13]。因此，主管部门一定要制订严格的制度，督促施工单位做好植物的养护管理工作，除做好常规管理如除草、病虫害的防治等方面，促进植物旺盛生长外，还要注意修剪、保证彩叶树种植株美观，对于色块和色带类要促进枝叶生长，保持植株紧密整齐，保证景观持续性和稳定性，使彩叶树种发挥更大的生态效益和社会效益，突出云南生物多样性特色，为建设美丽云南做出应有的贡献。

参考文献：

[1] 藏德奎. 彩叶树种选择与造景 [M]. 北京：中国林业出版社，2003.

[2] 王庆菊，胡艳丽，李晓磊. 紫叶稠李叶片不同叶序花青苷与化学成分的相关性 [J]. 山东农业大学学报：自然科学版，2007，13 (4)：557～560.

[3] 王静，王关林，华婧，等. 紫叶挪威槭的休眠芽培养与植株再生 [J]. 植物生理学通讯，2007，24 (5)：896～897.

[4] 杨明琪. 前程如火的优良树种——北美红栎 [J]. 中国花卉盆景，2003，1 (6)：8～9.

[5] 招雪晴，苑兆和，徐榕，等. 自由人槭“秋焰”组织培养中外植体的选择研究 [J]. 山东林业科技，2009，36 (9)：70～72.

[6] 钱文宇，薛隽，世界著名观赏树木日本四照花·杂交梾木 [J]. 园林，2009，8 (9)：72～73.

[7] 朱仁元，徐霞. 园林植物彩色图谱 [M]. 沈阳：辽宁科学技术出版社，2002.

[8] 陈有民. 园林树木学 [M]. 北京：中国林业出版社，2000.

[9] 贺士元，邢其华，尹祖棠，等. 北京植物志 [M]. 北京：北京出版社，1993.

[10] 黄增艳，周永元. 植物生长调节剂对布克芙蓬扦插生根的影响 [J]. 安徽农业科学，2007，36 (15)：4473～4474.

[11] 郭宝成，李殿波，闰继春. 野生花木鸡树条荚的引种栽培技术 [J]. 中国林副特产，2013，12 (1)：25～28.

[12] 冯秀萍. 宝鸡地区彩色植物及园林应用

[D]. 杨凌：西北农林科技大学，2007.

[13] 金煜，植物景观设计 [M]. 沈阳：辽宁科学技术出版社，2008.

（唐海龙　董文渊）

云南省边境地区生态保护对策分析

一、云南省生物多样性保护的重要性及工作简况

（一）云南省生物多样性保护的重要性

保护自然资源和建设好生态环境，是我国实施可持续发展的一项重要战略任务。云南素有“动物王国”和“植物王国”的美誉，生物多样性在全国名列前茅。

通过多年的工作，云南省组织开展了全省生物多样性评价，基本建立了云南生物多样性基础数据库，从物种丰富度、生态系统类型多样性、植被垂直层谱完整性、物种特有性与外来物种入侵度等5个方面对全省129个县的生物多样性进行了综合评估。评价结果为云南有野生高等动植物物种20 312种（含种下等级），其中高等脊椎动物1 972种，高等植物18 340种；生态系统丰富和复杂，有12个植被型、34个植被亚型、445个群系、数量众多的植物群丛。

（二）云南省生态保护工作简况

云南省委、省政府高度重视生态环境保护，实施“七彩云南保护行动计划”，先后启动天然林保护、退耕还林和封山育林、造林绿化、水土保持、农村能源建设等为主体的生态建设工程，通过突出生态保护、环境治理、节能降耗等方面的工作，使云南省的生态环境处于全国较好的省份之一，成绩斐然。

在生态建设和保护工作中，加强野生动植物的保护和管理，建立具有全球重要意义的自然保护区、湿地保护示范区，是实施生物多样性保护的一个重要方面。建设和管理自然保护区一直是全国保护典型生态系统和生物多样性最直接、最有效的措施。云南省的自然保护区建设工作在全国起步早，成效明显。根据环保部网站资料，到2009年年底，保护区总数达到了152个，总面积为2.84万平方千米，占云南省国土面积的7.2%，优于原7%的考核标准。

二、边境地区是云南省生物多样性保护的重中之重

云南生物物种及特有物种均居全国之首，是中国乃至世界生物遗传物质极为丰富的天然基因库之一；而作为全国的生物多样性重点保护地区和大江大河的上游源头地区，云南又是国家重要的生态屏障之一。

云南边境地区是云南省生物多样性典型代表地区，生物多样性高度集中。云南边境地区在环境生态方面承担了重要的义务和责任，是云南省生物多样性保护的重中之重。

云南边境8个州（市）25个边境县均是森林资源保护良好，森林覆盖率较高的地区，有超过一半的边境县森林覆盖率超过了50%。

对照环保部网站显示的云南省自然保护区资料，在云南省25个边境县区域内共设有23个自然保护区。经统计，25个边境县县域国土面积是云南省总国土面积的1/5。全部边境县自然保护区总面积达到近1.02万平方千米，达到全部县域国土面积的12.0%，占全省自然保护区面积的1/3以上。再加上水源保护区、风景名胜区、其他天保林、封山育林地、山地灾害区及河流等不可开发用地，边境县生态功能用地比例很大。

在边境县涉及的自然保护区中有国家级自然保护区6个，占边境县涉及的自然保护区总面积的81%。分别为西双版纳、纳板河流域、高黎贡山、南滚河、金平分水岭和黄连山自然保护区。其中西双版纳与高黎贡山两个自然保护区被纳入联合国教科文组织世界人与生物圈保护区网络，其需要保护的重要性受到国际公认。其他保护区中共有省级11个，市级2个，县级4个。西双版纳国家级自然保护区中尚勇子保护区31 300平方千米和与中国边境接壤的老挝南木哈国家级自然保护区23 400平方千米范围，组成联合保护区域，是跨境联合保护机制的重要实施实体，正在实施GMS生物多样性保护走廊建设示范项目。

三、边境地区生态保护与开发矛盾突出

（一）生态价值突出，保护要求高

由于云南省自然资源丰富，保护价值高，受到国内和国际社会的高度关注。从自然资源的价值上看，这些区域拥有世界的瑰宝。保护不到位，致使缺失的，是不能找回的物种资源、人力不能再恢复的高等复杂生态系统，也会丢失获得遗传多样性的亲本，甚至是平衡全球气圈、水圈等重要保护

圈能力。因此保护是不能改变的主旋律。

（二）生态系统脆弱，保护难度大

从自然条件上看，云南边境地区山高坡陡，沟谷纵横、地理环境复杂多样，水土涵养能力减弱、雨季暴雨成灾，旱季缺水严重，水土流失加剧，地质构造的活动带来天然的山地灾害，都在天然的侵蚀着自然资源，石漠化、荒漠化现象突出。

在长期利益与眼前利益协调过程中，无地、少地状况导致人与自然对抗加剧，开始发展的矿电产业，甚至通公路这样的建设活动都有可能对生态系统产生割裂、孤立化效果。

而在实施跨境保护的同时，企业在周边国家的林产品购买、开发项目也在从外部对生态保护区的整体性造成了一定的破坏。

总体来看生态系统脆弱，保护难度大。

（三）对开发的限制大，贫困群众对保护的积极性低

在多次全国性生态功能区划和保护规划中，边境县县域面积中有许多区域被列入禁止开发范畴。云南沿边一线的大部分地区都处于贫困状态。25个边境县有16个是国家级扶贫重点县。边境地区经济水平同比下降，社会事业发展缓慢，公民素质亟待提高等问题成为不断累计加大的包袱。贫困群众对保护的积极性低，这一情况也给生态保护工作带来实际操作的巨大压力。没有了大众主动认同、积极参与，保护的效果也会有较大的影响。在保护的过程中，偷猎、盗伐现象均有发生，还发生过当地群众毁林开荒，为保护农作物而捕杀野生动物等个体、群体事件。

四、云南省边境地区生态保护对策分析

（一）转变经济发展方式，大力发展绿色经济

发展是解决矛盾的最好途径。同时经济发展的方式也是能否协调好矛盾各方面，促使对抗性矛盾转化为发展条件的关键性因素。为此，大力发展绿色经济也是云南省边境地区实施生态保护的重要举措。

绿色经济是节能降耗经济，促进经济增长的关键点是由主要依靠传统的工业扩张带动向三次产业协同带动和优化升级带动转变来实现。

按照目前的基础条件，云南边境地区应该避免重蹈西部传统的高成本增长模式，即由资源依托出发，依靠高耗能、高排放产业的增长带动经济发展。在这一特殊地区，传统模式带来的后果，不只是“资源支撑不住，环境容纳不下，社会承受不起，经济发展难以为继”，更有可能危及自然净化机制和国家生态安全。

目前云南边境地区中，多数地区农业仍然是支柱性产业。云南边境地区农业生物资源丰富，光热水土条件较好，是云南省热带、亚热经济作物的重要基地，适宜发展烟、蔗、果、茶、药物等产业。边境25个县中有5个已经认定为云南省重点中药材种植区域，获得“云药之乡”挂牌；“十二五”期间更明确了烟、糖、茶、胶、核桃、蚕桑、油料、冬早蔬菜、咖啡、南药、香料、花卉、油菜和包括龙陵黄山羊、版纳小耳朵猪、茶花鸡、怒江独龙牛、腾冲奶水牛、土蜂等特有品种的畜牧产品，为主要发展品种，核桃、板栗、油茶为主的干果油料经济林产业和森林产品业要做强做大，形成优势和规模。因此边境地区通过科学规划，走“绿色（特色）+规模+科技+名牌”的路子是可行的；通过大力开发绿色食品产业、绿色种养殖产业和绿色土特产业，推进生态农业的经营，完善生态农业产业链，发展山地综合开发型生态经济、以庭院为主的院落生态经济，推广林下套种等技术，建设林业环境友好型产业。

云南边境地区的旅游资源面广量大，既是少数民族的聚居地，又有神奇秀丽的自然景观，民族文化、自然风光交相辉映，如西双版纳州动植物资源和民族风情、普洱市14个世居民族、临沧沧源南滚河国家自然保护区、沧源崖画群、腾冲火山地热；怒江州大峡谷风光等，加上边贸和边境旅游的吸引，大力发展旅游、文化事业，有极佳的发展第三产业的基础。

而工业总量小的问题，在边境地区一定不能通过扩张的办法解决。如果能在“十二五”战略性新兴产业的发展过程中得到促进，可以实施高起点跨越式发展，争取以科技含量、独特产品方案及品牌战略取胜。

（二）建立生态补偿机制是必不可少的保障手段

关于生态补偿机制的讨论早在20世纪80年代就有许多专家学者进行了理论研究和呼吁，其建立的必要性也已经得到广泛认同。在云南省的边境县中，这个问题的主要矛盾是体现在其实施的急迫性上。边疆急切需要通过这项机制，协调好保护与发展的矛盾，保持和国家同步发展的步调。

云南作为资源大省，建立和完善生态补偿机制，有利于体现资源环境价值，加快转变发展方

式，建设资源节约型、环境友好型社会，使资源环境开发利用主体和环境服务受益主体承担保护义务。建议借鉴国内外生态补偿的成功经验，结合云南生态环境和经济社会发展特点，建立公众广泛参与，国家、企业不同生态补偿制度和模式，形成真正体现资源环境价值的补偿机制。

1. 云南边境地区需要加大退耕还林还草的补贴

由于保护的要求高，建议实行政策倾斜，适当加大退耕还林还草的补贴，确保钱粮到位，使群众通过退耕还林还草得到更多的利益和实惠。

2. 云南边境地区需要建立以政府为主的自然保护区生态补偿模式

在自然资源突出的地区建立自然保护区已经被确认为有效方式。同时政府肩负平衡公共资源的责任，也就应该把自然保护区生态补偿模式建立起来。资金投入以国家投入为主，地方各级财政和民间投入为辅，把各级自然保护区基础设施、管护能力建设和基本管护费用，以及扶持保护区内原住居民转变生产、生活方式的费用纳入相应层级的政府财政预算，完善和创新符合自然保护区特点的生态补偿和保护管理模式，对保护区和因保护而受损失的居民给予补偿，逐步解决保护区范围内人与自然、发展与保护的矛盾。

3. 云南边境地区需要政策性扶持

从相关文献上看，整个西部都需要中央政府通过财政转移支付、银行贷款、政策倾斜等渠道，加大对其生态环境建设的补助和支持。也需要东部以其资金、人才和技术优势来为西部改善生态环境而进行的专项治理承担相应的负担，帮助完善西部资源开发补偿政策，建立自然资源共享机制和生态环境建设的补偿机制。在云南的边境地区这个问题尤为突出。

4. 加强对企业开发利用矿产、水能资源的生态补偿落实工作

按照“破坏者恢复、使用者付费、受益者补偿”的原则，加强政府监管，明确由资源开发企业承担主要补偿责任，以企业投入为主，建立资源开发生态补偿专项资金，形成环境保护、治理和恢复机制。严格执行环境影响评价制度、环境修复规划及评估制度，开发区居民扶持制度，防止开发区的生态环境破坏和损失。

（三）加大生态环境建设投入，建立边境环境生态保护区

生态环境的保护与改善往往需要较多的资金，建议坚持国家、地方、集体、个人一起上的原则，多渠道筹集资金，加大生态环境建设投入。以重要生态功能区、主要城市水源地、重点自然旅游景区、重要江河流域等领域为突破口，进一步完善政府的调控手段和政策措施，充分发挥全社会参与的积极作用，整合现有生态环境保护和建设资源，尽快建立起云南省边境较为完善、积极有效的生态环境保护区和建设管理模式。建议引导云南边境地区开展国家级生态乡镇的申报工作，并从考核内容上给予资金和技术上的扶持。

（四）建设边境地区生态环境保护的国际合作机制

建设边境地区生态环境保护的国际合作机制有利于国家战略安全，是通过加强与周边国家交流与合作的一个重要机制和平台。通过机制的建立将为保护中国及东南亚南亚国家多样化的生态系统类型，以区域性生物资源的可持续利用、社会经济可持续发展以及维护区域生态安全作出重要贡献。目前主要工作可开展：

1. 边境跨越式发展生态示范区建设

亚洲开发银行大媚公河次区域（GMS）合作对生物多样性保护工作积极支持和倡导。从2007年年初至今，GMS生物多样性保护走廊建设示范项目稳健前行。这一项目力图通过改善相关廊道及核心区生物多样性的保护与管理，以促进区域可持续发展、减少贫困，并恢复、维持西双版纳州内国家级自然保护区的生态完整性。目前跨中国、老挝、越南等国的“大绿三角”也在积极推进中，包括8条廊道，将建立起东南亚毗邻森林总面积最大的森林区之一，提高生物多样性保护及流域保护核心地区的管理，形成跨境的生物多样性廊道，以实现自然资源可持续利用以及当地居民减少贫困、发展民生。

2. 建立双边多边的生态安全保护体系

包括合作建设云南境外林业、动植物病虫害、外来物种监测站，以加强境内外监测，较好地掌握情况动态，提高对公共安全的快速反应能力，有效防止重大跨国生态安全灾难的发生。

参考文献：

［1］刘思华. 绿色经济论［M］. 北京：中国财政经济出版社，2001.

［2］厉以宁，等. 环境经济学［M］. 北京：中国计划出版社，1995.

[3] 崔如波. 西部绿色经济发展模式研究[J]. 探索，2010（6）.

[4] 郭宽，等. 云南省兴边富民重大战略问题研究限 [R]. 云南省科学技术发展研究院.

（马兰　郭宽　李雯　何慧）

红河哈尼梯田生态安全保护与开发利用

一、红河哈尼梯田概况

哈尼梯田位于红河哈尼族彝族自治州红河南岸元阳、红河、绿春、金平四县境内，有1300年以上历史，总面积82万亩，是红河南岸以哈尼族为主的各族人民利用“一山分四季，十里不同天”、“山有多高，水有多高”的特殊地理气候，因地制宜，历经上千年的垦殖创造的梯田农业生态奇观，是人类劳动智慧的结晶。作为千年大地粮仓，哈尼梯田不仅为当地百姓提供了赖以生存的稻米和水产品，在调节气候、保水保土、防止滑坡、维护动植物多样性等方面发挥了重要的湿地功能。2007年11月15日，国家林业局批准云南红河哈尼梯田湿地公园为国家湿地公园。

2013年6月22日，哈尼梯田被列入联合国教科文组织世界文化遗产名录。

二、哈尼梯田生态系统构成要素

哈尼梯田生态系统是由“森林、水系、村寨、梯田”四要素构成的生态系统。具有森林、村寨、梯田、水系“四度同构”的特征，以水系统为核心，森林、梯田等自然环境为基础，促进村寨等人文社会环境的孕育和发展，最终通过能量循环系统和物质流动形成了一个良好的空间结构和协调性的生态系统。

三、红河哈尼梯田生态系统形成原因和脆弱性分析

（一）自然因素

首先是大自然特殊地理结构所造成的。元阳位于云南省南部，而云南省地形分布的特点是西北高、南部低，形成了立体气候，降雨量也越来越大，以红河南岸哈尼族聚居地区降雨量最大，最适合水稻生长。其次，哀牢山特定的地形、气候等自然条件也决定了必须经过合理开垦才可有效利用水源，实现传统耕作的持续。

（二）人文因素

哈尼族自古以来就是耕种梯田的民族，梯田文化就是哈尼族的代表性文化。史书《尚书》记载，早在3000多年前的春秋战国时期，哈尼族先民“和夷”在其所居之“黑水”（今四川省大渡河、雅砻江、安宁河流域）已经开垦梯田，进行水稻耕作。自唐朝初期（1200年前）的哈尼族在红河南岸哀牢山区定居下来并开垦大量梯田之后，梯田文化就成为整个哈尼族的灵魂。

（三）脆弱性分析

从哈尼梯田的形成因素可看出，哈尼梯田的生态环境受自然因素和人文因素双重因素影响。因为哈尼梯田地区属于海拔跨度大（海拔跨度从700到1800之间，最高级数达3000级）、坡度高（15°～75°之间），其生态系统自身内部来看，存在较高的内生型脆弱性。此外，梯田生态系统的核心是水系统，其稳定性依赖于植被根系，而梯田生态系统主要的作物为水稻，自身根系的抗势能能力不强，脆弱性大。另外，哈尼梯田生态系统处于山地森林生态系统和农耕地相接的农林交错带，其过渡性决定了梯田生态系统人为影响脆弱性大。

由于目前哈尼梯田地区交通还不够通畅、信息相对较为闭塞，经济社会发展水平还比较低，进而使得生产力水平较低，生产方式较为简单，至今仍有部分地区采取传统农作方式，不仅作物产量低，同时造成水土流失，威胁梯田系统稳定。经济落后又决定了原材料采掘加工的生产模式，造成

元阳梯田　　（许太琴　摄）

林、水、土等资源过量开采，加大人为影响脆弱性，外源型脆弱性同样非常高。

自然和人文的因素一起作用，导致了哈尼梯田生态系统的内生型和外源型脆弱性都非常高，如何保证哈尼梯田地区生态的安全性，实现世界文化遗产的可持续发展，显得非常重要。

四、哈尼梯田生态安全保护的主要内容

生态安全同国防安全、经济安全一样，是地区安全的重要组成部分，而且是非常基础性的部分。由水、土、大气、森林、草地、海洋、生物组成的自然生态系统是人类赖以生存、发展的物质基础。当一个国家或地区所处的自然生态环境状况能够维系其经济社会可持续发展时，它的生态就是安全的；反之，就不安全。生态安全包括自然生态安全、经济生态安全和社会生态安全三大部分，哈尼梯田生态安全保护的主要内容为保障自然生态安全，实现世界文化遗产的可持续发展；保障经济生态安全，实现遗产区内的居民可以与遗产一起发展，实现开发和保护共同推进，达到经济的可持续发展；保障社会生态安全，合理处理遗产保护和经济开发的关系、遗产保护和当地居民生活的关系等，实现哈尼梯田地区社会的和谐可持续发展。

然而，因为近年来的自然环境变动和人为旅游开发等因素的影响，哈尼梯田地区的生态安全面临着较为严峻的考验。

五、当前哈尼梯田生态系统生态安全现状

（一）自然环境变化威胁梯田生态系统可持续运行

近年来云南地区的自然环境发生的一定的变化，极端气候出现概率增加，特别是干旱等自然灾害的频发。干旱对哈尼梯田生态系统的核心水系统构成了较大的威胁，一旦水生态系统无法供给，整个梯田生态系统将面临崩溃。

（二）外来生物入侵增强了哈尼梯田生态系统内生型不稳定性

2006 年年底小龙虾入侵以来，蛀空了 3 万亩梯田，水田濒临干涸。小龙虾还拥有钻洞的能力，降低了梯田生态系统稳定性，导致梯田变得更易坍塌，威胁该地区的生态基础，在 2012 年歼灭战中，元阳县就清理死虾 370 万只。

（三）旅游开发加大了人类活动对生态系统的影响

梯田处于山地森林生态系统和农耕地相接的农林交错带，其过渡性决定了梯田生态系统人为影响脆弱性大。哈尼梯田从一个无人问津的地区在经过申请国家湿地公园、申请世界自然文化遗产成功后，大量的游客进入景区内，使得原本平衡的生态系统被打破，加大了该地区的生态压力。

（四）经济发展水平决定区域内居民有以环境换经济的冲动

虽然政府引进世博集团对哈尼梯田景区进行整体规划和开发，当地政府也给予当地居民一定的政府补贴，但鉴于目前该地区的经济发展水平依然有限，在开发过程中，存在这部分居民牺牲环境以换取经济利益的冲动。

（五）劳动力流失，文化继承面临挑战

哈尼梯田生态系统不仅涉及到自然生态，还涉及到文化生态。受现代文明、外来文化和生活方式的影响，使传统生态知识及其维持体系受到威胁。掌握传统知识的老人越来越少，年轻一代多不愿承受劳动强度大管理复杂的稻田耕种过程。同时，在市场驱动和城市化发展的影响下，年轻一代迁移到其他地方谋求更高的收入。这些都使传统梯田农耕文化的继承等面临困难。

（六）开发削弱了传统的梯田管理机制

哈尼梯田世界非物质文化遗产的核心是哈尼梯田文化，哈尼梯田文化的核心则为哈尼梯田原有的传统管理方式方法，劳动力流失和梯田地区人员的迁出，导致传统的梯田管理机制得不到很好地继承和发展，最终威胁遗产区发展的可持续性。

（七）聚集人口增加加重了社会稳定性风险

旅游开发带来了大量的人流量，也带来了丰富多彩的文化和风俗习惯，而各民族的文化和风俗存在着一定的差异，可能会对当地的风俗习惯形成一定的冲击，增加了当地居民和游客之间发生冲突的可能性，增加了当地社会的不稳定性风险。

（八）旅游基础设施落后，影响当地旅游业的可持续发展

引进世博集团后，元阳等哈尼梯田核心景区的基础设施得到了一定的改善，但鉴于梯田地区无法建造固定基础设施等客观情况，目前遗产区内的基础设施还较为落后，旅游配套设施不完善，游客仅有梯田这一项旅游观光途径，加重了核心景区的压力，同时也无法留住更多的游客，不利于旅游经济生态的可持续发展。综上，哈尼梯田生态安全形势不容乐观。

六、保障哈尼梯田生态安全的对策建议

（一）以科学发展观为指导，正确处理开发和保护的关系

只注重经济发展不注重生态安全的传统经济发展观念不符合新时期非物质文化遗产开发和利用的实际。哈尼梯田相关各方必须树立经济、社会、生态环境协调的发展的可持续发展观，始终坚持生态为主，环境优先，按照经济建设和生态建设同步进行、经济效益和生态效益同步提高、产业竞争力和生态竞争力同步前进的要求，专门制定哈尼梯田世界非物质文化遗产生态安全保护规划，并以规划为指导，贯彻于整个景区开发过程。并以规划为基础，指导未来哈尼梯田相关区域经济社会发展的规划，以规划指导发展。科学合理划分景区，将景区分为严格保护区、缓冲区和开发区，在严格保护区内，严格保持耕种方式和物种的真实性，在缓冲区适当开发，在开发区内建立和完善基础设施，建立起充分体现梯田文化遗产的旅游开发体系，最终做到保护和开发相协调，保护和开发相促进，有效实现保护和开发的“双赢”。

（二）加强生态立法，用法律来规范旅游开发

建立和完善生态环境保护和治理的法规规章。根据哈尼梯田开发过程中的实际情况和发展阶段性，在现有的法规规章的基础上，进一步建立和完善生态环境保护和治理的相关法规制度，明确生态环境责任，理顺生态环境保护关系，制定破坏生态环境处罚标准。

建立防治外来物种入侵的风险防范机制。哈尼梯田生态系统内生型脆弱性较强，抗破外能力和自我修复能力都交叉，小龙虾入侵已经对部分梯田造成了永久性的破坏，因此应从红河州层面出台《防范外来物种入侵的条例》，防范和控制外来物种入侵所带来的风险。

（三）加强生态安全基础设施建设，提升生态支撑能力

加快环保基础设施建设。推进景区内生活污水处理厂和垃圾处置厂等基础设施的建设，完善污水和垃圾收集系统，改变现有环保基础设施建设滞后的局面，有效解决景区生活污水和垃圾污染问题。积极推进新型雨水利用机制，提高梯田生态系统抗自然灾害能力。

提高景区森林覆盖率。依据哈尼梯田自身的特点，引进适合景区生态环境，蓄水能力强的树种，在保护现有森林的同时，探索提高景区森林覆盖率的新方法，确保梯田生态系统的核心——水生态系统得到有效运行。

开展湿地保护和恢复。哈尼梯田作为国家湿地公园，在调节云南省整体生态环境，维护生态平衡方面有非常重要的作用，湿地对于维持梯田生态系统的稳定也极为重要，应加强湿地的保护和管理，全面维护湿地生态系统结构的完整性和生态功能，防止湿地退化。

（四）推进资源可持续利用，保障地区发展所需资源的供给

加强对哈尼梯田地区资源承载能力的研究，逐步建立与资源利用、经济社会发展以及生态环境相适应的指标体系。严格实施资源管理制度，提高资源的利用效率。

要根据梯田生态系统承载能力来核定旅游开发的范围和旅游接待的人次，确保旅游开发在生态系统可平衡的范围内进行，充分履行对非物资文化遗产保护的承诺，实现文化遗产旅游资源的可持续开发，保证旅游开发所需资源的供给。

（五）完善景区基础设施，构建旅游产业体系

加强景区的旅游基础设施建设，开发有红河州民族特色的人文旅游资源，形成完善的旅游开发体系。通过良好的旅游基础设施吸引游客，以丰富多彩的民族人文风情来留住旅客，让欣赏哈尼梯田核心的梯田景区真正的成为世界非物质文化遗产旅游开发过程中的小部分，在保障哈尼梯田景区经济生态安全的同时，还可有效降低对核心景区旅游资源的依赖。

（六）加大科技投入，构建高效完善的梯田生态安全科技支撑体系

梯田生态系统理论集中体现了地理学的地域性、整体性和人地相关性的思想，它注重梯田生态系统治理和保护过程的整体，因而必须加强研究。梯田生态系统以水子生态系统为主体，由森林涵水，补给梯田系统，孕育村寨，形成水系，通过研究，可以确定梯田生态系统的具体运行机理，最终可确定生态循环的关键脆弱点，并加以控制，有效维护身体系统的稳定性。哈尼梯田各相关部门应加强与科研院所的合作联系组织实施梯田生态系统运行机制等方面的研究，弄清楚生态系统的作用机理，并有针对性地进行保护。

通过研究，确立哈尼梯田生态系统安全预警模型，做到有效监控景区内的生态安全状况，预警生态安全事故。

（七）建立梯田文化传承机制，实现世界文化遗产持续发展

制定以当地传统管理理念为基础的保护计划，辅以当地留存下来的乡规民约，如水资源利用和管理方式、森林管理方式，以保持边疆民族地区的生物多样性和文化多样性，建立梯田文化传承机制，实现世界文化遗产的持续发展。

（八）加强对景区内居民的引导，保障景区的社会生态安全

政府应加强对景区内居民的引导和管理，有效保障景区各利益方的利益诉求，同时，加强对游客的相关民族文化教育，减少相关各方因文化差异等因素造成冲突的可能性，确保景区社会的和谐和安宁，保障景区的社会生态安全。

（九）加强生态环境监督，提高公众参与度

生态环境管理部门在生态环境建设和景区安全的构建中负有重要的责任，其必须强化执法力度，严格监督惩处各种不利景区生态环境建设的违法行为。切实加强对景区扩容、资源开发等活动的环境监管，严把规划环境影响评价和项目环境影响评价关。强化规范意识、服务意识，依法管理、依法服务，调动广大居民和游客的参与力度，号召从每个人身边一点一滴的小事做起，保护环境，保护哈尼梯田生态系统安全。同时，鼓励公众监督、举报环境违法犯罪行为，各相关部门要真诚欢迎群众的批评、监督，虚心听取意见和建议，把维持世界非物质文化遗产生态安全的任务落实到社会各个层面。

（何　宣）

滇池流域湖滨区村庄生活污水调查与现状分析

伴随着不合理的生产和生活方式，滇池流域村庄生活污水已成为滇池流域面源污染的重要组成部分。湖滨区农村面源污染的村庄水污染问题尤为突出。湖滨区村庄生活污水和畜禽养殖污水处理处置不当，乱排乱放，许多流经村庄的河道、沟渠用作下水道的现象十分普遍，大量氮、磷等污染物流失入湖。许多随意丢弃堆放在村庄道路、河道、沟渠旁的生活垃圾，腐烂过程中渗滤液直接流入水体，随降雨冲入河道沟渠形成流失，加重了水体污染。因此滇池流域湖滨区村庄面源污染的研究和整治将成为整个流域水环境治理中的关键环节，并且随着城市化进程的加快，滇池流域湖滨区村庄面源污染控制更是迫在眉睫。本文以滇池东南岸的晋宁县上蒜乡柴河水库下游6平方千米湖滨区范围内的段七村、宝兴大村、李官营村、石头村为研究对象，对流域农村面源污染状况进行了系统的调查研究与分析[1]，为村庄面源污染的整体防控提供基础数据支持和理论指导。

一、调查内容与方法

（一）调查对象与方法

2010年3～4月对滇池东南岸的晋宁县上蒜乡柴河水库下游6平方千米湖滨区范围内的段七村、宝兴大村、李官营村、石头村四个示范村的生活污水排放现状进行了现场调查。

调查方法采用与村干部面谈、入户调查、发放问卷以及实地勘察四种方式。此次调查对象不包含长期外出打工者、低保户及五保户家庭。此外，按户主名称进行统计时存在一户多家的情况，调查时作一户家庭来统计。在调查基础上，研究分析村庄生活污水的排放处理现状。

（二）调查内容

调查的主要内容包括：1. 生活用水方式与用水量；2. 生活污水来源、排水量、排放形式及途径；3. 沟渠系统现状；4. 目前生活污水处理现状。

调查结束后，在四个村庄里按3%的比例筛选典型户，进行详查。主要涉及典型户家庭生活用水量及排水量，并对其排水水质进行监测。

二、调查结果与讨论

（一）调查村庄概况

调查结果显示示范村庄收入来源主要靠种植业，2009年度年平均收入为：段七村22 573.96元、宝兴大村3 108.45元、李官营村6 366.60元、石头村25 880.90元（其中宝兴大村收入偏低的原因是该村耕地面积相对较少，大多数家庭收入来源主要靠外出打工；石头村收入较高的原因是该村有一定数量的养殖户）。随着经济社会的发展，农村家庭收入来源趋向多元化。三口之家在此次普查中占很大份额，这跟农村实行计划生育工作密切相关。在此次普查中也发现示范村庄房屋多半是土木结构，能源的使用也比较多样化，但柴、电使用率仍然很高。段七村、宝兴大村、李官营村和石头村四个示范村养殖户比例占56.5%、

65.2%、38.7%、53.7%（其中李官营村靠近柴河水库，在养殖方面受到一定的限制）。洗衣机普及率为48.9%、27.3%、52.4%、47.8%。太阳能普及率为42.2%、39.2%、66.9%、30.6%（其中李官营村普及率较高是因为2009年在本村实施开展了农村清洁能源示范工程）。自来水普及率为59.7%、78.1%、82.1%、65.4%。生活污水沟渠收集率为62.9%、84.9%、83.2%、77.8%。

（二）用水来源与用水方式

调查发现，村民生活用水多采用自来水和井水相结合的方式，自来水作为饮用水源，洗菜做饭等，井水用作生活用水源，用于洗衣洗澡等。图1为四个村庄用水方式统计图，从图可以看出：段七村对井水的使用率高于其他三个村庄，这主要是因为其地势低平且靠近柴河，地下水丰富，取水方便。李官营村和宝兴大村因有多个公用水井用作村民生活用水水源，主要用作饮用水水源的自来水使用率要高于井水的使用率。石头村由于临山，生活用水和饮用水基本采用自来水，因此自来水使用率居四村之首，井水的使用比例则相对较低。各村庄用水方式的多样性增加了生活污水排放的分散性和随意性。

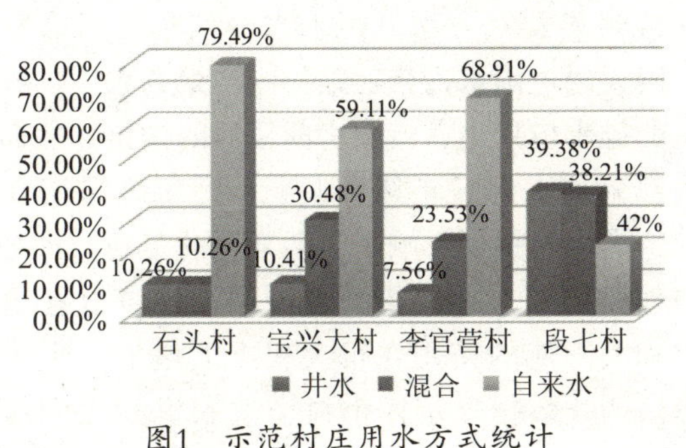

图1 示范村庄用水方式统计

（三）生活污水排放现状

所调查的村庄固定住户共1 328户，实际生活污水日产生量为183.4吨，生活污水日排放量为104.9吨。生活污水来源主要有以下三个方面：一是生活洗涤污水，包括洗衣、淋浴、冲刷地面等。二是厨房污水。三是粪便污水。根据调查可知，四个村庄的旱厕使用率占到95%，几乎所有旱厕都建在沟渠边，粪便污水时常流入沟渠，此类污水在生活污水中占有很大的比例。四是其它一些混合型的污水，如村庄中的小规模畜禽养殖、家庭作坊所产生的污水。

示范村庄典型户用水排水情况统计表　　表1

示范村庄	户均用水量（L/d）	人均用水量（L/d）	人均生活污水排放量（L/d）	排放系数
段七村	142.7	59.9	4.7	0.078
宝兴大村	115.1	52.2	4.2	0.08
李官营村	168.7	33.7	4.3	0.1276
石头村	142.8	92.6	29.5	0.3186

示范村庄专业养殖户用水排水情况统计表　　表2

名称	养殖规模	用水来源	用水量	排水方式	有无处理
养牛专业户	25头	自来水	11吨/月	排入粪坑	无处理
养猪专业户	28头	自来水井水	12吨/月	排入沼气池	沼气发酵
养鸡专业1	2000头	从外面运水	6吨/月	无水排放	无处理
养鸡专业2	–	自来水、井水	20吨/月	排入沟渠	无处理
养羊专业户	45只	井水	5吨/月	排入沼气池	沼气发酵

调查表明绝大多数农户并未修建化粪池，村庄内又没有完善的排水管网系统，村民排放生活污水的方式主要有两种：直接泼洒；排入沟渠。生活污水基本未经任何处理，直接泼洒于地面，污水

依靠自然蒸发等方法，污水水分消失，污染物沉积；雨天通过雨水携带污染物入沟渠或农田。或由家里的排水口排出，流至房前屋后的沟渠，然而村庄内部分排水沟长年堵塞淤积，污水多滞留在沟里，这类情况不仅影响了生活环境的美观，还会引起空气污染和土地污染。通过调查还可以看出洗衣机和太阳能的使用在很大程度上增加了生活用水量。调查数据显示四个村庄洗衣机和太阳能的普及率分别为：段七村 48.9%、42.2%；宝兴大村 27.3%、39.2%；李官营村 52.4%、66.9%；石头村 47.8%、30.6%。从中可以看出李官营村的洗衣机和太阳能的使用率在四个村中比例最高，户均日用水量也相应最高。表1中四个村户均日用水量从高到低依次为李官营村 168.7L/d、段七村 147.2L/d、李官营村石头村为 122.7L/d、宝兴大村 115.1L/d。

（四）沟渠系统现状

段七村沟渠系统最为完善，但道路硬化较落后，村外泄洪沟、农灌沟、主沟、支沟发育健全，村庄内石砌沟、混凝土沟较多；公路上方基本无人工沟渠，大多为自然形成的土沟，生活污水沟渠收集率为 62.9%。

宝兴大村沟渠系统多为混凝土结构，无明显主干渠，村内支沟存在连接问题，生活污水沟渠收集率为 52.6%。

李官营村沟渠系统较为落后，大多为房基形成土沟，支沟存在连接问题，路面硬化率低，生活污水沟渠收集率为 43.6%。

石头村泄洪沟横穿村落，村中部分污水流入泄洪沟，未实现雨污分流。村中主沟渠，多为门前排水沟直接流入农田或河流中，生活污水沟渠收集率为 33.8%。

示范村庄沟渠系统基本信息统计表　　表3

村庄名	沟渠条数	沟渠总长度（m）	沟渠结构比例（%）					沟渠堵塞情况%		沟渠收集率%
			土	砖砌	混凝土	石砌	管道	堵塞	未堵塞	
段七村	47	1911	31.9	6.4	25.5	23.4	2.1	31.9	68.1	64.9
宝兴大村	18	1101	16.7	5.6	61.1	5.6	0	11.1	88.9	52.6
李官营村	14	418	64.3	0	35.7	0	0	7.1	92.9	43.6
石头村	10	208	40	0	50	10	0	10	90	33.8

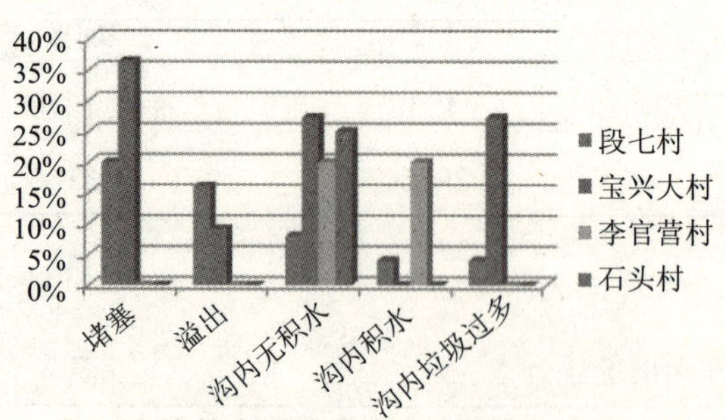

图2　示范村庄沟渠系统雨后径流统计图

本次调查还涉及雨后径流沟渠系统的排污情况。根据示范村庄沟渠系统雨后径流调查数据分析，四个示范村庄问题沟渠数据统计如图2所示。

在调查中发现村庄内沟渠多数没有安置盖板，导致沟内垃圾过多。主沟、次主沟、农灌沟内村民生产生活垃圾较多。垃圾主要为塑料制品、家禽家畜粪便、淤泥等，段七村农贸市场附近和宝兴大村主街道较为明显。村内基础设施建设较为落后，沟渠高度设计不合理，沟道间连接情况较不理想，导致沟渠堵塞情况严重，其中段七村、宝兴大村较为明显。村庄内某些沟渠是自然形成沟渠，未考虑雨后最大排水量等因素，雨后沟渠内有积水或污水溢出，使得沟渠内污水溢出至路面，其中段七村和宝兴大村较为明显。石头村污水直接排入泄洪沟内，下雨后雨水以及生活污水直接排入泄洪沟，通过泄洪沟再排入河流中，未达到雨污分流的效果。

（五）重点污染源调查情况

根据村庄普查结果，确定示范区内的重点污染源是学校、集市、卫生所、村委会。通过走访的形式对以上重点污染源进行调查，调查内容包括职工人数、生活区人数、生活用水量、生产用水量、排水量、污水排放情况等及固废情况。

示范区内的重点污染源是：段七村的豆腐作坊及卤猪头的作坊、段七村的3家饭店、石头村和李官营的客堂、段七村及宝兴的小学、段七村和宝兴的老年协会、段七的农贸市场、段七和宝兴大村的村委会，以及较大的猪、鸡等家禽养殖场。

重点污染源用水排水情况统计表　　表4

单位	用水来源	用水量（除掉饮用水）	废水去处	废水处理情况
段七小学	自来水	10吨/月	校外沟渠	无处理
宝兴小学	自来水、井水	5.85吨/月（井水4吨/月）	校外水田	无处理
段七老年协会	自来水	15吨/月	村内沟渠	无处理
宝兴老年协会	井水	3吨/月	村内水田	无处理
宝兴村委会	自来水	40吨/月	村内沟渠	无处理
卤猪头	自来水	10吨/月	村内沟渠	无处理
豆腐店	自来水	5吨/月	村内沟渠	无处理
鸿运饭店	自来水	14吨/月	村内沟渠	无处理

（六）原因分析

1. 农村工农业生产污染源

所调查的示范村庄中除几个小作坊饭店以外，无其它污染严重的企业。这些小作坊和饭店由于流动人口较多，所排放的污水含有大量油污血液等，是村庄生活污水的一个重要来源。加之规模小，分布散，设备不完善，其产生的废水均未进行任何处理就直接排入村内的沟渠，严重污染了周围环境。近年来农家肥被农药和化肥所代替。农药化肥随着农田排水及地表径流等方式进入地表水体，同时部分渗入地下水中，严重影响了地表及地下水的水质。另外，农村畜牧业规模发展迅速，建立起大批圈养养殖场[2]，大部分没有排水及污水处理设施，清理出的粪便随意堆积，雨水把粪便从高处带到低处，直接污染地表水。

2. 村庄基础设施不完善，村容村貌亟待改善

示范村庄基础设施不完善，村庄多数巷道及部分主干道是土路，雨后泥泞不堪，难以通行，给村民的生产、生活带来极大的不便，绿化、亮化就更无从谈起。“柴堆、粪堆、垃圾堆”的“三堆”问题依然严峻。道路建设的滞后随之也影响到污水排放设施的建设。村庄内的道路两旁基本都没有排水渠道，也无统一收集处理污水的污水池。下雨时一般都是采取自然排放，这更加剧了道路的泥泞。在调查的四个村庄中，只有宝兴大村实现了村内道路的硬化。

3. 村庄水处理设施欠缺

目前，农村居民还是按照传统的生活方式生活，居民居住分散，生活污水直接泼洒，没有统一收集处理。畜牧养殖产生的污水也没有统一的处理设施，采用直排。四个示范村庄中除段七村在建的湿地处理系统之外，均无生活污水处理设施。由于村内沟渠多为自然形成的土沟，沟道间连接差，沟内堵塞等因素，人工湿地污水收集率低，只有少量生活污水流经湿地，导致湿地系统的处理效果欠佳的状况。现场调研发现，石头村附近水体均受到不同程度的污染，宝兴大村部分池塘存在富营养化现象，这直接影响到附近居民的生活环境质量。

4. 环保意识薄弱

农村居民的生活水平在不断提高，但生活方式并没有随之发生变化，还是按照传统的生活方式生活，如：随处泼洒、乱倒垃圾等。从农民本身来说，他们的文化水平和素质总体较低，对环境危害的源头和危害程度往往认识不清，比较看重是自身的利益，而对潜在的环境危害往往被忽略。为了提高农业产量，大量使用农药化肥，对农药化肥的危害认识不清。并且，未意识到禽畜养殖的危害，认为只有工厂排烟排毒才是污染。从政府部门来说，地方政府不重视农村地区的环境保护工作，对农村基础设施建设及水处理设施建设提供的资金量严重不足，对农村污染排放监管和治理力度不够。

三、对策建议

（一）针对滇池流域农村面源污染现状及主要影响因素，结合流域社会经济发展规划及滇池污染控制的总体要求，制定出详细的切实可行的农村面源污染控制规划。开展农业清洁生产，合理施肥，减量施肥，优化肥料结构和施肥技术，增加微生物肥料，提高利用率。逐渐减少化学农药的使用量，推广高效、低毒、低残留农药。加强水土流失综合治理，有坡耕地的地方，通过等高种植、修筑

梯田、最低限度耕作等措施来减少氮、磷等物质的流失量。

（二）开发适合农村地区的污水处理技术。由于经济与技术手段落后的制约，广大农村地区水处理设施严重欠缺。应针对农村地区的资源与环境条件，因地制宜，开发适合农村地区的污水处理技术及设施。通过采用试点示范的方式积极推进农村生活污水相对集中处理。要以政府投资为主，企业和农民资金为辅，加快污水处理厂的建设。

（三）完善管理机制。立农村生活污水治理专项资金，扶持农村生活污水处理设施的建设、运行与维护[3]。在生活污水治理过程中，要建管并重，注重管理，要建立健全行之有效的运行管理机制。污水处理设施建成后，要安排专人为村民讲解相关知识，使其认识到污水处理给他们的生活环境带来的好处，让广大村民在日后主动去维护和看管污水处理设施。政府要配备专业的环保技术人员。保障处理设施的长期稳定运行[4]。

（四）提高环保意识。环保意识的提高对农村水环境的改善起到至关重要的作用。要充分利用各种媒体和各种有效形式宣传、普及环保意识。使其充分认识到农村水污染的现状，意识到污水中的污染物对居民身体健康和生活质量的影响。对乡镇企业也要加大宣传力度，增强其水污染防治的责任感。政府部门要制定农村污水处理相关的技术政策和法规，并且督促企业及个人严格执行。

四、结语

随着农民生活水平的提高，生活污水排放量与日俱增，农村生活污水已经成为中国农村环境污染的重要污染源。要想彻底改善农村生活污水乱排现象，就要加强农村生活污水的治理，使生活污水有序排放，及时处理。目前滇池流域湖滨区农村生活污水处理基础设施建设相对滞后。政府应加大投资力度，及时采取有效防治措施，改善农村水环境，努力实现农村地区经济和环境保护的和谐发展。

参考文献：

[1] 段永蕙，张乃明. 滇池流域农村面源污染状况分析 [J]. 环境保护，2003， (07)：28~30.

[2] 焦玲. 我国农村水污染现状及防治对策 [J]. 内蒙古科技与经济，2010，233 (21)：75.

[3] 梁卓. 城郊农村生活污水排放现状分析及对策研究 [J]. 安徽农学通报，2009，15 (05).

[4] 金丹越. 洱海流域农村生活污水调查与处理方案研究 [J]. 农业资源与环境，2007，(09).

（马兰　杨碧晓　陆轶峰）

昆明市再生水价格机制的构建

昆明市水资源匮乏，主城区人均水资源量仅占全国人均占有量的11%。自2009年以来，云南省又遭遇了百年大旱，抗旱保供水形势严峻。再生水作为城市的第二水源，既可有效缓解昆明供水需求增长与水资源短缺的问题，建设节水型城市，同时可进一步减少排向城市自然水体的污染物量，治理滇池污染，促进昆明市实现社会、经济可持续发展。目前，昆明市再生水集中处理发展迅速，基本建设模式已由分散处理向集中处理转变，正在形成集中为主、分散为辅的再生水建设格局[1]。近年来，随着市政公用事业改革的不断深入，再生水行业也在逐步走向市场化，再生水的定价问题日益成为研究的热点。但是再生水价格的制定尚缺乏科学根据和实用方法，本文将结合昆明再生水发展情况，建立再生水集中处理供水的价格模型，分析在确定价格时需考虑的因素，促进再生水事业的发展。

一、再生水定价的基本原则

再生水价格的制定影响着再生水的需求量，合理的价格机制能够对再生水的需求产生经济激励[2]。制定再生水价格时，应综合考虑再生水系统和整个水价体系两方面的协调统一。因此，制定再生水价格的原则如下：

（一）成本回收原则

为保证水资源的可持续开发利用，再生水定价首先应考虑对再生水工程建设投资及生产成本的回收，维持水经营单位的正常运行，促进投资单位的积极性，为企业自我积累和自主投资创造条件，也鼓励其他资金对水资源开发利用的投入。对再生水价实行全成本定价，并在自来水价和污水处理费中加征回用补贴费，用以承担污水再生利用企业的发展[3]。

（二）区域差异原则

再生水设施的建设投资与所在区域的地势、用水分布情况等有很大联系，同时再生水水价受政府政策的影响，再之，再生水回用工程本身具有特殊性，其工艺、规模、再生水水源、出水水质等因素有所不同，故其价格具有很强的区域差异性。

（三）用户承受能力原则

再生水作为城市第二水源，其定价应考虑不同用户的支付能力和支付意愿。由于对再生水利用宣传力度不够，公众缺乏对再生水的认识，对再生水水质存有疑虑，对其使用存有抵触心理[4]。同时，由于水资源开发利用活动的多目标综合性，再生水价格应在不同用水、用户类型，不同用水量上都应该体现出差别，同时为用户所普遍接受。在满足基本需要时，还必须注意水资源商品定价的社会方面的问题，即水费在家庭可支配收入中的比重等。

（四）资源可持续利用原则

污水资源化是按照科学发展观的要求实现可持续发展的必由之路和重大战略。再生水回用能有效节约稀缺的水资源、减少排污、促进污水处理，因此是实现社会经济可持续发展的重要途径。合理的再生水价格应是既能促进社会对再生水需求的增长，又能保证再生水工程的可持续运行[5]。此外，再生水价格的差别可以促进用水户自主地采取节水措施，减少水资源的消耗。

（五）价格调整原则

再生水的供需关系是不断变化的，因此在政府宏观调控下，再生水价格应随着物价变动、技术进步以及人们收入增长和对其接受能力的提高而阶段性地变动。这样不但有利于调节再生水供需关系和优化资源配置，还能逐步体现出水资源宝贵的价值。

二、再生水价格的构成

考虑到再生水的生产成本受生产规模与工艺的影响很大且投入要素的数量较为固定等因素，其具有明显的规模报酬递增特点，因此选用全成本定价法。再生水价格主要由制水成本、输配费用、固定资产折旧、期间费用和企业利润五部分构成。

（一）制水成本

制水成本是指从城市污水处理厂经过二级生化处理的出水经过混凝、沉淀、过滤、净化、消毒等深度处理后，水质达到相应用水类别的城市污水再生利用的水质标准所产生的所有成本。昆明市集中式中水回用设施是在原污水处理厂的设施基础上增加了深度处理系统，采用的典型污水深度处理工艺是：二级出水→混凝沉淀→过滤→消毒→回用[6]。故制水成本为深度处理阶段产生的费用，主要包括药剂和动力费（电费）。

1. 药剂费：根据生产处理工艺中处理单位水量使用的絮凝剂、消毒剂的量及其市场销售价格，计算出处理单位水量的药剂费。

$$M_1 = \frac{365Q}{10^3}\sum_{i=1}^{n}(A_iB_i) \qquad (1)$$

式中：M_1 为年总药剂费用（万元／年）；Q 为再生水处理规模（万立方米／天）；A_i 为第 i 种药剂（混凝剂、消毒剂等）的平均投加量（毫克／升）；B_i 为第 i 种药剂的市场价（元／千克）。

2. 动力费：以电费为例，结合再生水处理装机容量，按照工艺单元的运行方式，确定单位工作时间耗电量。

$$M_2 = \frac{365D}{10^4}\sum_{j=1}^{n}(C_jE_j) \qquad (2)$$

式中：M_2 为年度电费（万元／年）；C_j 为第 j 个工艺单元的单位时间耗电量（千瓦时／天）；E_j 为第 j 个工艺单元一个工作日的工作时间（h）；D 为该地区的电费单价（元／千瓦时）。

（二）固定资产折旧

工程建设固定资产原值为再生水工程投入及管网建设工程费用，参照水处理的建设投资费用函数及李梅等人建立工程投资年折旧费，可得：

$$M_3 = \frac{(F_1 + F_2)\times(1 - G)}{n} \qquad (3)$$

式中：M_3 为固定资产基本折旧费（万元／年）；F_1 为再生水厂再生处理工程建设费用（万元）；F_2 为输水管网建设费用（万元）；G 为预计净残值率，n 为折旧年限，一般折旧年限净残值率按 3% ～5% 确定，折旧年限取 20 年。

（三）输配费用

输配费用是指供水企业为组织和管理输送再生水到用户过程中所发生的各种费用。包括输配部门动力费用、日常检修维护及抢修费、人员工资福利等。

1. 动力费

$$M_4 = k_1eQH \qquad (4)$$

式中：M_4 为污水回用系统动力费（万元/年）；e 为电费单价（元/千瓦时）；k_1 为修正系数，与各级水泵和电动机等用电设备及其效率等有关的系数，一般取值为 1.15；Q 为处理水量（万立方米/天）；H 为工作全扬程，包括一级泵站、二级泵站及增压泵站的全部扬程（米）[7]。

2. 日常检修维护及抢修费

$$M_5 = k_2 \times (F_1 + F_2) \quad (5)$$

式中：M_5 为日常检修维护及抢修费（万元/年），k_2 为综合修理费用系数，包括设备检修及固定资产维护费（不含折旧、大修、更新），参考《给水排水设计手册》第十册技术经济规范，按照总投资的1%计，抢修等费用按总投资的0.3～0.5%计，即 k_2 取值为1.3～1.5%。

3. 人员工资福利

从再生水的源水管理、再生水水厂质量监督与管理、再生水输送管理、再生水终端用户管理等多个层面形成一个详细完善的再生水安全利用管理体系[8]，同时，参考《城市建设各行业编制定员试行标准》，结合实际情况确定再生水厂人员编制及人数。如营业员（抄表、催费、用水户的建档）；再生水管线管理维修人员（包括检漏、巡线、闸门维修，后勤人员）；泵站执勤人员等。人员工资结合再生水运行情况，根据《昆明市劳动和社会保障事业发展统计公报》公布的昆明城镇在岗职工年人均工资及相关员工福利、保险确定。

$$M_6 = \sum_{l=1}^{n} (I_l J_l) \quad (6)$$

式中：M_6 为年度人员工资福利（万元/年）；I_l 为 l 类岗位的平均个人工资福利（万元/年。人）；J_l 为 l 类岗位设置的员工数量（人）。

（四）期间费用

1. 日常管理费

日常工作开展的办公费（含配置车辆的保险费及维修费）、差旅费、业务招待费、审计费、会议费、消防费、法律咨询费、租赁费等再生水输配管理费。

$$M_7 = k_3 \times (M_4 + M_5 + M_6) \quad (7)$$

式中：M_7 为日常管理费（万元/年），K_3 为日常管理为综合系数，参考《给水排水设计手册》第十册技术经济规范，一般按照输配费用的15%计。

2. 财务费用

财务费用指再生水供水企业为筹集再生水供水生产经营资金而发生的费用。

$$M_8 = k_4 \times \sum_{i=1}^{7} M_i \quad (8)$$

式中：M_8 为再生水生产的年度财务支出费用（万元／年），k_4 为税费系数，参考污水处理行业标准及国家税收政策，取增值税及附加税6.66%计算，同时比对同规模供水厂的经验数值进行确定。

再生水处理属于公共污水处理项目，根据《中华人民共和国企业所得税法实施条例》可免除部分所得税，随着污水再生利用的提倡和推广，以免税的方式对再生水企业进行补贴。

（五）成本利润

利润部分是再生水生产和经营企业按照国家的有关规定计取的法定利润[9]。国内外通常做法是利润与资产相联系，以资产额度来确定利润获利水平，目前我国对企业的盈利水平考核采用成本利润率这一指标。但再生水供水因为使用类别不同价格不同及供水量变化等因素，将利润作为可变费用，根据供水量的变化进行确定，取成本的6%～8%作为利润。这里的成本包含原水费和输配费用两部分，比对同规模供水厂的经验数值，取8%进行计算。

（六）再生水价格及分配

参考自来水成本价格模型，再生水资源价格模型为：

$$P = \frac{\sum_{i=1}^{8} M_i}{\sum_Q} \quad (9)$$

式中：P 为再生水价格（元/立方米）；Σ_Q 为再生水年处理量（万立方米/天）。

昆明市再生水主要用于生态景观水体、河道补水、路面喷洒等景观绿化用水，以及冲厕、洗车、工业用水等市政建设用水。根据区域差异性原则，可根据各类用户间的预计分配比例来确定各类用水的价格。

$$P_S Q_S + P_W Q_W + P_V Q_V + P_I Q_I = P (Q_S + Q_W + Q_V + Q_I) \quad (10)$$

式中：P_S、P_W、P_V、P_I 分别为景观、冲厕、洗车及工业用水的再生水价格，Q_S、Q_W、Q_V、Q_I 分别为景观、冲厕、洗车及工业用水再生水的年用水量。

三、价格调整（影响因素）

在水资源严重短缺背景下，全国城市污水再生利用技术发展迅速，再生水利用工程建设规模逐渐扩大，随之而来的再生水水价也受多因素的影响。再生水利用项目的可行性往往受到经济、环境、法律、体制、技术、文化等多方面因素的制约[10]。在具体的再生水定价过程中，应结合以下因素进行调整。

（一）再生水价格的高低与输送成本有较大联系，输送应根据地域及用户分布情况进行科学合理的安排，以就近原则使用再生水，降低再生水的输配费用。

（二）应该由政府负担的部分，需从其成本中剔除，如生态环境的改善等公益用事业性用水，要由各级财政补贴。另外，要逐步调整产业结构，减少高耗水产业的比重，进一步提高用水效益，增强产业尤其是农业的承受能力[11]。

（三）结合当地政策，指导意见确定各类别水价。如为促进污水再生回用产业的发展，昆明市出台了相应的激励政策，如《昆明市城市再生水利用专项资金补助实施办法》，对建设设施并使用再生水的单位（小区）按0.70元/立方米的标准给予回用补助。

（四）阶段性对水价进行调整。随着再生水的推广使用，用户的认可接受程度会提高；再生水制水成本也会受市场价格变动的影响。由于水的非完全商品属性，水价形成不能完全实行市场化定价。多年来全国实行行政区域的水价管理体制[2]，因此，有必要对再生水水价进行阶段性调整，2~3年调整一次价格，以体现水资源的价值。价格调整时应结合用户意愿，确定水价后要公布供水收费计划及各收费款项和条件，并给出合理的价格调整理由。

四、实例运用

昆明市某再生水厂，日处理量满负荷时为3.8万立方米，采用传统再生处理工艺，各级泵扬程总和为433.5米，电单价为0.75元/千瓦时，絮凝剂平均投加量15毫克/升，销售价格为1.10元/千克；消毒剂投加量为10毫克/升，昆明地区销售价格为2.200元/千克；每人年平均工资4.90万元；再生水回用中冲厕占5%，绿化景观占70%，工业用水占24%，洗车占1%。

根据再生水资源价格模型公式的计算，得出再生水的价格为2.14元。结合2007年年12月27日昆明市发改委发布的《昆明市城市再生水指导价格（出厂价格）》中各用水类别指导价格，所的价格与昆明市主城区供排水价格比较如下表所示。

五、建议

（一）调整自来水水价，确定再生水比价关系

全国自来水水价整体偏低，一定程度上导致水资源浪费严重，也使得再生水利用缺乏市场竞争力，进而再生水的价格区间非常有限，其利用经济效益不够明显。已连续四年大旱的昆明，可以考虑提高自来水水价。同时，制定合理的自来水、再生水及污水处理费之间的比价关系，拉大再生水与自来水之间的价格差，调整水资源利用结构，促进水资源持续发展[4, 12]。

（二）健全的法规和配套的政策作保障

目前城市污水再生利用中缺少对再生水生产、定价、使用、税收等的强制性法规和条文[4]。政府对水价的宏观调控，通过设定水价上限来行使，以约束和规范水价，保护用户的合法权益[11]。若政府对再生水工程采用鼓励和扶持政策，就会直接降低再生水的供水成本，使得再生水在价格上更具有竞争优势[13]。

对应的昆明市主城区供排水价的价格		昆明市城市再生水价格				
类别	自来水价格	类别	再生水价格（含税）	政府补贴后价格（含税）	再生水价格（不含税）	补贴后价格（不含税）
第二类：行政事业用水	3.6	冲厕	2.24	1.54	2.1	1.4
		绿化、景观（含道路清扫）	1.49	0.79	1.4	0.7
第三类：工商用水	4.35	工业（含建筑施工）	2.24	1.54	2.1	1.4
第四类特种用水	14.1	洗车	4.48	3.78	4.2	3.5

各再生水生产、供应企业（单位）可在基准价格的基础上上下浮动20%

*再生水价格为自来水价50%~70%的价格

制定合理的管理规范及水质检测制度，使再生水的安全维护有所保障。对管制政策进行评估，由污水再生利用产业的各参与者对现有政策的可行性、有效性和执行成本进行评估，并将评估的结果反馈到决策者以进行新一轮的政策修订[3]。

（三）制定出城市再生水厂出水水质的综合标准

目前，全国对再生水回用的主要用途制定了

相应的水质标准，但对于一个有多个用户多个回用方向的再生水工程而言，涉及的标准过多不利于处理工艺的选择及后续的管理，增加制水成本，在一定程度上会影响污水再生利用的推广。因此，应尽快制定出一个易操作的城市再生水厂出水水质的综合标准。进而统一供水水质，采用一套输水管网，这样既减少了敷设多条再生水管线的困难，简化了再生水厂内的处理流程，也便于将来各再生水厂的联网供水。

参考文献：

[1] 黄志心．昆明空港经济区再生水工程专项规划若干问题探讨．给水排水 2013，39（3）．

[2] 胡丽华：成本补偿视角下中国水价管理体制改革．价格月刊 2011，6：002．

[3] 《昆明市推进污水资源化政策研究．pdf》．

[4] 吴迪，赵勇，裴源生，耿华：我国再生水利用管理的建议．水利水电技术 2010，41（010）：10～14．

[5] 段涛：城市污水资源化中再生水的定价理论与方法研究．西安建筑科技大学硕士论文；2005．

[6] 王静，张灿，刘艳慧，叶凤芬，杨蓉：昆明市污水再生利用情况调研．三峡环境与生态，35（1）：56～59．

[7] 李梅，黄廷林：再生水资源成本价格模型的构建．西安建筑科技大学学报（自然科学版）2004．

[8] 陈卫平：美国加州再生水利用经验剖析及对我国的启示．环境工程学报 2011，5：000．

[9] 李明，金宇澄：再生水的价格形成机制探讨．河北建筑科技学院学报 2005，22（2）：90～92．

[10] Rowe DR：Handbook of wastewater reclamation and reuse：CRC Press；1995．

[11] 高健：美国水价管理的主要做法及其对我国的启示．价格月刊 2009（011）：60～62．

[12] 《南方地区再生水利用可行性及关键问题探讨_张云．pdf》．

[13] 《基于环境先导的再生水资源定价研究_吕荣胜．pdf》．

（任小娇　袁伟　陆轶峰　马兰）

从金莲山古墓群及学山遗址发掘看滇青铜文化的源头——抚仙湖区域是古滇文明的摇篮

金莲山、学山相隔不远，距离200余米，在澄江坝子的东南面，南临抚仙湖，海拔均为1 800余米，离昆明约60千米，按行政区划分，现两山均属澄江县右所镇旧城村管辖的区域。旧城村在元、明时曾为澄江府的府址，隆庆四年（1570年）知府徐可久迁府治于舞凤山麓，也就是今天的凤麓镇。迁城后，相对于新城称旧城。金莲山位于旧城村东侧，相对海拔为56米。此山不算大，但形状独特，像一口倒扣的大锅。这里历史上曾为澄江八景之一的“金莲捧日”，传说当夕阳西下时，此山红光映照，灿若星辰，与夕阳相辉映，犹似金莲捧日而得名。学山位于澄江县右所镇旧城村北部，相对海拔约50米，东南与金莲山相望。学山原为澄江旧城文庙黉学所在地，故名“学山”。从高处看学山的顶部较为平坦，北坡为陡峭的断崖，东、南、西为缓坡，山顶以下为三级台地，背山面水，是传说中的风水宝地。登上金莲山、学山古遗址，均可遥看抚仙湖。

2006年3月，金莲山古墓葬群中大量的墓葬被盗，文物受到破坏，省、市文物专家组成考古队进行了抢救性考古发掘。首次发掘集中于山顶约1 500平方米的范围，历时3个月，共发掘古墓144座，出土文物600余件。出土文物主要有圆形扣饰、铜锄、戈、剑、马器、土陶和彩陶等等，此类文物有较高的考古价值，填补了滇青铜文化的许多空白。当时就确认整个墓葬群面积可能达到8 000多平方米，墓葬大约有360座。

2008年10月，省文物考古研究所、玉溪市文管所、澄江县文管所联合对金莲山进行有计划、有目的的研究性发掘，经探测，专家初步认定，金莲山古墓葬群分布面积达10万平方米，墓葬数量在800座到1 000座左右，分布面积广，墓葬密集，是滇青铜文化考古中发现的规模最大的墓葬群之一。至2009年，考古人员先后两次共发掘墓葬400余座，出土了数百件随葬品，分别有铜器、铁器、陶器、玉石器等，以铜器为主。时间大约在战国至东汉初期，几乎涵盖“滇文化”的主要历程，为研究古滇国社会发展提供了极好的实物。如在

107 号墓地，考古人员看到墓地中仅有一具骨骸，但却有 8 件青铜器物随葬。在头骨与肩处是一把青铜戈，在髋部有一把青铜剑，右边有一把青铜斧，而在其脚后部则有青铜锄和铲。考古人员确定，青铜锄、铲都很小，并非生产所用，而是用作冥器。从墓中随葬器来看，主人像是阶层较高的人。金莲山墓葬里的人骨基本保存完整，且数量很多。金莲山墓葬合葬、叠层葬现象很突出，并出现二次葬。如 31 号墓地发现是多层葬，每一层都有多个个体，并且人骨凌乱，是二次葬。“二次葬”通俗地说，是古人因某种原因，将本已入土的先人尸骨取出，一并埋葬至一个大墓中。这种墓葬结构形式在云南很少见。家族墓在汉代非常流行，亲属们将家人的尸骨统一埋葬在一个墓室中。遗址中出现的大量殉葬和叠葬现象，是以往滇青铜文化中未曾发现的。金莲山墓葬分布走向既有东西向，也有南北向，同时发现当时的人对墓地的选择多为背山面水，这说明墓地带有明显的家族特征。

同年，在考古人员对金莲山古墓群进行大规模发掘时，也对临近的学山进行了一次地表查勘。勘探报告显示，学山存在大范围的古代遗存且大面积分布，时间暂定为汉代。经过省内外专家的讨论与申报，国家文物局批准把澄江金莲山与学山共同合并为一个项目进行发掘，并称之为“金莲山古墓群及学山遗址”。2009 年，考古人员对学山进行了第一次试掘。在这次试掘中，发现了古代房屋建筑痕迹和一个大面积的火塘。对于这个重大发现，专家们都感到很兴奋，因为这是云南首次发现的大规模古代聚落遗址。2010 年 11 月，在经过多番论证后，云南省文物考古研究所研究员蒋志龙担任了此次学山联合考古发掘队领队，考古人员开始对学山进行首次 1 900 平方米的发掘。随着发掘的深入，2500 多年前的历史遗迹呈现在考古人员眼前，共发掘房屋遗迹 23 座，出土了 100 余件文物，填补了古滇文化在聚落遗址发现方面的空白。这些房屋都建基岩上，且有规律地分成四排，大部分为半地穴式结构，周边分布着柱洞，房屋地穴的深度为 50 ~ 70 厘米，房屋面积最小的约 15 平方米，最大的约 25 平方米，周围有明显的边框和柱洞，屋中有火塘，这些房屋甚至有木楞房的结构形式。在这个聚落中，工作人员发现了 20 余座墓葬，这些墓葬虽然都属于竖穴石坑墓，但墓葬的风格很特别，可基本归为 17 座仰身屈肢葬和 3 座蹲踞式墓葬，还有一个完整而特别的殉马坑。这样的葬俗在云南属首次发现。这些青铜时代的聚落遗址，是云南首次发掘的保存完好的古滇文化聚落遗址，而且这些遗迹比金莲山的墓葬时代要早，包含了墓葬遗址、房屋遗址等内容丰富的古代聚落遗址。

学山遗址包括了古滇国人生产生活的方方面面。从房屋遗址中清理出陶釜、红陶盘等生活器具的陶片以及一些动物遗骨，还发现了用火的痕迹和一定数量的铜渣。据此可以推断当时人类食用的肉食动物类别及生活方式，还可以推测房屋的样式可能是木构茅草顶。另外，有的房屋遗址可能是专业的手工作坊。从目前的证据材料来看，这个聚落遗址比金莲山墓葬群要早两三百年，属于春秋晚期。出土文物中包括：用于纺织的骨器，用于打造青铜器、带有人形图案的石范，青铜铲和小陶罐等。在这里，我们看到了古滇先人们生活的房屋结构和样式，也看到了专业的手工作坊。如 1 号屋子的中央，一个深度约半米的坑，被认定是一个火塘。火塘在房子里的中央，火塘里还有大量灰。同时，考古人员在已发掘的 20 余个房屋遗址里，都发现铜渣、碎铜片。笔者推测火塘上方原先应有大锅，很可能是在炼铜。如果这些房屋中，一部分是铸造铜器的作坊，那相隔不远的李家山墓葬群的青铜器会不会就出自这里？晋宁石寨山、江川李家山被视为滇青铜文明的象征，其重大考古发现，为考古界研究古滇国历史及滇青铜文明提供了十分重要的实物资料，丰富了对滇文化的认识。以前，大家只知道滇青铜器有着很高的地位，却不知道这些青铜器的来历。不知道青铜器从开采、冶炼到成型的过程。如果学山的这些聚落遗址是手工作坊，那或许就解决了古滇国青铜器的灿烂文明从何而来的问题。

虽然发掘区只占到学山遗址十分之一，但根据探测来推断，整个学山古村聚落，有民居、有道路，甚至还有聚会或举行祭祀活动时用的广场，社区里各种功能齐备。大家可以想象，2500 年前在石头上建一个 20 平方米的房子是非常困难的，主要是受建筑工具的制约，且这些房屋是成片的，说明学山曾经是一个非常成熟的社区。依据学山遗址的房屋基址，我大概复制出这样一个生活场景：远古时期的学山片区归属一个大部落管辖，抚仙湖就在山脚下（依据史料记载，2500 年前抚仙湖的水域比现在宽很多，面积有近 300 平方千米），在学山的缓坡面上，一幢幢房屋被树林包围着，山清水秀，风景如画。白天，男人到山上狩猎或去抚仙湖捕鱼，女人则在家操持家务，照管小孩。聚落里还时不时的举行一些必要聚会或祭祀活动，生活得有滋有味，呈现出一派欣欣向荣的景象。

关于古滇国的历史，我国古代文献上虽有过片断记载，但记载相当少，最早见于司马迁的《史记·西南夷列传》，其中，所记述的历史是相当简单的，大多为汉朝时的历史内容。要解决滇国的分布问题，只能依靠考古资料加以论证。而利用出土文物界定滇文化与滇国的分布范围，有其局限性。笔者认为研究滇青铜文明，如果把抚仙湖区域内的李家山、金莲山、学山的考古发掘联系起来考虑，那得出的结论是突破性的，它将改写汉代司马迁所写的《史记》。司马迁的《史记·西南夷列传》里曾有这样的记载："滇王者，其众数万人，其旁东北有劳浸、靡莫，皆同姓相扶，未肯听。劳浸、靡莫数侵犯使者吏卒。元封二年，天子发巴蜀兵击灭劳浸、靡莫，以兵临滇。滇王始首善，以故弗诛。滇王离难西南夷，举国降，请置吏入朝。于是以为益州郡，赐滇王王印，复长其民。西南夷君长以百数，独夜郎、滇受王印。滇小邑，最宠焉。"这是对西南边地最早的记载。可以说，当年司马迁并未到西南，其记述多是汉时的滇国情形，汉之前的情形大多是建立在道听途说之上的。而且据文中所述，西南边地人口稀少，众不过数万，乃蛮荒之地。但从金莲山、学山发掘的400余座墓葬来看，人数已达数千，古滇区域面积及人口远非《史记》所记载那样。并且，墓中出土的器物精致程度，更非蛮荒之地所能达到。如在墓地里发掘出大量用作冥器的青铜锄、铲，大小不过五六公分，还有随葬的家畜骨骼，具有典型的商周殉葬特征。笔者认为先前大家的研究都建立在一些出土青铜器和墓葬的基础上，金莲山古墓群及学山遗址的发掘是对滇文化的一次冲击和补充，证明当时这一地区社会生活形态已发展到了一个全新的高度。

李家山、金莲山古墓群及学山遗址距今约2500年左右，那是春秋战国至西汉时期，也是古滇国的鼎盛时期。司马迁将古滇国载入典籍后不久，古滇国就销声匿迹了，包括曾经灿烂辉煌的青铜文化，像一个亘古的谜。随着抚仙湖区域这些遗址的发掘，也带来了一系列有待解决的问题：这些聚落遗存在古滇国占据一个什么样的地位，这些墓葬形式是否能确定其族源或更深层的东西，遗址中的房屋是做什么用的，滇青铜器是怎样制作的，还有这里出土的陶罐样式为什么与通海贝丘遗址出土的陶罐无论从制作风格、器形上都那么接近。笔者认为这些材料看似复杂，没有头绪，好多未知的东西还需进一步探索发现，但有一个事实是不可辨驳的，那就是早在2500年前古滇先民就在抚仙湖周边区域聚居，这些看似分散的区域是相互联系的，各个区域有不同的功能，就好比今天的城市群一样，有不同的分区功能和产业布局。从水系而言，抚仙湖是珠江流域的主要源头区之一，这里水丰物胜，滋养万物，古滇先民逐渐集聚于此，这些地方也就慢慢发展成为古滇文明的核心区、源头区。

综上所述，从帽天山古生物化石群到江川甘棠菁的旧石器时代遗址、通海海东的新石器时代遗址，人类历史发展过程中所走过的每一环，在抚仙湖区域都有存在。这些事实表明，滇青铜时代文化在抚仙湖周边体现得相当典型、集中、丰富。随着李家山、金莲山古墓群及学山遗址逐渐被发掘，我们有理由相信，抚仙湖区域很可能就是滇青铜时代文化的源头，古滇先民在这里生产、生活，创造了灿烂的古滇文明。

参考文献：

［1］云南澄江县金莲山墓地2008～2009年发掘简报。

［2］云南澄江县学山遗址试掘简报。

（王基宇）

生态旅游研究

生态文明理念下的旅游产业生态化转型研究

一、生态文明与旅游产业生态化转型

十八大报告将生态文明建设，与经济建设、政治建设、文化建设、社会建设一起，列入“五位一体”总体布局，并用专章论述。生态文明地位的“升格”，体现了我们党对生态文明建设更加重视，对生态发展规律的认识更加深刻，也顺应了时代的要求、民意的呼唤。

生态文明是人类文明的第三种形态，是指人与自然、人与人、人与社会和谐共生的文化伦理形态。因此，是人类文明的最高端形态。

“生态文明”是中国文化对世界的一大贡献，建设生态文明表明中国对世界的责任与承诺。生态文明其实就是把可持续发展提升到绿色发展高度，为后人“乘凉”而“种树”。可持续发展是不给后人留下遗憾，绿色发展是增加更多绿色投资，留下更多的生态资产。

实现绿色发展、循环发展、低碳发展是塑造美丽中国的鲜明体现，也是衡量我们是否建成美丽中国的核心标准。美丽中国是科学发展的中国美丽中国是社会和谐的中国；美丽中国是生态文明的中国；美丽中国是可持续发展的中国。

旅游发展跨入新时代。中国旅游发展跨入了新的转型发展期。转型意味着对过去的一种继承与摆脱；对现实的一种把握与创新；对未来的一种憧憬与追求。这一次的转型是在特定复杂的国际经济危机背景下的转型：它不是一种恢复性的转型；而是一种“破坏性”的转型；“破坏性”的创新。旅游需求在变，旅游供给必须变；旅游发展方式必须改变。

2009年是国家生态旅游年，之所以确定为生态旅游年是国家环保部和国家旅游局制定《全国生态旅游发展纲要》，出台《生态旅游示范区建设标准》促使人们回归自然，亲近自然，进而改善生态环境。生态旅游的出现和兴起，反映了人类在开发利用自然资源过程中对自身文明发展和生存环境演变的历史规律性的认识和理解，反映了国际社会对人类社会实现可持续发展的共同愿望，顺应了时代发展促进旅游的大趋势。因此，要构建新型旅游绿色体系，包括实行绿色开发，生产绿色产品，实行绿色经营，建立绿色管理体系，鼓励形成绿色消费体系。

二、生态文明理念下的旅游产业生态化转型的发展意义

（一）是绿色旅游市场的内在要求

普遍推行清洁生产，开展了环境管理体系的实施和环境标志认证工作。重视绿色生产，消费者绿色意识越来越强。世界绿色食品市场需求增长率达20%～30%在中国，80%左右的消费者希望购买绿色食品。

在旅游业中最突出的表现是旅游市场也开始变“绿”。要求在旅游业中实施循环经济与生态发展模式，用产业生态化的理念指导旅游资源的利用、旅游环境的保护、旅游设施的建设和旅游服务的提供。

同时，旅游业是资源和环境依托型产业。《关于旅游业的21世纪议程——实现与环境相适应的可持续发展》指出：旅游产品的组合与出售都完全依靠洁净的海水、原始的山坡、未受污染的水域、干净的街巷、保护完好的建筑物与考古现场以及多彩的文化传统。旅游业要求以环境友好的方式利用自然资源和合理调控环境容量，实现旅游资源合理利用、旅游环境保护。旅游业与循环经济存在着天然的耦合性。旅游业应当而且可以成为产业生态化的先锋产业。

（二）是旅游企业提高经济效益、承担社会责任的客观要求

豪华旅游饭店、桑拿服务项目、旅游交通等。在中国一家中型酒店每日经营所需能耗和废气的排放量，竟然与同规模的工矿企业相当。酒店一次性用品造成的浪费和环境污染问题也不容忽视，如深圳全市酒店业每年花在一次性用品上的成本高达5 000万元以上，一次性用品及其包装袋大多以塑料为原料，环保部门还要投入巨资对其进行处理。

由于旅游产业规模越来越大，总体计算起来，

旅游服务企业所产生的资源、能源消耗十分惊人。按照减量化、再使用、再循环的原则，实现多次使用或调剂使用，再生利用。减少环境污染、节能降耗——提高了经济效益，同时又发挥了环境效益。

（三）旅游业是推进产业生态化实践的重要载体

首先是因为旅游业的广泛关联性：既有资源消耗不多的旅游区（点）、旅行社，又有物质消耗相对较多的旅游饭店、旅游商店，旅游区（点）、旅游商店等，为循环经济各种模式的实践提供了天然的舞台。与农业、林业、渔业、畜牧业、制造业、交通仓储通讯业等有着密切关系。这种关联性为物质不断循环利用创造了有利条件。生态旅游战略的重要步骤，必然会进一步促进 PRED（人口资源环境发展）相协调，促进新世纪的“天人合一”和“天地和谐”。

其次是旅游业发展目标的多维性：循环经济、产业生态化是一种“三赢”经济——使资源得到可持续利用；使社会生产从数量性的物质增长转变为质量性的服务增长；可以拉长产业链，增加就业机会，有利于社会发展。

（四）实施产业生态化是落实科学发展观和构建和谐社会的重要支撑

中国和平崛起和实现全面建成小康社会、构建和谐社会。正从规模扩张型的粗放式发展向质量效益型的集约化、节约化、精致化方向发展，正从 GDP 增长速度向绿色 GDP 过渡，把经济和社会的发展、生活质量和幸福指数提升等正效应和资源损耗、环境损伤等负效应统一计算在内。实施旅游循环经济与产业生态化战略作为旅游可持续发展战略。实施产业生态化是推进旅游业实现可持续发展的重大举措。使资源利用的有效化、最优化，影响最小化，发展与区域生态环境建立协调共生化的，物质循环过程废弃物最小化，最终实现投入物质减量化，资源再利用、废弃物资源化等，增强资源的可持续利用程度，促进旅游生态环境良性循环。

三、生态文明理念下的旅游产业生态化转型发展的基本思路

（一）旅游产业生态化转型发展的基本理念

建立新系统观，新经济观，新环境伦理观，新生产观，新消费观等。

（二）旅游产业生态化转型发展的基本原则（6R）

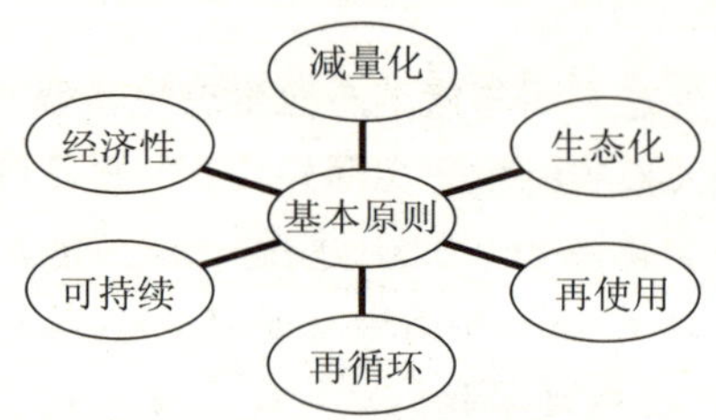

图1　旅游产业生态化转型发展的基本原则

（三）旅游产业生态化转型发展的总体思路

以循环经济/低碳经济理念为指导，坚持发展原则，探讨如何实现旅游业的可持续发展，最终为实现节约型社会、构建和谐社会作贡献。

以可持续发展战略为核心，结合协调发展战略、节约型社会战略进行旅游产业生态化转型发展。

旅游产业生态化转型发展的是战略目标，也是一种优选模式选择。大致有以下三个层面的模式：

一是企业层面产业生态化的发展模式

主要关注点是清洁生产，即对生产过程与产品采取整体预防性的环境策略，以减少其对人类及环境可能的危害；如怡景假日酒店中央空调废热回收、北京新世纪饭店中水回用、青年湖公园雨水回收利用、即墨市厨余垃圾综合处理和循环利用、深圳东部华侨城风力发电站、青青世界垃圾利用、西双版纳热带花卉园环境友好型企业等实例。

旅游企业层面的产业生态化运行　　表1

旅游企业名称	企业层面的主要内容
景区	环境友好型旅游产品设计，生态旅游接待设施建设（如生态厕所），旅游环境监测，游客管理，利用自然能源，旅游垃圾、办公垃圾回收利用
住宿业	提供绿色客房，减少布草换洗次数，设施设备维护，利用自然能源，采用节能降耗设备和技术，部分设备余热、冷凝水等循环利用，客房垃圾、办公垃圾回收利用
餐饮业	绿色建筑，绿色采购，清洁生产，绿色服务，厨余垃圾、生活垃圾、油烟、废水处理和利用

续表

旅游企业名称	企业层面的主要内容
旅行社	旅游循环经济的宣传，游客行为引导，办公垃圾回收利用
旅游购物	尽量利用当地可再生原料，采用基于当地文化传统的制造工艺，清洁生产，加工废料再利用
旅游交通	设计人力，畜力交通方式，采用清洁能源，汽车尾气治理
旅游娱乐	节约能源，降低噪声

旅游企业部门层面的产业生态化运行　　表 2

部门	主要污染物	处理方法
厨房餐厅	残菜剩饭	分类收集，可作饲料
	油烟	安装净化设备，高空排放
	玻璃	送回收站或利用
	塑料	回收、集中处理
厨房餐厅	污水	排入中水处理系统
	废纸制品	送回收站
	剩余肉制品	集中处理，埋填发酵
	洗涤余物	控制用量，集中处理
后勤供应及保障部	洗涤中心污水	排入中水处理系统
	自备锅炉废气废渣	安装除尘净化设备，或取消锅炉，采取“地热中央空调”供热，冷系统
	破旧物品、废物	加强管理，回收，节约利用
	机动车废气	加强管理，节约用油，尾气净化，用无铅汽油
	物品采购余物	加强管理，物尽其用，选用环保材料、物品
客房部	污水	排入中水处理系统
	废地毯、破布料等	集中处理、焚烧、埋填、利用
	塑料、废纸等	送回收站
健身娱乐部	污水	排入中水系统
	饮品及包装物	分类回收、集中处理
	噪声	限时、降噪、封闭

内容环节	目标	重点	体现思想	技术支撑
生态设计	节约能源、高效利用资源、降低环境影响	餐厅、厨房、库房、庭院、道路、附属建筑物等	减量化	绿色建筑生态设计技术、环境绿化设计技术
绿色采购与存储	保证质量、控制成本、降低环境影响	原料、辅料、餐具、洗涤剂、设施设备等	减量化、再利用	供应商绿色分级技术、绿色采购技术、存储管理技术
清洁生产	生产绿色食品、降低环境影响	能源、水、烹饪技术、菜食装饰及包装等	再利用	绿色食品清洁生产技术、油烟处理技术
绿色服务	倡导绿色消费、培养环境意识	点菜提醒、打包服务等	减量化、再利用	绿色服务技术（技能）
废弃物处理	高效利用资源、降低环境影响	油烟、厨余垃圾、废水等	再循环	废弃物最小化、无害化、资源化技术

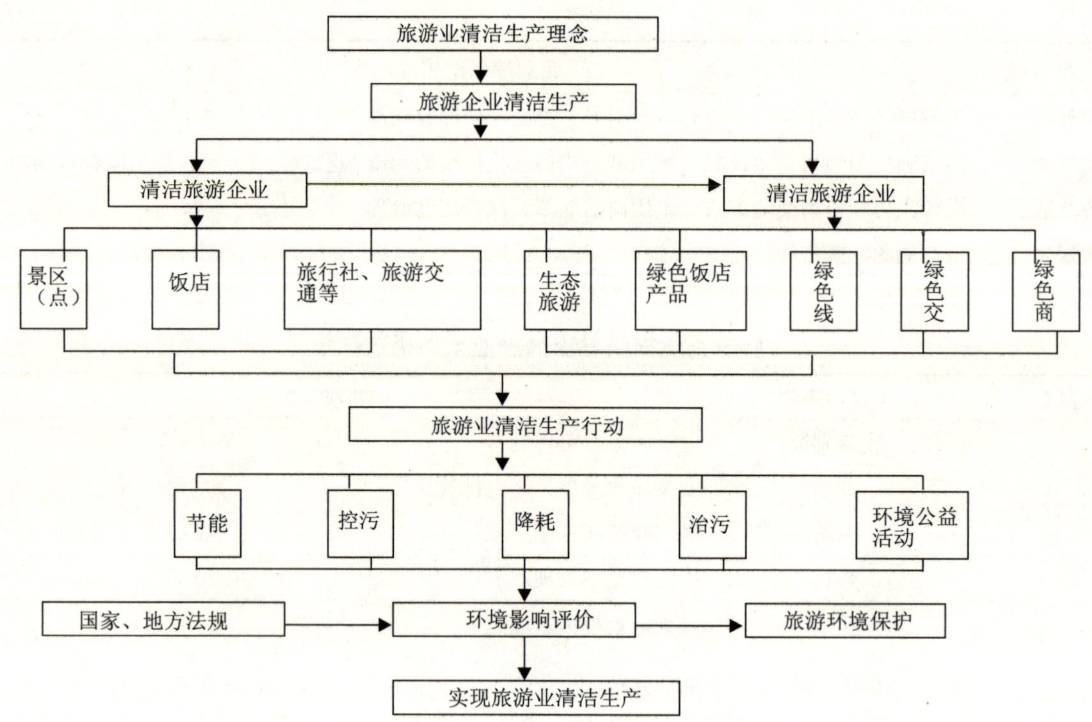

图2　旅游企业层面的产业生态化运行

二是社会层面产业生态化的发展模式——生态旅游城市

运用生态学、经济学和旅游学的原理，遵循生态规律与城市发展规律，以生态城市的建设为基础，以城市生态旅游为主线，以自然生态的良性循环及人与自然、社会的和谐为核心，以实现城市的可持续发展为目标，进行规划、建设和管理的现代化新型城市。

生态旅游城市是城市差异性、生态性、休闲性与现代性的综合统一：其主要实现途径有：1. 以循环经济理论为指导，对城市建设进行科学规划；2. 加强城市基础设施建设，提高社会资源配置效率；3. 运用循环经济方法构建高效的资源利用系统，保证城市良好的环境质量；4. 加强生态建设，调整产业结构，发展生态产业，实现经济效益最大化；5. 大力发展生态旅游；6. 提高公众生态经济意识。

三是区城层面产业生态化的发展模式

如云南省环境科学研究院与我们共同完成的云南省的第一个、也是全国唯一的旅游循环经济试验区中，设计的重点项目有：1. 旅游环境保护类项目：湖滨绿色防护廊道工程；喀斯特湿地资源恢复及保护（包括原生湖滨湿地保育工程）。2. 旅游资源培育类项目：湿地植物园，包括：湿地珍稀濒危特有物种保育；湿地观光走廊、展览及公共服务中心。3. 旅游产品调整类旅游项目（生态友好型民俗旅游村寨）：普者黑彝族风情村；仙人洞撒尼文化体验村；菜花箐苗族民俗文化体验村；那红壮族文化村。4. 清洁生产类项目（普者黑旅游小镇）：旅游区入口建设；荷塘湿地系统建设；接待设施建设；娱乐、购物及辅助设施建设；公共中水处理回用系统；垃圾分类收集系统、垃圾中转站；污水处理站。5. 产业耦合类项目：葡萄园生态农业观光基地；三七生态观光园。

生态旅游概念的引进，为当时旅游可持续发展研究指明了一条道路；从生态旅游到旅游循环经济，推进了旅游可持续发展研究；从旅游循环经济到旅游产业生态化，将促成旅游可持续发展研究的飞跃。在生态文明指导下的美丽中国，是时代之美、社会之美、生活之美、百姓之美、环境之美的总和。旅游产业生态化转型将助推美丽中国建设，促进旅游旅游可持续发展。

（明庆忠）

生态大事记

1月

3日

△昆明市出台《滇池治理三年行动计划》。《计划》以滇池治理6大工程为主线，围绕7大任务，着力加快滇池治理工程实施进度，在2012年底完成规划内工程项目8个，投资98.2亿元基础上，确保2013年至2015年完成规划内工程项目92个，规划外工程项目5个，投资265.9亿元，确保到2015年，滇池流域水污染物排放总量得到有效控制，滇池湖体水生态系统明显改善，滇池湖体富营养化得到有效治理。

昆明市委领导在昆明市委第28次常委会上强调，要把滇池治理作为头等大事和头号工程来抓，围绕“六大工程”不动摇，更加突出“彻底截污、水体置换、生态工程”三大任务，举全市之力，大干三年，全面完成滇池治理“十二五”规划目标。

4日

△全国人大环资调研究组来省对农村环镜保护工作进行调研。调研组一行7人在昆明与省政府及有关部门进行了座谈，随后分赴大理、西双版纳、德宏、腾冲等地考察。

省人大常委会常务副主任晏友琼出席座谈会，省人大常委会副主任杨应楠，副省长和段琪介绍了全省“十一五”以来经济社会发展和农村环镜保护工作等情况。

7日

△省政府滇池水污染防治专家督导组和昆明市“一湖两江”督导组召开滇池专家督导组滇池治理工作现场调研会，安排部署2013年上半年工作，督导组提出，通过牛栏江引水工程、污水处理厂和环湖截污等工作有序推进，努力达到“十二五”规划目标。

9日

△全省生物产业发展现场会在勐海召开。会议提出，当前和今后一个时期，全省生物产业要充分发挥资源优势，以加快转变发展方式为主线，以产业化、规模化、市场化为突破口，以技术创新和体制创新为动力，以生物农业、生物林业、生物医药、生物能源、生物制造和生物环境6大领域为战场，力争到2016年和2020年，全省生物产业总值分别达到8 000亿元和1.2万亿元以上。

11日

△8时20分左右，昭通市镇雄县果珠乡高坡村赵家沟村民小组，发生山体滑坡灾害，造成16户家庭46人被埋。

灾情发生后，习近平总书记、温家宝总理、李克强副总理立即作出指示，要求全力组织搜救，尽最大努力减少人员伤亡。以省委书记秦光荣为组长，省长李纪恒为副组长的抢险救灾工作组已于当日赶赴灾区救灾。

2月

1日

△省纪委九届三次会议在昆明举行，会议传达学习习近平总书记在十八届中央纪委第二次全会上的重要讲话精神，总结2012年党风廉政建设和反腐败工作，部署2013年任务。会议强调，要坚决把思想和行动统一到中央和省委的要求上来，深入推进党的廉政建设和反腐败斗争，为云南与全国同步全面建成小康社会提供有力保证。

省委书记秦光荣出席会议并讲话。省委副书记李纪恒、仇和出席会议。党中央纪委五室领导到会指导。

4日

△玉溪市红塔区与昆明晋宁县交界的清水河发生森林火灾。途经此地的省委书记秦光荣立即现场指挥扑救工作，看望慰问扑火人员。他强调当前已进入森林火灾易发期，各地要部署森林防火工作，尽快颁布《森林禁火令》，加大力量巡山护林，严防死守，防止发生森林火灾。

5日

△省政府抗旱救灾和森林防火工作专题会议在昆明召开。会议指出，全省上下要正确评估气候异常带来的旱情形势，全力以赴做好抗旱减灾和森林防火工作。

6日

△16时30分，大理市下关镇吊草村委会黄家村后山发生森林火灾，过火面积约700亩。

火灾发生后，大理市党委、政府和有关部门组织2 200余人灭火，国家林业局调派1架K－32直升机参加灭火。

11日

△省政府发出紧急通知，要求各级有关部门把森林防火工作作为林区当前头等大事、要事、急事和难事来抓，全面排查火灾隐患，严格控管火源，切实做到火灾扑救安全有效，坚决防止发生重大森林火灾和重大伤亡事故，做好关键时段森林防火工作。

17 日

△省委书记秦光荣在昆明调研城市供水情况，他到牛栏江—滇池补水工程进行查看，详细了解工程进度和难点，听取了昆明市城市供水情况汇报，召开了座谈会，他强调，要确保城市、集镇和农村的人畜饮水，按照“先生活后生产，先节水后调水”的原则，合理调配水源，抓好水源工程和抗旱应急工程建设，千方百计有效增加库塘蓄水，完善供水应急预案，确保每个群众都能喝上安全干净的水。

19 日

△10 时 46 分 58 秒，巧家县药山镇距县城 26 千米的团堡村发生 4.9 级地震，微观震中为北纬 27.1 度，东经 103 度，震源深度 6 千米。巧家县城和其余 15 个乡镇震感明显。

地震发生后，省委书记秦光荣，省委副书记、省长李纪恒要求加强监测预报，严防次生灾害发生。省民政厅已向灾区调拨帐棚 1 800 顶，棉被 100 床。

22 日

△5 时 43 分 39 秒，永胜县发生 4.2 级地震，震中位于北纬 36°44′，东经 100°48′，震源深度 14 千米，震中距县城 8.7 千米，全县 15 个乡镇均有震感。

地震发生后，省委书记秦光荣，省长李纪恒要求，做好灾区群众的安抚工作，加强灾情核查、震情监测和预报工作。

23 日

△玉溪至蒙自铁路正式开通运营，标志着“桥头堡”国际大通道建设取得新的突破。

省领导李江、曹建方、王树芬、丁绍祥、白成亮、卯稳国，省铁路建设工作督导组组长梁公卿、副组长李春林等出席开通仪式。

26 日

△省抗旱救灾和森林防火工作电视电话会议在昆明召开，会议要求，要再接再厉，强化措施，全面打好抗旱救灾和森林防火攻坚战，为全面实现 2013 年经济社会发展目标奠定基础。

省委常委、常务副省长李江出席会议并讲话。

3 月

3 日

△13 时 41 分，大理白族自治州洱源县发生 5.5 级地震，震中位于洱源县西山乡，震源深度 9 千米，地震造成洱源、云龙、漾濞、剑川、永平 5 个县 11 个乡镇受灾，初步统计，洱源县受灾 13 万人，倒塌房层 1 905 间，房屋受损 17 594 户、83 434 间，初步测算地震造成经济损失 3.5 亿元。

在北京参加全国两会的省委书记秦光荣，省长李纪恒要求，省政府立即组织工作组，赶赴灾区指导抗震救灾工作。

4 月

1～2 日

△省委书记秦光荣在石屏县调研抗旱工作时强调，我们一定要弘扬云南精神，咬紧牙关，奋战 50 天，坚决打赢抗旱保民生、保春耕、保生态、促发展这场硬仗，努力夺取今年农业丰收。

省委常委、省委秘书长曹建方参加调研。

7～10 日

△省人大常委组成调研组分赴 6 个州市调研抗旱保民生促春耕工作。要求各地认真总结抗旱救灾的经验和成效，调整发展思路，增强效益意识，切实抓好抗旱保民生促春耕工作。

12～14 日

△国务院副总理汪洋到云南考察灾情，指导抗旱救灾工作。他先后到受灾最严重的宾川、祥云、南华、楚雄等地深入乡村农户、田间地头，查看灾情，在查看滇中引水工程、听取省政府关于抗旱减灾工作情况汇报后，汪洋强调，要切实把抗旱减灾保民生作为当前工作的重中之重，加强组织领导，强化工作措施，千方百计保证群众基本生活和春耕用水，努力减少灾害损失。

水利部部长陈雷，国务院副秘书长丁学东，农业部副部长余欣荣，国研室副主任黄守宏，财政部部长助理胡静林，国办应急办主任陈建安等一同调研。

省委书记秦光荣主持汇报会，省长李纪恒汇报云南旱情和抗旱减灾工作。仇和、李江、曹建方等参加考察。

17 日

△9 时 45 分 54 秒，大理白族自治州洱源县与漾濞县交界处发生 5.0 级地震，震源深度 11 千米，波及洱源、漾濞、云龙、大理 4 个县（市）的 11 个乡镇。

地震发生后，省委书记秦光荣，省长李纪恒要求，省有关部门迅速组织工作组赶赴灾区，开展救灾工作。

28 日

△省委书记秦光荣主持召开省委常委会，审

议通过了《中共云南省委、云南省人民政府关于实施建设创新型云南行动计划（2013～2017年）的决定（送审稿）》。

5月

3日

△省人大常委会环境与资源保护工作委员会在昆明召开2013年全省人大环境与资源保护工作会议。会议提出，以水资源保护为抓手、突出重点，加强生态文明建设重要领域、重点工作的立法与监督，努力做好全省环境与资源保护工作。

省人大常委会副主任杨应楠出席会议并讲话。

△2013年云南环保世纪行活动在昆明启动。会上，组委会对2012年云南环保世纪行活动好新闻作品奖、组织奖进行了表彰。

省人大常委会副主任杨应楠，副省长刘慧晏出席启动仪式并讲话。

6－7日

△全国政协副主席、农工党中央常务副主席刘晓峰率农工党中央部分成员及环保部、水利部、农业部、国家林业局等领导和专家，深入昭通市金沙江水电基地溪洛渡水电站和绥江县新县城移民搬迁安置点对“长江上游生态环境保护与综合开发利用”课题进行专题调研。并与昭通市有关领导举行座谈。

省政协副主席王承才参加调研并主持座谈会。

7日

△省政府出台《云南省“十二五”控制温室气体排放工作实践方案》制定了系列控制温室气体排放约束指标和具体措施，着力发展低碳经济，建设七彩云南。

8日

△省政府召开防汛抗旱工作电视电话会议。会议要求，各级各有关部门必须清醒认识全面把握全省防汛抗旱工作面临的形势，牢固树立抗大旱、防大汛、救大灾的思想，确保全省防汛抗旱春耕生产各项工作取得全面胜利。

13日

△省长李纪恒主持召开省政府第八次常务会议。会议强调，各地各部门必须深刻认识进一步加强防灾减灾体系建设，切实提高气象、地质、地震灾害防御能力，最大限度减少地质灾害造成的人员伤亡和财产损失，为全省经济持续健康发展，社会和谐稳定提供有力保障。

6月

6日

△首届中国—南亚博览会暨第21届中国昆明商品交易会在昆明国际会展中心的开幕。

出席开幕式的有主礼嘉宾、贵宾、国家有关部门、单位和有关省市领导及知名企业负责人。中共云南省委书记、省人大常委会主任秦光荣出席开幕式，中共云南省委副书记、省长李纪恒主持开幕式。

14日

△省政府滇池水污染防治专家督导组在调研滇池治理工程时要求，要紧紧咬住滇池治理“十二五”规划各项目标，增强责任意识、强化危机意识，争分夺秒努力完成滇池治理各项工作任务。督导组现场查看了牛栏江—滇池补水工程盘龙江清水通道，昆明第十污水处理厂、滇池海东湿地和污水处理厂尾水外排及资源化利用工程建设情况。

督导组组长牛绍尧、副组长晏友琼、高晓宇参加调研。

20日

△由昆明市政府与中国生物产业大会组委会共同主办的第七届中国生物产业大会在昆明国际会展中心开幕。

全国人大常委会原副委员长、中国工程院院士桑国卫出席开幕式，国家发改委副主任张晓强，大会组委会主任、中国工程院院士杨胜利，中共云南省委书记、省人大常委会主任秦光荣在开幕式上致词。中共云南省委副书记、省长李纪恒主持开幕式。

国家卫生和计划生育委员会副主任刘谦，中科院副院长，中国科学院院士张亚萍，中国农业科学院副院长，中国工程院院士刘旭，中国工程院院士朱有勇，云南省领导杨保建、和段琪、米东生、卯稳国等出席开幕式，昆明市市长李文荣代表主办方在开幕式上致词。

21日

△省长李纪恒在省林业厅、宜良县调研林业工作时强调，要充分发挥林业在建设全国生态文明排头兵中的主力军作用，努力实现从森林资源大省向林业强省跨越。

26日

△省委召开常委会议，认真学习党中央召开党的群众路线教育实践活动工作会议和中央政治局专门会议精神，研究云南省贯彻意见。会议讨论通过了《中共云南省委关于在全省深入开展党的群众路线教育实践活动的实施方案（送审稿）》。

△省委书记秦光荣主持召开省委常委会议，审议并原则通过了《中共云南省委云南省人民政府关于争当全国生态文明建设排头兵的决定（送审稿）》，《决定》明确到2020年努力把云南建设成为美丽中国示范区，争当全国生态文明建设排头兵。

28 日

△由中央文明办主办、云南省委宣传部、丽江市委、市政府承办的全国保护山川河流志愿服务活动启动仪式在丽江市长江第一湾石鼓镇举行。

省委常委、省委宣传部长赵金、中央文明办志愿服务工作组副巡视员王相彬等出席启动仪式。

7 月

3 日

△全省党的群众路线教育实践活动动员大会在昆明召开。会议强调，要坚决把思想和行动统一到党中央的部署上来，扎实推进全省开展党的群众路线教育实践活动。

省委书记、省人大常委会主任秦光荣，中央督导组组长傅克诚出席会议并讲话。

省委副书记、省长李纪恒，省政协主席罗正富，中央督导组副组长巴桑顿珠等出席会议。

在动员大会结束后，省委立即召开常委会，对省委常委领导班子开展党的群众路线教育实践活动进行了动员安排。

省委书记秦光荣主持会议。

6 日

△省长李纪恒在昆明、红河等地调研。他先后到昆明南亚风情园第壹城、弥勒市湖泉生态园、开远市乐百道办事处通灵村、蒙自等地调研。在调研中李纪恒指出，要营造生态宜居高效便捷的人居环境，为“美丽云南”建设作出贡献。

7 日

△云南省城乡人居环境提升行动暨城乡建设工作会议在蒙自召开。会议提出，要以创新的举措、过硬的作风、扎实推动城乡人居环境不断提升，确保全省城镇建设提速度、上水平、出品位，为云南与全国同步全面建成小康社会作出新的更大贡献。

省长李纪恒出席会议并讲话，副省长丁绍祥主持会议并就贯彻落实会议精神作具体部署。

8 日

△盈江、陇川两县发生暴雨洪灾，两县有13个乡镇、11 535人受灾，初步统计洪灾造成直接经济损失约2 386万元。

灾情发生后，德宏州委、州政府、盈江县委、县政府负责人及时赶到灾区，指挥抢险救灾工作。

17 日

△省委党的群众教育实践活动领导小组第一次会议暨省委常委专题会议召开。会议传达学习习近平总书记在河北省调研时的重要讲话精神，学习贯彻近期中央对党的群众路线教育实践活动的新部署新要求，听取全省教育实践活动开展情况汇报，研究了《省委党的群众路线教育实践活动边学边查边改方案（讨论稿）》，部署下一步全省教育实践活动的有关工作。

省委书记秦光荣主持会议并讲话，中共督导组组长傅克城，副组长巴桑顿珠和督导组成员到会进行指导。

19 日

△云南省政府发出紧急通知，要求各地各部门切实加强防汛抗洪工作，要求各地进一步加强灾害防范和监测预报，进一步做好防汛抗洪救灾各项准备，进一步做好水库电站等重点目标的安全工作，要突出抓好城市防洪排涝工作，要全力以赴做好应急抢险和处置工作，要严格落实防汛抗洪救灾工作责任制。

28～29 日

△中共云南省委九届五次全体（扩大）会议在昆明举行。会议强调，必须深入学习贯彻党的十八大精神和学习习近平总书记系列重要讲话精神，内化于心，外化于行，创新思维、勇于实践，推动云南科学发展和谐发展跨越发展迈出新步伐，努力完成2013年经济社会发展的目标任务。全会由省委常委会主持。

省委书记秦光荣代表常委会作题为《以习近平总书记系列重要讲话精神为指导奋力推进云南科学发展和谐发展跨越发展迈出新步伐》的报告，并在闭幕会上作总结讲话。省委副书记、省长李纪恒在会上作题为《稳增长调结构促改革全面完成全年经济社会发展目标任务》的讲话。

省委副书记仇和、省政协主席罗正富出席会议。

8 月

7～8 日

△省委书记秦光荣深入西双版纳傣族自治州就保持生态环境，发展生态经济进行调研。秦光荣先后到云南省热带作物科学研究所，中国科学院西双版纳热带植物园进行调研，并与西双版纳州委、州政府负责人进行深入交流，详细了解西双版

纳在生物多样性保护，生态安全监测系统，生物补偿机制建设等方面的工作。他要求要牢固树立“不砍树也致富”的理念，把西双版纳打造成全省生态文明建设排头兵的先行区。

省委常委、省委秘书长曹建方参加调研。

12 日

△省长李纪恒在省政府2013年滇池水污染综合防治工作会议上要求，确保完成滇池治理“十二五”规划目标任务。

李江、王树芬、刘慧晏、王承才、牛绍尧、晏友琼、高晓宇、卯稳国，参加调研或出席会议。

24～25 日

△昭通市普降暴雨，造成永善、彝良、昭阳、盐津、大关5县区受灾，灾害已造成2人遇难，6人受伤，紧急转移安置4万余人。

灾情发生后，昭通市委、市政府和受灾的县区立即行动，全力抢险救灾。

28 日

△4时44分德钦县、香格里拉与四川甘孜得荣县交界地区发生5.1级地震，震源深度约9千米，地震造成香格里拉县4乡1镇1.6万余户、7.9万人受灾，德钦县6乡2镇4 500多间民房受损。

地震发生后，省委书记秦光荣，省长李纪恒立即要求迪庆州和省政府有关部门迅速投入救灾工作，省地震局、民政厅和省抗震办等部门组成工作组赶往灾区，进行救灾。

△省委党的群众路线教育实践活动领导小组第二次（扩大）会议召开，会议认真学习贯彻习近平总书记近期对教育实践活动的重要指示精神，传达学习中央党的群众路线教育实践活动领导小组负责同志座谈会精神，总结回顾全省前一段时期工作，对查摆问题开展批评与自我批评的工作进行安排部署。

省委书记秦光荣出席会议并讲话，省委副书记李纪恒主持会议。省委副书记仇和传达部分省区市党委教育实践活动领导小组负责同志座谈会精神，省政协主席、党组书记罗正富出席会议。

9 月

6 日

△省委书记秦光荣，省长李纪恒专题调研昆明城市规划建设工作。秦光荣强调，要开掘历史文脉，突出文化优势，把昆明建成世界知名旅游城市。

罗正富、李江、孟苏铁、曹建方、刘维佳、杨成熙、李培、王树芬、高峰、和段琪、丁绍祥、刘慧晏、尹建业、牛绍尧、卯稳国等分别参加调研或出席座谈会。

24 日

△中共云南省委在昆明举行第九届六次全体会议。会议就领导班子《对照检查材料》征求意见，会议强调，省级领导班子要高度重视《对照检查材料》的撰写和修改完善，要深化认识，狠抓整改，以扎扎实实的举措，确保教育实践活动取得实实在在的成效。会议由省委常委会主持。

省委书记秦光荣对省委常委班子开展党的群众路线教育实践活动对照检查情况作了说明。

25 日

△牛栏江—滇池补水工程正式通水，每年将有5.7亿立方米水从牛栏江进入盘龙江补水滇池。滇池流域水资源短缺制约滇池水环境改善的瓶颈将得到突破，昆明城市供水也将得到进一步保障。

中共中央政治局原常委、第八、九届政协主席李瑞环到现场察看通水情况，省委书记、省人大常委会主任秦光荣察看通水情况并讲话，省委副书记、省长李纪恒，省委副书记仇和，省政协主席罗正富，全国政协民族和宗教委员会副主任王泽仁等察看通水工程。

27 日

△省委书记秦光荣对如何发挥好牛栏江—滇池补水工程效益，进行专题调研，先后查看了补水工程出水口，盘龙江水通道并与有关人员进行座谈。他强调，要发挥补水工程综合效益，打造昆明山水城市风貌。

曹建方、米东生、牛绍尧参加调研。

27～28 日

△省长李纪恒到普洱市调研，在调研中他要求紧紧围绕特色生物产业、清洁能源现代林产业和休闲度假4大基地及茶、林、电、矿、文化旅游养生5大支柱产业建设，扎实抓好绿色产业构建，要全力推进国家绿色经济试验示范区建设，为云南建设绿色强省，争当全国生态文明建设排头兵当好先锋，做好表率。

29 日

△省委召开常委会议传达学习习近平总书记在河北省省委班子专题民主生活会时的重要讲话精神。会议强调，要认真学习贯彻习近平总书记重要讲话精神，学习借鉴河北省委常委班子的做法和经验，真正拿起批评与自我批评这个有力武器，认真开好省委常委班子专题民主生活会。

10 月

19～20 日

△省委常委班子召开专题民主生活会，以习近平总书记在指导河北省委常委班子专题民主生活会时的重要讲话精神为指导，以为民务实，清廉为主题，以反对四风，服务群众为重点，认真开展批评和自我批评，以改进作风建设的新成效，推动云南科学发展和谐发展跨越发展迈出新步伐。

省委书记秦光荣主持会议并作总结讲话。中组部部务委员兼干部二局局长陈向群、中共督导组副组长巴桑顿珠到会指导。

11 月

1 日

△省委召开常委会议，传达学习习近平总书记和中央政治局常委参加联系点省区党委领导班子专题民主生活会重要讲话精神，审议省委常委班子专题民主生活会整改方案及任务分解事项。

省委书记秦光荣主持会议。

14 日

△省委召开常委会议。传达学习党的十八届三中全会精神，研究部署全省学习宣传贯彻落实工作。研究《关于开展“四风”突出问题专项整治实施方案（送审稿）》。

中央第五巡视组正局级巡视专员殷卫华到会指导。

15 日

△省委召开领导干部大会，传达学习党的十八届三中全会精神，部署全省学习宣传贯彻落实工作，会议强调，要把学习宣传贯彻落实好党的十八届三中全会精神作为当前首要政治任务，要立即行动起来，树立强烈的机遇意识、进取意识、责任意识，以一往无前的勇气，雷厉风行的气概，披荆斩棘的锐气，抓铁有痕的作风，努力开创云南改革发展新局面。

17 日

△中共云南省委发出《关于认真学习宣传贯彻党的十八届三中全会精神的通知》。要求全省各级党组织高度重视，迅速行动起来，兴起学习宣传贯彻全会精神的热潮。

21～22 日

△省长李纪恒就贯彻落实党的十八届三中全会精神到国有企业进行专题调研，他强调要把思想行动统一到中央的决策部署上来，高举改革旗帜，坚持改革方向，坚定改革信心，全面深化国有企业和国有资产监管体制改革。

12 月

5 日

△省委召开常委会议，学习《党政机关厉行节约反对浪费条例》并对全省贯彻落实《条例》提出要求。

省委书记秦光荣主持会议。

5～6 日

△省委在昆明召开全面深化改革座谈会。省委书记秦光荣听取了来自高校、科研单位、党政机关的 13 位专家、学者对如何贯彻落实党的十八届三中全会精神和《决定》的意见和建议。

省委常委、省委秘书长曹建方，省委常委、组织部长刘维佳，省委常委、宣传部长赵金参加座谈会。

11～13 日

△省委副书记仇和在迪庆调研县域经济和“三农”工作时强调，要深入贯彻党的十八届三中全会精神和《决定》，扎实推进迪庆区区域发展与扶贫攻坚实施规划项目，全力提升举世闻名的香格里拉品牌，打好县域经济攻坚战实现与全国全省同步全面建成小康社会。

20 日

△省政府在澄江召开抚仙湖保护治理工作会议，会议强调，要下铁的决心，采取最严格的措施，保护好抚仙湖一泓净水。

省长李纪恒出席会议并讲话。

26～27 日

△中共云南省委九届七次全体（扩大）会议在昆明举行。会议指出，2014 年是全面深化改革的第一年，要全面贯彻十八大、十八大二中、三中全会精神和中共经济工作会议精神，深入贯彻落实习近平总书记系列讲话精神，紧紧围绕建设“两强一堡”战略目标，坚持稳中求进的总基调，以改革促调整转型，以改革促创新发展，以改革促改善民生，做到稳中有快，稳中提质，稳中增效，确保全省经济健康发展，社会稳定。

省委书记秦光荣代表省委常委会作工作报告并在闭幕会上作总结讲话。省委副书记李纪恒部署 2014 年经济社会发展任务。

（魏家骏）

文献选辑

云南省湿地保护条例

（2013年9月25日云南省第十二届人民代表大会常务委员会第五次会议通过）

第一章　总　则

第一条　为了加强对湿地的保护，恢复和发挥湿地功能，促进湿地资源的可持续利用，根据有关法律、法规，结合本省实际，制定本条例。

第二条　本省行政区域内湿地的规划和认定、保护和利用、管理和监督等活动，适用本条例。但法律、法规另有规定的，从其规定。

第三条　本条例所称湿地是指常年或者季节性积水、适宜喜湿生物生长、具有生态服务功能，并经过认定的区域。

湿地分为国际重要湿地、国家重要湿地、省级重要湿地和一般湿地。

第四条　湿地保护和管理应当遵循保护优先、科学规划、分类管理、合理利用、持续发展的原则。

第五条　县级以上人民政府是湿地保护的责任主体，应当将湿地保护纳入国民经济和社会发展规划，建立湿地保护工作目标责任制和协调机制，并将湿地保护和管理经费列入同级财政预算。

有关乡、镇人民政府和街道办事处应当协助有关部门做好湿地保护和管理工作。

第六条　县级以上人民政府林业行政主管部门负责本行政区域内湿地保护的组织、协调、指导和监督工作。

县级以上人民政府发展改革、财政、国土资源、环境保护、住房城乡建设、水利、农业、旅游、教育、科技等部门按照职责，做好湿地保护的有关工作。

第七条　县级以上人民政府及其有关单位应当支持和鼓励开展湿地科学研究、技术创新和技术推广工作，提高湿地保护和管理的科学技术水平。

第八条　县级以上人民政府应当组织有关部门开展湿地保护宣传教育工作，普及湿地知识，增强公民的湿地保护意识。

县级以上人民政府应当建立湿地保护和管理的激励机制，鼓励公民、法人和其他组织以捐赠、志愿服务等形式参与或者开展湿地保护和恢复活动。

第二章　规划和认定

第九条　县级以上人民政府林业行政主管部门应当会同有关部门，编制本行政区域湿地保护规划，按规定报批后实施。

湿地保护规划，应当根据湿地资源普查和专项调查的结果科学编制，并与土地利用总体规划、城乡规划、水资源规划、环境保护规划等专项规划相衔接。

第十条　省级重要湿地保护规划，由所在地的县级人民政府林业行政主管部门或者承担湿地保护和管理职责的机构（以下简称湿地保护机构）组织编制；跨行政区域的，由共同的上一级人民政府林业行政主管部门组织编制。

省级重要湿地保护规划由所在地的县级以上人民政府逐级报省人民政府批准，或者由省人民政府授权省林业行政主管部门批准。

一般湿地保护规划，由县级人民政府林业行政主管部门组织编制，报本级人民政府批准；跨行政区域的，由共同的上一级人民政府林业行政主管部门组织编制，报本级人民政府批准。

国际重要湿地、国家重要湿地保护规划的编制和审批，按照国家有关规定执行。

第十一条　经批准的湿地保护规划应当向社会公布，任何单位和个人不得擅自变更。确需变更的，应当按照原编制和批准程序办理。

第十二条　县级以上人民政府林业行政主管部门应当组织有关部门对湿地资源进行定期普查和专项调查，并将结果报本级人民政府。

第十三条　省人民政府设立湿地保护专家委

员会，负责对省级重要湿地范围的认定、湿地动植物保护名录的拟定、湿地资源的评估和利用、湿地生态补偿和湿地生态修复等工作提供技术咨询及评审意见。

湿地保护专家委员会由林业、水利、国土资源、环境保护、城乡规划、农业以及气象等方面的专家组成，具体工作由省人民政府林业行政主管部门负责组织实施。

第十四条 省人民政府林业行政主管部门应当会同有关部门根据省级重要湿地标准和专家委员会的评审意见，提出省级重要湿地名录报省人民政府批准并公布；国际重要湿地、国家重要湿地按照国家有关规定申报。

一般湿地的认定和公布由县（市、区）人民政府参照省级重要湿地认定和公布的程序执行，经认定的一般湿地名录应当报州（市）人民政府林业行政主管部门备案。

第十五条 经认定并公布的湿地应当设立界标，标明湿地范围；省级以上重要湿地的界标由州、市人民政府组织设立，一般湿地的界标由县（市、区）人民政府组织设立。

任何单位和个人不得擅自移动或者破坏湿地界标。

第十六条 经认定并公布的湿地，可以采取建立自然保护区、湿地公园、湿地保护小区等形式进行保护，并根据湿地生态系统结构和功能特征进行分区管理。

第三章 保护和利用

第十七条 有关县级以上人民政府应当明确省级以上重要湿地的保护机构，湿地保护机构接受本级人民政府林业行政主管部门的领导或者业务指导、监督，并履行下列职责：

（一）宣传、实施湿地保护有关的法律、法规；

（二）实施湿地保护规划，协调湿地保护和管理的有关工作，开展湿地资源的调查、监测、科研以及湿地知识的普及等工作；

（三）依法实施本条例赋予的行政处罚权，协调和配合有关部门查处湿地违法行为；

（四）本级人民政府赋予的其他职责。

第十八条 县级以上人民政府应当根据本行政区域内湿地保护和管理的需要，建立湿地生态补偿制度。具体办法由省人民政府另行制定。

第十九条 有关人民政府应当采取资金补助、委托管理、定向援助、产业转移、社区共管等方式，加强湿地生态系统结构和功能的保护与恢复。

第二十条 县级以上人民政府应当鼓励、扶持湿地周边区域居民发展生态农业，防止湿地面积减少和湿地污染，维护湿地生态系统结构和功能，并组织林业、农业、水利、环境保护等有关部门，对退化的湿地采取封育、禁牧、限牧、退耕、截污、补水等措施进行恢复。

第二十一条 县级以上人民政府在统筹协调区域或者流域内的水资源分配过程中，应当兼顾湿地生态用水；因缺水导致湿地功能退化的，应当建立湿地补水机制，定期或者根据恢复湿地结构和功能的需要有计划地采取措施进行湿地生态补水。

第二十二条 县级以上人民政府或者有关部门应当依法确定并公布湿地禁建区、限建区、禁伐区、禁猎区（期）、禁渔区（期）、禁采区（期）、禁牧区（期）。

第二十三条 任何单位和个人不得擅自向湿地引进外来物种。确需引进的，应当依法办理审批手续，并按照有关技术规范进行试验。

县级以上人民政府林业、农业行政主管部门应当对引进的外来物种进行动态监测，发现其有害的，及时报告本级人民政府和上一级林业或者农业行政主管部门，并采取措施，消除危害。

第二十四条 因防治疫源、疫病向湿地施放药物的，实施单位在开展工作前应当通报所在地湿地保护机构，共同采取防范措施，避免或者减少对湿地生态系统的破坏。

第二十五条 除抢险、救灾外，在湿地取水或者拦截湿地水源，不得影响湿地合理水位或者截断湿地水系与外围水系的联系，不得破坏鱼类等水生生物洄游通道和产卵场、索饵场、越冬场。

第二十六条 湿地范围内禁止下列行为：

（一）擅自新建、改建、扩建建筑物、构筑物；

（二）开垦、填埋、占用湿地，擅自改变湿地用途；

（三）倾倒、堆置废弃物、排放有毒有害物质或者超标废水；

（四）擅自挖砂、采石、取土、烧荒；

（五）采矿、采挖泥炭；

（六）规模化畜禽养殖；

（七）投放、种植不符合生态要求的生物物种；

（八）破坏湿地保护设施、设备；

（九）乱扔垃圾；

（十）制造噪音影响野生动物栖息环境；

（十一）擅自猎捕野生动物；

（十二）非法捕捞鱼类及其他水生生物。

第二十七条 湿地资源利用包括科学研究、旅游、湿地动植物产品生产等活动。

利用湿地资源应当符合湿地保护规划，并与湿地资源的承载能力和环境容量相适应，不得对野生动植物资源、湿地生态系统结构和功能造成破坏。

第二十八条 湿地资源的开发利用实行许可制度。有关县级以上人民政府应当依照湿地保护规划，采取招标等公平竞争的方式确定开发利用经营者。获得经营权的单位或者个人，应当缴纳湿地资源有偿使用费。具体办法由省人民政府另行制定。

禁止擅自转让湿地资源经营权。擅自转让的，由所在地县级人民政府无偿收回湿地资源经营权。

第二十九条 因发生污染事故或者其他突发事件，造成或者可能造成湿地污染的责任单位或者个人，应当立即采取措施予以处理，并及时通报可能受到危害的单位和居民，同时向当地人民政府或者有关部门报告。

第四章 管理和监督

第三十条 县级以上人民政府应当加强湿地保护和管理的队伍建设，建立湿地执法协作机制，可以根据湿地保护和管理工作的需要实施综合行政执法。

第三十一条 县级以上人民政府应当加强对湿地保护规划实施情况的监督检查。

县级以上人民政府林业行政主管部门应当会同有关部门对湿地资源保护、利用和管理工作进行监督检查，并定期向本级人民政府报告。

第三十二条 县级以上人民政府林业行政主管部门应当会同有关部门建立湿地资源监测站（点）网络，开展监测工作。省人民政府林业行政主管部门应当定期组织对湿地资源保护、管理进行评估，并将评估结果报省人民政府同意，发布湿地资源状况公报。

第三十三条 在湿地范围内进行下列活动，应当经湿地保护机构同意：

（一）科学考察、采集标本、拍摄影视作品、举办大型群众性活动；

（二）摆摊设点、搭建帐篷；

（三）设置、张贴商业广告。

第三十四条 湿地范围内的建设项目应当符合湿地保护规划，经县级以上人民政府林业行政主管部门同意，并办理有关审批手续。

第三十五条 在湿地范围内的建设项目，应当与湿地的景观相协调，不得破坏湿地生态系统结构与功能。建设单位和施工单位应当制定污染防治和生态保护方案，并采取有效措施保护周围景物、水体、植被、野生动植物资源和地形地貌。

第三十六条 湿地保护机构应当建立湿地生态预警和预报机制，根据湿地承载能力和对资源的监测评估结果，采取措施控制资源利用强度和游客数量。

第五章 法律责任

第三十七条 国家机关和湿地保护机构工作人员在湿地保护和管理工作中违反本条例，有下列情形之一的，依法给予处分；构成犯罪的，依法追究刑事责任：

（一）擅自变更湿地保护规划的；

（二）发现违反本条例的行为未及时依法处理的；

（三）其他滥用职权、徇私舞弊、玩忽职守的行为。

第三十八条 违反本条例第十五条第二款规定的，由县级以上人民政府林业行政主管部门或者湿地保护机构责令限期恢复原状或者赔偿所造成的损失，可以处100元以上1 000元以下罚款。

第三十九条 违反本条例第二十六条规定的，由县级以上人民政府林业行政主管部门或者湿地保护机构按照下列规定处罚：

（一）违反第一项规定的，责令停止违法行为，依法拆除；情节严重的，处2 000元以上2万元以下罚款；

（二）违反第二项规定的，责令限期恢复原状，并处每平方米50元以上100元以下罚款；

（三）违反第三、四、五项规定的，责令停止违法行为，限期清理、恢复原状或者采取其他补救措施，有违法所得的，没收违法所得，对个人处500元以上5 000元以下罚款；对单位处5万元以上50万元以下罚款；

（四）违反第六、七项规定的，责令停止违法行为，造成损失的，依法赔偿损失，可以处2 000元以上2万元以下罚款；

（五）违反第八项规定的，责令限期恢复原状或者赔偿所造成的损失，可以处1 000元以上1万元以下罚款；

（六）违反第九、十项规定的，责令改正，可以处50元以上200元以下罚款。

第四十条 违反本条例第三十三条规定的，由县级以上人民政府林业行政主管部门或者湿地保护机构按照下列规定处罚：

（一）违反第一项规定的，责令停止违法行为，可以处5 000元以上5万元以下罚款；

（二）违反第二项规定的，责令改正，限期清理、恢复原状，可以处200元以上2 000元以下罚款；

（三）违反第三项规定的，责令停止违法行为，限期清理，可以处100元以上1 000元以下罚款。

第四十一条 违反本条例规定的其他行为，依照有关法律、法规的规定给予处罚。

第六章 附 则

第四十二条 本条例自2014年1月1日起施行。

云南省人民政府办公厅关于成立云南省第二次湿地资源调查工作领导小组的通知

各州、市、县（市、区）人民政府，省直各委、办、厅、局：

根据国家林业局要求，为切实加强对全省第二次湿地资源调查工作的组织领导，省人民政府决定成立云南省第二次湿地资源调查工作领导小组（以下简称领导小组）。现将领导小组组成人员名单通知如下：

组 长：李琳玻 省政府副秘书长
副组长：陈玉侯 省林业厅厅长
成 员：李新平 省发展改革委副主任
周 宗 省财政厅副厅长
李连举 省国土资源厅副厅长
张志华 省环境保护厅副厅长
孙海清 省农业厅副厅长
郭辉军 省林业厅副厅长
严 锋 省水利厅副巡视员
方 虹 省气象局副局长
李德铢 中科院昆明植物研究所所长
王 文 中科院昆明动物研究所副所长

在开展湿地资源调查工作期间，领导小组负责协调有关部门配合开展湿地资源调查工作，研究解决调查工作中的重大问题，组织审定调查成果等。领导小组下设办公室在省林业厅，负责领导小组日常工作，郭辉军兼任办公室主任，工作人员由省湿地保护管理办公室人员和领导小组成员单位联络员组成。

云南省人民政府办公厅
二〇一二年六月五日

云南省人民政府关于公布第三批省级非物质文化遗产名录的通知

各州、市人民政府，省直各委、办、厅、局：

省人民政府批准省文化厅确定的第三批省级非物质文化遗产名录（共计90项）和省级非物质文化遗产扩展项目名录（共计36项），现予公布。

各地各部门要充分认识非物质文化遗产保护工作的重要性，严格按照《中华人民共和国非物质文化遗产法》和《云南省非物质文化遗产保护条例》规定，加强非物质文化遗产的保护、传承和管理工作，为传承和弘扬民族优秀传统文化，推动文化大发展大繁荣，建设民族文化强省，满足人民群众日益增长的精神文化需求，作出新的贡献。

云南省人民政府

2013年11月23日

第三批省级非物质文化遗产名录

（共计90项）

序号	类别	项目名称	民族	属地	保护单位
1		英雄史诗《黑白战争》	纳西	古城区	古城区非物质文化遗产保护管理中心
2		迁徙史诗《哈尼阿培聪坡坡》	哈尼	元阳县	元阳县文化馆
3		叙事史诗《都玛简收》	哈尼	绿春县	绿春县文化馆
4		叙事长诗《阿哩》	彝	石屏县	石屏县文化馆
5	民间文学	《九隆神话》	布朗、佤、德昂等	隆阳区	隆阳区文化馆
6		史诗《神蜘蛛》	傣	昌宁县	昌宁县文化馆
7		创世史诗《开奔勒笃—六祖古歌》	彝	南华县	南华县文化馆
8		创世史诗《敏编咪编》	哈尼	墨江县	墨江县文化馆
9		创世史诗《创世纪》	纳西	玉龙县	玉龙县非物质文化遗产保护中心
10		建水小调	汉	建水县	建水县文化馆
11		傣族民歌	傣	金平县	金平县文化馆
12		阿勒古歌	纳西	维西县	维西县文化馆
13		玎三赛弹奏	傣	瑞丽市	瑞丽市文化馆
14		唢呐调	汉	宾川县	宾川县文化馆
15		阿数瑟	彝	镇康县	镇康县文化馆
16	传统音乐	口弦乐	怒	福贡县	福贡县文化馆
17		阿苏者跳歌调	彝	南华县	南华县文化馆
18		民歌谷气调	纳西	古城区	古城区非物质文化遗产保护管理中心
19		撒弦乐	彝	江川县	江川县文化馆
20		彝族器乐	彝	石林县	石林县文化馆
			彝	永仁县	永仁县文化馆
21		金江号子	汉	绥江县	绥江县文化馆

续表

序号	类别	项目名称	民族	属地	保护单位
22	传统舞蹈	地鼓舞	哈尼	红河县	红河县文化馆
23		同尼尼舞	哈尼	绿春县	绿春县文化馆
24		热巴舞	藏	迪庆州	迪庆州非物质文化遗产保护中心
25		瓦器器舞	傈僳	维西县	维西县文化馆
26		阿卡巴拉舞	纳西	香格里拉县	香格里拉县文化馆
27		光邦鼓舞	傣	盈江县	盈江县文化馆
28		嘎蒙卡兜舞	苗	永平县	永平县文化馆
29		羊皮舞	彝	景东县	景东县文化馆
30		勒巴舞	纳西	玉龙县	玉龙县非物质文化遗产保护中心
31		草人舞	壮	砚山县	砚山县民族文化群众艺术馆
32		金竹舞	彝	广南县	广南县文化馆
33		男子手巾舞	壮	广南县	广南县文化馆
34	传统戏剧	大词戏	汉	维西县	维西县文化馆
35	传统体育、游艺与杂技	昭通清拳	汉	昭阳区	昭阳区文化馆
36		团山民间传统武术	彝	个旧市	个旧市群众艺术馆
37		点苍派武术	汉	大理市	大理市非物质文化遗产保护管理所
38		高跷舞狮	汉	通海县	通海县文化馆
39		傣族传统武术	傣	景洪市	景洪市文化馆
40		沙式武术	汉	昆明市	沙国政武术馆
41	传统美术	泥塑	白	大理市	大理市非物质文化遗产保护管理所
42		滇南石狮	汉	通海县	通海县文化馆
43		彩扎	汉	官渡区	官渡区文化馆
			汉	盘龙区	盘龙区文化馆
44		面塑	汉	嵩明县	嵩明县文化馆
45	传统技艺	木碗制作技艺	藏	香格里拉县	香格里拉县文化馆
46		阿昌族织锦技艺	阿昌	梁河县	梁河县文化馆
47		民族乐器制作技艺（马腿琴、大鼓）	傣	龙陵县	龙陵县文化馆
			傣	景洪市	景洪市文化馆
48		纳西族民居营造技艺	纳西	古城区	古城区非物质文化遗产保护管理中心
49		滇红茶制作技艺	汉	凤庆县	云南滇红集团股份有限公司
50		宝翰轩字画装裱修复技艺	汉	五华区	昆明市五华区宝翰轩书画修复装裱店
51		天宝斋制墨技艺	汉	五华区	昆明市天宝斋墨业有限公司
52		菱角编制技艺	汉	呈贡区	呈贡区文化馆
53		青花瓷器烧制技艺	汉	玉溪市	玉溪技师学院
54		昭通酱制作技艺	汉	昭阳区	昭阳万和食品有限公司
55		菜籽油古法压榨技艺	汉	罗平县	罗平县文化馆
56		酒制作技艺（青稞酒、窨酒、杨林肥酒）	藏	迪庆州	迪庆州非物质文化遗产保护中心
			纳西	古城区、玉龙县	丽江胜利酒业有限公司
			汉	昆明市	杨林肥酒有限公司

续表

序号	类别	项目名称	民族	属地	保护单位
57	传统技艺	醋制作技术（禄丰醋、剥隘七醋）	汉	禄丰县	云南禄丰鼎鑫醋业有限公司
			汉	富宁县	富宁金泰得剥隘七醋有限公司
58		吉庆祥云腿月饼制作技艺	汉	五华区	昆明吉庆祥食品有限责任公司
59	传统医药	瑶族医学诊疗法	瑶	金平县	金平县人民医院
60		无敌治骨疗伤法	汉	昆明市	云南无敌制药有限责任公司
61		拨云锭传统配方及制作技艺	汉、彝	楚雄州	楚雄老拨云堂药业有限公司
62		纳西族医药诊疗法	纳西	玉龙县	玉龙纳西族自治县医学会
63		宁蒗朱氏诊疗法	傈僳	宁蒗县	朱氏草堂传统医药诊所
64		朱氏正骨疗法	汉	盘龙区	昆明市官渡区中医药临床病理研究所
65		昆中药传统中药文化	汉	昆明市	昆明中药厂有限公司
66	民俗	矻扎扎节	哈	元阳县	元阳县文化馆
67		祭火习俗（阿细祭火）	彝	弥勒市	弥勒市文化馆
68		阿卑节	彝	金平县	金平县文化馆
69		梅里神山祭祀	藏	德钦县	德钦县文化遗产保护所
70		赛马会	藏	香格里拉县	香格里拉县文化馆
71		老滔村“赶鸟”习俗	彝	武定县	武定县文化馆
72		普洱祭茶祖习俗	布朗、傣、拉祜等	普洱市	普洱市文化馆
73		白族三道茶	白	大理市	大理市非物质文化遗产保护管理所
74		祭署习俗	纳西	古城区、玉龙县	丽江市非物质文化遗产保护中心
75		米线节	汉	红塔区	红塔区文化馆
76		花街节	傣	新平县	新平县文化馆
77		宝峰调子会	汉	晋宁县	晋宁县文化馆
78		“三月三”耍西山	汉	西山区	西山区文化馆
79		大香会	汉	阳宗海管委会	阳宗镇新街村民委员会
			汉	宜良县	宜良县文化馆
80		金殿庙会	汉	盘龙区	盘龙区文化馆
81	民族传统文化生态保护区	拖姑村回族传统文化生态保护区	回	鲁甸县	鲁甸县文化馆
82		大过口乡彝族传统文化生态保护区	彝	楚雄市	楚雄市彝族习俗传袭所
83		昙华乡彝族传统文化生态保护区	彝	大姚县	大姚县文化馆
84		芒景村布朗族传统文化生态保护区	布朗	澜沧县	澜沧县文化馆
85		双河村彝族传统文化生态保护区	彝	永胜县	永胜县文化馆
86		拉伯乡普米族传统文化生态保护区	普米	宁蒗县	宁蒗县文化馆
87		署明村纳西族传统文化生态保护区	纳西	玉龙县	玉龙县非物质文化遗产保护中心
88		曼旦村傣族传统文化生态保护区	傣	勐腊县	勐腊县文化馆
89		发嘎村彝族传统文化生态保护区	彝	寻甸县	寻甸县文化馆
90		芦差冲村壮族传统文化生态保护区	壮	马关县	马关县文化馆

省级非物质文化遗产扩展项目名录

（共计36项）

序号	类别	项目名称	民族	属地	保护单位
1	传统音乐	洞经音乐	汉	蒙自市	蒙自市文化馆
			汉	大理市	大理市非物质文化遗产保护管理所
			汉	宁洱县	宁洱县文化馆
			纳西	古城区	古城区非物质文化遗产保护管理中心
			汉	永胜县	永胜县文化馆
			壮	广南县	广南县文化馆
			汉	曲靖市	曲靖市文化馆
2		滇南四大腔（五三腔、四腔）	彝	华宁县	华宁县文化馆
			彝	峨山县	峨山县文化馆
3	传统舞蹈	芦笙舞	苗	彝良县	彝良县文化馆
4		大刀舞	彝	漾濞县	漾濞县文化馆
5		象脚鼓舞	傣	景谷县	景谷县文化馆
6		木鼓舞	佤	西盟县	西盟县文化馆
7		打歌	彝	云县	云县文化馆
			白	剑川县	剑川县文化馆
8		花鼓舞	彝	新平县	新平县文化馆
9		甩发舞	佤	西盟县	西盟县文化馆
10		葫芦笙舞	彝	永德县	永德县民族民间文化艺术研究所
11		弦子舞	彝	丘北县	丘北县文化馆
12	传统戏剧	滇剧	汉	麒麟区	曲靖市滇剧花灯剧非物质文化遗产保护传承展演中心
13		花灯戏	汉	麒麟区	曲靖市滇剧花灯剧非物质文化遗产保护传承展演中心
			汉	宣威市	宣威市花灯剧非物质文化遗产保护传承和展演中心
			汉	呈贡区	呈贡区文化馆
14	传统美术	彝族刺绣	彝	石屏县	石屏县文化馆
				禄劝县	禄劝县文化馆
				景东县	景东县文化馆
15		剪纸	白	大理市	大理市非物质文化遗产保护管理所
			汉	呈贡区	呈贡区文化馆
16		白族刺绣	白	云龙县	云龙县文化馆
17	传统技艺	云南围棋子（永子）制作技艺	汉	隆阳区	隆阳区文化馆
18		银器制作技艺（鹤庆新华、祥云汪情）	白	鹤庆县	鹤庆县文化馆
			汉	祥云县	祥云县文化馆

续表

序号	类别	项目名称	民族	属地	保护单位
19	传统技艺	陶器制作技艺（祥云大营、华宁、易门浦贝、临翔碗窑）	汉	祥云县	祥云县文化馆
			汉	华宁县	华宁县文化馆
			汉	易门县	易门县文化馆
			汉	临翔区	临翔区文化馆
20		传统手工造纸技艺	汉	罗平县	罗平县文化馆
			纳西	玉龙县	玉龙县非物质文化遗产保护中心
			傣	勐海县	勐海县文化馆
21		火草纺织技艺	彝	南华县	南华县文化馆
22		傣族织锦技艺	傣	孟连县	孟连县文化馆
23		铜器制作技艺	纳西	玉龙县	玉龙县非物质文化遗产保护中心
			汉	牟定县	牟定县文化馆
24		象脚鼓制作技艺	傣	景洪市	景洪市文化馆
25		普洱茶制作技艺	汉	勐腊县	勐腊县易武车顺号茶庄
26		乌铜走银制作技艺	汉	官渡区	官渡区文化馆
27		月琴（弦子）制作技艺	壮	砚山县	砚山县民族文化群众艺术馆
28		火腿制作技艺	汉	永胜县	丽江三川火腿有限责任公司
29		毛毡制作技艺（马树红毡）	汉	巧家县	巧家县文化馆
30	民俗	彝族服饰	彝	石屏县	石屏县文化馆
			彝	永德县	永德县民族民间文化艺术研究所
			彝	寻甸县	寻甸县文化馆
			彝	蒙自市	蒙自市文化馆
			彝	麻栗坡县	麻栗坡县文化馆
31		苗族服饰	苗	威信县	威信县文化馆
32		哈尼族服饰	哈尼	绿春县	绿春县文化馆
			哈尼	墨江县	墨江县文化馆
33		傈僳族服饰	傈僳	维西县	维西县文化馆
34		藏族服饰	藏	德钦县	德钦县文化遗产保护所
35		火把节	白	大理市	大理州文化艺术研究所
36		花山节	苗	师宗县	师宗县文化馆

云南省人民政府关于公布命名第六批园林城市和园林县城的通知

各州、市、县、区人民政府，省直各委、办、厅、局：

省人民政府命名宣威市、文山市和瑞丽市为第六批省级园林城市，命名富民县、宜良县、沾益县、马龙县、富源县、新平县、昌宁县、泸西县、景谷县、镇沅县、勐腊县、云龙县、镇康县为第六批省级园林县城，现予公布。

创建园林城市，改善生态环境，对加快发展方式转变，提高人民群众生活质量，推动全省科学发展、和谐发展、跨越发展具有重要意义。各地、有关部门要以党的十八大精神为指导，按照省委、省政府关于创建园林城市的部署和要求，进一步加强组织领导，强化环保意识，统筹做好规划、建设和管理工作，努力推动全省园林城市创建工作再上新台阶。

云南省人民政府

2013 年 1 月 25 日

云南省人民政府关于命名第八批云南省生态文明乡镇和第一批云南省生态文明村的通知

各州、市人民政府，省直有关部门：

为深入贯彻落实党的十八大、十八届三中全会和省第九次党代会精神，努力争当全国生态文明建设排头兵，扎实推进“七彩云南”保护行动，改善农村生态环境，促进社会主义新农村建设，推动区域经济又好又快发展，省人民政府决定命名昆明市安宁市金方街道等 52 个乡镇、街道为第八批“云南省生态文明乡镇”，昆明市晋宁县昆阳街道下方古城村等 9 个行政村为第一批“云南省生态文明村”。省人民政府前命名的 7 批次 276 个“云南省生态乡镇”更名为“云南省生态文明乡镇”。

获得“云南省生态文明乡镇”、“云南省生态文明村”命名的乡镇、街道和行政村要总结经验，发扬成绩，深化创建内涵。各州市人民政府要深入推进生态文明示范创建工作，努力争当生态文明建设排头兵。

附件：1. 第八批云南省生态文明乡镇名单
2. 第一批云南省生态文明村名单

云南省人民政府

2013 年 12 月 3 日

第八批云南省生态文明乡镇名单（共计 52 个）

昆明市（23 个）

安宁市金方街道
高新区马金铺街道
晋宁县上蒜镇
晋宁县双河乡
东川区阿旺镇
东川区乌龙镇
富民县款庄镇
富民县永定街道
阳宗海风景名胜区阳宗镇
禄劝县九龙镇
禄劝县团街镇
禄劝县乌东德镇
禄劝县马鹿塘乡
禄劝县汤郎乡

禄劝县则黑乡
寻甸县羊街镇
寻甸县河口镇
寻甸县柯渡镇
寻甸县先锋镇
寻甸县甸沙乡
倘甸产业园区红土地镇
倘甸产业园区转龙镇
倘甸产业园区凤合镇
昭通市（6个）
昭阳区苏家院镇
鲁甸县火德红镇
鲁甸县水磨镇
鲁甸县龙树镇
永善县溪洛渡镇
巧家县老店镇

玉溪市（1个）
华宁县通红甸乡

曲靖市（2个）
麒麟区越州镇
马龙县马鸣乡

保山市（9个）
隆阳区永昌街道
隆阳区河图镇
施甸县太平镇
昌宁县田园镇
昌宁县更戛乡
龙陵县平达乡
腾冲县团田乡
腾冲县新华乡
腾冲县蒲川乡

楚雄州（1个）
双柏县独田乡

大理州（9个）
大理市湾桥镇
大理市上关镇
大理市银桥镇
大理市挖色镇
永平县龙门乡
云龙县民建乡
祥云县米甸镇
剑川县马登镇
剑川县羊岑乡

丽江市（1个）
玉龙县石鼓镇

第一批云南省生态文明村名单（共计9个）

昆明市（4个）
晋宁县昆阳街道下方古城村
晋宁县昆阳街道韩家营村
晋宁县双河乡核桃园村
晋宁县六街镇三印村

丽江市（1个）
古城区七河镇共和村

怒江州（4个）
泸水县老窝镇中元村
泸水县鲁掌镇三河村
贡山县丙中洛镇甲生村
兰坪县通甸镇通甸村

丽江古城　（郭树芬　摄）

云南省人民政府办公厅关于印发云南省“十二五”主要污染物总量减排考核实施办法的通知

各州、市人民政府，省直有关部门：

《云南省“十二五”主要污染物总量减排考核实施办法》已经省人民政府同意，现印发给你们，请认真贯彻执行。

云南省人民政府办公厅

2013年8月2日

云南省“十二五”主要污染物总量减排考核实施办法

为深入贯彻落实科学发展观，推进政府绩效管理，控制主要污染物排放，确保完成我省“十二五”主要污染物总量减排目标，按照《国务院办公厅关于转发环境保护部“十二五”主要污染物总量减排考核办法的通知》（国办发〔2013〕4号）和《云南省人民政府关于印发云南省“十二五”低碳节能减排综合性工作方案的通知》（云政发〔2012〕81号）、《云南省人民政府关于进一步加强“十二五”全省主要污染物总量减排工作的若干意见》（云政发〔2012〕149号）、《云南省人民政府办公厅关于印发云南省“十二五”节能减排规划的通知》（云政办发〔2012〕32号）有关规定，结合我省实际，制定本考核实施办法。

一、考核方式、对象和内容

（一）按照省考评办的统一布置，结合已经实施的污染减排年度考评办法，由省环境保护厅牵头组织开展污染减排考核工作。每年一季度对上年度主要污染物总量减排工作进行集中考核。

（二）考核对象为各州、市人民政府。

（三）依据省人民政府与各州、市人民政府签订的年度污染减排目标责任书，考核内容主要包括各州、市年度污染减排控制目标完成情况、年度省级污染减排重点项目完成情况、减排工作开展情况。

二、主要任务和工作措施

（四）加大化学需氧量和氨氮减排力度。加快城镇污水处理厂建设，到2015年，有条件的重点建制镇建成污水处理厂，城镇污水处理率达到83%；完善污水管网建设，提高污水处理厂的运行负荷率和污水处理率，2013年底前污水处理负荷率不低于60%，2014年底前污水处理负荷率不低于75%，2015年底前污水处理负荷率不低于90%，逐步提高化学需氧量、氨氮进水浓度；加强污水处理厂升级改造，对出水排入湖泊、水库等封闭、半封闭水域的部分未达到一级A标准的已建污水处理厂进行升级改造，提高出水水质；提升已建成污水处理厂运行管理水平，保障正常稳定运行。

2014年底前完成天然橡胶加工废水、制糖企业低浓度废水深度治理工程，橡胶废水原则上要实施“零排放”。

加强农业源减排力度，2014年底前，各地按照国家要求针对规模化畜禽橡胶殖场和养殖小区配套建设固体废物和废水贮存处理设施，实施废弃物资源化利用且确保治理设施正常运行。

（五）强化工业二氧化硫和氮氧化物减排主要工程。现役燃煤自备电厂、热电联厂、坑口电厂2014年底前全部建设脱硫设施，脱硫率必须达到国家要求；20万千瓦以上燃煤机组2014年底前全部安装脱硝设施，综合脱硝率不低于70%；优先安排已建成脱硝装置火电机组发电，未按照时限完成脱硝装置建设的火电机组停止发电。2014年底前90平方米以上（含90平方米）的钢铁烧结机、球团设备全部实施烟气脱硫改造，综合脱硫率不低于70%；新建新型干法水泥窑和现役生产规模在2 000吨/日以上的生产线全部实施烟气脱硝工程建设，综合脱硝率不低于30%。

（六）采取综合措施，推进机动车污染减排。建立健全机动车环保定期检验、环保检验合格标志管理、机动车检测维修和淘汰报废制度，构建机动车排气污染监管信息网络平台，稳步推进油气回收综合治理，不断完善机动车排气污染防治体系。

昆明市按照本考核实施办法进一步完善有关管理制度，开展机动车排气污染防治有关工作。昭通、曲靖、玉溪、保山、丽江、普洱 、临沧、红河、楚雄等9个州、市在2013年8月底前启动实施机动车环保检验合格标志管理，2014年8月底前按照本考核实施办法全面开展机动车排气污染防治工作；文山、西双版纳、大理、德宏、怒江、迪庆等6个州在2013年底前启动实施机动车环保检验合格标志管理，在2014年底前按照本考核实施办法全面开展机动车排气污染防治工作。鼓励有条件的州、市提前开展机动车排气污染防治工作。

（七）加强污染减排监测、统计体系建设。重点污染源必须在名单公布1年内完成主要污染物在线监测设施安装、校验、验收，与国家、省污染监控平台联网并正常传输数据；切实加大环境监管力度，加强州、市、县两级环境保护部门的环境监测能力建设，规范监督性监测工作，提高监督性监测达标率；强化污染减排统计体系建设，提高污染源（物）数据库和排放台账质量，完善环境质量报告制度。

（八）按期淘汰落后产能。各级政府要按照国家和省公布的淘汰落后产能名单，按时完成年度淘汰落后产能任务。

三、考核工作要求

（九）主要污染物总量减排的责任主体是各州、市、县、区人民政府，政府主要负责人是第一责任人。各州、市、县、区人民政府要切实履行环境保护“一岗双责”制度，进一步加强对污染减排工作的组织领导，落实责任，健全激励和约束机制，确保污染减排任务完成。

（十）各州、市人民政府于每年1月底前将当年污染减排工作计划报省环境保护厅；2月底前将上年度主要污染减排自查报告报省人民政府并抄送省环境保护厅。省环境保护厅于3月底前将考核结果报省人民政府，经省人民政府审核后公布。

（十一）对在污染减排工作中做出突出成绩的单位和个人予以表彰。年度考核不合格的州、市，应于考核结果公布后1个月内向省人民政府作出书面说明，并由有关部门按照有关规定对有关责任人进行问责；未完成年度污染减排任务的地区或企业，暂停该地区及企业新增主要污染物排放的建设项目环评审批。

丽江秋色　（郭树芬　摄）

年度报告

2013年云南省环境状况公报

综述

2013年，在省委、省政府的正确领导下，在环保部的关心指导下，全省环保系统按照“谋求重点工作突破，推动生态文明建设”的思路，转变作风，狠抓落实，全面推进生态文明建设和生态环境保护，各项工作取得积极进展。

2013年，全省城市空气质量总体良好，昆明市新环境空气质量标准监测信息按时向社会发布；曲靖市、玉溪市完成新标准监测能力建设任务，按时发布监测信息，主要河流总体水质为轻度污染，总体保持稳定，六大水系主要河流干流出境跨界断面水质全部达到水环境功能要求，九大高原湖泊水质量保持稳定，集中式饮用水水源保护进一步加强，城市声环境质量总体良好，自然生态环境状况保持稳定。

环境质量

水环境

主要河流水质状况

全省河流水质为轻度污染，总体保持稳定，六大水系主要河流受污染程度由大到小排序依次为：长江水系、珠江水系、澜沧江水系、红河水系、伊洛瓦底江水系、怒江水系。

在94条主要河流（河段）的179个监测断面中，水质优，符合Ⅰ～Ⅱ类标准的断面占45.8%；水质良好，符合Ⅲ类标准的断面占24.6%；水质轻度污染，符合Ⅳ类标准的断面占12.3%；水质中度污染，符合Ⅴ类标准的断面占6.7%；水质重度污染，劣于Ⅴ类标准的断面占10.6%。

按断面水质达到水功能类别评价，179个断面中，达标断面有135个，占75.4%，与2012年相比达标率上升2.8%。

全省主要河流（河段）水质的主要污染指标为氨氮、生化需氧量、总磷、化学需氧量。

出境、跨界河流水质状况

25个出境、跨界河流监测断面中，有14个断面水质优，符合Ⅱ类标准，占56.0%；有10个断面水质良好，符合Ⅲ类标准，占40.0%；有1个断面水质重度污染，劣于Ⅴ类标准，占4.0%，仅北盘江旧营桥断面未达标，在新增5个监测断面的情况下，与2012年相比，出境、跨界断面水质达标率有所上升。

六大水系干流出境、跨界主要断面水质状况：金沙江干流三块石出境断面水质为Ⅱ类；南盘江干流设里桥出境断面水质为Ⅱ类；红河干流河口县医院断面水质为Ⅲ类；澜沧江干流关累出境断面水质为Ⅱ类；怒江干流红旗断面水质为Ⅱ类；伊洛瓦底江水系主要出境河流大盈江汇流电站、瑞丽江姐告大桥出境断面水质均为Ⅱ类，均达到水环境功能要求。

云南省主要河流（河段）断面水质类别表　　单位：个

水系名称	Ⅰ类	Ⅱ类	Ⅲ类	Ⅳ类	Ⅴ类	劣于Ⅴ类标准	合计
长江	2	20	7	8	6	14	57
珠江	2	13	3	5	3	3	29
红河	0	14	14	3	2	0	33
澜沧江	0	16	15	4	1	2	38
怒江	0	8	3	1	0	0	12
伊洛瓦底江	0	7	2	1	0	0	10
小计	4	78	44	22	12	19	179

城市水域水质状况

城市水域水质总体为中度污染，全省19个主要城市68个水域的101个监测断面（点位）中，有34个断面（点位）水质优，符合Ⅰ～Ⅱ类标准，占33.7%；有23个断面（点位）水质良好，符合Ⅲ类标准，占22.8%；有11个断面（点位）水质轻度污染，符合Ⅳ类标准，占10.9%；有9个断面（点位）水质中度污染，符合Ⅴ类标准，占8.9%；有24个断面（点位）水质重度污染，劣于Ⅴ类标准，占23.7%，有53个断面（点位）达标，达标率为52.4%，比2012年提高了7.2%。

城市水域主要污染指标为氨氮、总磷、总氮、化学需氧量、生化需氧量等。

湖泊、水库水质状况

全省湖泊（水库）水质总体良好，开展水质监测的134个湖泊（水库）（新增77个水库纳入评价）中，水质优，符合Ⅰ～Ⅱ类标准有68个，占50.74%；水质良好，符合Ⅲ类标准有46个，占34.33%；水质轻度污染，符合Ⅳ类标准9个，占6.72%；水质中度污染，符合Ⅴ类标准有2个，占1.49%；水质重度污染，劣于Ⅴ类标准有9个，占6.72%。

开展湖泊（水库）营养状况监测的湖库（水体）共有49个，其中处于贫营养状态的有8个，处于中营养状态的有29个，处于轻度富营养状态的有4个，处于中度富营养状态的有4个，处于重度富营养状态的4个。

与2012年相比，九大高原湖泊水质总体保持稳定，滇池草海总氮年均监测值有所下降，九大高原湖泊水质优及良好的是泸沽湖、抚仙湖、洱海；水质重度污染的湖泊是滇池草海、滇池外海、异龙湖、星云湖、杞麓湖。

滇池草海水质类别为劣Ⅴ类，水质重度污染，未达到水环境功能要求（Ⅳ类）主要超标指标为生化需氧量、总磷、化学需氧量（劣Ⅴ类），全湖平均营养状态指数为69.2，处于中度富营养状态。

滇池外海水质类别为劣Ⅴ类，水质重度污染，未达到水环境功能要求（Ⅲ类），主要超标指标为化学需氧量（劣Ⅴ类），总磷、高锰酸盐指数（Ⅴ类），生化需氧量（Ⅳ类）。全湖平均营养状态指数为67.6，处于中度富营养状态。

阳宗海水质类别为Ⅳ类，水质轻度污染，未能达到水环境功能要求（Ⅱ类），主要超标水质指标为砷（Ⅳ类），总磷、化学需氧量（Ⅲ类），全湖平均营养状态指数为44.1，处于中营养状态。

洱海水质类别为Ⅲ类，水质良好，未达到水环境功能要求（Ⅱ类），主要超标水质指标为总磷（Ⅲ类），全湖平均营养状态指数为40.1，处于中营养状态。

抚仙湖水质类别保持Ⅰ类，水质优，达到水环境功能要求（Ⅰ类），全湖平均营养状态指数为19.4，处于贫营养状态。

星云湖水质类别为劣Ⅴ类，水质重度污染，未达到水环境功能要求（Ⅲ类），主要超标水质指标pH、总磷、总氮、化学需氧量（劣Ⅴ类），高锰酸盐指数（Ⅴ类），生化需氧量（Ⅳ类），全湖平均营养状态指数为70.7，处于重度富营养状态。

杞麓湖水质类别为劣Ⅴ类，水质重度污染，未达到水环境功能要求（Ⅲ类），主要超标水质指标为总氮、化学需氧量（劣Ⅴ类），高锰酸盐指数、生化需氧量（Ⅴ类），总磷、氟化物（Ⅳ类），全湖平均营养状态指数为71.9，处于重度富营养状态。

程海水质类别为Ⅴ类，水质中度污染，未达到水环境功能要求（Ⅲ类），主要超标指标为化学需氧量（Ⅴ类），全湖平均营养状态指数为42.4，处于中营养状态。

泸沽湖水质类别Ⅰ类，水质优，达到水环境功能要求（Ⅰ类），全湖平均营养状态指数为14.1，处于贫营养状态。

2013年主要湖泊、水库类别统计

名称	个数	Ⅰ类	Ⅱ类	Ⅲ类	Ⅳ类	Ⅴ类	劣Ⅴ类	水环境功能达标
湖泊	23	2	1	7	2	2	9	4
水库	111	1	64	39	7	–	–	104
合计	134	3	65	46	9	2	9	108
比例（%）	100	2.24	48.50	34.33	6.72	1.49	6.72	80.6

异龙湖水质类别为劣Ⅴ类，水质重度污染，未达到水环境功能要求（Ⅲ类），主要超标水质指标为化学需氧量、高锰酸盐指数、总氮（劣Ⅴ类），生化需氧量、总磷（Ⅴ类），石油类（Ⅳ），全湖平均营养状态指数78.3，处于重度富营养状态。

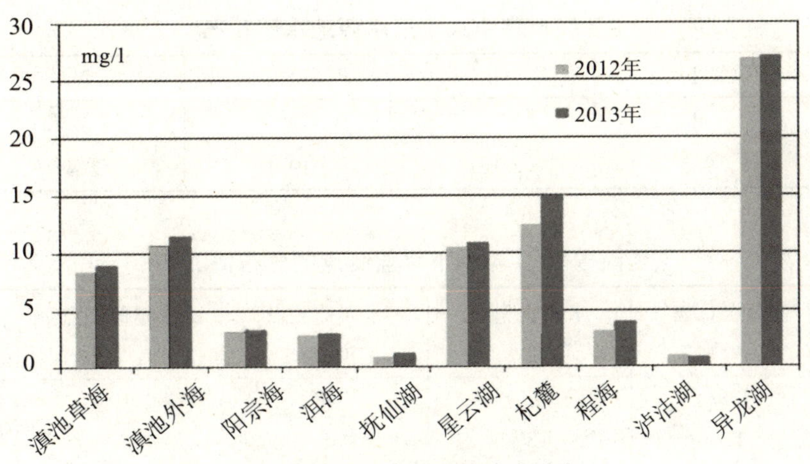

九大高原湖泊高锰酸盐浓度对比

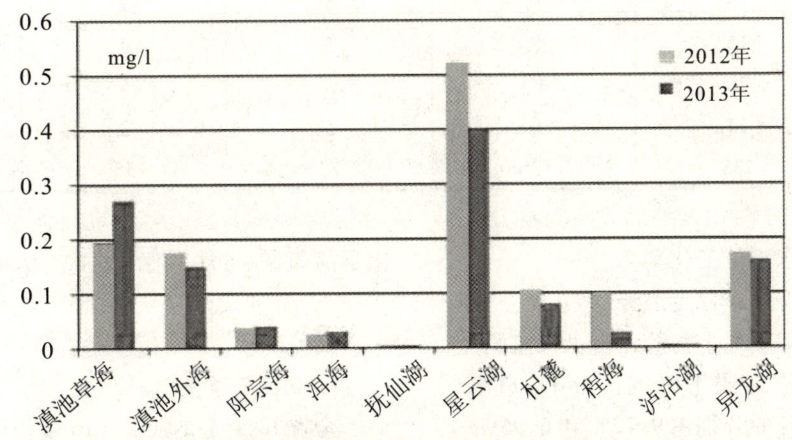

九大高原湖泊总磷浓度对比

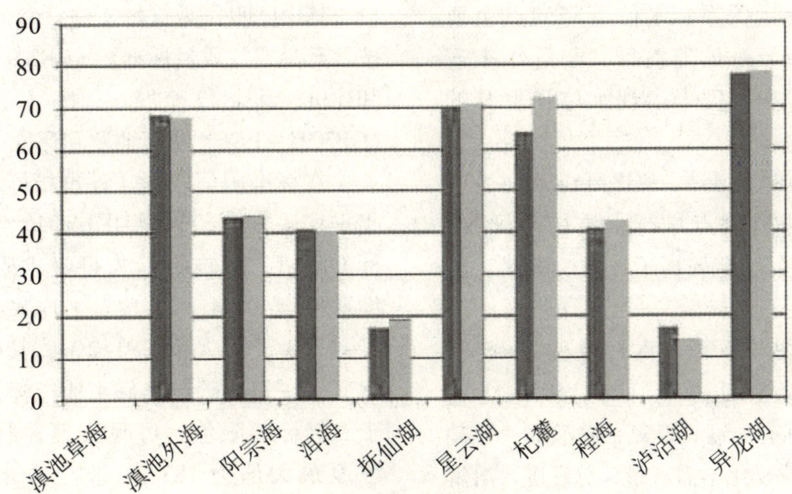

九大高原湖泊营养指数对比

集中式饮用水源地水质状况

我省21个城市（所有州市府所在地和5个县级市）的42个水源地水质监测结果表明：按《地表水环境质量标准》（GB3838－2002）评价（总

氮不纳入评价)，有41个达到饮用水水质标准要求；楚雄团山水库未达到饮用水水质标准要求，主要超标指标为石油类。

地下水

对昆明、玉溪、曲靖、楚雄、大理、开远和景洪等7个监测区的地下水开展了水位、流量、水质监测，各监测区监测点的分布情况见下表。

主要城市集中式饮用水源地水质状况

水质类别	Ⅰ	Ⅱ	Ⅲ	Ⅳ	Ⅴ
水源地水质监测点	4	29	8	1	–
比例(%)	9.5	69.0	19.1	2.4	–

云南省2013年地下水监测点的分布情况

监测站名称	监测点总数(个)	水位监测点(个)	水质监测点(个)	水温监测点(个)	泉水监测点(个)
昆明站	139	77	48	19	14
玉溪站	17	8	6	3	3
曲靖站	15	8	5	2	2
楚雄站	15	9	5	1	1
大理站	15	8	5	2	2
开远站	20	10	5	5	5
景洪站	14	6	5	3	3
小计	235	126	79	35	30

监测区域内地下水水位变化动态

孔隙水：水位保持基本稳定态势。

基岩水：水位保持基本平衡的，占水位监测点总数的72.22%；水位为弱下降的，占11.11%；水位为强下降和弱上升的分别占9.72%和6.95%。

水位上升的监测点主要位于城区，与近年来控制开采地下水有一定关系；水位下降的点主要位于城郊或距离城市较远的监测区，与近年来连续干旱有密切关系，本年度未出现水位强上升的监测点。

根据《地下水质量标准》(GB/T14848 – 93)对国家级和部分省级监测点进行水质综合评价，分析项目包括常规项目、金属离子、汞、酚氰、洗涤剂等48项。

孔隙水：优良级占2.63%、良好级占21.05%、较好级占2.63%，较差级占65.79%，极差级占7.90%，主要超标指标有：锰、氨氮、硝酸盐、亚硝酸盐、pH、铁、氯化物、化学需氧量、总硬度、溶解性总固体、细菌总数、大肠菌群等。

基岩水：优良级占36.61%、良好级占42.86%、较好级占4.46%、较差级占16.07%。主要超标指标有：锰、铁、亚硝酸盐、氨氮、氟、化学需氧量、pH、细菌总数、大肠菌群等。

大气环境

环境空气质量

全省18个主要城市(16个州市政府所在地以及个旧市、开远市)开展了城市空气环境质量监测与评价，其中昆明作为首批实施空气质量新标准的城市，按《环境空气质量标准》(GB3095 – 2012)进行监测和评价；其余17个城市，按《环境空气质量标准》(GB3095 – 1996)进行监测和评价。

在标准限值收紧、评价指标增加的情况下，以年平均浓度评价，昆明市环境空气质量超过二级标准限值，影响指标为可吸入颗粒物(PM_{10})和细颗粒物($PM_{2.5}$)，按日平均浓度评价，全年达标天数333天，达标率91.2%，其中二氧化硫、二氧化氮、一氧化碳、臭氧4项指标，全年均达到或优于二级标准限值；可吸入颗粒物(PM_{10})日平均浓度最大值为187微克/立方米，超过二级标准0.25倍；细颗粒物($PM_{2.5}$)日平均浓度最大值为115微克/立方米，超过二级标准0.53倍。

其余17个城市，以二氧化硫、二氧化氮、可吸入颗粒物(PM_{10})3项监测指标年平均浓度综合评价，普洱市、大理市和香格里拉符合空气环境质量一级标准。与2012年相比，香格里拉从二级上升为一级，环境空气质量得到改善；曲靖等12个城市符合环境空气质量二级标准，个旧市符合环境空气质量三级标准，保持稳定；开远市超过环境空气质量三级标准，环境空气质量有所下降，导致个旧市和开远市空气环境质量超过二级标准的指标为二氧化硫。

17个城市二氧化硫年平均浓度在0.004～0.112毫克/立方米之间，最大值出现在开远市，超过环境空气质量三级标准0.12倍。

17个城市二氧化氮的年平均浓度在0.005～0.031毫克/立立米之间，均符合一级标准的要求，最大值出现在昭通市。

17个城市可吸入颗粒物（PM_{10}）的年平均浓度在0.024～0.067毫克/立方米之间，均符合二级标准要求，最大值出现在玉溪市。

17个城市以二氧化硫、二氧化氮、可吸入颗粒物（PM_{10}）3项监测指标的日平均浓度评价，玉溪市、保山市等10个城市空气质量达标率为100%，芒市等6个城市达标率在98.0%以上，仅个旧市达标率为87.8%，有9天空气质量超过三级标准，轻度污染，影响因子为二氧化硫。与2012年相比，昭通市、芒市、开远市空气质量达标率有所上升，蒙自市和六库镇达标率略有下降。

降水和降雨

开展降水酸度监测的19个城市，降水pH年平均值在4.91～7.22之间，有6个城市监测到酸雨，其中安宁市、昭通市、楚雄市的降水pH年均值低于5.6，为酸雨区；普洱市、临沧市、个旧市3个城市虽然出现了酸雨，但降水pH年均值尚在5.6以上，为非酸雨区，与2012年相比，全省出现酸雨区面积及酸雨面积均有所下降。

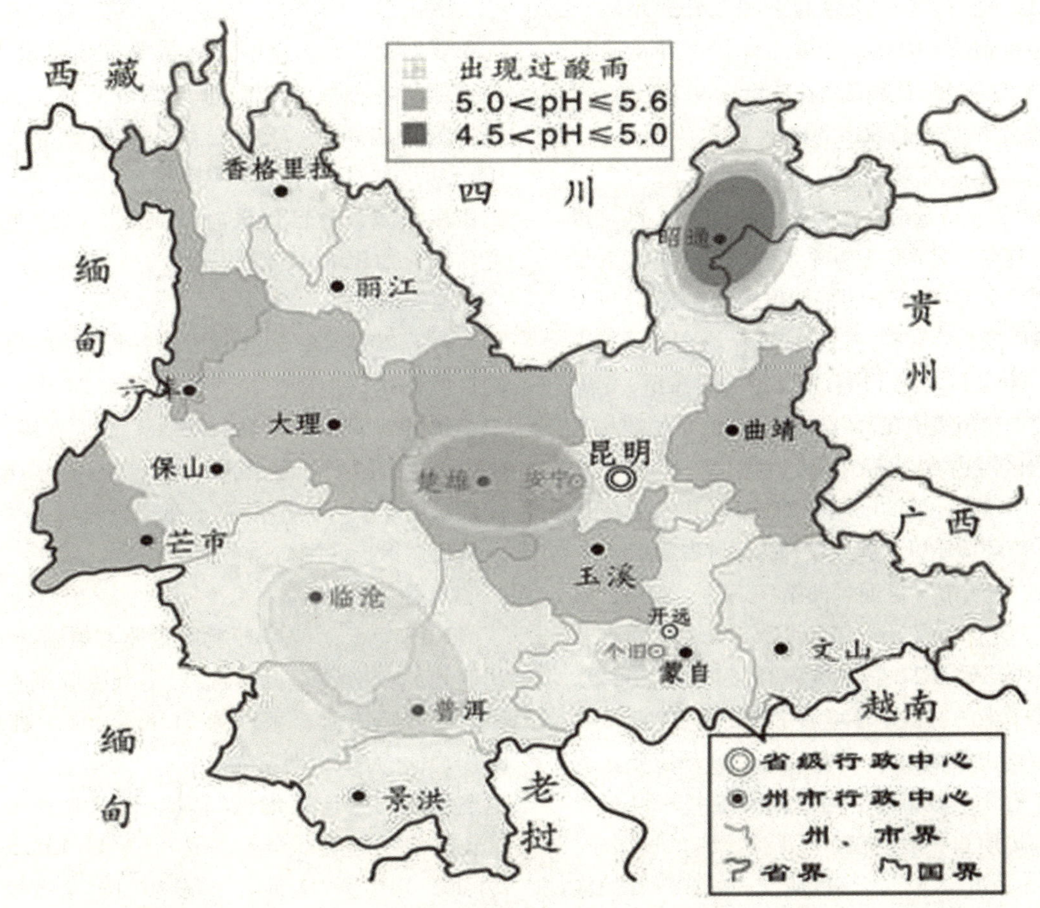

2013年云南省降水酸度分布示意图

19个城市酸雨频率在0～66.7%之间，平均为8.6%，有13个城市未出现过酸雨；有3个城市出现过酸雨但频率小于20%；楚雄市、个旧市酸雨频率在20%～40%之间；昭通市酸雨频率在60%～80%之间。

声环境

城市道路交通声环境质量状况

全省20个城市（州市政府所在地城市及宣威市、个旧市、开远市、瑞丽市），昼间道路交通的平均声级值在62.7～71.2分贝之间，总体而言声环境质量较好，仅六库镇平均声级值在70分贝以上。在854千米的监测路段中，声级值在70分贝以下，声环境质量为好和较好的路段占90.6%；声级值在70～72分贝之间，声环境质量一般的路段占4.2%；声级值在72分贝以上，声环境质量较差和差的路段占5.2%。

全省9个城市（昆明、曲靖、玉溪、文山、保山、蒙自、宣威、个旧、开远市）夜间道路交通的平均声级值在48.4～63.0分贝之间，总体而言，声环境质量较好，仅个旧市和昆明市的平均值在60分贝 以上，在561千米的监测路段中，声级值在60分贝以下，声环境质量为好和较好的路段占62.5%；声级值在60～62分贝之间，声环境质量一般的路段占7.5%；声级值在62分贝以上，声环境质量较差和差的路段占30.0%。

城市区域声环境质量状况

全省20个主要城市，昼间共设置2396个区域声环境质量监测点，对690平方千米的城区声环境质量进行了监测。有17个城市的平均声级值在55分贝以下，声环境质量为好和较好的；有3个城市的平均声级值在55～60分贝之间，声环境质量一般在690平方千米的城区中，声级值在55分贝以下，声环境质量为好或较好的区域占64.9%；声级值在55～60分贝之间，声环境质量为一般的区域占29.3%；声级值在60分贝以上，声环境质量为差或较差的区域占5.8%。

全省12个城市（昆明、曲靖、玉溪、保山、昭通、普洱、蒙自、文山、宣威、个旧、开远、六库），夜间共设置1427个区域声环境质量监测点，对565平方千米的城区声环境质量进行了监测。有9个城市的平均声级值在45分贝以下，声环境质量为好和较好；有3个城市的平均声级值在45～50分贝之间，声环境质量一般。在565平方千米的城区中，声级值在45分贝以下，声环境质量为好或较好的区域占37.7%；声级值在45～50分贝之间，声环境质量为一般的区域占42.4%；声级值在50分贝以上，声环境质量为差或较差的区域占8.3%。

城市功能区声环境质量状况

2013年16个州市政府所在地城市，昼间各类功能区的超标率范围在1.1%～21.9%之间，平均为10.1%。超标率最低的是3类区（混合区），最高的是0类区（康复疗养区）；夜间各类功能区的超标率范围在5.0%～34.0%之间，平均为17.6%。超标率最低的仍然是3类区（混合区），最高的是4类区（交通干线两侧）；

总体上，夜间超标率高于昼间，昼间康复疗养区的超标率高于其它区域，夜间交通干线两侧的超标率高于其它区域。

自然生态环境

森林资源现状及变化趋势

2013年，云南省森林面积、乔木林面积、森林覆盖率持续增长、活立木蓄积、森林蓄积有所增加，林木生长量明显大于消耗量，森林资源总体上继续保持持续增长的态势。

湿地

大山包、碧塔海、纳帕海、拉市海已被列为国际重要湿地、约占全国国际重要湿地数量的10%，全省建立各种级别的湿地类型自然保护区17处，保护范围达到20.71万公顷，已建成红河哈尼梯田、洱源西湖、普者黑喀斯特、普洱五湖、盈江、鹤庆东草海、蒙自长桥海（试点）等7处国家湿地公园，面积1.98万公顷。

自然保护区

截至2013年底，全省已建各种类型、不同级别的自然保护区162个，其中国家级21个、省级38个、州市级57个、区县级46个，总面积约281万公顷，占全省国土总面积的7.1%，位居全国自然保护区数量第6位，其本形成了布局合理、类型较为齐全的自然保护区网络体系。

辐射环境

2013年云南辐射环境质量监测覆盖全省16个州（市），陆地瞬时伽马辐射空气吸收剂量率（含宇宙射线响应值）范围为51.8～150.0纳戈瑞/小时，均值为92.0纳戈瑞/小时。云南省4个辐射环境监测自动站连续伽马辐射空气吸收剂量率（含宇宙射线响应值）全年范围为62.4～158.5纳戈瑞/小时，均值为99.5纳戈瑞/小时。全省辐射环境质量保持稳定，辐射环境水平处于正常波动水平范围，重点辐射污染源周围辐射环境水平正常。

废水、废气及固体废弃物排放

废水

与2012年相比，全省废水总排放量156583.28

万立方米，增工 1.67%，其中：工业源排放量 41843.86 万立方米，减少 2.26%；城镇生活源排放量 114635.37 万立方米，增长 3.19%；集中式治理设施排放量 104.05 万立方米，减少 5.86%。

化学需氧量总排放量 547239 吨，比 2012 年减少 0.24%，其中工业源排放量 167521 吨，城镇生活源排放量 294369 吨，农业源排放量 72369 吨，集中式治理设施排放量 12980 吨。

氨氮总排放量 58071 吨，比 2012 年减少 1.02%，其中工业源排放量 4311 吨，城镇生活源排放量 40636 吨，农业源排放量 11473 吨，集中式治理设施排放量 1651 吨。

废气

全省工业废气排放量 15958.05 亿立方米，比 2012 年增长了 6.71%。

二氧化硫总排放量 663095 吨，比 2012 年减少 1.36%，其中电力行业排放量 169826 吨，钢铁行业排放量 115783 吨，其它行业排放量 377486 吨。

氮氧化物总排放量 523754 吨，比 2012 年减少 3.77%，其中电力行业排放量 132494 吨，水泥行业排放量 92405 吨，机动车排放量 200231 吨，其他行业排放量 98624 吨。

废气中烟（粉）尘总排放量 386895.16 吨，比 2012 年减少 0.96%。

固体废弃物

与 2012 年相比，一般工业固体废物产生量 16039.97 万吨，增长 0.01%；综合利用量 8413.87 万吨，增长 5.99%；处置量 4833.79 万吨，增长 1.41%；贮存量 2862.72 万吨，减少 18.50%，排放量 48.86 万吨。

与 2012 年相比，危险废物产生量 193.76 万吨，减少 6.86%；综合利用量 98.16 万吨，增长 0.74%；处置量 28.70 万吨，减少 45.98%；贮存量 69.24，减少 9.46%；无排放。

措施与行动

环境空气质量新标准实施

根据国家实施新《环境空气质量标准》“三步走”的要求，昆明市于 2013 年 1 月 1 日起按照《环境空气质量标准》（GB3095－2012）向社会发布监测信息。玉溪市、曲靖市顺利完成监测能力建设任务，于 2014 年 1 月 1 日起按照《环境空气质量标准》（GB3095－2012）向社会发布监测信息，完成国家下达任务。

污染防治

主要污染物总量减排

1066 个省级重点减排项目已完成 1056 个，完成率 99%，其中有 17 个火电脱硝项目建成投运，完成国家下达“十二五”任务的 77%；有 44 个水泥脱硝项目建成投运；有 20 个钢铁烧结机（球团设施）脱硫项目建成投运。

省监控中心共计接入企业 345 家，其中国控企业 205 家，其他企业 140 家，比 2012 年分别增长 30.7%、52.6%。全省共计 618 个排口监控设施实现联网，其中 477 个排口监控设施数据上传正常，自动监控数据交换率较 2012 年增加 33.1%。

九大高源湖泊水污染防治

云南省人民政府先后召开了滇池、抚仙湖水污染综合防治工作会，安排部署九湖水污染综合防治工作，全力推进项目实施。九湖“十二五”水污染防治综合规划项目完工 73 项、在建 152 项，开展项目前期工作 66 项，完工率 24.7%，开工率 76.3%，累计完成投资 258.11 亿元，投资完成率 46.7%。

通过竞争立项：抚仙湖被纳入国家重点支持的 15 个生态良好湖泊名录，国家将在今后三年内给予重点支持。

三峡库区上游水污染防治

积极推进《重点流域水污染防治规划（2011～2015 年）》实施，规划项目进展整体顺利，流域水质整体稳中有升，江边、三块石、横江桥、普渡河桥、江底桥 5 个控制断面水质满足规划年度考核要求。

继续推进牛栏江水环境保护、切实加大流域内工业企业后督察力度，牛栏江昆明段水质持续改善，曲靖段水质稳达到或优于Ⅲ类，满足调水水质要求。

工业污染防治

全省工业废水治理投资 34766 万元，完成治理项目 62 个；工业废气治理投资 126630 万元，完成治理项目 149 个；工业固体废弃物污染治理投资 31767 万元，完成治理项目 24 个。新颁发危险废物经营许可证 22 份，共接收跨省市转移危险废物的申请材料 52 分，审核后办理联单 48 份，跨省转移危险废物 29182.8 吨（其中有色金属行业 27070 吨、化工行业 1252.2 吨、其他行业 860.6 吨，均为转移出省）。

进一步规范排污许可证管理，完成 16 家国控企业排污许可证换证工作，协助环境保护部办理了3家上市公司环保核查，融资金额约17.9亿元。

重金属污染防治

继续实施《重金属污染综合防治“十二五”规划》，完成规划重点项目10个，淘汰涉水重金属污染物落后产能项目26个，涉气重金属污染物落后产能项目28个。

全省县级以上城镇集中式饮用水水源均未受到重金属污染；69个地表水国控断面达标率为98.14%；11个重点区域水环境质量监测断面达标率为91.53%；南盘江、红河干流出省、出境断面全面达标；文山州南北河、小白河和红河藤条江水质实现总体达标；沘江水质持续好转；六大水系主要河流出省跨界断面重金属污染物继续保持全面达标，全年无涉重金属环境污染事件发生。

清洁生产

依法公布第十批强制性清洁生产审核名单211家，160家重点企业通过评估或验收通过实施生产环节的全过程控制和废弃物的循环利用，促进企业稳定达到国家或地方要求的污染物排放标准。

生态环境保护

生物多样性保护

《云南省生物多样性保护战略与行动计划(2012~2030年)》印发实施，组织实施了滇池金线鲃，蒜头果和滇牡丹、绿孔雀、羚牛等一批珍稀濒危物种的繁育、保护或开发利用项目，并取得积极成效。

自然保护区建设与管理

乌蒙山、寻甸黑颈鹤分别晋升为国家级和省级自然保护区，继续推进省级自然保护区环境卫生遥感监测察试点，完成全省自然保护区基础调查与评估工作。

全面启动国家级、省级自然保护区总体规划编制工作，印发了《云南省自然保护区与国家公园巡护办法》、《云南省国家自然保护区与国家公园生物多样性监测方法》。

自然保护区建设投入力度不断加大、争取中央能力建设项目资金1630万元，基础设施建设项目投资3719万元，自然遗产地保护项目1700万元。

天然林保护及退耕还林

截至2013年底，云南省天然林资源保护工程管护森林面积15232万亩。投入财政专项资金155537万元。云南省天然林资源保护工程实施公益林建设项目115.3万亩，投入预算内资金13130万元；实施森林抚育137万亩，投入财政专项补助资金16440万元。

完成国家下达的退耕还林任务1802.6万亩，其中退耕地还林533.1万亩，荒山荒地造林1049.0万亩、封山育林220.5万亩，完成投资121亿元。工程覆盖16州市129县，惠及130万户退耕农户、550万人。完成巩固退耕还林成果项目：基本口粮田建设177.58万亩，沼气池建设11.65万口，节柴灶改造14.49万眼，太阳能建设22.66万台、微小水电360台、薪炭林建设14.52万亩，生态移民0.73万人，种植业1073.22万亩、棚厩建设227.92平方米、青贮窖建设38.26万平方米，饲料地建设48.94万亩，技能培训54.2人，补植补造140.74万亩，完成国家专项资金投资33.54亿元。

水土保持

全省共完成坡改梯水土流失综合治理面积4.29万亩，总投资1.5亿元，启动小流域水土流失重点治理工程23项，总投资2500万元，工程涉及13个州（市）的23条小流域，可治理水土流失面积62平方千米。

组织完成《云南省利用世界银行贷款水土保持生态清洁型小流域建设项目》前期准备工作，拟申请世界银行贷款12.6亿元人民币，国内配套18.15亿元人民币，共计30.75亿元人民币，对15个项目县的水源区实施65条水土保持生态清洁型小流域建设。目前，项目立项文件已分别上报财政部和国家发改委。

农村环境保护

争取中央农村环境保护专项资金6093万元、支持52个村庄开展农村环境综合整治示范，对12个国家级生态乡镇实施“以奖代补”，省级生态建设专项资金安排1780万元，用于29个村庄开展环境综合整治；安排125万元、开展2个规模化畜禽养殖污染防治与废弃物综合利用示范项目，全省农村环境综全整治示范效应进一步加大。

推广测土配方施肥4000万亩，农村户用沼气累计保有量312.4万户，无公害农产品，绿色食品和有机食品认证累计达948家企业2137个品种，产值293.83亿元。

土壤环境保护

发布了《云南省近期土壤环境保护和综合治理方案》，建立了云南省土壤环境保护和综合治理联席会议制度，制定了《云南省近期土壤环境保护和综合治理方案重点工作部门分工方案》，云南省土壤环境保护和综合治理有关工作走在全国前列。

生态建设示范区

完成了2013年度15个国家级生态乡镇的省级验收，其中12个乡镇基本达到国家级生态乡镇建设要求，上报环保部审批，组织完成了第八批省级生态文明乡镇和第一批省级生态文明村的考核验收和上报工作，其中52个乡镇和9个村获得了省人民政府命名，完成了20个县（市、区）生态建设规划的审查。

截至2013年底，全省16个州市、82个县（市、区）开展了生态建设示范区创建，已累计建成10个国家级生态示范区、55个国家级生态乡镇、3个国家级生态村、328个省级生态文明乡镇、9个省级生态文明村，全省生态建设示范区工作呈现出蓬勃发展态势。

全省有30个乡村被农业部命名为“美丽乡村”。

环境影响评价

与2012年相比，全省审批建设项目环评文件21339项，增加了4768项，增长28.8%；审批建设项目竣工环保验收文件5196项，增加了314项，增长6.4%，全省组织审查规划环评41项。

环境执法

环保专项行动

根据环境保护部和省人民政府的安排部署，2013年整治违法排污企业保障群众健康环保专项行动围绕查处群众反映强烈的大气污染和废水污染地下水的环境违法问题，集中开展涉铅、汞、镉、铬和类金属砷排放的重有色金属矿采选冶炼、铅蓄电池、皮革鞣制和电镀等重点行业的“回头看”，全面排查整治医药行业环境污染问题，进一步加大城市河流型集中式饮用水水源地保护工作等4项重点工作开展，共出动环保执法人员37339人次，检查企业13302家，立案查处企业135家，结案企业132家，结案率为97.7%。

排污费征收

全省排污费共征收3.58亿元，其中，各州（市）征收2.97亿元，省级征收6152.42亿元，全省排污费共上缴中央国库3560.72亿元，上缴省级国库1.13亿元。

环境行政处罚

省级直接处罚48件，共处罚金1362万元，没有发生一起行政复议、行政诉讼案件。

环境突发事件及处理

全省发生了2起一般（Ⅳ级）突发环境事件，没有发生特大（Ⅰ级）、重大（Ⅱ级）、较大（Ⅲ级）突发环境事件，事故均及时妥善处理，最大限度地减轻了事件所造成的危害。

城市环境保护

重点城市集中式饮用水水源地环境状况评估

对州市政府所在地的29个城市集中式饮用水水源地开展环境状况评估。28个达到饮用水水质标准要求，楚雄团山水库未达到饮用水水质标准要求，主要超标指标为石油类。水源地水质达标率96.6%，供水总人口1004.7万人，实际供水量61643.1万立方米，达标水量60004.6万立方米，供水水质达标率为97.3%，全年未发生饮用水环境污染事故。

城市环境基础设施建设

全省供水总量105906.18万立方米，建成污水处理厂144座，建有排水管道12710.5千米（其中污水管道3677.7千米），形成城市污水处理能力332.90万立方米/日。全年污水处理总量83232万立方米，其中经城市污水处理厂处理81760万立方米，其他污水处理设施处理1472万立方米，污水处理率为84.66%；全省建成无害化垃圾处理厂（场）126座，形成无害化垃圾处理能力15978吨/日，全年清运城市生活垃圾634.22万吨，其中无害化处理527.70万吨，城市生活垃圾无害化处理率为83.20%；全省城市燃气普及率71.53%；城市建成区绿地率33.68%。

城市机动车污染防治

2013年7月，印发《云南省人民政府关于加强机动车排气污染防治工作的意见》（云政发〔2013〕115号）。2013年11月，省人大审议批准通过《昆明市机动车排气污染防治条例（修订）》。

全面启动了新注册机动车环保检验合格标志核发管理工作。昆明市共环保检测（简易工况法）机动车59.4万辆，发放环保合格标志652206（含新车），其中黄标39万辆，绿标61万辆；全省其他州市共核发绿色环保检验合格标志7215个。

辐射环境管理

印发了《国家核安全与放射性污染防治“十

二五”规划及2020年远景目标云南实施方案》。下放行政许可审批权限，将销售、使用Ⅳ、Ⅴ类放射源、生产、销售，使用Ⅲ类射线装置核技术利用单位辐射安全许可证的核发工作委托州（市）环境保护局开展。全省环保部门办理辐射类行政许可审批1330项，其中：辐射类建设项目环境影响评价审批567项；辐射安全许可证575项；放射性同位素转让53项；建设项目竣工环保验收135项。

开展以“巩固成果、督促整改、消除隐患”为主题的辐射安全检查专项行动和核与辐射安全生产大检查，共出动检查人员7686人次，对2600家核技术利用单位，80家废旧金属回收熔炼单位进行了检查；全省共收贮废旧放射源234枚。

宣传教育

启动全省的“全国环境友好型学校试点”工作，昆明市滇池度假区实验学校和曲靖市麒麟区第三中学两所学校作为全国环境友好型试点学校。

在上海举办了云南生物多样性图片展，开展了“环保伴我行——科普知识进学校、进社区、进企业”宣传活动。全年在《中国环境报》发表稿件共201篇，刊登头版头条稿件7篇，《环保之声》栏目共播出702期，累计播出时间约2100分钟；与新华社云南分社合办《环境》栏目，拍摄制作了《加强环境保护建设美丽云南》专题宣传片。

环境监管能力建设

中央及省级财政投入11.271万元，用于44家州市及县级环保监测执法业务用房建设、16个州市城市环境空气自动监测能力建设、县级环境监测站标准化建设、环境监察能力以及省级环境信息化建设。

截至2013年底，全省环境监测系统共有监测站132个，其中：一级站1个，二级站16个，三级站115个。全省环境监测系统人数1528人，比2012年增加125人；拥有业务用房83897平方米，比2012年增加14667平方米；拥有各种大型仪器、设备共计6197台（套），省环境监测中心站、昭通市环境监测站等38家环境监测站通过国家标准化验收。

环境信访

省级受理群众来信（含传真、邮件、网上投诉）149件，来信办结率95%，其中办理省领导重要批示信访件1件；接待群众来访30批184人次，来访办结率100%；办理省人大代表建议和省政协委员提案64件，办结率达100%，全省加强了“12369”环保投诉热线建设，受理“12369”环保投诉案件12948件，办理12915件，办结率99.7%。省厅“96128”政务查询热线受理28个查询、咨询问题，严格按照办理时限给予了答复，完成厅门户网站在线访谈15次，七彩云南保护行动网站发布政务信息3299条，报送省委省政府信息198条，环境保护部信息545条，报送《重要环境信息专报》8期。

环境科技

“十一五”国家水体污染控制与治理科技重大专项湖泊主题（以下简称水专项）滇池项目、洱海项目通过省水专项办预验收。“十二五”滇池项目6个课题全面启动、洱海项目启动4个课题，各课题顺利推进。

推进我省制糖行业酒精废醪液治理，在主要产糖州（市）推广“多效降膜蒸发废醪液治理技术”。

2项环境保护类科技成果获省自然科学二等奖，4项环境保护类科技成果获省科技进步三等奖。

交流合作

世行贷款云南城市环境建设一、二期项目的实施扎实推进，通过了世界银行的第七次项目检查和中期项目调整评估，顺利实施“大湄公河次区域生物多样性保护廊道建设云南示范项目（一期）”、“中国履行斯德哥尔摩公约能力建设云南示范省项目”、“亚行技术援助云南省生物多样性保护战略与行动计划研究”等项目，“大湄公河次区域生物多样性保护廊道建设云南示范项目（二期）”、“全球环境基金赠款援助昆明生活垃圾综合环境管理”等项目前期工作进展顺利。

与环境保护部对外合作中心签订“战略合作备忘录”协助环境保护部成功举办了中国—南盟，中国—东盟环保合作平台下的两个重要国际会议。

积极推进滇沪、滇川和“泛珠”在环境监测、执法、宣教、产业、科研等领域的区域环保合作，组织参加了“2013澳门国际环保合作发展论坛及展览”。

2013年云南省水资源公报

现将2013年全省的水资源量、供用耗排水量及江河湖库水质等情况公告如下：

水资源量

降水量　2013年全省年平均降水量1190.1毫米，折合降水总量4561亿立方米，比常年偏少6.9%，属略偏枯水年。

行政分区中，怒江州年降水量最大，为1903.2毫米；楚雄州最小，为772.2毫米。与常年比，除西双版纳州降水量较常年偏多14.5%外，其余15个州市年降水量均比常年偏少，其中文山、玉溪、迪庆、昭通、普洱、红河、丽江和德宏8个州市偏少1.1%～8.9%；怒江、大理、楚雄、昆明、临沧、保山和曲靖7个州市偏少11.2%～15.5%。，长江、珠江、红河、澜沧江、怒江和伊洛瓦底江流域年降水量分别比常年偏少8.3%、7.8%、5.1%、2.9%、13.4%和0.4%。

地表水资源量　2013年全省地表水资源量1707亿立方米，折合径流深445.4毫米，比常年偏少22.8%。

行政分区中，怒江州年径流深最大，为1097.6毫米；楚雄州最小，为118.4毫米。与常年比，除西双版纳州地表水资源量较常年偏多6.6%外，其余15个州市地表水资源量均比常年偏少，其中迪庆州偏少9.9%；德宏、昭通、保山、红河4个州市偏少10.7%～18.3%；丽江、普洱、文山、临沧、大理、玉溪、怒江7个州市偏少21.0%～29.1%；昆明和楚雄偏少42.4%和46.7%；曲靖偏少54.0%。

长江、珠江、红河、澜沧江、怒江和伊洛瓦底江流域年地表水资源量分别比常年偏少23.3%、42.6%、20.6%、18.9%、24.9%和13.7%。

地下水资源量　2013年全省地下水资源量573.3亿立方米，比常年偏少25.2%。地下水径流模数15.0万立方米/平方千米。

行政分区中，德宏州地下水径流模数最大，为40.4万立方米/平方千米；楚雄州最小，为2.4万立方米/平方千米。与常年比，除西双版纳州地下水资源量偏多1.1%外，其余15个州市均比常年偏少。其中昭通和德宏2个州市偏少9.0%和9.4%；迪庆偏少12.4%；丽江、红河、普洱；文山、怒江5个州市偏少21.0%～29A%；临沧、大理、玉溪、保山4个州市偏少32.3%～35.2%；昆明偏少43.1%；楚雄和曲靖2个州市偏少56.5%和58.7%。

长江、珠江、红河、澜沧江、怒江和伊洛瓦底江流域年地下水资源量分别比常年偏少21.1%、45.3%、25.4%、21.5%、28.7%和20.9%。

水资源总量　2013年全省水资源总量1707亿立方米，比常年偏少22.8%。全省产水模数为44.5万立方米坪方千米，人均水资源量3642立方米。

2013年全省人境水量1362亿立方米，比常年减少17.4%，从邻省入境水量1342亿立方米，从邻国入境水量19.86亿立方米；出境水量2781亿立方米，比常年减少27.5%，流入邻省1194亿立方米，流入邻国1587亿立方米。

蓄水动态

水库蓄水动态　2013年全省10座大型水库、223座中型水库以及小型水库和坝塘年末蓄水总量77.11亿立方米，比上年增加10.8%。其中，大型水库蓄水量16.47亿立方米，比上年增加16.5%；中型水库33.55亿立方米，比上年增加9.5%；小型水库及坝塘27.09亿立方米，比上年增加10.1%。

九大高原湖泊蓄水动态　2013年九大高原湖泊年末容水量290.9亿立方米，比上年增加5.0%。容水量除程海和阳宗海较上年减少、泸沽湖与上年相同外，滇池、星云湖、抚仙湖、杞麓湖、异龙湖和洱海较上年均有不同程度增加。

供用水量

河道外供水量　2013年全省河道外供水量

149.7亿立方米，比上年减少1.4%；其中，地表水源供水量143.7亿立方米，比上年减少1.1%；地下水源供水量4.795亿立方米，比上年减少10.6%；其他水源（污水处理回用及雨水利用）供水量1.210亿立方米，比上年增加6.1%。地表水为主要供水水源，其中，蓄水工程供水量59.77亿立方米，引水工程供水量70.27亿立方米，提水工程供水量12.14亿立方米，跨流域调水量1.359亿立方米，人工载运水量0.1575亿立方米。

河道外用水量　2013年全省河道外用水量149.7亿立方米，其中，农业用水量102.7亿立方米，工业用水量25.26亿立方米，生活用水量20.49亿立方米，生态环境用水量1.294亿立方米。

用水消耗量　2013年全省用水消耗量86.95亿立方米，其中，农业用水消耗量68.20亿立方米，工业用水消耗量8.069亿立方米，生活用水消耗量9.382亿立方米，生态环境用水消耗量1.294亿立方米。全省综合耗水率58.0%。

水力发电用水量　2013年水力发电用水量3327亿立方米。

用水指标

2013年全省人均综合用水量319立方米，万元国内生产总值（当年价）用水量128立方米，万元工业增加值用水量67立方米，农田亩均灌溉用水量409立方米，城镇人均生活用水量120升/日，农村人均生活用水量73升/日。

江河湖库水质

河流水质　2013年全省监测评价河流14846.4千米，其中符合地表水Ⅰ~Ⅲ类水质标准的河长12253.7千米，占评价总河长的82.5%；Ⅳ类水质的河长708.3千米，占4.8%；Ⅴ类水质的河长526.5千米，占3.5%；劣于Ⅴ类水质的河长1357.9千米，占9.2%。

水功能区水质　2013年全省监测评价水功能区264个。按水功能区水质管理目标（2020年）全因子评价（除水温、总氮、粪大肠菌群三个指标），总体达标率为49.6%；长江流域水功能区水质达标率为，50.0%，珠江流域为37.5%，红河流域为45.5%，澜沧江流域为50.0%，怒江流域为55.6%，伊洛瓦底江流域为78.3%。按水功能区水质管理目标（2020年）双因子评价（指标为高锰酸盐指数、氨氮，下同），总体达标率为76.8%；长江流域水功能区水质达标率为69.2%，珠江流域为57.6%，红河流域为81.8%，澜沧江流域为87.9%，怒江流域为83.3%，伊洛瓦底江流域为100.0%。

九大高原湖泊水质　泸沽湖、水质为Ⅰ类，属贫营养；抚仙湖水质大部分为Ⅰ类、局部为Ⅱ类，属中营养；洱海水质大部分为Ⅲ类、局部为Ⅱ类，属中营养；阳宗海为Ⅳ类，属中营养；程海为劣Ⅴ类，属中营养；滇池、杞麓湖、异龙湖、星云湖均为劣Ⅴ类，均属中度富营养。阳宗海主要超标项目为总磷、砷、石油类；程海为pH、氟化物；滇池为总磷、五日生化需氧量、氨氮等6项；杞麓湖为总磷、五日生化需氧量、氨氮等6项；异龙湖为总磷、化学需氧量、高锰酸盐指数等6项；星云湖为总磷、氨氮、高锰酸盐指数等5项。

水库水质　2013年参加评价的水库60座。符合Ⅰ~Ⅲ类水质标准的有52座，Ⅳ类有4座，Ⅴ~劣Ⅴ类有4座，主要超标项目为总磷、五日生化需氧量、高锰酸盐指数。60座水库中有50座．水库属中营养，6座属轻度富营养，4座属中度富营养；5座大型水库（不包括水电站）中，渔洞水库、松华坝水库、云龙水库、独木水库水质均为Ⅱ类，属中营养；柴石滩水库水质为Ⅳ类，主要超标项目为五日生化需氧量、总磷，属轻度富营养。

集中式供水水源地水质　2013年全省监测评价46处主要供水水源地，其中地表水水源地38个，地下水水源地8个。集中式供水水源地总体达标率为87.0%，未达标的水源地主要超标项目为总磷、铁、锰、溶解氧及五日生化需氧量。

2013年云南省国民经济和社会发展统计公报

2013年，云南省委、省政府认真贯彻落实中央宏观调控政策，坚持稳中求进的总基调，审时度势、科学谋划，统筹部署、攻坚克难，协调推进稳增长、调结构、促改革、惠民生等各项工作，全省呈现经济稳中向好、社会和谐稳定、民生不断改善、改革深入推进、对外开放水平提升、社会事业全面进步的良好局面。

一、经济增长

初步核算，2013年全省生产总值[2]（GDP）达11 720.91亿元，比上年增长12.1%，高于全国4.4个百分点。其中，第一产业完成增加值1 895.34亿元，增长6.8%；第二产业完成增加值4 927.82亿元，增长13.3%；第三产业完成增加值4 897.75亿元，增长12.4%。三次产业结构由上年的16.0∶42.9∶41.1调整为16.2∶42.0∶41.8。全省人均生产总值（GDP）达25 083元（折合4 050美元），比上年增长11.4%。非公经济增加值实现5 397.48亿元，占全省生产总值的比重达46.1%，比上年提高2个百分点。

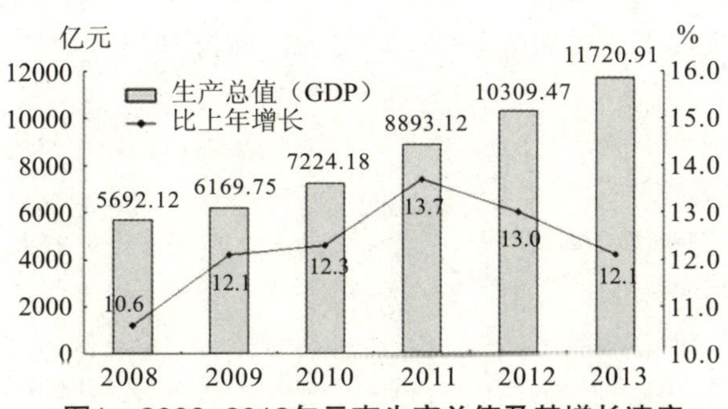

图1 2008-2013年云南生产总值及其增长速度

全省公共财政实力不断增强。全年财政总收入达2 975.68亿元，比上年增长13.4%。全省地方公共财政预算收入1 610.69亿元，比上年增长20.4%；其中增值税完成147.68亿元，下降0.2%；营业税完成418.58亿元，增长22.9%；企业所得税完成146.33亿元，增长7.7%。全省地方公共财政预算支出完成4 096.56亿元，比上年增长14.7%，其中，用于教育、社会保障和就业、医疗卫生、农林水事务和交通运输支出分别增长1.7%、15.1%、12.5%、3.9%和76.9%。

全年稳定物价成效明显。全省居民消费价格指数（CPI）为103.1，比上年上涨3.1%；其中，食品价格上涨5.5%。工业生产者出厂价格下降2.5%，工业生产者购进价格下降1.2%，固定资产投资价格上涨1.1%，农业生产资料价格上涨0.1%，农产品生产价格上涨4.9%。

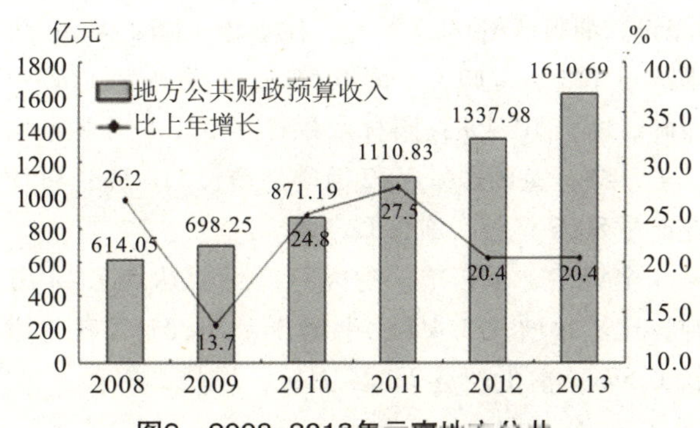

图2 2008-2013年云南地方公共财政预算收入及其增长速度

表1 2013年云南省居民消费价格比上年涨跌幅度　　单位：%

指标	全省	城市	农村
居民消费价格	3.1	3.4	2.7
食品	5.5	6.2	4.3
其中：粮食	2.2	2.5	1.9
油脂	0.4	0.7	0.1
肉禽及其制品	3.5	3.5	3.3

续表1

指标	全省	城市	农村
烟酒及用品	0.7	0.8	0.7
衣着	1.0	0.6	1.8
家庭设备用品及维修服务	1.7	1.1	2.7
医疗保健及个人用品	2.5	1.7	4.0
交通和通信	0.2	-0.1	0.6
娱乐教育文化用品及服务	1.2	1.8	-0.1
居住	3.6	4.2	2.6

注：居民消费价格及相关价格指数由国家统计局云南调查总队提供。

全年就业形势稳定。全省城镇新增就业31.56万人，新增转移就业的农村劳动力34.1万人次。年末全省城镇实有登记失业人数18.09万人，城镇登记失业率为3.98%。

二、农业

2013年，全省农业总产值达3 056.04亿元，比上年增长7.0%。其中，农业产值1 639.40亿元，增长6.6%；林业产值293.25亿元，增长12.1%；牧业产值962.55亿元，增长5.7%；渔业产值70.41亿元，增长13.7%；农林牧渔服务业产值90.43亿元，增长9.4%。

全年粮食总产量[3]达1 824万吨，比上年增长4.3%。油料产量60.7万吨，比上年下降3.4%；烤烟产量103.9万吨，下降6.5%；蔬菜产量1 625.4万吨，增长10.4%；园林水果产量571.5万吨，增长11.9%；茶叶产量30.2万吨，增长11.1%；鲜切花产量80.5亿枝，增长12.1%。

全年猪、牛、羊、禽肉总产量[4]达357.44万吨，比上年增长3.4%；牛奶产量54.51万吨，增长1.5%；禽蛋产量23.24万吨，增长5.0%。

表2　2013年云南省主要农产品产量及其增长速度

单位：万吨

产品名称	产量	比上年增长（%）
粮食	1824	4.3
油料	60.7	-3.4
甘蔗	2146.3	5.0
烤烟	103.9	-6.5
蔬菜	1625.4	10.4
花卉（亿枝）	80.5	12.1
园林水果	571.5	11.9

续表2

产品名称	产量	比上年增长（%）
茶叶	30.2	11.1
橡胶	42.6	9.2
核桃	50.2	21.3
咖啡	11.7	27.0
水产品	78.16	14.9

三、工业和建筑业

全年全部工业实现增加值3 767.58亿元，比上年增长12.0%；其中，规模以上工业[5]增加值3 470.66亿元，增长12.3%。在规模以上工业中，轻工业增加值1 528.14亿元，增长7.4%；重工业实现工业增加值1 942.53亿元，增长16.3%。

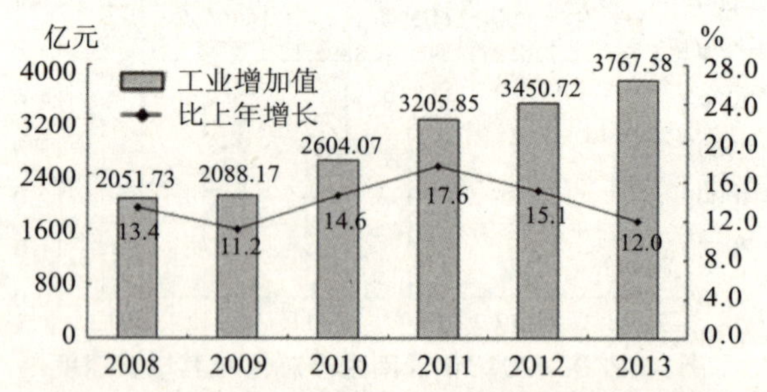

图3　2008–2013年云南工业增加值及其增长速度

全年规模以上工业中，烟草制品业增加值1 076.53亿元，比上年增长3.9%；电力生产和供应业增加值425.32亿元，增长23.6%。六大高耗能行业增加值1 289.97亿元，比上年增长15.9%；其中，化学原料及化学制品制造业增长2.6%，非金属矿物制品业增长20.5%，电力热力的生产和供应业增长23.6%，黑色金属冶炼及压延加工业增长14.6%，有色金属冶炼及压延加工业增长15.2%，石油加工炼焦及核燃料加工业增长11.6%。

全年规模以上工业发电量1 954.62亿千瓦小时，增长27.4%；粗钢产量1 884.80万吨，增长23.5%；钢材产量2 053.92万吨，增长28.4%；十种有色金属产量300.42万吨，增长4.9%；水泥产量9 009.16万吨，增长15.6%；卷烟产量757.55万箱，下降1.4%；成品糖产量236.52万吨，增长14.9%。

表3 2013年云南省主要工业产品产量及其增长速度

单位：万吨

产品名称	单位	产量	比上年增长（%）
发电量	亿千瓦小时	1954.62	27.4
其中：水电	亿千瓦小时	1433.95	38.1
火电	亿千瓦小时	478.47	2.1
铁矿石原矿量	万吨	3169.73	20.9
粗钢	万吨	1884.80	23.5
钢材	万吨	2053.92	28.4
十种有色金属	万吨	300.42	4.9
其中：铜	万吨	48.02	6.9
原铝	万吨	93.65	4.7
铅	万吨	49.76	-10.8
锌	万吨	96.54	13.4
锡	万吨	9.13	5.1
硫酸（折100%）	万吨	1334.67	10.3
烧碱（折100%）	万吨	25.08	9.4
化肥（折100%）	万吨	337.87	-2.2
卷烟	万箱	757.55	-1.4
成品糖	万吨	236.52	14.9
精制茶叶	万吨	11.71	30.5
中成药	万吨	3.81	20.2
自来水生产量	亿立方米	4.81	6.1
机制纸及纸板	万吨	41.43	-19.5
水泥	万吨	9009.16	15.6
平板玻璃	万重量箱	997.03	17.5
人造板	万立方米	296.84	24.5
发电设备	万千瓦	77.16	8.3
变压器	万千伏安	1713.91	29.7
汽车	万辆	13.50	23.9

全年规模以上工业企业累计实现利税1 777.54亿元，比上年增长7.0%；其中，实现利润549.08亿元，增长5.5%。

全社会建筑业增加值1 160.24亿元，比上年增长18.4%。

全省具有资质等级的总承包和专业承包建筑业企业完成总产值2 888.82亿元，比上年增长21.2%；实现利润101亿元，增长20.6%；上缴税金110亿元，增长21.7%。

四、固定资产投资和房地产业

2013年，全省固定资产投资（不含农户）达[6]9 621.83亿元，增长27.4%。分三次产业看，第一产业投资250.87亿元，增长75.3%；第二产业投资2 868.82亿元，增长13.4%，其中工业投资2 866.83亿元，增长13.5%；第三产业投资6 502.14亿元，增长33.2%。

全年房地产开发投资达2 488.33亿元，比上年增长39.6%。其中，商品住宅投资1 642.40亿元，增长42.5%；办公楼投资117.50亿元，增长36.0%；商业营业用房投资410.97亿元，增长60.4%。2013年，全省商品房施工面积18 260.72万平方米，比上年增长27.1%；商品房屋竣工面积2 019.20万平方米，增长9.1%；商品房销售面积3 309.3万平方米，比上年增长2.2%；商品房销售额1 487.24亿元，比上年增长9.1%。

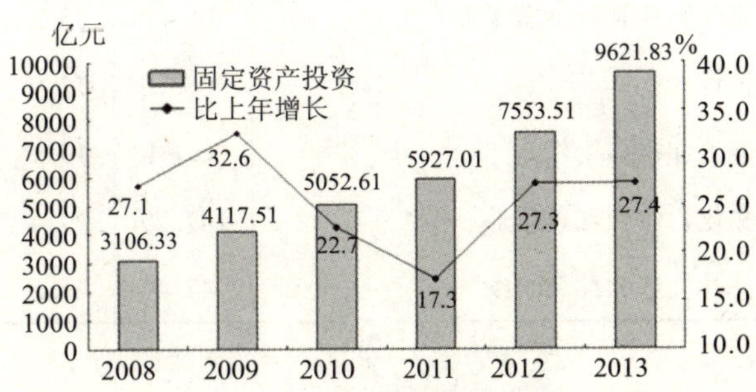

图4 2008-2013年云南固定资产投资及其增长速度

表4 2013年云南分行业固定资产投资及其增长速度

单位：亿元

行业	投资额	比上年增长
全省	9621.83	27.4
农林牧渔业	250.87	75.3
采矿业	461.74	25.4
制造业	1451.26	20.2

续表4

行业	投资额	比上年增长
其中：烟草制品业	52.82	46.4
化学原料及化学制品制造业	106.31	2.0
医药制造业	50.11	42.5
非金属矿物制品业	190.72	20.1
黑色金属冶炼及压延加工业	85.74	0.9
有色金属冶炼及压延加工业	111.08	-17.6
电力、热力、燃气及水的生产和供应	953.83	0.3
建筑业	1.99	-47.4
交通运输、仓储及邮政业	1105.51	37.4
信息传输、软件和信息技术服务业	76.34	27.9
批发和零售业	247.30	7.2
住宿和餐饮业	182.21	23.5
金融业	6.25	26.6
房地产开发	2488.33	39.6
租赁和商务服务业	58.44	11.7
科学研究和技术服务业	36.32	19.1
水利、环境和公共设施管理业	857.89	12.5
居民服务和其他服务业	39.46	75.1
教育	208.70	12.9
卫生和社会工作	83.94	19.1
文化、体育和娱乐业	147.79	29.4
公共管理和社会组织	147.47	25.5

表5　2013年云南房地产业发展主要指标情况

指标	单位	绝对数	比上年增长（%）
房地产开发投资额	亿元	2488.33	39.6
其中：住宅	亿元	1642.40	42.5
其中：90平方米以下住宅	亿元	467.34	58.7
房屋施工面积	万平方米	18260.72	27.1
其中：住宅	万平方米	12969.39	24.3
房屋新开工面积	万平方米	6481.80	7.4

续表5

指标	单位	绝对数	比上年增长（%）
其中：住宅	万平方米	4529.09	8.7
房屋竣工面积	万平方米	2019.20	9.1
其中：住宅	万平方米	1576.13	5.6
商品房销售面积	万平方米	3309.3	2.2
其中：住宅	万平方米	2855.52	2.4
本年资金来源	亿元	2924.36	37.0
其中：国内贷款	亿元	418.80	93.8
其中：个人按揭贷款	亿元	260.25	0.8
本年购置土地面积	万平方米	1974.01	23.2
土地购置费	亿元	374.73	49.2

基础设施建设取得显著成就。截至2013年底，全省高速公路通车里程突破3 200千米。锁蒙、昆武、大丽等5条高速公路建成通车；南北大通道、龙瑞等在建高速公路加快推进；镇毕、晋江、晋澄等8条高速公路开工建设；全省在建铁路里程1 403.7千米。昆明长水机场配套工程、泸沽湖机场、沧源机场加快建设，澜沧机场，红河蒙自机场前期工作加快推进。全年机场建设完成投资19.3亿元，增长2.74倍。能源建设成效显著。溪洛渡、向家坝、糯扎渡等10个三江干流水电站相继投产发电，全年新增投产装机1 286万千瓦，累计装机达6 328万千瓦；龙海、宁州输变电工程和龙开口电站送出工程投产，全省新增110千伏以上输电线路3 509千米，变电容量2 024万千伏安，农村户表改造率达94%。中缅天然气管道建成通气，牛栏江—滇池补水工程建成通水。新开工建设重点骨干水源工程45件，库塘蓄水77.1亿立方，创下历史最好水平。

五、国内贸易和对外经济

2013年，全省实现社会消费品零售总额4 036.01亿元，比上年增长14.0%。按经营地统计，城镇社会消费品零售额3 240.36亿元，增长13.8%；乡村社会消费品零售额795.65亿元，增长14.5%。按消费形态统计，批发业零售额499.73亿元，增长19.8%；零售业零售额2 679.02亿元，增长14.1%；住宿业零售额40.99亿元，增长3.7%；餐饮业零售额517.83亿元，增长9.4%。

在限额以上批发和零售业[7]零售额中，粮油类零售额比上年增长34.9%，汽车类增长13.9%，石油及制品类增长15.3%，日用品类增长29.5%，文化办公用品类增长3.4%，化妆品类增长17.0%，金银珠宝类增长22.6%，家具类增长31.9%，建筑及装潢材料类增长47.1%，家用电器和音像器材类增长8.5%。

图5 2008-2013年云南消费品零售总额及其增长速度

2013年，全省外贸进出口总额达258.29亿美元，比上年增长22.9%。其中出口总额159.6亿美元，增长59.3%，进口总额98.7亿美元，下降10.2%。全年对欧盟进出口17.4亿美元，增长57.1%；对东盟进出口109亿美元，增长61.0%；对南亚进出口7.8亿美元，增长35.6%。

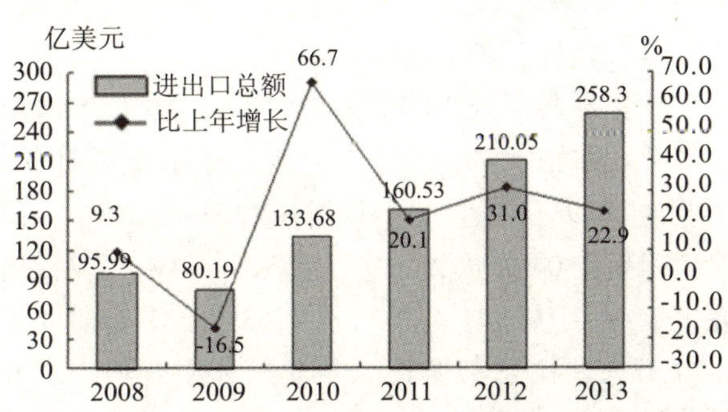

图6 2008-2013年云南省进出口总额及其增长速度

2013年，全省机电产品出口50.75亿美元，同比增长2.04倍；农产品出口24.07亿美元，同比增长18.1%；纺织品及服装出口13.14亿美元，同比增长35%；电力出口2.19亿美元，同比增长27.9%；有色金属出口2.54亿美元，同比增长1.36倍。在进口产品中，机电产品进口20.09亿美元，同比增长1.41倍；全省金属矿砂进口21.10亿美元，同比下降36.9%；农产品进口15.05亿美元，同比下降4.8%；木材类进口6.21亿美元，同比增长1.17倍。

全年共批准利用外资项目116个，下降4.1%，合同利用外资12.1亿美元，增长10.8%，实际使用外商直接投资25.1亿美元，增长14.9%。

六、交通、邮电和旅游业

全年交通运输、仓储和邮政业增加值为273.51亿元，比上年增长9.1%。

全年货物运输总量8.42亿吨，比上年增长11.0%。货物运输周转量1 271.49亿吨千米，增长9.2%。

表6 2013年云南省货物运输总量和周转量及其增长速度

指标	单位	绝对数	比上年增长（%）
货物运输总量	亿吨	8.42	11.0
铁路	亿吨	1.19	1.6
公路	亿吨	7.15	13.0
水运	亿吨	0.05	4.1
民航	万吨	8.80	26.4
管道	亿吨	0.03	-24.6
货物运输周转量	亿吨千米	1271.49	9.2
铁路	亿吨千米	389.80	2.7
公路	亿吨千米	801.04	14.0
水运	亿吨千米	9.52	9.2
民航	亿吨千米	1.43	27.4
管道	亿吨千米	69.70	-4.1

全年旅客运输总量5.19亿人次，比上年增长4.6%。旅客运输周转量719.97亿人千米，增长7.4%。

表7 2013年云南省旅客运输总量和周转量及其增长速度

指标	单位	绝对数	比上年增长（%）
旅客运输总量	亿人	5.19	4.6
铁路	亿人	0.34	10.6
公路	亿人	4.66	3.9
水运	亿人	0.09	7.1
民航	亿人	0.10	17.8
旅客运输周转量	亿人千米	719.97	7.4

续表7

指标	单位	绝对数	比上年增长（%）
铁路	亿人千米	99.34	8.0
公路	亿人千米	493.00	4.9
水运	亿人千米	2.23	10.3
民航	亿人千米	125.40	18.3

年末全省民用汽车保有量达到378.64万辆（包括三轮汽车和低速货车4.63万辆），比上年末增长13.0%，其中私人汽车保有量323.04万辆，增长15.4%。民用轿车保有量163.47万辆，增长19.0%；其中，私人轿车148.10万辆，增长20.4%。

全年邮电业务总量[8]402.61亿元，比上年增11.0%；其中，邮政业务总量23.38亿元，增长28.1%；电信业务总量379.23亿元，增长10.1%。年末固定电话用户485.41万户；其中，城市电话用户346.92万户，农村电话用户138.49万户；新增移动电话用户499.98万户，年末达到3 395.76万户，其中3G移动电话用户1 084.63万户。年末全省固定及移动电话用户总数达到3 881.17万户，比上年末增加461.1万户。电话用户普及率达到83部/百人。（固定）宽带接入用户404.69万户，移动互联网用户2 354.87万户（含无线上网卡用户和手机上网用户）。

全年接待海外入境旅客（包括口岸入境一日游）1 043.37万人次，比上年增长17.7%，实现旅游外汇收入24.19亿美元，增长24.2%。全年接待国内游客2.40亿人次，增长22.1%；实现国内旅游收入1 961.55亿元，增长24.3%；全省实现旅游业总收入2 111.24亿元，增长24.0%。

七、金融、保险和证券业

2013年，全省金融业实现增加值693.93亿元，比上年增长23.5%。年末金融机构人民币存款余额达20 691.55亿元，比上年末增长15.2%，其中城乡居民储蓄存款余额8 968.32亿元，增长15.8%；年末全省金融机构人民币各项贷款余额达15 782.46亿元，比上年增长14.0%。

全年保险公司原保险保费收入320.77亿元，比上年增长18.2%。其中，财产险业务原保险保费收入151.76亿元，增长22.8%；寿险业务原保险保费收入131.65亿元，增长13.3%；健康险和意外伤害险业务原保险保费收入37.37亿元，增长18.6%。全年支付各类赔款及给付122.06亿元，比上年增长21.9%。其中，财产险业务赔款78.78亿元，增长22.7%；寿险业务给付26.47亿元，增长23.3%；健康险和意外伤害险赔款及给付16.81亿元，增长16.5%。

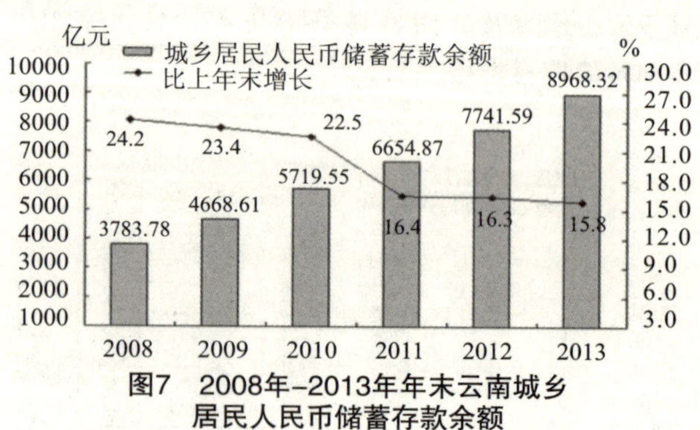

图7 2008年-2013年年末云南城乡居民人民币储蓄存款余额

2013年云南企业（上市公司）通过证券市场融资255.9亿元，比上年增加245.9亿元。其中，通过股权再融资（包括配股、公开增发、非公开增发、认股权证融资）253.4亿元，增加253.4亿元；通过发行可转债、可分离债、公司债融资2.5亿元，减少7.5亿元。年末全省有上市公司28家，总股本190.20亿股；总市值2 066.09亿元，比上年增加77.59亿元。

八、教育、科学技术

全年高等教育招生24.77万人，比上年增长13.4%，在校生77.45万人，比上年增长7.68%，毕业生18.93万人，比上年增长1.58%。其中：研究生招生1.04万人，比上年增长4.34%。在校研究生3.06万人，比上年增长4.63%。毕业研究生0.89万人，比上年增长6.28%。其中普通本、专科共招生16.83万人，比上年增长15.04%；在校生54.86万人，比上年增长7.11%；毕业生12.79万人，比上年增长7.56%。成人高等教育本、专科共招生6.89万人，比上年增长11%；在校生19.53万人，比上年增长6.21%；毕业生52 510人，比上年减少11.12%。各类中等职业教育招生21.96万人，在校生59.53万人，毕业生23.77万人。普通高中招生26.74万人，在校生73.74万人，毕业生20.99万人。初中招生68.16万人，在校生187.33万人，毕业生62.48万人。普通小学招生61.35万人，在校生392.10万人，毕业生71.38万人。幼儿园在园幼儿119.02万人。小学学龄儿童入学率达99.5%，小学毕业生升学率达

95.55%。高等教育毛入学率达25.8%，高中阶段教育毛入学率达72.1%。

年末全省共有国家批准组建的工程技术研究中心4个，省级工程技术研究中心93个，省重点实验室37个，创新型（试点）企业238家。全年共登记科技成果1 121项，其中，基础理论成果60项，应用技术成果1 028项，软科学成果33项，有6个项目获得2013年度国家科学技术奖。已建立国家级高新技术产业开发区2个，省级高新技术产业开发区2个。全年专利申请11 512件，获专利授权6 804件；认定登记技术合同3 093项，成交金额达43.67亿元。

九、文化、卫生和体育业

年末全省共有各种艺术表演团体162个，文化馆148个，公共图书馆152个，博物馆85个。全省广播、电视人口覆盖率分别达到96.27%和97.28%。中、短波转播发射台60座，广播电台8座，电视台8座，广播电视台9座，有线电视用户520万户。

年末全省共有卫生机构1.09万个，医院997个；卫生机构拥有床位数21.01万张，卫生技术人员17.8万人，其中医生7.4万人。疾病预防控制机构150个，卫生技术人员6 584人；专科防治机构30个，卫生技术人员848人；妇幼保健院（所、站）147个，卫生技术人员6 184人。乡镇卫生院1 379个，床位4.20万张，卫生技术人员26 341人。全年甲、乙类法定报告传染病发病人数9.62万例，报告死亡1 895人；报告传染病发病率206.43/10万，死亡率4.07/10万。

全年云南运动员在国际比赛中获金、银、铜牌10枚；在全国比赛中获金、银、铜牌48枚。

十、资源、环境与安全生产

全年在规模以上工业主要能源消费量中，原煤消费量9 435.01万吨，比上年增长12.44%；洗精煤消费量1 968.25万吨，增长12.7%；焦炭消费量1 337.82万吨，增长7.32%，天然气消费量3.98亿立方米，增长13.71%，电力消费量951.33亿千瓦时，增长9.63%。规上单位工业增加值能耗比上年下降3.75%。

全年平均降水量1 170毫米，比上年增长7.3%。年末全省水利工程蓄水总量77.11亿立方米，比上年末增长10.7%。

全年共完成营造林786.5万亩，启动实施4 667万亩省级公益林生态效益补偿，治理水土流失面积3 250平方千米。截止年底，已确权集体林地面积为1 800万公顷，其中发放林权证的面积为1 786万公顷。

全年生产安全事故死亡人数为2 260人，比上年下降1.53%。亿元GDP生产安全事故死亡人数（死亡率）为0.19人，下降28.59%；工矿商贸企业（不含煤矿）生产安全事故死亡人数为287人，下降7.69%；煤矿百万吨死亡人数（死亡率）为0.866人，下降18.2%。全年共发生道路交通事故3 748起，造成1 747人死亡。

十一、人口、人民生活与社会保障

年末全省常住人口为4 686.60万人，比上年末增加27.6万人。全年出生人口58.9万人，出生率为12.60‰；死亡人口30.0万人，死亡率为6.43‰；自然增长率为6.17‰，比上年下降0.05个千分点。年末全省城镇人口1 897.1万人，乡村人口2 789.5万人，全省城镇化率达40.48%，比上年提高1.17个百分点。

表8　2013年云南省人口数及其构成

单位：万人

指标	年末数	比重（%）
全省年末总人口	4656.60	100.00
其中：城镇	1897.1	40.48
乡村	2789.5	59.52
其中：男性	2432.3	51.9
女性	2254.3	48.1
其中：0～14岁	885.8	18.9
15～64岁	3416.5	72.9
60岁及以上	384.3	8.2

全年城镇居民人均可支配收入[9]23 236元，比上年增长10.3%；农村居民人均纯收入6 141元，比上年增长13.4%。根据从2012年四季度起实施的城乡一体化住户调查，全省居民人均可支配收入12 578元[10]，比上年增长12.1%。

年末全省参加城镇职工基本养老保险人数为384.55万人，比上年末增加20.08万人；其中，参保职工260.53万人，参保离退休人员124.02万人。参加城镇基本医疗保险人数为1 118.75万人，增加236.36万人。全省参加失业保险人数为232.52万人，比上年末增加8.52万人。全省参加工伤保险的人数达333.85万人，参加生育保险人数达271.13万人。参加新型农村社会养老保险的人数为2 032万人，比上年末增加30.97万人。全省享受城市最低生活保障居民为104.1万人，比上年增加10.5万人；享受农村最低生活保障农村居民为466.5万人，比上年增加29万人。

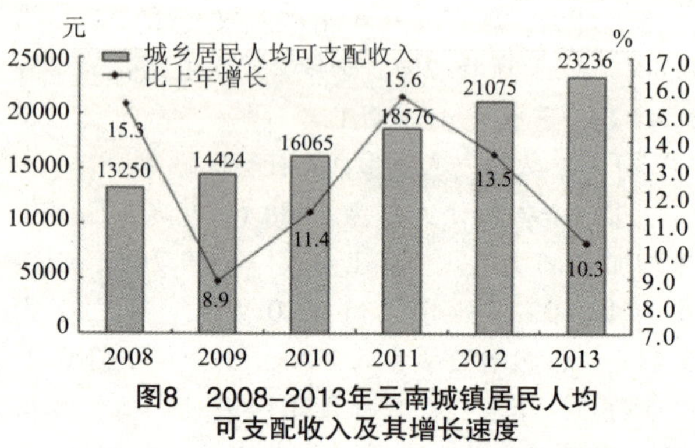

图8 2008-2013年云南城镇居民人均可支配收入及其增长速度

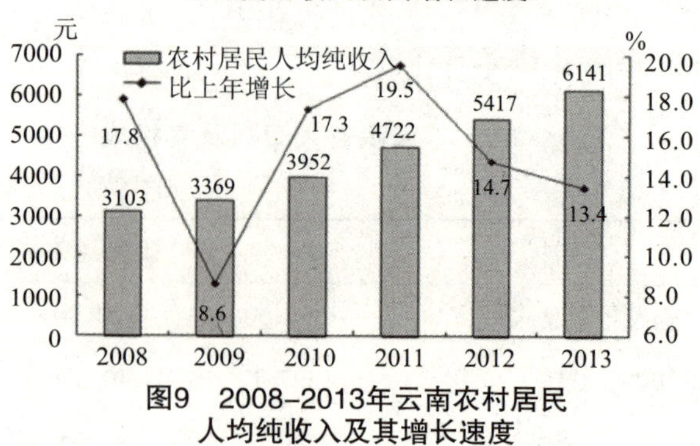

图9 2008-2013年云南农村居民人均纯收入及其增长速度

年末全省共有各类收养性社会福利单位床位7.5万张，全年收养各类人员4.4万人。州（市）级儿童福利院22个，流浪未成年人保护中心7个。农村养老服务机构647个，床位3.7万张，收养各类人员3万人。各类社区服务设施1 199个，其中，社区服务中心95个，社区服务站1 091个。全年销售社会福利彩票49.9亿元，筹集社会公益金16亿元，接受社会捐赠0.47亿元。

注释：

［1］本公报中数据均为初步统计数。

［2］生产总值、三次产业增加值的绝对值按现价计算，增长速度按可比价计算。

［3］粮食总产量由国家统计局云南调查总队提供。

［4］肉类总产量、牛奶产量、禽蛋产量由国家统计局云南调查总队提供。

［5］规模以上工业企业是指年主营业务收入2000万元及以上工业法人企业。

［6］固定资产投资（不含农户）是指计划总投资500万元以上的固定资产项目投资，其中包括房地产开发投资。

［7］限额以上批发企业是指年主营业务收入2000万元及以上的企业，限额以上零售企业是指年主营业务收入500万元及以上的企业。

［8］邮电业务总量按2010年不变价格计算。

［9］城镇居民人均可支配收入和农村居民人均纯收入数据由国家统计局云南调查总队提供。

［10］2012年四季度，国家统计局实施了城乡一体化住户调查改革，统一了城乡居民收入名称、分类和统计标准，在全国统一抽选了16万户城乡居民家庭（云南省由国家统一抽选了5000户城乡居民家庭），直接开展调查。在此基础上，计算了城乡可比的新口径全国居民人均可支配收入。同时，为保持年度可比，继续按老口径调查和计算农村居民人均纯收入、城镇居民人均可支配收入。

（云南省统计局）

附录

公　告

云南省防汛抗旱指挥部关于2013年防汛抗旱行政责任人名单的公告

根据《中华人民共和国防洪法》、《中华人民共和国抗旱条例》和《云南省防洪条例》、《云南省抗旱条例》相关规定："防汛抗洪、抗旱工作实行各级人民政府行政首长负责制，统一指挥、分级分部门负责"，各级政府行政首长对本地区的防汛抗洪减灾、抗旱减灾负有总的责任。按照省、州（市）、县（区、市）政府领导分工，为贯彻落实防汛防洪、抗旱工作责任制度，切实做好2013年防汛抗洪、抗旱工作的组织、协调，保障2013年抗旱救灾、抗洪抢险以及全省重要设施安全度汛等工作高效、有序进行，现将2013年云南省防汛抗旱行政责任人名单向社会公布，并接受社会各界的监督。

云南省防汛抗旱指挥部

2013年4月29日

2013年云南省抗旱行政责任人名单

序号	责任区域	行政责任人	
		姓名	职务
1	昆明市	李　喜	昆明市人民政府副市长
2	昭通市	张纪华	昭通市人民政府市长
3	曲靖市	朱兴友	曲靖市人民政府副市长
4	楚雄州	任锦云	楚雄州人民政府副州长
5	玉溪市	李　平	玉溪市人民政府副市长
6	红河州	李存贵	红河州人民政府副州长
7	文山州	胡　荣	文山州人民政府副州长
8	普洱市	杨卫东	普洱市人民政府副市长
9	西双版纳州	陈启忠	西双版纳州人民政府常务副州长
10	大理州	邹子卿	大理州人民政府副州长
11	保山市	刘　刚	保山市人民政府常务副市长
12	德宏州	刀晓瑞	德宏州人民政府副州长
13	丽江市	陈星元	丽江市人民政府副市长
14	怒江州	李文辉	怒江州人民政府副州长
15	迪庆州	农布央宗	迪庆州人民政府常务副州长
16	临沧州	赵贵祥	临沧市人民政府常务副市长

（云南省防汛抗旱指挥部　云南省水利厅）

2013年云南省主要湖泊防汛行政责任人名单

序号	湖泊名称	所在州市	所在县区	行政责任人	
				姓名	职务
1	滇池	昆明市	昆明市	王道兴	昆明市人民政府副市长
2	阳宗海	昆明市	阳宗海风景区	陈国惠	阳宗海风景区管委会主任
3	抚仙湖	玉溪市	澄江县	吴正坤	澄江县人民政府副县长
			江川县	张文彬	江川县人民政府副县长
			华宁县	王虎能	华宁县人民政府副县长

续表

序号	湖泊名称	所在州市	所在县区	行政责任人	
				姓名	职务
4	星云湖	玉溪市	江川县	张文彬	江川县人民政府副县长
5	杞麓湖	玉溪市	通海县	喻学超	通海县人民政府副县长
6	洱海	大理州	大理市	张 勇	大理市人民政府副市长
7	异龙湖	红河州	石屏县	李红芬	石屏县人民政府县长
8	程海	丽江市	永胜县	杨建龙	永胜县人民政府副县长
9	泸沽湖	丽江市	宁蒗县	王海林	宁蒗县人民政府副县长

（云南省防汛抗旱指挥部　云南省水利厅）

2013 年云南省主要江河防汛行政责任人名单

序号	江河名称	江河河段	行政责任人	
			姓名	职务
1	金沙江	丽江市	陈星元	丽江市人民政府副市长
		楚雄州	任锦云	楚雄州人民政府副州长
		昭通市	张纪华	昭通市人民政府市长
2	南盘江	曲靖市	朱兴友	曲靖市人民政府副市长
		昆明市	李 喜	昆明市人民政府副市长
3	红河	玉溪市	李 平	玉溪市人民政府副市长
		红河州	李存贵	红河州人民政府副州长
4	澜沧江	普洱市	杨卫东	普洱市人民政府副市长
		西双版纳州	陈启忠	西双版纳州人民政府常务副州长
5	怒江	怒江州	李文辉	怒江州人民政府副州长
		临沧市	赵贵祥	临沧市人民政府副市长
6	伊洛瓦底江	德宏州	刀晓瑞	德宏州人民政府副州长

2013 年云南省重点防洪城市防汛行政责任人名单

序号	城区名称	所在行政区	行政责任人	职务
1	昆明市城区	昆明市	王道兴	昆明市人民政府副市长
2	安宁市城区	昆明市安宁市	张宏斌	安宁市人民政府副市长
3	昭通市城区	昭通市昭阳区	李文勇	昭阳区人民政府副区长
4	曲靖市城区	曲靖市麒麟区	周永江	麒麟区人民政府副区长
5	宣威市城区	曲靖市宣威市	欧光彩	宣威市人民政府副市长
6	楚雄市城区	楚雄州楚雄市	李 援	楚雄市人民政府副市长
7	玉溪市城区	玉溪市红塔区	梁士洪	红塔区人民政府副区长
8	蒙自市城区	红河州蒙自市	张智俊	蒙自市人民政府市长
9	个旧市城区	红河州个旧市	周 踊	个旧市人民政府市长
10	开远市城区	红河州开远市	庞 俊	开远市人民政府市长
11	文山市城区	文山州文山市	李成明	文山市人民政府市长

续表

序号	城区名称	所在行政区	行政责任人	职务
12	普洱市城区	普洱市思茅区	杨卫东	普洱市人民政府副市长
13	景洪市城区	西双版纳州景洪市	岩　香	景洪市人民政府常务副市长
14	大理市城区	大理州大理市	李　欣	大理市人民政府副市长
15	保山市城区	保山市隆阳区	杨文国	隆阳区人民政府副区长
16	芒市城区	德宏州芒市	杨绍刚	芒市人民政府副市长
17	瑞丽市城区	德宏州瑞丽市	王立岗	瑞丽市人民政府副市长
18	丽江市城区	丽江市古城区	木德仁	古城区人民政府副区长
19	泸水县城区	怒江州泸水县	寸学智	泸水县人民政府副县长
20	香格里拉县城区	迪庆州香格里拉县	和　雨	香格里拉县人民政府副县长
21	临沧市城区	临沧市临翔区	范和昌	临翔区人民政府副区长

（云南省防汛抗旱指挥部）

2013年云南省已建成大中型水库防汛行政责任人名单

序号	水库名称	所在州市	所在县区	行政责任人	职务
1	松华坝	昆明市	盘龙区	李　喜	昆明市人民政府副市长
2	宝象河	昆明市	官渡区	张汉举	官渡区人民政府副区长
3	车木河	昆明市	安宁市	葛　宁	安宁市人民政府副市长
4	张家坝	昆明市	安宁市	葛　宁	安宁市人民政府副市长
5	松　茂	昆明市	呈贡区	王　丹	呈贡区人民政府副区长
6	果　林	昆明市	经开区	张正坤	昆明经开区党工委副书记
7	横　冲	昆明市	高新区	赵成军	昆明高新区管委会副主任
8	大　河	昆明市	晋宁县	张兴华	晋宁县人民政府副县长
9	柴　河	昆明市	晋宁县	张兴华	晋宁县人民政府副县长
10	双　龙	昆明市	晋宁县	张兴华	晋宁县人民政府副县长
11	封　过	昆明市	禄劝县	杨文志	禄劝县人民政府副县长
12	双　化	昆明市	禄劝县	杨文志	禄劝县人民政府副县长
13	云　龙	昆明市	禄劝县	李　喜	昆明市人民政府副市长
14	八家村	昆明市	嵩明县	张津华	嵩明县人民政府副县长
15	上　游	昆明市	嵩明县	张津华	嵩明县人民政府副县长
16	大石头	昆明市	嵩明县	张津华	嵩明县人民政府副县长
17	黑龙潭	昆明市	石林县	普建勇	石林县人民政府副县长
18	月　湖	昆明市	石林县	普建勇	石林县人民政府副县长
19	凤龙湾	昆明市	寻甸县	李东华	寻甸县人民政府副县长
20	清水海	昆明市	寻甸县	李东华	寻甸县人民政府副县长
21	柴石滩	昆明市	宜良县	李　喜	昆明市人民政府副市长
22	渔　洞	昭通市	昭阳区	余扬举	昭通市人民政府副市长
23	永　丰	昭通市	昭阳区	李启章	昭阳区人民政府副区长
24	段家石桥	昭通市	昭阳区	李启章	昭阳区人民政府副区长

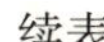

续表

序号	水库名称	所在州市	所在县区	行政责任人	职务
25	跳墱河	昭通市	昭阳区	李启章	昭阳区人民政府副区长
26	炉　房	昭通市	巧家县	唐国彪	巧家县人民政府副县长
27	长　海	昭通市	巧家县	唐国彪	巧家县人民政府副县长
28	蒿枝坝	昭通市	永善县	保　江	永善县人民政府副县长
29	云　荞	昭通市	永善县	保　江	永善县人民政府副县长
30	大水沟	昭通市	镇雄县	雷楚英	镇雄县人民政府副县长
31	铜锣坝	昭通市	水富县	高文辉	水富县人民政府副县长
32	独　木	曲靖市	麒麟区	朱兴友	曲靖市人民政府副市长
33	潇　湘	曲靖市	麒麟区	朱兴友	曲靖市人民政府副市长
34	水　城	曲靖市	麒麟区	朱兴友	曲靖市人民政府副市长
35	花　山	曲靖市	沾益县	朱兴友	曲靖市人民政府副市长
36	西　河	曲靖市	沾益县	朱兴友	曲靖市人民政府副市长
37	白　浪	曲靖市	沾益县	朱兴友	曲靖市人民政府副市长
38	永清河	曲靖市	陆良县	张晓芬	陆良县人民政府副县长
39	板　桥	曲靖市	陆良县	张晓芬	陆良县人民政府副县长
40	麦子河	曲靖市	陆良县	张晓芬	陆良县人民政府副县长
41	响水坝	曲靖市	陆良县	张晓芬	陆良县人民政府副县长
42	东　风	曲靖市	师宗县	尹毅春	师宗县人民政府副县长
43	溜子田	曲靖市	师宗县	尹毅春	师宗县人民政府副县长
44	湾　子	曲靖市	罗平县	桂镜海	罗平县人民政府副县长
45	龙王庙	曲靖市	罗平县	桂镜海	罗平县人民政府副县长
46	黄草坪	曲靖市	马龙县	陈文波	马龙县人民政府副县长
47	石　坝	曲靖市	富源县	戴桃玲	富源县人民政府副县长
48	响水河	曲靖市	富源县	戴桃玲	富源县人民政府副县长
49	偏　桥	曲靖市	宣威市	欧光彩	宣威市人民政府副市长
50	新　屯	曲靖市	宣威市	欧光彩	宣威市人民政府副市长
51	羊过水	曲靖市	宣威市	欧光彩	宣威市人民政府副市长
52	东　屯	曲靖市	宣威市	欧光彩	宣威市人民政府副市长
53	跃　进	曲靖市	会泽县	刘祖铭	会泽县人民政府常务副县长
54	金　乐	曲靖市	会泽县	刘祖铭	会泽县人民政府常务副县长
55	大海波	楚雄州	楚雄市	任锦云	楚雄州人民政府副州长
56	九龙甸	楚雄州	楚雄市	罗华银	楚雄市人民政府副市长
57	塘房庙	楚雄州	双柏县	陈绍能	双柏县人民政府副县长
58	西静河	楚雄州	楚雄市	罗华银	楚雄市人民政府副市长
59	庆　丰	楚雄州	牟定县	高学龙	牟定县人民政府副县长
60	老厂河	楚雄州	南华县	李　俊	南华县人民政府副县长
61	毛板桥	楚雄州	南华县	李　俊	南华县人民政府副县长
62	洋　派	楚雄州	姚安县	钟吉聪	姚安县人民政府副县长
63	红　梅	楚雄州	姚安县	钟吉聪	姚安县人民政府副县长

续表

序号	水库名称	所在州市	所在县区	行政责任人	职务
64	胡家山	楚雄州	姚安县	钟吉聪	姚安县人民政府副县长
65	白　鹤	楚雄州	大姚县	曹　波	大姚县人民政府副县长
66	下口坝	楚雄州	姚安县	钟吉聪	姚安县人民政府副县长
67	麻栗树	楚雄州	永仁县	罗翠明	永仁县人民政府副县长
68	尼白租	楚雄州	永仁县	罗翠明	永仁县人民政府副县长
69	丙　间	楚雄州	元谋县	吴春华	元谋县人民政府副县长
70	猛　连	楚雄州	元谋县	吴春华	元谋县人民政府副县长
71	河　尾	楚雄州	元谋县	吴春华	元谋县人民政府副县长
72	丙巷河	楚雄州	元谋县	吴春华	元谋县人民政府副县长
73	新　村	楚雄州	武定县	阳庆富	武定县人民政府常务副县长
74	衣　已	楚雄州	武定县	阳庆富	武定县人民政府常务副县长
75	石　门	楚雄州	禄丰县	李　伟	禄丰县人民政府副县长
76	东　河	楚雄州	禄丰县	李　伟	禄丰县人民政府副县长
77	东　风	玉溪市	红塔区	李　平	玉溪市人民政府副市长
78	飞井海	玉溪市	红塔区	梁士洪	红塔区人民政府副区长
79	茶尔山	玉溪市	江川县	张文彬	江川县人民政府副县长
80	梁王河	玉溪市	澄江县	吴正坤	澄江县人民政府副县长
81	东大河	玉溪市	澄江县	吴正坤	澄江县人民政府副县长
82	白龙河	玉溪市	华宁县	王虎能	华宁县人民政府副县长
83	岔　河	玉溪市	易门县	沐尚葵	易门县人民政府副县长
84	大谷厂	玉溪市	易门县	沐尚葵	易门县人民政府副县长
85	平甸河	玉溪市	新平县	龙家寿	新平县人民政府副县长
86	磨坊河	玉溪市	元江县	封志荣	元江县人民政府副县长
87	街子河	玉溪市	元江县	封志荣	元江县人民政府副县长
88	西拉河	玉溪市	元江县	封志荣	元江县人民政府副县长
89	章　巴	玉溪市	元江县	封志荣	元江县人民政府副县长
90	化　念	玉溪市	峨山县	郭盛彪	峨山监狱监狱长
91	大屯海	红河州	个旧市	陈　浩	个旧市人民政府副市长
92	北　坡	红河州	个旧市	陈　浩	个旧市人民政府副市长
93	三角海	红河州	开远市	李立尧	开远市人民政府副市长
94	庄　寨	红河州	蒙自市	刘　磊	蒙自市人民政府副市长
95	菲　白	红河州	蒙自市	刘　磊	蒙自市人民政府副市长
96	长桥海	红河州	蒙自市	刘　磊	蒙自市人民政府副市长
97	五里冲	红河州	蒙自市	刘　磊	蒙自市人民政府副市长
98	天华山	红河州	建水县	李绍宏	建水县人民政府副县长
99	绵羊冲	红河州	建水县	李绍宏	建水县人民政府副县长
100	跃　进	红河州	建水县	李绍宏	建水县人民政府副县长
101	高　冲	红河州	石屏县	白世荣	石屏县人民政府副县长
102	黄草坝	红河州	石屏县	白世荣	石屏县人民政府副县长

续表

序号	水库名称	所在州市	所在县区	行政责任人	职务
103	洗　洒	红河州	弥勒市	潘建祥	弥勒市人民政府常务副市长
104	太　平	红河州	弥勒市	潘建祥	弥勒市人民政府常务副市长
105	雨　补	红河州	弥勒市	潘建祥	弥勒市人民政府常务副市长
106	租　舍	红河州	弥勒市	潘建祥	弥勒市人民政府常务副市长
107	白水塘	红河州	泸西县	周宏伟	泸西县人民政府副县长
108	板桥河	红河州	泸西县	周宏伟	泸西县人民政府副县长
109	阿　味	红河州	泸西县	周宏伟	泸西县人民政府副县长
110	五　者	红河州	泸西县	周宏伟	泸西县人民政府副县长
111	俄　垤	红河州	红河县	李　元	红河县人民政府副县长
112	黄连山	红河州	绿春县	李捌先	绿春县人民政府副县长
113	丁家石桥	文山州	丘北县	张　帅	丘北县人民政府副县长
114	回龙坝	文山州	砚山县	杨生宏	砚山县人民政府副县长
115	丰　收	文山州	砚山县	杨生宏	砚山县人民政府副县长
116	听　湖	文山州	砚山县	杨生宏	砚山县人民政府副县长
117	马鞍山	文山州	马关县	田卫国	马关县人民政府副县长
118	大丫口	文山州	马关县	田卫国	马关县人民政府副县长
119	暮底河	文山州	文山市	柏崇卫	文山市人民政府副市长
120	八　宝	文山州	广南县	严朝文	广南县人民政府副县长
121	清华洞	文山州	富宁县	农富贵	富宁县人民政府副县长
122	稼　依	文山州	砚山县	杨生宏	砚山县人民政府副县长
123	信　房	普洱市	思茅区	杨卫东	普洱市人民政府副市长
124	箐门口	普洱市	思茅区	杨卫东	普洱市人民政府副市长
125	东洱河	普洱市	宁洱县	许　江	宁洱县人民政府副县长
126	景谷河	普洱市	景谷县	康铭光	景谷县人民政府副县长
127	昔　木	普洱市	景谷县	康铭光	景谷县人民政府副县长
128	太平河	普洱市	景谷县	康铭光	景谷县人民政府副县长
129	多依林	普洱市	澜沧县	龙德生	澜沧县人民政府副县长
130	腊　福	普洱市	孟连县	周家兴	孟连县人民政府副县长
131	靛坑河	普洱市	镇沅县	陈　功	镇沅县人民政府副县长
132	五	普洱市	镇沅县	陈　功	镇沅县人民政府副县长
133	常林河	普洱市	墨江县	李德良	墨江县人民政府副县长
134	南洋河	普洱市	景东县	杨　波	景东县人民政府副县长
135	大中河	普洱市	思茅区	郑金雄	思茅区人民政府副区长
136	营盘山	普洱市	江城县	李朝良	江城县人民政府副县长
137	曼飞龙	西双版纳州	景洪市	岩　香	景洪市人民政府常务副市长
138	大沙坝	西双版纳州	勐腊县	陈启忠	西双版纳州人民政府常务副州长
139	那达勐	西双版纳州	勐海县	岩　总	勐海县人民政府县长
140	勐　邦	西双版纳州	勐海县	岩三叫	勐海县人民政府副县长
141	勐　宋	西双版纳州	景洪市	岩　香	景洪市人民政府常务副市长

续表

序号	水库名称	所在州市	所在县区	行政责任人	职务
142	普　棚	大理州	祥云县	自青海	祥云县人民政府副县长
143	邵　家	大理州	祥云县	自青海	祥云县人民政府副县长
144	新兴苴	大理州	祥云县	自青海	祥云县人民政府副县长
145	小官村	大理州	祥云县	自青海	祥云县人民政府副县长
146	青海湖	大理州	祥云县	自青海	祥云县人民政府副县长
147	海　稍	大理州	宾川县	杨美福	宾川县人民政府副县长
148	大银甸	大理州	宾川县	杨美福	宾川县人民政府副县长
149	花　桥	大理州	宾川县	杨美福	宾川县人民政府副县长
150	三锅桩	大理州	鹤庆县	刘松涛	鹤庆县人民政府副县长
151	玉　华	大理州	剑川县	杨建鹏	剑川县人民政府副县长
152	海西海	大理州	洱源县	何家伟	洱源县人民政府副县长
153	茈碧湖	大理州	洱源县	何家伟	洱源县人民政府副县长
154	三岔河	大理州	洱源县	何家伟	洱源县人民政府副县长
155	福　庆	大理州	巍山县	杨利军	巍山县人民政府副县长
156	五茂林	大理州	巍山县	杨利军	巍山县人民政府副县长
157	大石板	大理州	巍山县	杨利军	巍山县人民政府副县长
158	天　池	大理州	云龙县	施耀东	云龙县人民政府副县长
159	栗树营	大理州	弥渡县	李国才	弥渡县人民政府副县长
160	母子垦	大理州	南涧县	陈朝聪	南涧县人民政府副县长
161	浑水海	大理州	祥云县	自青海	祥云县人民政府副县长
162	北　庙	保山市	隆阳区	杨文国	隆阳区人民政府副区长
163	大海坝	保山市	隆阳区	杨文国	隆阳区人民政府副区长
164	小海坝	保山市	隆阳区	杨文国	隆阳区人民政府副区长
165	明子山	保山市	隆阳区	杨文国	隆阳区人民政府副区长
166	红　岩	保山市	隆阳区	杨文国	隆阳区人民政府副区长
167	三块石	保山市	施甸县	李富强	施甸县人民政府副县长
168	鱼　洞	保山市	施甸县	李富强	施甸县人民政府副县长
169	大　河	保山市	腾冲县	杨存宝	腾冲县人民政府副县长
170	八〇八	保山市	龙陵县	蒋文超	龙陵县人民政府副县长
171	岔　河	保山市	龙陵县	蒋文超	龙陵县人民政府副县长
172	河　西	保山市	昌宁县	杨永魁	昌宁县人民政府副县长
173	明　山	保山市	昌宁县	杨永魁	昌宁县人民政府副县长
174	大　城	保山市	昌宁县	杨永魁	昌宁县人民政府副县长
175	芒　究	德宏州	芒市	杨绍刚	芒市人民政府副市长
176	姐　勒	德宏州	瑞丽市	王立岗	瑞丽市人民政府副市长
177	户宋河	德宏州	盈江县	孟宏山	盈江县人民政府副县长
178	回龙河	德宏州	盈江县	孟宏山	盈江县人民政府副县长
179	芒　旦	德宏州	陇川县	常枝旺	陇川县人民政府副县长
180	团　山	丽江市	古城区	木德仁	古城区人民政府副区长

续表

序号	水库名称	所在州市	所在县区	行政责任人	职务
181	拉市海	丽江市	玉龙县	吴振军	玉龙县人民政府副县长
182	吉　子	丽江市	玉龙县	吴振军	玉龙县人民政府副县长
183	羊　坪	丽江市	永胜县	杨建龙	永胜县人民政府副县长
184	莨　峨	丽江市	永胜县	杨建龙	永胜县人民政府副县长
185	小　坪	丽江市	永胜县	杨建龙	永胜县人民政府副县长
186	务　坪	丽江市	华坪县	王金宝	华坪县人民政府副县长
187	木底箐	丽江市	宁蒗县	王海林	宁蒗县人民政府副县长
188	丰　坪	怒江州	兰坪县	和陆山	兰坪县人民政府副县长
189	桑　那	迪庆州	香格里拉县	和　雨	香格里拉县人民政府副县长
190	博　尚	临沧市	临翔区	范和昌	临翔区人民政府副区长
191	正觉庵	临沧市	云县	洪立云	云县人民政府副县长
192	刘家箐	临沧市	云县	洪立云	云县人民政府副县长
193	两岔河	临沧市	凤庆县	张发云	凤庆县人民政府副县长
194	忙　海	临沧市	永德县	熊国光	永德县人民政府副县长
195	四楞坝	临沧市	镇康县	沈秋龙	镇康县人民政府副县长
196	南　伞	临沧市	镇康县	沈秋龙	镇康县人民政府副县长
197	弄　巴	临沧市	耿马县	邱东谦	耿马县人民政府副县长
198	勐　董	临沧市	沧源县	李文明	沧源县人民政府副县长

（云南省防汛抗旱指挥部　云南省水利厅）

2013年云南省在建大中型水库防汛行政责任人名单

序号	水库名称	所在州市	所在县区	行政责任人	职务
1	德泽	曲靖市	沾益县	朱兴友	曲靖市人民政府副市长
2	坝塘	昆明市	东川区	林　华	东川区人民政府副区长
3	木戛利	昆明市	寻甸县	李东华	寻甸县人民政府副县长
4	海马箐	昆明市	宜良县	浦　泰	宜良县人民政府副县长
5	真金万	昆明市	禄劝县	杨文志	禄劝县人民政府副县长
6	月亮湾	昭通市	鲁甸县	保　剑	鲁甸县人民政府县长
7	小海子	昭通市	巧家县	丁开路	巧家县人民政府县长
8	双河	昭通市	彝良县	戴　荣	彝良县人民政府副县长
9	松林	昭通市	彝良县	戴　荣	彝良县人民政府副县长
10	罗汉坪	昭通市	绥江县	夏维勇	绥江县人民政府县长
11	黑石罗	昭通市	昭阳区	李启章	昭阳区人民政府副区长
12	胡家山	昭通市	镇雄县	雷楚英	镇雄县人民政府副县长
13	太华	昭通市	大关县	徐美松	大关县人民政府副县长
14	莲花田	曲靖市	陆良县	张晓芬	陆良县人民政府副县长
15	大坝冲	曲靖市	陆良县	张晓芬	陆良县人民政府副县长
16	洞上	曲靖市	富源县	戴桃玲	富源县人民政府副县长
17	岔河	曲靖市	富源县	戴桃玲	富源县人民政府副县长

续表

序号	水库名称	所在州市	所在县区	行政责任人	职务
18	红石岩	曲靖市	宣威市	欧光彩	宣威市人民政府副市长
19	石城河	曲靖市	宣威市	欧光彩	宣威市人民政府副市长
20	苏斗河	曲靖市	会泽县	刘祖铭	会泽县人民政府常务副县长
21	青山嘴	楚雄州	楚雄市	任锦云	楚雄州人民政府副州长
22	河口河	楚雄州	双柏县	陈绍能	双柏县人民政府副县长
23	龙虎	楚雄州	牟定县	高学龙	牟定县人民政府副县长
24	沙龙	楚雄州	禄丰县	李　伟	禄丰县人民政府副县长
25	西河	楚雄州	禄丰县	李　伟	禄丰县人民政府副县长
26	中屯	楚雄州	牟定县	高学龙	牟定县人民政府副县长
27	麻柳	楚雄州	元谋县	吴春华	元谋县人民政府副县长
28	坛罐窑	楚雄州	元谋县	吴春华	元谋县人民政府副县长
29	红豆树	楚雄州	大姚县	曹　波	大姚县人民政府副县长
30	黄草坝	玉溪市	新平县	龙家寿	新平县人民政府副县长
31	阿白冲	红河州	石屏县	白世荣	石屏县人民政府副县长
32	大庄	红河州	开远市	李立尧	开远市人民政府副市长
33	阿扎河	红河州	红河县	李　元	红河县人民政府副县长
34	丫多河	红河州	元阳县	龙正福	元阳县人民政府副县长
35	云洞	红河州	屏边县	杨文学	屏边县人民政府副县长
36	达号	文山州	马关县	田卫国	马关县人民政府副县长
37	布都河	文山州	文山市	柏崇卫	文山市人民政府副市长
38	摆依寨	文山州	文山市	柏崇卫	文山市人民政府副市长
39	那榔	文山州	广南县	严朝文	广南县人民政府副县长
40	平耶	文山州	富宁县	农富贵	富宁县人民政府副县长
41	清平	文山州	丘北县	张　帅	丘北县人民政府副县长
42	红旗	文山州	丘北县	张　帅	丘北县人民政府副县长
43	五里河	普洱市	思茅区	杨卫东	普洱市人民政府副市长
44	小坝子	普洱市	澜沧县	龙德生	澜沧县人民政府副县长
45	曼转河	普洱市	景谷县	康铭光	景谷县人民政府副县长
46	青龙	普洱市	景东县	杨　波	景东县人民政府副县长
47	黄草岭	西双版纳州	景洪市	岩　香	景洪市人民政府常务副市长
48	曼满	西双版纳州	勐海县	岩三叫	勐海县人民政府副县长
49	包罗	大理州	云龙县	施耀东	云龙县人民政府副县长
50	三哨	大理州	大理市	李　欣	大理市人民政府副市长
51	仙鹤	大理州	宾川县	杨美福	宾川县人民政府副县长
52	锁水阁	大理州	巍山县	杨利军	巍山县人民政府副县长
53	甘露寺	保山市	腾冲县	杨存宝	腾冲县人民政府副县长
54	三岔河	保山市	龙陵县	蒋文超	龙陵县人民政府副县长
55	红谷田	保山市	施甸县	李富强	施甸县人民政府副县长

续表

序号	水库名称	所在州市	所在县区	行政责任人	职务
56	花园	保山市	腾冲县	杨存宝	腾冲县人民政府副县长
57	立党河	保山市	昌宁县	杨永魁	昌宁县人民政府副县长
58	麻栗坝	德宏州	陇川县	刀晓瑞	德宏州人民政府副州长
59	芒林	德宏州	瑞丽市	王立岗	瑞丽市人民政府副市长
60	清塘河	德宏州	芒市	杨绍刚	芒市人民政府副市长
61	腊姑河	丽江市	华坪县	王金宝	华坪县人民政府副县长
62	文海	丽江市	玉龙县	吴振军	玉龙县人民政府副县长
63	黄木	怒江州	兰坪县	和陆山	兰坪县人民政府副县长
64	小中甸	迪庆州	香格里拉县	农布央宗	迪庆州人民政府常务副州长
65	康家坝	临沧市	永德县	熊国光	永德县人民政府副县长
66	南等	临沧市	双江县	赵熙发	双江县人民政府副县长
67	大雪山	临沧市	永德县	熊国光	永德县人民政府副县长
68	另仂	临沧市	耿马县	邱东谦	耿马县人民政府副县长
69	允楞	临沧市	耿马县	邱东谦	耿马县人民政府副县长
70	中山河	临沧市	镇康县	沈秋龙	镇康县人民政府副县长
71	鸭子塘	临沧市	临翔区	范和昌	临翔区人民政府副区长
72	郭大寨	临沧市	凤庆县	张发云	凤庆县人民政府副县长
73	东丁	临沧市	沧源县	李文明	沧源县人民政府副县长
74	韭菜坝	临沧市	双江县	赵熙发	双江县人民政府副县长

（云南省防汛抗旱指挥部　云南省水利厅）

2013年云南省已建成大中型水电站水库防汛责任人名单

序号	水库名称	所在州市	所在县区	电站管理责任人		行政责任人	
				姓名	单位职务	姓名	单位职务
1	毛家村水库	曲靖市	会泽县	任宗良	华电以礼河发电厂厂长	梁志强	会泽县人民政府副县长
2	鲁布革电站水库	曲靖市	罗平县	李国强	南方电网鲁布革电厂厂长	桂镜海	罗平县人民政府副县长
3	漫湾电站水库	临沧市	云　县	杨国庆	华能漫湾电厂总工	洪立云	云县人民政府副县长
4	茄子山水库	保山市	龙陵县	任宗良	保山苏帕河水电公司茄子山电厂厂长	马文寿	龙陵县人民政府副县长
5	弄另电站水库	德宏州	梁河县	董　君	龙江水电开发有限公司弄另电厂厂长	吴叔康	梁河县人民政府副县长

（云南省防汛抗旱指挥部　云南省工业和信息化委员会）

（原载《云南日报》）

2013年云南省在建大中型水电站防汛责任人名单

序号	水电站名称	规模（万KW）	所在州市	所在县区	业主责任人			电站管理责任人			行政责任人		
					姓名	单位	职务	姓名	单位	职务	姓名	单位	职务
1	铅厂水电站	11.4	昆明市	禄劝县	邓国民	云南滇能禄劝电磷开发有限公司	总经理	白云飞	云南滇能禄劝电磷开发有限公司	主任	郑传贵	禄劝县人民政府	副县长
2	鲁基厂水电站	9.6	昆明市	禄劝县	邓国民	云南滇能禄劝电磷开发有限公司	总经理	白云飞	云南滇能禄劝电磷开发有限公司	主任	郑传贵	禄劝县人民政府	副县长
3	甲岩水电站	24	昆明市	禄劝县	邓国民	云南滇能禄劝电磷开发有限公司	总经理	白云飞	云南滇能禄劝电磷开发有限公司	主任	郑传贵	禄劝县人民政府	副县长
4	赛珠电站	10.2	昆明市	禄劝县	邓国民	云南滇能禄劝电磷开发有限公司	总经理	白云飞	云南滇能禄劝电磷开发有限公司	主任	郑传贵	禄劝县人民政府	副县长
5	克田水电站	9.9	昆明市	禄劝县	赵年郎	禄劝临亚水电开发有限公司	总经理	李刚	禄劝临亚水电开发有限公司	站长	郑传贵	禄劝县人民政府	副县长
6	溪洛渡水电站	1260	昭通市	永善县	陈飞	中国长江三峡集团公司	总经理	洪文浩	溪洛渡水电站工程建设部	主任	何刚	昭通市人民政府	常务副市长
7	向家坝水电站	600	昭通市	水富县	陈飞	中国长江三峡集团公司	总经理	彭冈	向家坝水电站工程建设部	主任	何刚	昭通市人民政府	常务副市长
8	黄角树水电站	25	昭通市	鲁甸县	马永升	云南昊龙实业集团有限公司	董事长	陈洪武	云南昊龙实业集团黄角树水电开发有限公司	副指挥长	陈亮	鲁甸县工业园区管委会	主任
9	万年桥水电站	6.4	昭通市	盐津县	章英启	四川宜宾伊力集团横江发电有限公司	董事长	柯华林	万年桥项目部	项目经理	陈坤	盐津县人民政府	常务副县长
10	燕子坡水电站	6.4	昭通市	盐津县	章英启	四川宜宾伊力集团横江发电有限公司	董事长	柯华林	燕子坡项目部	项目经理	陈坤	盐津县人民政府	常务副县长
11	张窝水电站	6	昭通市	水富县	章英启	四川宜宾伊力集团横江发电有限公司	董事长	陶强	四川宜宾伊力集团横江发电有限公司	厂长	陈坤	盐津县人民政府	常务副县长
12	杨柳滩水电站	5.4	昭通市	水富县	章英启	四川宜宾伊力集团横江发电有限公司	董事长	袁林	四川宜宾伊力集团横江发电有限公司	厂长	陈坤	盐津县人民政府	常务副县长
13	撒渔沱水电站	6	昭通市	盐津县	章英启	四川宜宾伊力集团横江发电有限公司	董事长	韦跃	四川宜宾伊力集团横江发电有限公司	厂长	陈坤	盐津县人民政府	常务副县长

续表

序号	水电站名称	规模（万 KW）	所在州市	所在县区	业主责任人			电站管理责任人			行政责任人		
					姓名	单位	职务	姓名	单位	职务	姓名	单位	职务
14	天花板水电站	18	昭通市	鲁甸县	霍海平	云南滇能牛栏水电开发有限公司	总经理	吴林	云南滇能牛栏水电开发有限公司	负责人	陈亮	鲁甸县工业园区管委会	主任
15	格闹河水电站	5	昭通市	彝良县	邓家林	彝良县格闹河水电开发公司	董事长	董刚	彝良县格闹河水电开发公司	指挥长	戴荣	彝良县人民政府	副县长
16	云贵桥水电站	5.6	昭通市	彝良县	邓家林	彝良县格闹河水电开发公司	董事长	董刚	彝良县格闹河水电开发公司	指挥长	戴荣	彝良县人民政府	副县长
17	阿都水电站	6	曲靖市	宣威市	王继莋	曲靖沐荣阿都电站开发有限公司	董事长	胡开登	曲靖沐荣阿都电站开发有限公司	管理负责人	胡选坤	宣威市人民政府	常务副市长
18	万家口子水电站	18	曲靖市	宣威市	陈侃	大唐宣威水电开发有限公司	董事长	洪佳礼	大唐宣威水电开发有限公司	总经理	胡选坤	宣威市人民政府	常务副市长
19	达开水电站	6	曲靖市	宣威市	田金华	宣威市革香河水电开发有限公司	总经理	朱尤龙	宣威市革香河水电开发有限公司	厂长	胡选坤	宣威市人民政府	常务副市长
20	小岩头水电站	13	曲靖市	会泽县	霍海平	滇能会泽牛栏江水电开发有限公司	总经理	霍海平	滇能会泽牛栏江水电开发有限公司	总经理	刘祖铭	会泽县人民政府	常务副县长
21	雨果水电站	7.5	玉溪市 楚雄州	峨山县 双柏县	赵兴有	云南龙泰电力发展有限公司	总经理	张彦奇	云南龙泰电力发展有限公司	经理	蒋晓林 方永红	峨山县人民政府 双柏县人民政府	副县长 副县长
22	戛洒江一级水电站	27	玉溪市	新平县	吕齐	中国水电顾问集团新平开发有限公司	总经理	陈智斌	云南戛洒水电开发有限公司	项目负责人	王跃	玉溪市人民政府	副市长
23	桥头水电站	13	玉溪市	元江县	孔德安	中国水电顾问集团元江开发有限公司	总经理	吕齐	中国水电顾问集团元江开发有限公司	副总经理	封志荣	元江县人民政府	副县长
24	苏家河口水电站	24	保山市	腾冲县	刘忆宾	云南保山槟榔江水电开发有限公司	董事长	段文博	云南保山槟榔江水电开发有限公司	副总经理	尹明忠 杨存宝	腾冲县人民政府 腾冲县人民政府	副县长 副县长
25	松山河口水电站	16.8	保山市	腾冲县	刘忆宾	云南保山槟榔江水电开发有限公司	董事长	韩永恩	云南保山槟榔江水电开发有限公司	副总经理	尹明忠 杨存宝	腾冲县人民政府 腾冲县人民政府	副县长 副县长
26	三岔河口水电站	6.9	保山市	腾冲县	刘忆宾	云南保山槟榔江水电开发有限公司	董事长	韩永恩	云南保山槟榔江水电开发有限公司	副总经理	尹明忠 杨存宝	腾冲县人民政府 腾冲县人民政府	副县长 副县长

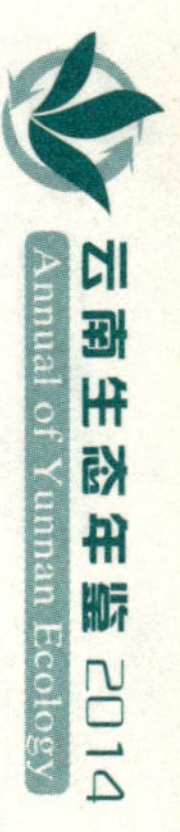

续表

序号	水电站名称	规模（万 KW）	所在州市	所在县区	业主责任人			电站管理责任人			行政责任人		
					姓名	单位	职务	姓名	单位	职务	姓名	单位	职务
27	等壳水电站	12	保山市	龙陵县	刘忆宾	云南保山电力股份有限公司	董事长	朱和班	云南保山电力股份有限公司等壳电厂	副厂长	马文寿	龙陵县人民政府	常务副县长
28	腾龙桥二级水电站	8.1	保山市	龙陵县	郑宝荣	腾冲苏电龙川江水电开发有限公司	总经理	段发凯	腾冲苏电龙川江水电开发有限公司	厂长	马文寿	龙陵县人民政府	常务副县长
29	腊寨水电站	12	保山市	龙陵县	杨庆茂	龙陵县腊寨水电站发展有限公司	总经理	杨文胜	龙陵县腊寨水电发展有限公司运行部	经理	马文寿	龙陵县人民政府	常务副县长
30	绿水河发电厂	6.55	红河州	个旧市	张泽星	华电云南发电有限公司	总经理	杨雄伟	绿水河发电厂	厂长	包旭	个旧市人民政府	副市长
31	马堵山水电站	28.8	红河州	元阳县	王华林	红河广源水电开发有限公司	总经理	郭齐柯	红河广源水电开发有限公司	厂长	龙正福	元阳县人民政府	副县长
32	南沙水电站	15	红河州	元阳县	王华林	红河广源水电开发有限公司	总经理	陈守春	红河广源水电开发有限公司	厂长	龙正福	元阳县人民政府	副县长
33	那兰水电站	15	红河州	金平县	王礼	云南大唐国际那兰水电开发有限公司	总经理	陈文	那兰发电厂	副厂长	刁继清	金平县人民政府	副县长
34	马鹿塘二期水电站	24	文山州	麻栗坡县	刘万里	云南大唐国际文山水电开发有限公司	总经理	刘万里	云南大唐国际文山水电开发有限公司	总经理	王荣聪	麻栗坡县人民政府	常务副县长
35	拉气水电站	5	文山州	马关县	祝庆	马关拉气发电有限责任公司	总经理	赵树康	拉气电站	站长	袁家全	马关县人民政府	副县长
36	糯扎渡水电站	585	普洱市	思茅区 澜沧县	袁湘华	华能澜沧江水电开发有限公司	总经理	王子伟	糯扎渡水电厂	厂长	张善强	普洱市人民政府	常务副市长
37	崖羊山水电站	12	普洱市	宁洱县 墨江县	张成虎	云南大唐国际李仙江流域水电开发有限公司	总经理	王正红	崖羊山水电厂	副厂长	许江 刘继宏	宁洱县人民政府 墨江县人民政府	副县长 副县长
38	龙马水电站	24	普洱市	墨江县	张成虎	云南大唐国际李仙江流域水电开发有限公司	总经理	单文坤	龙马水电厂	厂长	刘继宏	墨江县人民政府	副县长
39	石门坎水电站	13	普洱市	宁洱县 墨江县	张成虎	云南大唐国际李仙江流域水电开发有限公司	总经理	孙文东	石门坎水电站	厂长	许江 刘继宏	宁洱县人民政府 墨江县人民政府	副县长 副县长

续表

序号	水电站名称	规模（万KW）	所在州市	所在县区	业主责任人			电站管理责任人			行政责任人		
					姓名	单位	职务	姓名	单位	职务	姓名	单位	职务
40	居甫渡水电站	24	普洱市	江城县 墨江县	张成虎	云南大唐国际李仙江流域水电开发有限公司	总经理	余泽发	居甫渡水电站	厂长	李朝良 刘继宏	江城县人民政府 墨江县人民政府	副县长 副县长
41	戈兰滩水电站	24	普洱市 红河州	江城县 绿春县	张成虎	云南大唐国际李仙江流域水电开发有限公司	总经理	张立忠	戈兰滩水电站	厂长	李朝良 李捌先	江城县人民政府 绿春县人民政府	副县长 副县长
42	土卡河水电站	16.5	普洱市 红河州	江城县 绿春县	张成虎	云南大唐国际李仙江流域水电开发有限公司	总经理	杨国清	土卡河水电站	副厂长	李朝良 李捌先	江城县人民政府 绿春县人民政府	副县长 副县长
43	勐野江水电站	6.8	普洱市	江城县 宁洱县	李宝泉	云南大唐国际勐野江水电开发有限公司	总经理	孟祥武	勐野江水电站	负责人	李朝良 许江	江城县人民政府 宁洱县人民政府	副县长 副县长
44	泗南江水电站	20.1	普洱市	墨江县	蒋建平	云南滇能泗南江水电开发有限公司	副总经理	刘建生	云南滇能泗南江水电开发有限公司	总工程师	刘继宏	墨江县人民政府	副县长
45	威远江水电站	7.2	普洱市	景谷县	李慧欣	景谷威远江水电站开发经营有限公司	董事长	李慧欣	景谷威远江水电站开发经营有限公司	董事长	杨炆兴	景谷县人民政府	副县长
46	三江口水电站	9.9	普洱市	墨江县	张德祥	国电云南阿墨江发电有限公司	总经理	袁春	国电云南阿墨江发电有限公司	安监部主任	刘继宏	墨江县人民政府	副县长
47	普西桥水电站	19	普洱市	墨江县	张德祥	国电云南中普水电有限公司	总经理	华保国	国电云南中普水电有限公司	工程部主任	刘继宏	墨江县人民政府	副县长
48	长田水电站	8.4	普洱市	墨江县 宁洱县	陶成川	普洱把边江水电开发有限公司	董事长	孙正龙	普洱把边江水电开发有限公司	项目经理	刘继宏 许江	墨江县人民政府 宁洱县人民政府	副县长 副县长
49	景洪水电站	175	西双版纳州	景洪市	袁湘华	华能澜沧江水电有限公司	总经理	李正凡	华能景洪水电工程建设管理局	局长	陈启忠	西双版纳州人民政府	常务副州长
50	功果桥水电站	90	大理州	云龙县	袁湘华	华能澜沧江水电有限公司	总经理	沈嗣元	苗尾·功果桥水电工程建设管理局	局长	段玠 邹子卿	大理州人民政府 大理州人民政府	副州长 副州长
51	苗尾水电站	140	大理州	云龙县	袁湘华	华能澜沧江水电有限公司	总经理	沈嗣元	苗尾·功果桥水电工程建设管理局	局长	段玠 邹子卿	大理州人民政府 大理州人民政府	副州长 副州长

续表

序号	水电站名称	规模（万KW）	所在州市	所在县区	业主责任人			电站管理责任人			行政责任人		
					姓名	单位	职务	姓名	单位	职务	姓名	单位	职务
52	龙开口水电站	180	大理州 丽江市	鹤庆县 永胜县	袁湘华	华能澜沧江水电有限公司	总经理	任成功	龙开口水电工程建管局	局长	段玠 邹子卿 吉宏龙佳	大理州人民政府 大理州人民政府 丽江市人民政府	副州长 副州长 常务副市长
53	鲁地拉水电站	216	大理州 丽江市	宾川县 永胜县	周卫东	华电鲁地拉水电有限公司	总经理	魏永新	华电鲁地拉水电有限公司	总经理	段玠 邹子卿 吉宏龙佳	大理州人民政府 大理州人民政府 丽江市人民政府	副州长 副州长 常务副市长
54	小湾水电站	420	大理州 临沧市	南涧县 凤庆县	袁湘华	华能澜沧江水电有限公司	总经理	张洪涛	小湾水电工程建设管理局	局长	段玠 邹子卿 赵贵祥	大理州人民政府 大理州人民政府 临沧市人民政府	副州长 副州长 副市长
55	徐村水电站	8.58	大理州	漾濞县	李志兴	华能大理水电有限公司	总经理	李志兴	华能大理水电有限公司	总经理	邵漾华	漾濞县人民政府	常务副县长
56	大盈江一级水电站	10.8	德宏州	盈江县	雷荣	德宏福榕大盈江水电开发有限公司	总经理	王发荣	德宏福榕大盈江水电开发有限公司	安全部主任	张芝能	盈江县人民政府	副县长
57	大盈江二级水电站	7	德宏州	盈江县	卢荣章	德宏宏晟大盈江二级电站开发有限公司	总经理	周东海	德宏宏晟大盈江二级电站开发有限公司	站长	张芝能	盈江县人民政府	副县长
58	大盈江三级水电站	19.6	德宏州	盈江县	段荣国	德宏凯瑞大盈江水电开发有限公司	董事长	陈立兢	大理西电实业有限责任公司	站长	张芝能	盈江县人民政府	副县长
59	大盈江四级水电站	70	德宏州	盈江县	关玉春	盈江县多源水电开发有限公司	董事长	黄军	盈江县多源水电开发有限公司	站长	张芝能	盈江县人民政府	副县长
60	勐乃河四级水电站	18	德宏州	盈江县	付俊	盈江华富水电开发有限公司	总经理	黄智慧	盈江华富水电开发有限公司	总工程师	张芝能	盈江县人民政府	副县长
61	朗外河水电站	6	德宏州	盈江县	翟淑海	云南省盈江县槟榔江水电有限责任公司	经理	寸德刚	云南省盈江县槟榔江水电有限责任公司	站长	张芝能	盈江县人民政府	副县长

续表

序号	水电站名称	规模（万 KW）	所在州市	所在县区	业主责任人			电站管理责任人			行政责任人		
					姓名	单位	职务	姓名	单位	职务	姓名	单位	职务
62	龙江水电站枢纽工程	24	德宏州	芒市	崔腾彦	云南龙江水电枢纽开发有限公司	总经理	方源	龙江水电枢纽工程	厂长	赵兴会	芒市人民政府	副市长
63	金安桥水电站	240	丽江市	古城区	吴华锋	金安桥水电站有限公司	厂长	汪建文	金安桥水力发电厂	常务副厂长	吉宏龙佳	丽江市人民政府	常务副市长
64	阿海水电站	200	丽江市	玉龙县	高盈孟	云南金沙江中游水电开发有限公司	总经理	吴云红	金沙江中游水电公司阿海建设分公司	总经理	吉宏龙佳	丽江市人民政府	常务副市长
65	梨园水电站	240	丽江市 迪庆州	玉龙县 香格里拉县	高盈孟	云南金沙江中游水电开发有限公司	总经理	高迎新	金沙江中游水电分司梨园建设分公司	总经理	吉宏龙佳 农布央宗	丽江市人民政府 迪庆州人民政府	常务副市长 副州长
66	观音岩水电站	300	丽江市	华坪县	陈侃	大唐观音岩水电有限公司	总经理	温光兰	大唐观音岩水电有限公司	副总经理	吉宏龙佳	丽江市人民政府	常务副市长
67	木加甲一级电站	6	怒江州	福贡县	季建雄	福贡丰源水电发展有限公司	董事长	陈勇军	福贡丰源水电发展有限公司	总经理	曹笑	福贡县人民政府	副县长
68	碧玉河四级水电站	10	怒江州	兰坪县	席丙俊	云南大唐国际碧玉河水电开发有限公司	总经理	彭春平	云南大唐国际碧玉河水电开发有限公司	总工	和陆山	兰坪县人民政府	副县长
69	丹珠河水电站	8	怒江州	贡山县	黄国平	贡山县恒远水电开发有限公司	法人	何华军	贡山县恒远水电开发有限公司	副总经理	李春江	贡山县人民政府	副县长
70	里底水电站	42	迪庆州	维西县	袁湘华	华能澜沧江水电有限公司	总经理	沈洁	乌弄龙、里底筹建处	主任	余春桥	维西县人民政府	县长
71	傈马水电站	6	迪庆州	维西县	李清	云南江海投资开发有限公司	总经理	唐多生	云南江海投资开发有限公司	站长	施春德	维西县人民政府	副县长
72	南极洛河水电站	7	迪庆州	维西县	李清	云南江海投资开发有限公司	总经理	李清	云南江海投资开发有限公司	总经理	施春德	维西县人民政府	副县长
73	丹达河水电站	10	迪庆州	德钦县	朱永平	云南大唐国际德钦水电开发公司	董事长	李海宽	云南大唐国际德钦水电开发公司	总经理	和金铧	德钦县人民政府	副县长

续表

序号	水电站名称	规模（万 KW）	所在州市	所在县区	业主责任人			电站管理责任人			行政责任人		
					姓名	单位	职务	姓名	单位	职务	姓名	单位	职务
74	金汉拉扎水电站	5.8	迪庆州	香格里拉县	沈象志	尼汝河水电开发有限责任公司	总经理	胡绍刚	尼汝河水电开发有限责任公司	厂长	和雨	香格里拉县人民政府	副县长
75	木星土水电站	12	迪庆州	香格里拉县	沈象志	尼汝河水电开发有限责任公司	总经理	玄利鹏	尼汝河水电开发有限责任公司	厂长	和雨	香格里拉县人民政府	副县长
76	吉沙水电站	12	迪庆州	香格里拉县	郑军	国电迪庆香格里拉发电有限责任公司	总经理	普继陆	国电迪庆香格里拉发电有限责任公司	厂长	和雨	香格里拉县人民政府	副县长
77	螺丝湾水电站	6	迪庆州	香格里拉县	郑军	国电迪庆香格里拉发电有限责任公司	总经理	付东	国电迪庆香格里拉发电有限责任公司	厂长	和雨	香格里拉县人民政府	副县长
78	岗曲河一级水电站	6	迪庆州	香格里拉县	王进攻	大唐迪庆香格里拉水电开发有限公司	总经理	田洪伟	大唐迪庆香格里拉水电开发有限公司	厂长	和雨	香格里拉县人民政府	副县长
79	岗曲河二级水电站	13.5	迪庆州	香格里拉县	王进攻	大唐迪庆香格里拉水电开发有限公司	总经理	褚瑜卿	大唐迪庆香格里拉水电开发有限公司	厂长	和雨	香格里拉县人民政府	副县长
80	洛它水电站	6	迪庆州	德钦县	赵永飞	德钦县中吉能源开发有限公司	经理	赵永飞	德钦县中吉能源开发有限公司	经理	和金铧	德钦县人民政府	副县长
81	大丫口水电站	10.2	临沧市	镇康县	杨明光	临沧云投粤电水电开发有限公司	总经理	杨明光	临沧云投粤电水电开发有限公司	总经理	沈秋龙	镇康县人民政府	副县长
82	罗闸河二级水电站	5	临沧市	云县	崔腾彦	临沧新华水利水电开发有限公司	董事长	赵树祥	临沧新华水利水电开发有限公司	副总经理	洪立云	云县人民政府	副县长

（云南省防汛抗旱指挥部　云南省发展和改革委员会）

（原载《云南日报》）

公 告

2013 年云南省水利系统管辖的大中型水库大坝安全责任人名单公告

为贯彻落实《水库大坝安全管理条例》和水利部《关于加强水库安全管理工作的通知》（水建管〔2006〕131 号）精神，根据《云南省水利厅关于上报 2013 年大中型水库大坝安全责任人的通知》要求，各地落实了以政府行政首长负责制为核心的水库大坝安全责任制。现将 2013 年云南省水利系统管辖的大中型水库大坝安全责任人名单予以公布，请相关单位及责任人实履职责，认真抓好水库大坝安全管理工作，确保水库工程安全运行和效益充分发挥。

云南省水利厅

2013 年 5 月

2013 年云南省水利系统管辖的大中型水库大坝安全责任人名单

序号	水库名称	规模	政府责任人			主管部门责任人			水库管理单位责任人		
			姓名	单位	职务	姓名	单位	职务	姓名	单位	职务
昆明市											
1	柴石滩水库	大型	李喜	昆明市人民政府	副市长	储汝明	昆明市水务局	局长	李红兵	柴石滩地区水资源管理局	局长
2	松华坝水库	大型	李喜	昆明市人民政府	副市长	储汝明	昆明市水务局	局长	杨坚	松华坝水库管理处	处长
3	滇池	湖泊	王道兴	昆明市人民政府	副市长	柳伟	市滇池管理局	局长	陈志伟	市滇池管理处	处长
4	阳宗海	湖泊	陈国惠	阳宗海管委会	主任	金童平	阳宗海管委会	副主任	王天寿	阳管会环境和水资源保护局	副局长
5	清水海水库	大（二）型	李东华	寻甸县人民政府	副县长	张正喜	寻甸县水务局	局长	赵加祥	清水海水库管理所	所长
6	云龙水库	大型	李喜	昆明市人民政府	副市长	杨春尧	云南丰源水务股份有限公司	副总经理	刘志强	云南丰源水务股份有限公司云龙水库管理处	处长
7	宝象河水库	中型	张汉举	官渡区人民政府	副区长	王云辉	官渡区水务局	局长	伍文雄	宝象河水库管理所	所长
8	松茂水库	中型	王丹	呈贡区人民政府	副区长	张庆非	呈贡区水务局	局长	吴雪丽	排灌管理总站	站长
9	坝塘水库	中型	陆平	东川区委	书记	胡云川	东川区水务局	局长	李斌	东川区水务局坝塘水库管理所	副局长
10	车木河水库	中型	葛宁	安宁市人民政府	副市长	李保明	安宁市水务局	局长	黄俊	安宁市水利管理所	所长
11	张家坝水库	中型	葛宁	安宁市人民政府	副市长	管利平	天达公司	总经理	马勇	天达公司	主任助理
12	大河水库	中型	邱勇	晋宁县委	副书记	范雯花	晋宁县水务局	局长	王汝邦	县水利管理站	站长
13	柴河水库	中型	张兴华	晋宁县人民政府	副县长	范雯花	晋宁县水务局	局长	王汝邦	县水利管理站	站长
14	双龙水库	中型	陶希润	晋宁县委组织部	县委常委、部长	范雯花	晋宁县水务局	局长	王汝邦	县水利管理站	站长
15	黑龙潭水库	中型	王冰	石林县委	书记	段正平	石林县水务局	局长	黄云仙	黑龙潭管理处	处长
16	月湖水库	中型	张勤勋	石林县人民政府	县长	段正平	石林县水务局	局长	王永生	东北部供水管理处	处长
17	上游水库	中型	张津华	嵩明县人民政府	副县长	李芬	嵩明县水务局	局长	马成能	嵩明县上游水库管理所	所长

续表

序号	水库名称	规模	政府责任人			主管部门责任人			水库管理单位责任人		
			姓名	单位	职务	姓名	单位	职务	姓名	单位	职务
18	大石头水库	中型	张津华	嵩明县人民政府	副县长	李芬	嵩明县水务局	局长	陆绍金	嵩明县大石头水库管理所	所长
19	八家村水库	中型	张津华	嵩明县人民政府	副县长	李芬	嵩明县水务局	局长	温树苹	嵩明县八家村水库管理所	所长
20	双化水库	中型	杨文志	禄劝县人民政府	县委常委、副县长	李庭裕	禄劝县水务局	局长	施伟	通用水务自来水有限公司	董事长
21	封过水库	中型	杨文志	禄劝县人民政府	县委常委、副县长	李庭裕	禄劝县水务局	局长	吴正所	水库管理所	所长
22	凤龙湾水库	中型	李东华	寻甸县人民政府	副县长	张正喜	寻甸县水务局	局长	郭定生	凤龙湾水库管理所	所长
23	果林水库	中型	杨正坤	经开区管委会	副书记	杨涌	经开区水务局	局长	艾德刚	果林水库管理所	所长
24	横冲水库	中型	杨征	马金铺街道办	主任	李新宏	高新区农林水务局	副局长	李军兵	高新区农林水务局	所长
昭通市											
1	渔洞水库	大(二)型	余杨举	昭通市人民政府	副市长	尹贵友	昭通市水利局	局长	胡智雄	渔洞水库管理局	局长
2	长海水库	中型	唐国彪	巧家县人民政府	副县长	唐兴普	巧家县水务局	局长	刘勇	水库管理站	站长
3	炉房水库	中型	唐国彪	巧家县人民政府	副县长	唐兴普	巧家县水务局	局长	周兴友	炉房水库管理局	局长
4	嵩枝坝水库	中型	杨富学	永善县人民政府	副县长	艾成山	永善县水利局	局长	黄方伦	嵩枝坝水库管理局	局长
5	云荞水库	中型	杨富学	永善县人民政府	副县长	艾成山	永善县水利局	局长	唐振帼	云荞水库管理局	局长
6	永丰水库	中型	李启章	昭阳区人民政府	副区长	马敏	昭阳区水利局	局长	唐正贵	永丰水库管理局	区水利局水勘队队长
7	段家石桥水库	中型	李启章	昭阳区人民政府	副区长	马敏	昭阳区水利局	局长	周兆志	区水利局水管站	站长
8	跳墩河水库	中型	李启章	昭阳区人民政府	副区长	马敏	昭阳区水利局	局长	唐正贵	跳墩河水库管理局	区水利局水勘队队长
9	林口水库	中型	雷楚英	镇雄县人民政府	副县长	张永元	镇雄县水务局	局长	尹光辉	林口水库管理局	局长
10	铜锣坝水库	中型	高文辉	水富县人民政府	副县长	邓大贵	水富县水务局	局长	刘兴才	铜锣坝水库管理局	局长
曲靖市											
1	独木水库	大(二)型	朱兴友	曲靖市人民政府	副市长	彭志能	曲靖市水务局	局长	时彪	曲靖市独木水库管理局	副局长
2	毛家村水库	大(二)型	刘祖铭	会泽县人民政府	副县长	张泽星	华电云南发电有限公司	总经理	任宗良	华电云南发电有限公司以礼河发电厂	厂长
3	花山水库	中型	朱兴友	曲靖市人民政府	副市长	王自云	曲靖灌区管理局	局长	刘红兵	曲靖灌区管理局花山水库管理所	所长
4	西河水库	中型	朱兴友	曲靖市人民政府	副市长	王自云	曲靖灌区管理局	局长	陆建常	曲靖灌区管理局西河水库管理所	所长
5	白浪水库	中型	朱兴友	曲靖市人民政府	副市长	王自云	曲靖灌区管理局	局长	丁健矿	曲靖灌区管理局白浪水库管理所	所长

续表

序号	水库名称	规模	政府责任人			主管部门责任人			水库管理单位责任人		
			姓名	单位	职务	姓名	单位	职务	姓名	单位	职务
6	潇湘水库	中型	朱兴友	曲靖市人民政府	副市长	王自云	曲靖灌区管理局	局长	杨晓兵	曲靖灌区管理局潇湘水库管理所	所长
7	水城水库	中型	朱兴友	曲靖市人民政府	副市长	王自云	曲靖灌区管理局	局长	顾正平	曲靖灌区管理局水城水库管理所	所长
8	响水坝水库	中型	张晓芬	陆良县人民政府	副县长	王俊	陆良县水务局	党委书记	韩东权	陆良县灌区管理局响水坝水库管理所	所长
9	永清河水库	中型	张晓芬	陆良县人民政府	副县长	高奇华	陆良县水务局	副局长	山林	陆良县灌区管理局永清河水库管理所	所长
10	板桥水库	中型	张晓芬	陆良县人民政府	副县长	方文光	陆良县水务局	局长	王平建	陆良县灌区管理局板桥水库管理所	所长
11	莲花田水库	中型	张晓芬	陆良县人民政府	副县长	方文光	陆良县水务局	局长	张学全	陆良县灌区管理局莲花田水库管理所	所长
12	麦子河水库	中型	张晓芬	陆良县人民政府	副县长	方红坤	陆良县水务局	副局长	袁坤荣	陆良县灌区管理局麦子河水库管理所	所长
13	东风水库	中型	尹毅春	师宗县人民政府	副县长	周开林	师宗县水务局	局长	王建生	师宗县东风水库管理所	所长
14	溜子田水库	中型	尹毅春	师宗县人民政府	副县长	周开林	师宗县水务局	局长	窦建华	师宗县溜子田水库管理所	所长
15	跃进水库	中型	刘祖铭	会泽县人民政府	副县长	邱光良	会泽县水务局	局长	李丽	会泽县重点水库管理处	处长
16	金乐水库	中型	刘祖铭	会泽县人民政府	副县长	邱光良	会泽县水务局	局长	李丽	会泽县重点水库管理处	处长
17	黄草坪水库	中型	陈文波	马龙县人民政府	副县长	蔡来刚	马龙县水务局	局长	吴长忠	马龙县黄草坪水库管理所	所长
18	湾子水库	中型	桂镜海	罗平县人民政府	副县长	袁德清	罗平县水务局	局长	陈律昆	罗平坝子灌区管理处	处长
19	龙王庙水库	中型	桂镜海	罗平县人民政府	副县长	袁德清	罗平县水务局	局长	陈律昆	罗平坝子灌区管理处	处长
20	偏桥水库	中型	欧光彩	宣威市人民政府	副市长	江庆位	宣威市水务局	局长	范学正	宣威市偏桥水库管理所	所长
21	新屯水库	中型	欧光彩	宣威市人民政府	副市长	吕庆龙	宣威市水务局	副书记	刘超	宣威市新屯水库管理所	所长
22	东屯水库	中型	欧光彩	宣威市人民政府	副市长	江庆位	宣威市水务局	局长	曾传忠	宣威市东屯水库管理所	所长
23	羊过水水库	中型	欧光彩	宣威市人民政府	副市长	缪志军	宣威市水务局	副局长	徐进	宣威市羊过水水库管理所	所长
24	响水河水库	中型	戴桃玲	富源县人民政府	副县长	肖本元	富源县水务局	局长	李春生	富源县响水河水库管理所	所长
25	洞上水库	中型	戴桃玲	富源县人民政府	副县长	秦洪伟	富源县水务局	副局长	彭龙	富源县洞上水库管理所	所长
26	石坝水库	中型	戴桃玲	富源县人民政府	副县长	杨加浩	富源县水务局	副局长	吴少广	富源县石坝水库管理所	所长
楚雄州											

续表

序号	水库名称	规模	政府责任人			主管部门责任人			水库管理单位责任人		
			姓名	单位	职务	姓名	单位	职务	姓名	单位	职务
1	大海波水库	中型	任锦云	楚雄州人民政府	副州长	杨柏繁	楚雄州水务局	副局长	李　雷	楚雄州大海波水库管理处	主任
2	九龙甸水库	中型	罗华银	楚雄市人民政府	副市长	刘应龙	楚雄市水务局	局长	母祥德	九龙甸水库管理处	主任
3	西静河水库	中型	罗华银	楚雄市人民政府	副市长	刘应龙	楚雄市水务局	局长	赵勇	西静河水库管理处	主任
4	塘房庙水库	中型	陈绍能	双柏县人民政府	副县长	王明荣	云南滇能集团楚雄水电开发有限公司	总经理	杨毓华	云南滇能集团楚雄水电开发有限公司老虎山水电站	站长
5	庆丰水库	中型	高学龙	牟定县人民政府	副县长	有兆仁	牟定县水务局	局长	孔令宝	牟定县坝区联合灌溉管理委员会	主任
6	中屯水库	中型	高学龙	牟定县人民政府	副县长	有兆仁	牟定县水务局	局长	孔令宝	牟定县坝区联合灌溉管理委员会	主任
7	毛板桥水库	中型	李俊	南华县人民政府	副县长	王亚飞	南华县水务局	局长	许富贵	南华县中型水库灌溉管理委员会	主任
8	老厂河水库	中型	李俊	南华县人民政府	副县长	王亚飞	南华县水务局	局长	许富贵	南华县中型水库灌溉管理委员会	主任
9	洋派水库	中型	钟吉聪	姚安县人民政府	副县长	胡进	姚安县水务局	局长	陈祖荣	姚安县水利局灌区管理委员会	主任
10	胡家山水库	中型	钟吉聪	姚安县人民政府	副县长	胡进	姚安县水务局	局长	陈祖荣	姚安县水利局灌区管理委员会	主任
11	红梅水库	中型	钟吉聪	姚安县人民政府	副县长	胡进	姚安县水务局	局长	陈祖荣	姚安县水利局灌区管理委员会	主任
12	下口坝水库	中型	钟吉聪	姚安县人民政府	副县长	胡进	姚安县水务局	局长	陈祖荣	姚安县水利局灌区管理委员会	主任
13	白鹤水库	中型	曹波	大姚县人民政府	副县长	普开清	大姚县水务局	局长	歹其明	白鹤水库管理所	所长
14	麻栗树水库	中型	罗翠明	永仁县人民政府	副县长	起天荣	永仁县水务局	局长	贺春旺	麻栗树水库管理所	所长
15	尼白租水库	中型	罗翠明	永仁县人民政府	副县长	起天荣	永仁县水务局	局长	廖鹏乾	尼白租水库管理所	所长
16	丙间水库	中型	吴春华	元谋县人民政府	副县长	张荣	元谋县水务局	局长	李绍珊	元谋灌区管理局	副局长
17	麻柳水库	中型	吴春华	元谋县人民政府	副县长	张荣	元谋县水务局	局长	李绍珊	元谋灌区管理局	副局长
18	猛连水库	中型	吴春华	元谋县人民政府	副县长	张荣	元谋县水务局	局长	李绍珊	元谋灌区管理局	副局长
19	河尾水库	中型	吴春华	元谋县人民政府	副县长	张荣	元谋县水务局	局长	李绍珊	元谋灌区管理局	副局长
20	丙巷河水库	中型	吴春华	元谋县人民政府	副县长	张荣	元谋县水务局	局长	李绍珊	元谋灌区管理局	副局长
21	新村水库	中型	阳庆富	武定县人民政府	常务副县长	杨云彬	武定县水务局	局长	李继先	新村水库管理所	所长
22	己衣水库	中型	阳庆富	武定县人民政府	常务副县长	杨云彬	武定县水务局	局长	盛高学	武定县己衣水库管理所	所长
23	东河水库	中型	李伟	禄丰县人民政府	副县长	杨贵钱	禄丰县水务局	局长	张振辉	禄丰县中型灌区管理委员会	主任
24	石门水库	中型	李伟	禄丰县人民政府	副县长	杨贵钱	禄丰县水务局	局长	张振辉	禄丰县中型灌区管理委员会	主任
玉溪市											
1	东风水库	中型	李平	玉溪市人民政府	副市长	杨明	玉溪市水利局	党组书记	李吉友	城区水资源调度管理局	局长
2	飞井海水库	中型	梁士红	红塔区人民政府	副区长	施毅	红塔区水利局	局长	歹雁	飞井海水库管理所	所长

续表

序号	水库名称	规模	政府责任人			主管部门责任人			水库管理单位责任人		
			姓名	单位	职务	姓名	单位	职务	姓名	单位	职务
3	茶尔山水库	中型	张文彬	江川县人民政府	副县长	杨涛	江川县水利局	局长	秦玉柱	茶尔山水库管理所	所长
4	东大河水库	中型	吴正坤	澄江县人民政府	副县长	王建春	澄江县水利局	局长	张伟	东大河水库管理所	所长
5	梁王河水库	中型	吴正坤	澄江县人民政府	副县长	王建春	澄江县水利局	局长	徐志雄	梁王河水库管理所	所长
6	白龙河水库	中型	王虎能	华宁县人民政府	副县长	吴士学	华宁县水利局	局长	魏祖红	白龙河水库管理所	所长
7	岔河水库	中型	沐尚葵	易门县人民政府	副县长	沈金顺	易门县水利局	局长	武金昌	岔河水库管理所	所长
8	大谷厂水库	中型	沐尚葵	易门县人民政府	副县长	沈金顺	易门县水利局	局长	李勇	大谷厂水库管理所	所长
9	平甸河水库	中型	龙家寿	新平县人民政府	副县长	吴建伟	新平县水利局	局长	王德俊	平甸河水库管理所	所长
10	磨房河水库	中型	封志荣	元江县人民政府	副县长	李茂林	元江县水利局	局长	王松	磨房河水库管理所	所长
11	街子河水库	中型	封志荣	元江县人民政府	副县长	李茂林	元江县水利局	局长	李翔	街子河水库管理所	所长
12	章巴水库	中型	封志荣	元江县人民政府	副县长	李茂林	元江县水利局	局长	李德高	章巴水库管理所	所长
13	西拉河水库	中型	封志荣	元江县人民政府	副县长	李茂林	元江县水利局	局长	张富海	西拉河水库管理所	所长
14	化念水库	中型	郭盛彪	峨山监狱	监狱长	秦斌	峨山监狱	监区长	秦斌	峨山监狱	监区长
15	黄草坝水库	在建	龙家寿	新平县人民政府	副县长	吴建伟	新平县水利局	局长	周兴开	新平县水利局	副局长
红河州											
1	五里冲水库	中型	刘磊	蒙自市人民政府	副市长	卢朝福	蒙自市水务局	局长	马世全	蒙自市水库工程管理处	处长
2	长桥海水库	中型	刘磊	蒙自市人民政府	副市长	卢朝福	蒙自市水务局	局长	马世全	蒙自市水库工程管理处	处长
3	菲白水库	中型	刘磊	蒙自市人民政府	副市长	卢朝福	蒙自市水务局	局长	马世全	蒙自市水库工程管理处	处长
4	庄寨水库	中型	刘磊	蒙自市人民政府	副市长	卢朝福	蒙自市水务局	局长	马世全	蒙自市水库工程管理处	处长
5	大屯海水库	中型	周踊	个旧市人民政府	市长	江宏	个旧市水利局	局长	李国红	个旧市大屯海水库管理处	处长
6	北坡水库	中型	周踊	个旧市人民政府	市长	江宏	个旧市水利局	局长	马福联	个旧市北坡水库管理处	处长
7	三角海水库	中型	李立尧	开远市人民政府	副市长	田保宽	开远市水利局	局长	马洪峰	开远市灌区管理处	处长
8	跃进水库	中型	李绍宏	建水县人民政府	副县长	王强	建水县水务局	局长	王永泰	建水县跃进水库管理处	处长
9	绵羊冲水库	中型	李绍宏	建水县人民政府	副县长	王强	建水县水务局	局长	冯自成	建水县绵羊冲水库管理处	处长
10	天华山水库	中型	李绍宏	建水县人民政府	副县长	王强	建水县水务局	局长	李进明	建水县天华山水库管理处	处长
11	高冲水库	中型	白世荣	石屏县人民政府	副县长	孔庆有	石屏县水务局	局长	李维浩	石屏县高冲水库管理所	所长
12	黄草坝水库	中型	白世荣	石屏县人民政府	副县长	孔庆有	石屏县水务局	局长	郑树伟	石屏县黄草坝水库管理所	所长
13	太平水库	中型	潘建祥	弥勒市人民政府	副市长	严振云	弥勒市水务局	局长	苏红光	弥勒市太平水库管理处	处长
14	洗洒水库	中型	潘建祥	弥勒市人民政府	副市长	严振云	弥勒市水务局	局长	范福忠	洗洒水库管理处	处长
15	租舍水库	中型	潘建祥	弥勒市人民政府	副市长	严振云	弥勒市水务局	局长	范福忠	洗洒水库管理处	处长

续表

序号	水库名称	规模	政府责任人			主管部门责任人			水库管理单位责任人		
			姓名	单位	职务	姓名	单位	职务	姓名	单位	职务
16	雨补水库	中型	潘建祥	弥勒市人民政府	副市长	严振云	弥勒市水务局	局长	孔德忠	雨补水库管理中心	主任
17	板桥河水库	中型	周宏伟	泸西县人民政府	副县长	段建华	泸西县水利局	局长	刘春平	泸西县板桥河水库管理所	所长
18	白水塘水库	中型	周宏伟	泸西县人民政府	副县长	段建华	泸西县水利局	局长	赵海学	泸西县白水塘水库管理所	所长
19	五者水库	中型	周宏伟	泸西县人民政府	副县长	段建华	泸西县水利局	局长	王冬云	泸西县五者水库管理所	所长
20	阿味水库	中型	周宏伟	泸西县人民政府	副县长	段建华	泸西县水利局	局长	梁俊	泸西县阿味水库管理所	所长
21	俄垤水库	中型	李元	红河县人民政府	副县长	周玉明	红河县俄垤水库管理局	局长	钱有泽	红河县俄垤水库管理所	所长
22	黄连山水库	中型	李捌元	绿春县人民政府	副县长	朱阿三	绿春县水利局	局长	普做强	黄连山水库管理处	处长
文山州											
1	暮底河水库	中型	柏崇卫	文山市人民政府	副市长	何书永	文山市水务局	副书记	高占聪	暮底河水库管理中心	主任
2	丰收水库	中型	杨生宏	砚山县人民政府	副县长	胡廷华	砚山县水务局	局长	何绍武	丰收水库管理所	所长
3	回龙坝水库	中型	杨生宏	砚山县人民政府	副县长	胡廷华	砚山县水务局	局长	何绍武	丰收水库管理所	所长
4	稼依水库	中型	杨生宏	砚山县人民政府	副县长	胡廷华	砚山县水务局	局长	赵国政	稼依水库管理所	所长
5	听湖水库	中型	杨生宏	砚山县人民政府	副县长	胡廷华	砚山县水务局	局长	杨炳成	听湖水库管理所	所长
6	马鞍山水库	中型	田卫国	马关县人民政府	副县长	王家虎	马关县水务局	局长	黄耀东	马鞍山水库管理所	所长
7	大丫口水库	中型	田卫国	马关县人民政府	副县长	王家虎	马关县水务局	局长	黄耀东	马鞍山水库管理所	所长
8	红旗水库	中型	张帅	丘北县人民政府	副县长	邝宏杰	丘北县水务局	局长	张砚宏	红旗水库管理所	所长
9	丁家石桥水库	中型	张帅	丘北县人民政府	副县长	邝宏杰	丘北县水务局	局长	杨雪梅	丘北大型灌区管理局	局长
10	八宝水库	中型	严朝文	广南县人民政府	副县长	李云祥	广南县水务局	局长	尹广鸣	八宝水库工程管理局	副局长
11	清华洞水库	中型	农富贵	富宁县人民政府	副县长	王四辉	富宁县水务局	局长	杨威	清华洞水库工程建设管理局	局长
普洱市											
1	信房水库	中型	彭远国	普洱市人民政府	副市长	马相明	市水务局	局长	刘江华	城区水库管理局	副局长
2	箐门口水库	中型	彭远国	普洱市人民政府	副市长	马相明	市水务局	局长	钟宏伟	城区水库管理局	副局长
3	大中河水库	中型	郑金雄	思茅区人民政府	副区长	许健康	区水务局	局长	张箐虎	水库工程管理局	局长
4	东洱河水库	中型	许江	宁洱县人民政府	副县长	杨家明	县水务局	局长	方剑	水库管理中心	主任
5	南洋河水库	中型	杨波	景东县人民政府	副县长	袁昌臻	县水务局	局长	艾春国	南洋河水库管理所	所长
6	景谷河山水库	中型	康铭光	景谷县人民政府	副县长	陈兆安	县水务局	局长	杨健	水库管理所	所长
7	昔木水库	中型	康铭光	景谷县人民政府	副县长	陈兆安	县水务局	局长	查世伟	水库管理所	所长
8	太平河水库	中型	康铭光	景谷县人民政府	副县长	陈兆安	县水务局	局长	陶发政	水库管理所	所长
9	曼转河水库	中型	康铭光	景谷县人民政府	副县长	陈兆安	县水务局	局长	张方文	水库管理所	所长
10	靛坑河水库	中型	陈功	镇沅县人民政府	副县长	刘涛	县水务局	局长	谢职诚	水库管理所	所长
11	五一水库	在建	陈功	镇沅县人民政府	副县长	刘涛	县水务局	局长	罗中水	水库管理所	所长
12	多依林水库	中型	龙德生	澜沧县人民政府	副县长	石有华	县水务局	局长	魏海军	水库管理所	所长

续表

序号	水库名称	规模	政府责任人			主管部门责任人			水库管理单位责任人		
			姓名	单位	职务	姓名	单位	职务	姓名	单位	职务
13	小坝子水库	在建	龙德生	澜沧县人民政府	副县长	石有华	县水务局	局长	郭洪文	工程管理局	局长
14	腊福水库	中型	周家兴	孟连县人民政府	副县长	李武全	县水务局	局长	鲁学明	水库管理所	所长
15	常林河水库	中型	李德良	墨江县人民政府	副县长	李应华	县水务局	局长	鲍云祥	水库管理所	所长
16	营盘山水库	中型	李朝良	江城县人民政府	常务副县长	刁江元	县水务局	局长	祁兴华	水库管理中心	主任
西双版纳州											
1	勐腊县大沙坝水库	中型	高江泉	勐腊县人民政府	副县长	何跃	勐腊县水利局	局长	刘星宇	大沙坝水库管理局	局长
2	勐海县那达勐水库	中型	岩总	勐海县人民政府	县长	徐楠	勐海县水利局	局长	李清明	那达勐水库管理所	所长
3	勐海县勐邦水库	中型	岩三叫	勐海县人民政府	副县长	徐楠	勐海县水利局	局长	纪文波	勐邦水库管理所	所长
4	勐海县曼满水库	中型	岩三叫	勐海县人民政府	副县长	徐楠	勐海县水利局	局长	张洪	曼满水库管理所	所长
5	景洪市曼飞龙水库	中型	岩香	景洪市人民政府	副市长	玉波	景洪市水利局	局长	李永明	曼飞龙水库管理所	所长
6	景洪市勐宋水库	中型	岩香	景洪市人民政府	副市长	玉波	景洪市水利局	局长	周明	勐宋水库管理所	所长
大理州											
1	普棚	中型	自青海	祥云县人民政府	副县长	庞生明	祥云县水利局	局长	钱仕舜	普棚水库管理所	所长
2	邵家	中型							汤恩霖	邵家水库管理所	所长
3	新兴苴	中型							宝淳然	新兴苴水库管理所	所长
4	小官村	中型							张必聪	小官村水库管理所	所长
5	青海湖	中型							董尚德	青海湖水库管理所	所长
6	浑水海	中型							张如奎	浑水海水库管理所	所长
7	海稍	中型	杨美福	宾川县人民政府	副县长	杨美福	宾川县水务局	局长	李宏斌	海稍水库管理所	所长
8	大银甸	中型							赵兴明	大银甸水库管理所	所长
9	花桥	中型							杨洪彬	花桥水库管理所	所长
10	三锅桩	中型	刘松涛	鹤庆县人民政府	副县长	田春	鹤庆县水务局	局长	郭建军	三锅桩水库管理局	局长
11	玉华	中型	杨建鹏	剑川县人民政府	副县长	李谦	剑川县水务局	局长	赵子贤	玉华水库管理局	副局长
12	海西海	中型	何家伟	洱源县人民政府	副县长	董占雄	洱源县水务局	局长	董河	海西海水库管理所	所长
13	茈碧湖	中型							高光远	茈碧湖水库管理所	所长
14	三岔河	中型							朱光亮	三岔河水库管理所	所长
15	福庆	中型	杨利军	巍山县人民政府	副县长	范碧辉	巍山县水务局	局长	张凡	福庆水库管理养护所	所长
16	五茂林	中型							张凡	五茂林水库管理养护所	所长
17	天池	中型	施耀东	云龙县人民政府	副县长	何正文	云龙县水利局	局长	徐利荣	天池水库管理所	所长
18	栗树营	中型	李国才	弥渡县人民政府	副县长	田春	弥渡县水务局	局长	史兆忠	栗树营水库管理所	所长
19	母子垦	中型	陈朝聪	南涧县人民政府	副县长	阿青峻	南涧县水务局	局长	李文祥	母子垦水库管理所	所长
保山市											
1	茄子山水库	大(二)型	马文寿	龙陵县人民政府	常务副县长	叶超社	保山市工信委	主任	郑宝荣	保山苏帕河水电公司	总经理

续表

序号	水库名称	规模	政府责任人			主管部门责任人			水库管理单位责任人		
			姓名	单位	职务	姓名	单位	职务	姓名	单位	职务
2	北庙水库	中型	杨文国	隆阳区人民政府	副区长	宋安昌	隆阳区水务局	党委副书记（主持行政工作）	董敬忠	北庙水库管理所	所长
3	大海坝水库	中型	杨文国	隆阳区人民政府	副区长	宋安昌	隆阳区水务局	党委副书记（主持行政工作）	曾海	大小海水库管理所	所长
4	小海坝水库	中型	杨文国	隆阳区人民政府	副区长	宋安昌	隆阳区水务局	党委副书记（主持行政工作）	曾海	大小海水库管理所	所长
5	明子山水库	中型	杨文国	隆阳区人民政府	副区长	宋安昌	隆阳区水务局	党委副书记（主持行政工作）	董自光	明子山水库管理所	所长
6	红岩水库	中型	杨文国	隆阳区人民政府	副区长	宋安昌	隆阳区水务局	党委副书记（主持行政工作）	王国飞	红岩水库管理所	所长
7	三块石水库	中型	李富强	施甸县人民政府	副县长	段涛	施甸县水务局	局长	杨静军	三块石水库管理所	所长
8	渔洞水库	中型	李富强	施甸县人民政府	副县长	段涛	施甸县水务局	局长	李应华	渔洞水库管理所	所长
9	大河水库	中型	杨存宝	腾冲县人民政府	副县长	杜家良	腾冲县水务局	局长	徐占彦	大河水库管理处	处长
10	八零八水库	中型	蒋文超	龙陵县人民政府	副县长	胡正礼	龙陵县水务局	局长	杨永文	八零八水库管理所	所长
11	岔河水库	中型	蒋文超	龙陵县人民政府	副县长	胡正礼	龙陵县水务局	局长	闫波	三库一线管理处	处长
12	三岔河水库	中型	蒋文超	龙陵县人民政府	副县长	胡正礼	龙陵县水务局	局长	杨太省	三岔河水库建设管理局	副局长
13	河西水库	中型	杨永魁	昌宁县人民政府	常务副县长	李先廷	昌宁县水务局	局长	杨锡云	河西水库管理所	所长
14	明山水库	中型	杨永魁	昌宁县人民政府	常务副县长	李先廷	昌宁县水务局	局长	穆清贵	明山水库管理所	所长
15	大城水库	中型	杨永魁	昌宁县人民政府	常务副县长	李先廷	昌宁县水务局	局长	王靖洁	大城水库管理所	所长
德宏州											
1	弄另水库	大型	刀晓瑞	德宏州人民政府	副州长	何立洪	德宏州水利局	局长	王南中	德宏州龙江水电开发有限公司	总经理
2	龙江水库	大型	刀晓瑞	德宏州人民政府	副州长	何立洪	德宏州水利局	局长	崔腾彦	云南龙江水利枢纽开发有限公司	总经理
3	麻栗坝水库	大型	刀晓瑞	德宏州人民政府	副州长	何立洪	德宏州水利局	局长	王建江	麻栗坝水库工程管理局	局长
4	芒究水库	中型	杨绍刚	芒市人民政府	副市长	汤成毕	芒市水利局	局长	陈建章	芒究水库管理所	所长
5	姐勒水库	中型	王立岗	瑞丽市人民政府	副市长	纳东	瑞丽市水利局	局长	岩相保	瑞丽市灌区管理所	所长

续表

序号	水库名称	规模	政府责任人			主管部门责任人			水库管理单位责任人		
			姓名	单位	职务	姓名	单位	职务	姓名	单位	职务
6	芒旦水库	中型	常枝旺	陇川县人民政府	副县长	李学宏	陇川县水利局	局长	王自亮	陇川县芒旦水库工程管理所	所长
7	回龙河水库	中型	孟宏山	盈江县人民政府	副县长	闫信泉	盈江县水利局	局长	齐启掌	回龙河水库管理局	副局长
8	户宋河水库	中型	孟宏山	盈江县人民政府	副县长	闫信泉	盈江县水利局	局长	邓雨田	德宏户宋河发电有限责任公司	董事长
丽江市											
1	团山水库	中型	木德仁	古城区人民政府	副区长	和忠明	丽江市古城区水利局	局长	李春荣	古城区团山水库管理所	所长
2	吉子水库	中型	吴振军	玉龙县人民政府	副县长	石顺林	玉龙县水利局	局长	杨万和	玉龙县吉子水库管理所	所长
3	拉市水库	中型	吴振军	玉龙县人民政府	副县长	石顺林	玉龙县水利局	局长	杨万和	玉龙县拉市水库管理所	所长
4	务坪水库	中型	王金宝	华坪县人民政府	副县长	王立新	华坪县务坪水库管理局	局长	王立新	华坪县务坪水库管理局	局长
5	羊坪水库	中型	罗灶云	永胜县人民政府	副县长	杨永华	永胜县水利局	局长	卢绍祥	永胜县羊坪水库管理所	所长
6	㞬峨水库	中型	罗灶云	永胜县人民政府	副县长	杨永华	永胜县水利局	局长	王春平	永胜县㞬峨水库管理所	所长
7	小坪水库	中型	罗灶云	永胜县人民政府	副县长	杨永华	永胜县水利局	局长	李兆明	永胜县小坪水库管理所	所长
8	木底箐水库	中型	王海林	宁蒗县人民政府	副县长	杨万林	宁蒗县水务局	局长	王才华	宁蒗县木底箐水库管理所	副局长兼所长
怒江州											
1	丰坪水库	中型	杨古文	兰坪县人民政府	副县长	张跃全	兰坪县水务局	局长	杨志华	兰坪县丰坪水库建设管理所	所长
迪庆州											
1	桑那水库	中型	和雨	香格里拉县人民政府	副县长	松云龙	香格里拉县水利水电局	局长	培楚	香格里拉县桑那水库管理局	局长
临沧市											
1	临翔区博尚水库	中型	范和昌	临翔区人民政府	副区长	杜界华	临翔区水务局	局长	俸斌	博尚水库管理局	副局长
2	永德县忙海水库	中型	熊国光	永德县人民政府	副县长	杨仕华	永德县水务局	局长	鲁成军	永德县水库工程管理局忙海所	所长
3	凤庆县两岔河水库	中型	张发云	凤庆县人民政府	副县长	纪元武	凤庆县水利局	局长	何国伟	两岔河水库管理局	局长
4	沧源县勐懂水库	中型	李文明	沧源县人民政府	副县长	杨晶	沧源县水务局	局长	杨佳发	勐懂水库管理站	站长
5	镇康县南伞水库	中型	沈秋龙	镇康县人民政府	副县长	张焱忠	镇康县水务局	局长	张焱忠	南伞水库管理局	局长
6	镇康县四楞坝水库	中型	沈秋龙	镇康县人民政府	副县长	张焱忠	镇康县水务局	局长	刘永固	四楞坝水库管理局	局长
7	云县正觉庵水库	中型	洪立云	云县人民政府	副县长	何强	云县水务局	副局长	汪金富	正觉庵水库管理局	局长

续表

序号	水库名称	规模	政府责任人			主管部门责任人			水库管理单位责任人		
			姓名	单位	职务	姓名	单位	职务	姓名	单位	职务
8	云县刘家箐水库	中型	洪立云	云县人民政府	副县长	何强	云县水务局	副局长	姚学斌	刘家箐水库管理局	局长
9	耿马县允楞水库	中型	邱东谦	耿马县人民政府	副县长	字新明	耿马县水利局	局长	李浩兰	允楞水库管理所	所长
10	耿马县弄巴水库	中型	邱东谦	耿马县人民政府	副县长	字新明	耿马县水利局	局长	郝守财	弄巴水库管理所	所长
11	双江县南等水库	中型	赵熙发	双江县人民政府	副县长	王兴武	双江县水利局	局长	杨国彦	南等水库管理局	局长

云南省重金属污染防治重点监管企业名单（358家）

序号	州/市	企业名称	所属行业	是否在防控区	省级/州（市）/县（区）级监管
1	昆明市	云南铜业凯通有色金属有限公司	有色金属冶炼业	是	省级
2	昆明市	云南庆磷磷肥有限公司	化学原料及化学制品制造业	是	
3	昆明市	云南凯通集团石将军电铜厂	有色金属冶炼业	是	
4	昆明市	云南东昌金属加工有限公司	有色金属冶炼业	是	
5	昆明市	云南奥宇锌业有限公司	有色金属冶炼业	是	
6	昆明市	昆明兆鑫矿业有限公司	有色金属矿采选业	是	
7	昆明市	昆明云铜锌业开发有限公司	有色金属冶炼业	是	
8	昆明市	昆明云铜稀贵银业有限公司	有色金属冶炼业	是	
9	昆明市	昆明云铜稀贵铅业有限责任公司	有色金属冶炼业	是	
10	昆明市	昆明云铜稀贵钴业有限公司	有色金属冶炼业	是	
11	昆明市	昆明云铜稀贵铋业有限公司（新）	有色金属冶炼业	是	
12	昆明市	昆明云铜稀贵铋业有限公司（老）	有色金属冶炼业	是	
13	昆明市	昆明银潞矿业有限公司	有色金属矿采选业	是	
14	昆明市	昆明因民矿业有限公司	有色金属矿采选业	是	
15	昆明市	昆明星陨有色金属冶炼有限公司	有色金属冶炼业	是	
16	昆明市	昆明星宇矿业有限公司	有色金属冶炼业	是	
17	昆明市	昆明鑫沙工贸有限公司	有色金属矿采选业	是	
18	昆明市	昆明铜鑫矿业有限公司	有色金属矿采选业	是	
19	昆明市	昆明通洋矿业有限公司	有色金属矿采选业	是	
20	昆明市	昆明顺祥矿业有限公司	有色金属矿采选业	是	
21	昆明市	昆明市哲博淦铜业有限公司	有色金属冶炼业	是	
22	昆明市	昆明市汤丹矿业有限责任公司	有色金属矿采选业	是	
23	昆明市	昆明市石将军矿业有限责任公司	有色金属矿采选业	是	
24	昆明市	昆明市生乾矿业有限责任公司	有色金属矿采选业	是	
25	昆明市	昆明市昊信矿业有限公司	有色金属矿采选业	是	

续表

序号	州/市	企业名称	所属行业	是否在防控区	省级/州（市）/县（区）级监管
26	昆明市	昆明市东川新泰有限责任公司（铜选厂）	有色金属矿采选业	是	
27	昆明市	昆明市东川新泰有限责任公司（铁选厂）	有色金属矿采选业	是	
28	昆明市	昆明市东川新泰有限责任公司	有色金属冶炼业	是	
29	昆明市	昆明市东川通宇选矿厂	有色金属矿采选业	是	
30	昆明市	昆明市东川天荣冶炼有限公司	有色金属冶炼业	是	
31	昆明市	昆明市东川区众誉矿业有限责任公司	有色金属矿采选业	是	
32	昆明市	昆明市东川区雪岭铜选厂	有色金属矿采选业	是	
33	昆明市	昆明市东川区福金工贸有限公司（一厂）	有色金属矿采选业	是	
34	昆明市	昆明市东川区福金工贸有限公司（三厂）	有色金属矿采选业	是	
35	昆明市	昆明市东川区东环采选厂	有色金属矿采选业	是	
36	昆明市	昆明市东川区聪俊铜选厂	有色金属矿采选业	是	
37	昆明市	昆明市东川科华铜选厂	有色金属矿采选业	是	
38	昆明市	昆明市东川骏明矿业有限责任公司	有色金属冶炼业	是	
39	昆明市	昆明市东川金水矿业有限责任公司冶炼厂	有色金属冶炼业	是	省级
40	昆明市	昆明市东川金水矿业有限责任公司选厂（一选厂）	有色金属矿采选业	是	省级
41	昆明市	昆明市东川金水矿业有限责任公司选厂（二选厂）	有色金属矿采选业	是	省级
42	昆明市	昆明市东川将军水金矿业有限公司	有色金属矿采选业	是	
43	昆明市	昆明市东川浡云矿冶有限责任公司	有色金属冶炼业	是	
44	昆明市	昆明市东川宝雁山矿业有限公司	有色金属矿采选业	是	
45	昆明市	昆明升新矿业有限公司	有色金属矿采选业	是	
46	昆明市	昆明山通工贸有限公司	有色金属冶炼业	是	
47	昆明市	昆明瑞源巨冶金有限公司	有色金属冶炼业	是	
48	昆明市	昆明全源矿业有限公司	有色金属冶炼业	是	
49	昆明市	昆明全利矿业有限公司	有色金属矿采选业	是	
50	昆明市	昆明鹏程铟铜工贸有限公司	有色金属冶炼业	是	
51	昆明市	昆明龙腾矿业有限公司	有色金属矿采选业	是	
52	昆明市	昆明老来红矿业有限公司	有色金属矿采选业	是	
53	昆明市	昆明滥泥坪矿业有限责任公司	有色金属矿采选业	是	
54	昆明市	昆明锦鸿涛矿业有限责任公司	有色金属冶炼业	是	

续表

序号	州/市	企业名称	所属行业	是否在防控区	省级/州（市）/县（区）级监管
55	昆明市	昆明金水铜冶炼有限公司	有色金属冶炼业	是	省级
56	昆明市	昆明金合矿业有限公司	有色金属冶炼业	是	
57	昆明市	昆明金池冶炼有限公司	有色金属冶炼业	是	
58	昆明市	昆明建伍工贸有限公司	有色金属矿采选业	是	
59	昆明市	昆明华联铟业有限公司	有色金属冶炼业	是	
60	昆明市	昆明红川有色金属冶炼有限公司	有色金属冶炼业	是	
61	昆明市	昆明合美达工贸有限公司竹山湿法厂	有色金属冶炼业	是	
62	昆明市	昆明合美达工贸有限公司	有色金属冶炼业	是	
63	昆明市	昆明昊泰钼化有限公司	黑色金属冶炼业	是	
64	昆明市	昆明东银锌业有限公司	有色金属冶炼业	是	
65	昆明市	昆明东靖工贸有限公司	有色金属冶炼业	是	
66	昆明市	昆明东瑾矿业有限公司	有色金属矿采选业	是	
67	昆明市	昆明东海矿业有限公司	有色金属矿采选业	是	
68	昆明市	昆明东川众智铜业有限公司	有色金属冶炼业	是	
69	昆明市	昆明鼎中矿业有限公司（东川浪田坝选厂）	有色金属矿采选业	是	
70	昆明市	昆明德伟矿业有限公司	有色金属冶炼业	是	
71	昆明市	昆明德靖商贸有限公司	有色金属矿采选业	是	
72	昆明市	昆明大地桥矿业有限公司	有色金属冶炼业	是	
73	昆明市	昆明川金诺化工有限公司	化学原料及化学制品制造业	是	省级
74	昆明市	昆明唱响工贸有限公司	有色金属冶炼业	是	
75	昆明市	昆明长丰源冶金有限公司	有色金属矿采选业	是	
76	昆明市	东川昱成民政福利有限责任公司	有色金属矿采选业	是	
77	昆明市	东川文兴选矿厂	有色金属矿采选业	是	
78	昆明市	东川区同心选厂	有色金属矿采选业	是	
79	昆明市	东川区汤丹镇东坪铜矿采选厂	有色金属矿采选业	是	
80	昆明市	东川区双龙铜锌选厂	有色金属矿采选业	是	
81	昆明市	东川区老村湿法冶炼厂	有色金属冶炼业	是	
82	昆明市	东川区黄水箐选厂	有色金属矿采选业	是	
83	昆明市	东川鹏博选矿厂（东川桃树沟选矿厂）	有色金属矿采选业	是	
84	昆明市	东川茂麓选厂	有色金属矿采选业	是	
85	昆明市	东川碧龙矿产有限公司（冶炼厂）	有色金属冶炼业	是	
86	昆明市	东川碧龙矿产有限公司（选厂）	有色金属矿采选业	是	
87	昆明市	云南盐化股份有限公司天塑分公司	化学原料及化学制品制造业	是	省级
88	昆明市	云南盐化股份有限公司昆明盐矿	化学原料及化学制品制造业	是	省级
89	昆明市	云南金盛新型材料有限公司	塑料制品业	是	

续表

序号	州/市	企业名称	所属行业	是否在防控区	省级/州（市）/县（区）级监管
90	昆明市	云南安宁龙宝化工有限公司	化学原料及化学制品制造业	是	
91	昆明市	昆明泰瑞通电源技术有限公司安宁电源厂	电池制造业	是	
92	昆明市	昆明安宁蓄电池厂	电池制造业	是	
93	昆明市	昆明安宁精密铸件厂	有色金属冶炼业	是	省级
94	昆明市	安宁市鸿昊废旧电瓶处理场	有色金属冶炼业	是	省级
95	昆明市	安宁东璜金属原料加工厂	有色金属冶炼业	是	
96	昆明市	昆明双马化工厂	化学原料及化学制品制造业	否	
97	昆明市	昆明市达旺福利厂	有色金属冶炼业	否	
98	昆明市	昆明五华普吉锌粉厂	有色金属冶炼业	否	
99	昆明市	昆明邦伊特种涂料有限公司	化学原料及化学制品制造业	否	
100	昆明市	云南铜业股份有限公司	有色金属冶炼业	否	省级
101	昆明市	云南云铜锌业股份有限公司	有色金属冶炼业	否	省级
102	昆明市	云南铜业新星锌合金有限公司	有色金属冶炼业	否	
103	曲靖市	云南磷源化工有限公司	化学原料及化学制品制造业	是	
104	曲靖市	云南会泽学智工贸有限责任公司	有色金属冶炼业	是	
105	曲靖市	云南会泽兴宏工贸有限公司	有色金属冶炼业	是	
106	曲靖市	云南会泽金山建材厂	有色金属冶炼业	是	
107	曲靖市	云南会泽东兴实业有限公司	有色金属冶炼业	是	
108	曲靖市	云南驰宏锌锗股份有限公司	有色金属冶炼业	是	省级
109	曲靖市	会泽鑫锌工贸有限公司	有色金属冶炼业	是	
110	曲靖市	会泽县佳鑫锌业有限公司	有色金属冶炼业	是	
111	曲靖市	会泽县安鑫锌业有限公司	有色金属冶炼业	是	
112	曲靖市	会泽三源有限责任公司	有色金属冶炼业	是	
113	曲靖市	会泽滇北工贸有限公司	有色金属冶炼业	是	省级
114	曲靖市	会泽登峰工贸有限公司	有色金属冶炼业	是	
115	曲靖市	会泽矿山经济开发有限公司	有色金属冶炼业	是	
116	曲靖市	会泽永晟矿业有限公司	有色金属冶炼业	是	
117	曲靖市	会泽旺达锌业股份有限公司	有色金属冶炼业	是	
118	曲靖市	会泽锦瑞锌氧粉有限公司	有色金属冶炼业	是	
119	曲靖市	会泽县弘全锌业有限公司	有色金属冶炼业	是	
120	曲靖市	会泽忠鸿锌氧粉有限公司	有色金属冶炼业	是	
121	曲靖市	会泽县鑫立工贸有限公司	有色金属冶炼业	是	
122	曲靖市	会泽县鑫和矿业有限责任公司	有色金属矿采选业	是	
123	曲靖市	会泽成诚锌电实业有限责任公司	有色金属冶炼业	是	
124	曲靖市	彭泽昌氧化锌粉厂	有色金属冶炼业	是	

续表

序号	州/市	企业名称	所属行业	是否在防控区	省级/州（市）/县（区）级监管
125	曲靖市	侯建新氧化锌粉厂	有色金属冶炼业	是	
126	曲靖市	会泽县宏亚锌氧粉厂	有色金属冶炼业	是	
127	曲靖市	会泽县鑫业工贸有限公司	有色金属冶炼业	是	
128	曲靖市	会泽县朝宏锌粉有限公司	有色金属冶炼业	是	
129	曲靖市	会泽县云宝锌氧粉有限公司	有色金属冶炼业	是	
130	曲靖市	会泽县伟华有限责任公司	有色金属冶炼业	是	
131	曲靖市	会泽县光明工贸有限公司	有色金属冶炼业	是	
132	曲靖市	会泽县大海靖元铅锌矿有限公司	有色金属矿采选业	是	
133	曲靖市	会泽县宏兴矿业有限责任公司	有色金属矿采选业	是	
134	曲靖市	会泽县三江矿冶工业有限公司	有色金属冶炼业	是	
135	曲靖市	会泽县合恒铜选厂	有色金属冶炼业	是	
136	曲靖市	会泽鸿泰矿业有限公司	有色金属矿采选业	是	
137	曲靖市	会泽以则铅锌矿有限公司	有色金属矿采选业	是	
138	曲靖市	云南陆良湘辉铬业（厂）有限公司	化学原料及化学制品制造业	是	
139	曲靖市	云南省陆良县龙海化工有限责任公司	化学原料及化学制品制造业	是	省级
140	曲靖市	云南省陆良化工实业有限公司	化学原料及化学制品制造业	是	省级
141	曲靖市	云南省陆良县三和福利锌业有限责任公司	有色金属冶炼业	是	
142	曲靖市	云南省陆良乐事达工贸有限公司	化学原料及化学制品制造业	是	省级
143	曲靖市	陆良县金泰博化工有限公司	化学原料及化学制品制造业	是	省级
144	玉溪市	云南易门有色选冶厂	有色金属冶炼业	是	
145	玉溪市	云南易门兴源工贸有限公司	有色金属矿采选业	是	
146	玉溪市	云南易门华山工贸有限公司	有色金属矿采选业	是	
147	玉溪市	云南省易门县浦贝矿业有限公司（钨钼矿采选）	有色金属矿采选业	是	
148	玉溪市	云南省易门县华三铜业有限责任公司	有色金属矿采选业	是	
149	玉溪市	云南达亚有色金属有限公司狮子山铜矿	有色金属矿采选业	是	
150	玉溪市	云南达亚有色金属有限公司狮凤山铜矿	有色金属矿采选业	是	
151	玉溪市	易门铜业有限公司	有色金属冶炼业	是	省级
152	玉溪市	易门六街二台坡选矿厂	有色金属矿采选业	是	
153	玉溪市	易门科源工贸有限公司	有色金属冶炼业	是	
154	玉溪市	新平振兴电积铜厂	有色金属矿采选业	否	
155	玉溪市	新平锦茂工贸有限责任公司	有色金属矿采选业	否	
156	玉溪市	玉溪矿业有限公司大红山铜矿	有色金属矿采选业	否	省级

续表

序号	州/市	企业名称	所属行业	是否在防控区	省级/州（市）/县（区）级监管
157	保山市	云南凯腾矿业有限公司	有色金属矿采选业	是	
158	保山市	腾冲县银山化工有限责任公司	化学原料及化学制品制造业	是	
159	保山市	腾冲县幸运贸易有限责任公司	有色金属矿采选业	是	
160	保山市	腾冲县腾鑫矿业有限公司	有色金属矿采选业	是	
161	保山市	腾冲县腾辉矿业有限责任公司	有色金属矿采选业	是	
162	保山市	腾冲县腾保锡矿责任有限公司	有色金属矿采选业	是	
163	保山市	腾冲县松坡宏兴锡矿厂	有色金属矿采选业	是	
164	保山市	腾冲县瑞滇弯担山锡矿采选厂	有色金属矿采选业	是	
165	保山市	腾冲县瑞滇山寨横河锡矿采选厂	有色金属矿采选业	是	
166	保山市	腾冲县瑞滇花斑竹园锡矿采选厂	有色金属矿采选业	是	
167	保山市	腾冲县瑞达矿业有限责任公司	有色金属矿采选业	是	
168	保山市	腾冲县明光矿业有限责任公司	有色金属矿采选业	是	
169	保山市	腾冲县隆鑫矿业有限责任公司	有色金属矿采选业	是	
170	保山市	腾冲县老华寨铅锌矿业有限公司	有色金属矿采选业	是	
171	保山市	腾冲县科源矿业有限责任公司	有色金属矿采选业	是	
172	保山市	腾冲县恒丰矿业有限责任公司飞龙电锌厂	有色金属冶炼业	是	省级
173	保山市	腾冲县恒丰矿业有限责任公司	有色金属矿采选业	是	
174	保山市	腾冲县翡翠公司猛亮河锡选厂	有色金属矿采选业	是	
175	保山市	腾冲县滇滩镇山寨石马肚选厂	有色金属矿采选业	是	
176	保山市	腾冲县百合山矿业有限责任公司	有色金属矿采选业	是	
177	普洱市	云南澜沧铅矿有限公司（铅冶炼厂）	有色金属冶炼业	否	省级
178	普洱市	云南澜沧铅矿有限公司（锌冶炼厂）	有色金属冶炼业	否	省级
179	普洱市	澜沧县东朗乡双马铅锌采选厂	有色金属矿采选业	否	
180	楚雄州	牟定县泓瑞铜业有限公司	有色金属冶炼业	否	
181	楚雄州	星焰公司牟定采选厂	有色金属矿采选业	否	
182	楚雄州	云南业胜有色金属提炼有限公司	有色金属冶炼业	否	
183	楚雄州	牟定县星宇工贸有限公司	有色金属冶炼业	否	
184	楚雄州	云南牟定兴宏铜业有限公司	有色金属矿采选业	否	
185	楚雄州	牟定金康矿业开发有限公司	有色金属矿采选业	否	
186	红河州	云锡集团锌业有限责任公司	有色金属冶炼业	是	省级
187	红河州	云南振兴铅业有限责任公司	有色金属冶炼业	是	
188	红河州	云南锡业股份有限公司冶炼分公司	有色金属冶炼业	是	省级
189	红河州	云南省个旧市乍甸有色化工厂	有色金属冶炼业	是	
190	红河州	云南省个旧市沙甸电冶厂	有色金属冶炼业	是	
191	红河州	云南个旧有色冶化有限公司	有色金属冶炼业	是	

续表

序号	州/市	企业名称	所属行业	是否在防控区	省级/州（市）/县（区）级监管
192	红河州	云南乘风有色金属股份有限公司	有色金属冶炼业	是	省级
193	红河州	昆明物资利用总公司个旧市铅冶炼分厂	有色金属冶炼业	是	
194	红河州	红河州云祥矿冶有限公司	有色金属冶炼业	是	
194	红河州	红河州云杰工贸有限公司	有色金属冶炼业	是	
196	红河州	红河州兴新冶炼厂	有色金属冶炼业	是	
197	红河州	红河州天江工贸有限公司	有色金属冶炼业	是	
198	红河州	红河州红浩冶炼厂	有色金属冶炼业	是	
199	红河州	红河州彩马实业有限责任公司	黑色金属冶炼业	是	
200	红河州	红河州奔腾矿冶有限公司	有色金属冶炼业	是	
201	红河州	红河合众锌业有限公司个旧化肥厂	化学原料及化学制品制造业	是	省级
202	红河州	个旧市自兴冶炼厂	有色金属冶炼业	是	
203	红河州	个旧市自立矿冶有限公司	有色金属冶炼业	是	
204	红河州	个旧市卓越有色金属冶炼厂	有色金属冶炼业	是	
205	红河州	个旧市振沙冶炼厂	有色金属冶炼业	是	
206	红河州	个旧市云新有色电解有限公司	有色金属冶炼业	是	
207	红河州	个旧市宇航有色金属加工厂	有色金属冶炼业	是	
208	红河州	个旧市有色金属加工有限公司	有色金属冶炼业	是	
209	红河州	个旧市永和冶炼厂	有色金属冶炼业	是	
210	红河州	个旧市旭众有色矿冶有限公司（豪杰车间）	有色金属冶炼业	是	
211	红河州	个旧市星发冶炼厂	有色金属冶炼业	是	
212	红河州	个旧市兴垒冶炼厂	有色金属冶炼业	是	
213	红河州	个旧市鑫兴有色金属有限责任公司	有色金属冶炼业	是	
214	红河州	个旧市祥麟有色化工有限责任公司	有色金属冶炼业	是	
215	红河州	个旧市锡隆矿冶有限公司	有色金属冶炼业	是	
216	红河州	个旧市锡城有色金属废渣处理厂	有色金属冶炼业	是	省级
217	红河州	个旧市西口冶炼厂	有色金属冶炼业	是	
218	红河州	个旧市伟俊冶炼厂	有色金属冶炼业	是	
219	红河州	个旧市同富电冶有限公司	有色金属冶炼业	是	
220	红河州	个旧市天梯冶炼厂	有色金属冶炼业	是	
221	红河州	个旧市天黎冶炼厂	有色金属冶炼业	是	
222	红河州	个旧市松华冶炼厂	有色金属冶炼业	是	
223	红河州	个旧市双龙贵金属实业有限公司	有色金属冶炼业	是	
224	红河州	个旧市莎迪冶金工贸有限公司	有色金属冶炼业	是	
225	红河州	个旧市沙甸云海冶炼厂	有色金属冶炼业	是	

续表

序号	州/市	企业名称	所属行业	是否在防控区	省级/州（市）/县（区）级监管
226	红河州	个旧市沙甸兴沙有色冶炼厂	有色金属冶炼业	是	
227	红河州	个旧市沙甸万坤矿业有限公司	有色金属冶炼业	是	
228	红河州	个旧市沙甸铅都实业有限责任公司	有色金属冶炼业	是	
229	红河州	个旧市沙甸矿冶厂	有色金属冶炼业	是	
230	红河州	个旧市沙甸宽福冶炼厂	有色金属冶炼业	是	
231	红河州	个旧市沙甸康晖有色金属加工厂	有色金属冶炼业	是	
232	红河州	个旧市沙甸金山铅冶厂	有色金属冶炼业	是	
233	红河州	个旧市沙甸捷兴冶炼厂	有色金属冶炼业	是	
234	红河州	个旧市沙甸宏兴冶炼厂	有色金属冶炼业	是	
235	红河州	个旧市沙甸和兴铅业有限公司	有色金属冶炼业	是	
236	红河州	个旧市沙甸电冶厂大屯分厂	有色金属冶炼业	是	
237	红河州	个旧市沙甸大通冶炼厂	有色金属冶炼业	是	
238	红河州	个旧市沙甸诚信冶炼厂	有色金属冶炼业	是	
239	红河州	个旧市森源有限责任公司	有色金属冶炼业	是	
240	红河州	个旧市三宇矿产品加工厂	有色金属冶炼业	是	
241	红河州	个旧市三联化冶有限公司	有色金属冶炼业	是	
242	红河州	个旧市群力有色金属有限公司	有色金属冶炼业	是	
243	红河州	个旧市齐力冶炼厂	有色金属冶炼业	是	
244	红河州	个旧市路通冶炼厂	有色金属冶炼业	是	
245	红河州	个旧市隆起有色金属加工厂	有色金属冶炼业	是	
246	红河州	个旧市联祥冶炼厂	有色金属冶炼业	是	
247	红河州	个旧市俊兴冶炼厂	有色金属冶炼业	是	
248	红河州	个旧市经盛有色金属冶炼厂	有色金属冶炼业	是	
249	红河州	个旧市锦星锑业有限公司	有色金属冶炼业	是	
250	红河州	个旧市金叶冶炼厂	有色金属冶炼业	是	
251	红河州	个旧市金冶矿产有限公司	有色金属冶炼业	是	
252	红河州	个旧市金戈矿冶有限公司	有色金属冶炼业	是	
253	红河州	个旧市吉源矿冶有限公司	有色金属冶炼业	是	
254	红河州	个旧市鸡街红杰矿冶有限责任公司	有色金属冶炼业	是	
255	红河州	个旧市回益经贸有限公司	有色金属冶炼业	是	
256	红河州	个旧市华泰有色金属矿产品加工厂	有色金属冶炼业	是	
257	红河州	个旧市华泰有色化工有限责任公司八抱树分公司	有色金属冶炼业	是	
258	红河州	个旧市虎山矿冶有限公司	有色金属冶炼业	是	
259	红河州	个旧市洪江矿产有限公司	有色金属冶炼业	是	
260	红河州	个旧市红田经贸有限公司	有色金属冶炼业	是	

续表

序号	州/市	企业名称	所属行业	是否在防控区	省级/州（市）/县（区）级监管
261	红河州	个旧市红沙铅业冶炼厂	有色金属冶炼业	是	
262	红河州	个旧市光穆工贸有限公司	有色金属冶炼业	是	
263	红河州	个旧市光博电冶厂	有色金属冶炼业	是	
264	红河州	个旧市岗穆冶炼厂	有色金属冶炼业	是	
265	红河州	个旧市富祥工贸有限责任公司	有色金属冶炼业	是	
266	红河州	个旧市凤鸣冶金化工厂	有色金属冶炼业	是	
267	红河州	个旧市大屯有色矿冶有限公司	有色金属冶炼业	是	
268	红河州	个旧市达明威工贸有限责任公司	有色金属冶炼业	是	
269	红河州	个旧市创源经贸有限公司	化学原料及化学制品制造业	是	
270	红河州	个旧市成功冶炼厂	有色金属冶炼业	是	
271	红河州	个旧市成峰矿业加工厂	有色金属冶炼业	是	
272	红河州	个旧市超拓有限责任公司	有色金属冶炼业	是	
273	红河州	个旧市滨涛有色金属冶炼厂	有色金属冶炼业	是	
274	红河州	金平金水河镇信义铜选厂	有色金属矿采选业	是	
275	红河州	金平南课铜镍矿有限责任公司	有色金属矿采选业	是	
276	红河州	金平锌业有限责任公司	有色金属矿采选业	是	省级
277	红河州	云南地矿资源股份有限公司金平长安金矿	有色金属冶炼业	是	
278	红河州	云南金平县红河矿业有限公司	有色金属矿采选业	是	
279	红河州	金平县同心矿业有限责任公司	有色金属矿采选业	是	
280	红河州	金平长鑫众达矿业有限公司	有色金属冶炼业	是	
281	红河州	金平万兴矿业有限公司	有色金属矿采选业	是	
282	红河州	红河恒昊矿业股份有限公司金平分公司选厂	有色金属矿采选业	是	
283	红河州	红河恒昊矿业股份有限公司金平分公司冶炼厂	有色金属冶炼业	是	省级
284	文山州	云南中金共和资源有限公司马关分公司	有色金属矿采选业	是	
285	文山州	云南云铜马关有色金属有限责任公司	有色金属矿采选业	是	
286	文山州	云南省马关县兴源矿业有限责任公司	黑色金属矿采选业	是	
287	文山州	云南马关富海铜业有限公司	有色金属冶炼业	是	
288	文山州	云南华联锌铟股份有限公司	有色金属矿采选业	是	省级
289	文山州	文山县兴发矿业有限责任公司马关马尾冲选矿分公司	有色金属矿采选业	是	
290	文山州	马关玉兔矿业有限公司	有色金属矿采选业	是	
291	文山州	马关县五口洞采选厂一分厂	有色金属矿采选业	是	

续表

序号	州/市	企业名称	所属行业	是否在防控区	省级/州（市）/县（区）级监管
292	文山州	马关县五口洞采选厂第二分厂	黑色金属矿采选业	是	
293	文山州	马关县天鹏矿业有限责任公司	有色金属矿采选业	是	
294	文山州	马关县三利矿业开发有限公司	有色金属矿采选业	是	
295	文山州	马关县南捞鸿盛选矿厂	有色金属矿采选业	是	
296	文山州	马关县锦兴选矿厂	有色金属矿采选业	是	
297	文山州	马关县江湖选矿厂	有色金属矿采选业	是	
298	文山州	马关县汇源矿业有限责任公司	有色金属冶炼业	是	
299	文山州	马关县广元选冶厂	有色金属矿采选业	是	
300	文山州	马关县福丰选厂	有色金属矿采选业	是	
301	文山州	马关文良矿业有限公司	有色金属矿采选业	是	
302	文山州	马关鹏程矿业有限公司	有色金属矿采选业	是	
303	文山州	马关明立贸易有限责任公司	有色金属矿采选业	是	
304	文山州	马关林志选矿厂	有色金属矿采选业	是	
305	文山州	马关华晟矿业有限公司	有色金属矿采选业	是	
306	文山州	马关恒源矿业有限公司	有色金属矿采选业	是	
307	文山州	马关贵达矿业有限公司	有色金属矿采选业	是	
308	文山州	云南文冶有色金属有限公司	有色金属冶炼业	是	
309	文山州	云南文山金驰砒霜有限公司	化学原料及化学制品制造业	是	省级
310	文山州	文山县天长矿业有限公司	黑色金属矿采选业	是	
311	文山州	文山县天龙锌业有限责任公司	化学原料及化学制品制造业	是	
312	文山州	文山县金仪铟业科技有限责任公司	有色金属冶炼业	是	
313	文山州	文山州山水矿业开发有限公司	有色金属矿采选业	是	
314	文山州	玉溪天马金属制品有限责任公司文山分公司	有色金属矿采选业	是	
315	文山州	文山县贵鹰矿业有限公司	黑色金属矿采选业	是	
316	怒江州	云南金鼎锌业有限公司（一冶炼厂）	有色金属冶炼业	是	省级
317	怒江州	云南金鼎锌业有限公司（一选厂）	有色金属矿采选业	是	省级
318	怒江州	云南金鼎锌业有限公司（四选厂）	有色金属矿采选业	是	省级
319	怒江州	云南金鼎锌业有限公司（三选厂）	有色金属矿采选业	是	省级
320	怒江州	云南金鼎锌业有限公司（硫酸厂）	化学原料及化学制品制造业	是	省级
321	怒江州	云南金鼎锌业有限公司（二冶炼厂）	有色金属冶炼业	是	省级
322	怒江州	云南金鼎锌业有限公司（二选厂）	有色金属矿采选业	是	省级
323	怒江州	兰坪正盛有色金属选厂	有色金属矿采选业	是	
324	怒江州	兰坪勇胜矿业有限公司	有色金属矿采选业	是	
325	怒江州	兰坪益云有色金属有限公司	有色金属冶炼业	是	
326	怒江州	兰坪小格拉铜矿有限责任公司	有色金属矿采选业	是	

续表

序号	州/市	企业名称	所属行业	是否在防控区	省级/州（市）/县（区）级监管
327	怒江州	兰坪县中兴有限责任公司	有色金属矿采选业	是	
328	怒江州	兰坪县中排万利有色金属浮选厂	有色金属矿采选业	是	
329	怒江州	兰坪县中排宏利采选厂	有色金属矿采选业	是	
330	怒江州	兰坪县远鑫铅锌选矿厂	有色金属矿采选业	是	
331	怒江州	兰坪县永泰冶炼有限责任公司	有色金属冶炼业	是	
332	怒江州	兰坪县营盘镇有色金属采选厂	有色金属矿采选业	是	
333	怒江州	兰坪县营盘镇黄柏铜选厂	有色金属矿采选业	是	
334	怒江州	兰坪县营盘富源选冶厂	有色金属矿采选业	是	
335	怒江州	兰坪县益云有色金属有限公司金甸选厂	有色金属矿采选业	是	
336	怒江州	兰坪县兴兰选厂	有色金属矿采选业	是	
337	怒江州	兰坪县兔峨综合铜选厂	有色金属矿采选业	是	
338	怒江州	兰坪县顺达选厂	有色金属矿采选业	是	
339	怒江州	兰坪县荣达矿业有限责任公司	有色金属矿采选业	是	
340	怒江州	兰坪县民通矿业有限责任公司	有色金属矿采选业	是	
341	怒江州	兰坪县马鞍山选厂	有色金属矿采选业	是	
342	怒江州	兰坪县矿产三废回收厂	有色金属矿采选业	是	
343	怒江州	兰坪县康华电解锌厂	有色金属冶炼业	是	
344	怒江州	兰坪县金湘有色金属选冶厂	有色金属冶炼业	是	
345	怒江州	兰坪县金顶镇大龙有色金属选厂	有色金属矿采选业	是	
346	怒江州	兰坪县恒源矿业有限公司	有色金属矿采选业	是	
347	怒江州	兰坪县恒信矿山有限公司	有色金属矿采选业	是	
348	怒江州	兰坪县春佳有色金属浮选厂	有色金属矿采选业	是	
349	怒江州	兰坪三鑫矿业有限公司	有色金属矿采选业	是	
350	怒江州	兰坪三江铜业有限责任公司	有色金属矿采选业	是	省级
351	怒江州	兰坪民生矿业有限公司	有色金属矿采选业	是	
352	怒江州	兰坪康德有色金属冶炼有限公司	有色金属冶炼业	是	
353	怒江州	兰坪金利达矿业有限责任公司	有色金属矿采选业	是	
354	怒江州	兰坪江盛选厂	有色金属矿采选业	是	
355	怒江州	兰坪吉龙选矿厂	有色金属矿采选业	是	
356	怒江州	兰坪恒升矿业有限公司铜选厂	有色金属矿采选业	是	
357	怒江州	金隆三废回收厂（一车间）	有色金属矿采选业	是	
358	怒江州	河西三元有色金属采选厂	有色金属矿采选业	是	

（资料来源：云南省环境保护厅）

生态多样性资料

云南省生物多样性保护战略与行动计划

云南生物多样性特点

一、丰富性

云南是中国物种最丰富的省份，种类组成丰富，新类群比重大，各类群的物种数均接近或超过全国一半，物种总数中30%以上的动植物类群为新分类类群，为全国之冠。动植物种类共有20 312种，菌类约有7 000种。高等脊椎动物1 972种，其中哺乳类305种，鸟类848种，爬行类174种，两栖类123种，鱼类522种。高等植物共为18 340种，其中苔藓植物1 658种，蕨类植物1 325种，裸子植物116种，被子植物15 241种。另外，国家重点保护物种比例高，在《国家重点保护野生植物名录（第一批）》所列的246种保护植物中，云南有114种，占全国的46.3%；云南分布有234种国家重点保护动物，占全国的72.5%。

云南蕴藏了大量珍贵的遗传基因多样性，特别是许多经济价值高、利用范围广的栽培植物与家养动物，都能在云南找到其野生类型或近缘种，如我国共有的3种野生稻（普通野生稻、疣粒野生稻和药用野生稻），均分布于云南南部至西南部的边缘热带地区。印度野牛、独龙牛、原鸡等具有重要经济价值和开发潜力的遗传基因资源。云南农业栽培作物、特色经济林木、畜禽等物种遗传种质资源丰富，有农作物及其野生近缘种植物数千种，其中栽培植物约1 000种、主要栽培植物500余种，200多种起源于云南，占全国的80%，是世界栽培稻、荞麦、茶、甘蔗等作物的起源地和多样性中心。全省核桃、板栗等特色经济林果种类100多种。药用植物6 157种，占全国总数的55.4%，位居全国之首。地方畜禽品种约172个，种质特性各异，45个品种被《云南省畜禽品种志》收录。

云南生态系统类型多样，堪称世界生态类型的缩影。云南国土面积仅占全国国土面积的4.1%，但却有12个植被型、34个植被亚型、445个群系和数量众多的植物群丛。它们涵盖了从热带到寒带，从水生、湿润、半湿润、半干旱到干旱，从自养到异养的各种生物种类和生态类型。按群系划分，云南自然生态系统类型有445种，分别属于热带雨林、季雨林、常绿阔叶林、硬叶常绿阔叶林、落叶阔叶林、暖性针叶林、温性针叶林、竹林、稀树灌木草丛、灌丛、草甸、湿地植被等12个植被型或植被亚型。

二、特有性

云南物种特有现象十分突出，植物区系地理成分构成复杂，起源古老。云南是中国被子植物特有属的高频率区，超过其他省区。云南具有180个中国特有属，境内中国特有植物8 772种、云南特有植物4 018种。全国种子植物属的15个分布区类型云南均有；云南的种子植物共有25个古老科，100余个古老属和若干古老种。云南省脊椎动物各类群的特有性都较高，境内中国特有动物453种、云南特有动物262种，境内中国仅分布于云南的动物物种目前记录的数量为616种。

云南生态系统的特有性非常明显。由于云南生态环境的复杂、多样，植物类群分化发展激烈，形成了众多的地区特有属和特有种，尤其是滇西北横断山区、干热河谷地区、滇东南岩溶地区及迎东南季风的热带山地，植物特有属和特有种相对集中，其中有不少种类是云南植被有关类型的建群种、优势种或标志种。沿着云南六大水系河谷，可以见到较大面积的“河谷型萨王纳植物群落”、“河谷型马基植物群落”，为我国特有的植被类型。云南动物类群的情况也类似植物，从而形成许多特有的生态系统。

三、脆弱性

云南地理条件复杂多样，同一区域不同生境类型之间差异很大，不利于物种种群的增长和扩散，有利于物种的分化和新种的形成，但种群小而且数量少，物种容易出现濒危或灭绝。

云南省特有物种地理分布狭窄，某些物种仅分布于某一狭小区域，过分依赖于特殊的生境，抵抗外界干扰能力低，在遇到自然灾害和人为破坏后，极易陷入濒危状态甚至灭绝。同时，处于边缘地带的生物类群物种分布的边缘地带性突出，存在明显的脆弱性。

云南的生态系统非常丰富，但系统空间小，形成高度特化和小变幅的系统组分与结构，抗干扰能力较弱。云南省大部分生态系统处于热带和南亚热带区域，生态系统对环境变化和外部干扰的敏感性强，稳定性低于温带生态系统。云南特殊的地质构造与地形地貌、复杂的气候环境，尤其是高海拔、气候寒冷、山高坡陡等因素，导致植被恢复和演替过程非常缓慢，一旦破坏极难恢复。

云南生物多样性保护的意义

一、是国家履行国际公约的义务和责任

近年来，中国不断加大履行《生物多样性公约》的力度，已把生物多样性保护纳入环境保护基本框架，作为转变经济发展方式、建设生态文明的重要抓手。

云南是中国特有物种、孑遗物种的分布中心，东亚植物区系的现代分化中心，物种及基因资源异常丰富，是具有国际意义的陆地生物多样性关键地区。云南的生物多样性保护是国际社会关注的热点，是我国履行国际公约的义务和责任。

二、是建设我国重要生物多样性宝库和西南生态安全屏障的重大举措

加快建设生物多样性宝库和巩固西南生态安全屏障，既是国家对云南提出的要求，也是国家对云南支持的重点，不仅关系着全省各族人民的生存和发展，而且关系到全国的生态安全和中华民族的长远发展。《国务院关于支持云南省加快建设面向西南开放重要桥头堡的意见》（国发〔2011〕11号）提出要把云南建设成为“我国重要的生物多样性宝库和西南生态安全屏障”。省第九次党代会强调，进一步加强以滇西北、滇西南为重点的生物多样性保护，建设中国重要的生物多样性宝库和西南生态安全屏障。云南生物多样性保护对维护跨境国际河流生态安全起着举足轻重的作用，倍受国际社会关注。

三、是经济社会可持续发展的现实需要

云南是全球生物多样性资源，尤其是野生种质资源的热点地区，区域的生物多样性战略价值日益凸显。全省经济社会发展对生物多样性资源高度依赖，众多的基础产业和支柱产业都建立在生物多样性资源的基础之上。我省是西部欠发达、贫困面大的边疆民族地区，正确处理好生物多样性保护与可持续利用的关系是实现经济社会可持续发展的关键。保护好云南省丰富而独特的生物多样性，对于实施国家“西部大开发”、“桥头堡”建设等战略具有重要的支撑作用。

四、是人类发展最重要的物质基础保障

物种资源是国家或民族发展的重要物质基础。云南拥有丰富而独特的生物物种及其多样化的种质遗传资源，特别是许多经济价值高、利用范围广的栽培植物和饲养动物，大都能在云南找到其野生类型或近缘种。随着科学技术的发展和对生物多样性认识的加深，这些物种和遗传基因多样性在云南生态建设与经济社会发展中发挥着不可替代的作用。

云南生物多样性保护取得的主要成效

一、生物多样性保护法规体系不断完善

云南省先后制定颁布了与生物多样性保护相关的系列法规和规章，如《云南省环境保护条例》、《云南省陆生野生动物保护条例》、《云南省农业环境保护条例》、《云南省自然保护区管理条例》、《云南省珍贵树种保护条例》、《云南省林地管理条例》、《云南省风景名胜区条例》和《云南省重点保护陆生野生动物造成人身财产损害补偿办法》等。这些法规、规定的制定和实施，在云南生物多样性保护中起到了重要的作用。部分州、市结合本地生物多样性特点与实际发展需要，制定了内容具体、针对性和可操作性强的野生动植物资源保护规定，州、市生物多样性保护工作逐步走上了制度化、规范化、法制化轨道。部分自然保护区根据保护与建设的需要，也制定了相应的管理办法。

生物多样性保护法规和管理办法的制定和实施，有力地促进了生物多样性资源的保护和利用，对提高保护地管理机构能力及加快当地群众脱贫等都具有重要而深远的意义。

二、制定了一批生物多样性保护的相关规划和计划

在云南省级层面，编制了生物多样性保护相关的规划和计划，如《云南省生物多样性保护工程规划》、《云南省生物物种资源保护与利用规划》、《云南省极小种群物种拯救保护紧急行动计划（2010～2015年）》、《云南省国家公园发展规划纲要（2009～2020年）》、《云南省极小种群物种拯救保护规划纲要（2010～2020年）》等。

在区域层面，仅滇西北优先保护区域，就颁布实施了《滇西北生物多样性保护规划纲要（2008～2020年）》、《滇西北生物多样性保护行动计划（2008～2012年）》等一系列重要文件。

三、生物多样性就地保护体系逐步健全

（一）自然保护区

云南省自1958年建立首个自然保护区以来，

至2012年底已建立自然保护区159个，总面积约283万公顷，占全省国土面积的7.2%，其中国家级20个、省级38个，形成不同级别、多种类型的自然保护区网络体系，使全省典型生态系统和85%的珍稀濒危野生动植物得到有效保护。近年来，自然保护区基础设施不断得到改善，资源保护、科研监测、科普宣教等能力有较大提升，逐步实现法制化、规范化管理。

（二）国家公园

云南是全国率先试点建设国家公园的省份。目前已建成以高山湖泊湿地为特征的普达措国家公园，以雪山冰川为特征的梅里雪山国家公园，以丹霞地貌、高山冰蚀湖群及森林湿地为特色的丽江老君山国家公园等。

（三）森林公园

云南的森林公园分为国家级、省级、县级3级体系。目前已建立国家级森林公园27个，如来凤山国家森林公园、花鱼洞国家森林公园、太阳河国家森林公园、圭山国家森林公园等，其范围内的自然环境和自然资源得到有效保护。

（四）国家湿地公园

元阳梯田、洱源西湖、普洱五湖和丘北普者黑等4个国家湿地公园进入试点建设阶段。昭通大山包、迪庆碧塔海和纳帕海、丽江拉市海被《国际湿地公约》列入国际重要湿地名录。

（五）风景名胜区与世界遗产地

已建成石林、滇池、宜良九乡、大理苍山、玉龙雪山等国家级风景名胜区12个和省级风景名胜区54个，总面积近400万公顷，约占全省国土面积的10%。成功申报了“丽江古城”、“三江并流”、“云南石林”、“澄江动物化石群”世界自然与文化遗产地4个。

四、迁地保护工作得到加强

（一）迁地保护园区

云南省已初步形成了由植物园、树木园、动物园、繁育中心等构成的珍稀濒危野生动植物迁地保护网络，开展了部分物种的迁地保护和引种繁育研究。主要有中国科学院西双版纳热带植物园、中国科学院昆明植物研究所昆明植物园和丽江高山植物园、云南省林业科学院昆明树木园、中国医学药用科学院药用植物研究所云南分所南药园、香格里拉高山植物园等植物迁地保护场所，有昆明动物园、云南野生动物园、云南省野生动物收容救护中心、野生动物救助站和珍稀动物繁育中心等动物迁地保护场所。

（二）种质资源库

中国科学院和云南省共同建设的国家重大科学工程“中国西南野生生物种质资源库”于2007年建成并投入运行，成为云南种质资源离体保护的重要基地。1996年建设的中国科学院西双版纳热带植物园热带植物种质资源库，成为中国研究、收集和保存重要生物资源的主要保藏库之一。这些资源库的建成，使中国生物战略资源安全得到可靠保障，为中国切实履行国际公约、实现生物多样性的有效保护和实施可持续发展战略奠定了坚实的物质基础。

五、科技支撑能力不断加强

（一）科研机构和平台

建立了一批与生物多样性保护利用相关的科研机构和平台，包括云南生物多样性研究院、国家高原湿地研究中心、中国科学院生物多样性与生物地理重点实验室、国家林业局云南珍稀濒危森林植物保护与繁育重点实验室、云南省森林植物培育与开发利用重点实验室、云南省高原湖泊流域污染生态过程与管理重点实验室、云南省自然保护研究监测中心和云南省野生动植物资源监测中心等。

（二）动植物标本库

目前建有中国科学院昆明植物研究所植物标本馆、中国科学院昆明动物研究所动物标本馆、中国科学院西双版纳热带植物园植物标本馆、云南大学植物标本馆、西南林业大学标本馆、云南师范大学生命科学院动植物标本室、云南省林业科学院标本室等。

六、重大生态建设工程稳步推进

近年来，云南省实施了天然林保护、退耕还林和野生动植物保护等一批重大生态建设工程，进一步加强自然保护区基础设施建设、湿地保护工程建设，取得了阶段性成果。生物多样性保护被列为我省生态文明建设的“十大工程”之一。

七、国际交流与合作取得进展

重视开展政府间合作，组织实施了“中荷合作森林保护与社区发展项目”、“中英合作云南环境发展与扶贫项目”、“中德合作云南省西双版纳热带雨林恢复和保护项目”等重大国际援助项目，为生物多样性保护提供了技术和资金援助，引进了许多保护的新理念和新方法。

积极发挥国内外民间环保组织的作用。积极

支持国际自然保护联盟（IUCN）、世界自然基金会（WWF）、国际爱护动物基金会（IFAW）、美国大自然保护协会（TNC）、国际混农林业中心（ICRAF）、保护国际（CI）等国际组织以及联合国人与生物圈（MAB）在我省开展生态和生物多样性保护项目，调动了民间环保组织及社会力量参与生物多样性保护的积极性。

云南生物多样性保护面临的问题

一、生物多样性保护的压力日益突出

云南处于工业化、城镇化加速发展期，面临着保护生态环境和加快经济发展的双重压力，且大部分生物多样性丰富、保持着原始自然生态环境状态的自然保护区均分布于贫困或经济欠发达地区，这些区域绝大部分地处山地，生态环境脆弱，当地居民传统的生产生活方式对生物多样性资源的依赖程度高，资源开发、生产发展、基础设施和城镇建设对生物多样性保护的压力进一步加大。

二、部分物种濒危程度仍在加剧

受经济发展、自然灾害和人为活动的影响，一些物种的濒危和丧失程度并未得到有效缓解和全面控制。由于人类过度采集、不合理利用等，重点保护野生动植物濒危程度尚未得到有效减缓。随着栖息地的破坏和丧失，许多动物物种处于濒危状态，部分土著物种消失。

三、生态系统服务功能退化

全省原始天然林面积减少，森林生态系统服务功能下降。长期的过度放牧，导致部分高山草甸不同程度退化。受全球气候变化和人为开发的影响，湖泊、沼泽和河流等湿地生态系统受到的威胁不断加剧，其水文调节、水资源供给、水质净化、气候调节和生物多样性保育功能明显减弱。

四、外来入侵物种威胁加剧

复杂的气候条件、特殊的地理位置以及人为盲目引种行为等使得云南成为外来物种入侵的重灾区之一。目前，云南已查明紫茎泽兰、飞机草、薇甘菊、凤眼莲、西花蓟马、桔小实蝇等外来入侵物种209种，其中植物158种、无脊椎动物22种、病原微生物13种和脊椎动物16种。外来入侵有害物种对农林业生产造成了重大经济损失，同时对生态环境和生物多样性构成严重威胁。

五、遗传种质资源流失严重

生境退化、资源过度利用等威胁着云南丰富而独特的物种遗传资源。例如，目前在云南热带、亚热带地区分布的3种野生稻种中，普通野生稻26个分布点已经消失24个，药用野生稻13个分布点已消失11个，疣粒野生稻105个分布点已消失70多个；172个地方畜禽品种中有92个品种个体数量下降，其中大普吉猪、草海鹅、文山鹅、思茅鹅、曲靖兔5个品种消失，怒江独龙牛、西双版纳马、红河黑绵羊等11个品种濒危。遗传种质资源流失状况仍未得到有效控制。

六、气象灾害的危害加剧

随着全球气候变化加剧，极端气候现象频繁和次生气象灾害频发，给生物多样性保护带来了新的挑战。近年来云南遭遇连续干旱，导致动植物生境质量下降，部分珍稀濒危物种生存受到威胁。2010年全省约50万公顷自然保护区受到干旱的影响，其中重旱面积约6 700公顷，植物开花结实率降低，重点保护植物有23种约10万株死亡。

七、生态补偿机制尚未健全

生物多样性是人类生存与发展的共同物质基础，保护生物多样性需要投入大量资金，致力于开展生态保护的当地社区群众及企业均应得到合理生态补偿金，云南省财政难以独立承担筹措保护投入资金和生态补偿金的重担，需要按区域、分流域统筹协调，国家倾斜投入及多渠道筹措，建立合理的生态补偿机制。迄今为止，尚未建立起一套覆盖面广、长期有效的生物多样性保护补偿机制。

八、传统生态文化受到巨大冲击

随着现代化进程和社会转型加快，少数民族的生产生活方式发生较大改变，生物多样性资源利用与保护的民族传统知识面临着前所未有的冲击。如不加以有效保护，民族文化遗产将不断消逝，与之相适应的可持续的传统自然资源管理模式也将消失。

生物多样性保护的空缺分析

一、保护区分布格局的空缺分析

云南主要的森林生态系统和野生生物类型自然保护区基本覆盖了从南部低海拔、中部中海拔到西北部高海拔的各种森林和湿地生态系统类型，但从全省生物地理区最重要、最具代表性的4个边缘区域看仍有保护区空缺，需要加强申报、升级和建设工作。

从滇西北“三江并流”世界自然遗产地的保护区布局看，高黎贡山山脉和云岭山脉保护区分布面积较大，而担当力卡山山脉和碧罗雪山山脉

的保护区分布面积较小，应增加后两个山脉保护区的面积，才能客观地体现滇西北四山（脉）夹三江的自然保护格局。

滇西南属于中国连接南亚次大陆的过渡区域，在中国生物地理区系上划为“印度—缅北生物地理区系”的区域内，仅有铜壁关自然保护区。

滇东北的昭通北部是连接四川盆地的边缘山地，是华中生物地理区与西南山地的交汇过渡地带，生物物种和植被生态系统都十分独特，但现有保护区级别较低。

滇东南作为中国三大特有物种中心的古特有中心，目前仅有文山国家级自然保护区和古林箐省级自然保护区。

二、重要保护区域的空缺分析

依据受保护物种类群及其地理分布，以及生态系统在现有自然保护区的保护状况分析，以下主要的空缺地区还未得到有效保护：

（一）碧罗雪山地区。碧罗雪山北连梅里雪山，南接云岭，是生物多样性最为丰富、生态系统垂直带谱最为显著的地区之一，也是旅游资源和水能资源最为丰富的地区。目前，这一地区只有云岭省级自然保护区，保护区域空缺尚多，应在该地区增加自然保护区以及其他保护地，有效完善生物多样性保护体系。

（二）丽江老君山地区。该地区地处维西、玉龙、剑川和兰坪4县交界处，拥有亚高山寒温性针叶林、亚高山或高山杜鹃灌丛、亚高山寒温性草甸等多种植被类型，以及若干亚高山湖泊，自然景观优美，生物多样性丰富且少数民族文化特色突出。保护生物多样性对于维护高山生态系统的平衡与稳定，涵养水源、保持水土，维护区域及下游地区生态安全有着不可替代的作用。虽然建立了国家公园，但保护力度不足，须提升保护地位、建立专门机构以加强保护管理力度。

（三）香格里拉大峡谷。地质构造复杂，新构造运动活跃，地貌类型多样，植被生态系统垂直带谱完整，保存着云南省低纬度亚热带地区面积最大、最原始和最完整的寒温性针叶林和硬叶常绿阔叶林。该地区汇集了丰富的生物类群，珍稀濒危物种集中分布，特有程度较高，生物资源和矿产资源丰富，属保护与发展矛盾交织的热点地区。目前该地区尚未建立自然保护区。

（四）滇西北高山、亚高山冰蚀湖群。香格里拉县境内的千湖山、丽江老君山的九十九龙潭和金丝厂冰蚀湖群是滇西北高山、亚高山代表性冰蚀湖群。它们孤立分散，类型独特，面积较小，掩映于茂密森林之中。这些冰蚀湖对维护高原湖泊、高山—亚高山森林、草甸等构成的山地生态系统的平衡与稳定有着重要的作用，是提供重要生态服务的生态系统类型。由于人类活动干扰较大，退化严重，尚未设立保护区域及相应管理机构，处于急需保护状态。

（五）金沙江干热、干暖河谷地区。该区保存了中国特有的干热、干暖河谷生态系统，发育了特有的植被类型和狭域特有物种，是中国古老、孑遗、特有属种最富有的河谷地区，科学研究价值较高，对金沙江乃至长江流域的水土保持、水源涵养能力和流域生态安全均具有不可替代的生态服务功能。目前该区域尚未建立生物多样性保护地。

（六）滇西南大盈江、陇川江流域地区。该区是中国承受来自印度洋孟加拉湾西南暖湿气流的前沿地带，热量充足雨量充沛，森林植被繁茂，物种极为丰富，特有种比例极高。同时，该区是伊洛瓦底江水系上游的重要汇水区，对跨境流域的水土保持、水源涵养和水文调节有着重要的生态服务功能。目前除大盈江国家级风景名胜区外还没有其他保护地，应尽快建立相应的保护区或保护地。

（七）滇东南喀斯特东南季风阔叶林区。滇东南是中国典型喀斯特地貌的核心地带，发育了喀斯特山地特有植被，保存了许多同域地理隔离分化的特有物种，因而成为中国三大特有物种分化中心之一的“滇东南—桂西古特有物种分化中心”，以及全球著名的“古老被子植物木兰科的分布中心”，生物多样性保护价值和地位极高。同时，由于喀斯特地区的岩溶性，地表水渗漏严重，地表保水能力差，土层瘠薄，植被一旦被破坏，很容易石漠化。因此，该区域的特有物种和植被的保护尤为重要，应尽快建立针对喀斯特东南季风阔叶林和古老特有物种的相应保护地。

三、重要湖泊、沼泽与河流湿地保护的空缺分析

云南境内已建立了碧塔海、纳帕海、拉市海和大山包4个被《国际湿地公约》列入国际重要湿地名录的内陆高原湿地，以及洱海、剑湖、泸沽湖和北海湿地自然保护区，主要保护对象是候鸟的越冬栖息地、水生植物群落、特有珍稀鱼类及其他湿地物种，但滇中高原地区的抚仙湖、星云湖、杞麓湖、异龙湖、阳宗海等高原湖泊湿地尚未列为保

护地。澜沧江、金沙江、红河、怒江、南盘江和伊洛瓦底江的干流更未建立河流湿地自然保护区。因此，加快高原湖泊、河流湿地类型自然保护区的建设，加强已建湖泊湿地类型自然保护区的管理，切实治理水体污染和湖滨沼泽的退化势在必行。

四、重要生物迁移廊道和通道的空缺分析

云南在生物迁移廊道和通道建设方面还存在较大空缺，例如从西双版纳国家级自然保护区通往普洱市江城县等地的野生亚洲象迁徙廊道、与老挝和缅甸等邻国的野生亚洲象跨国迁移廊道、从滇西北维西县至玉龙县的滇金丝猴迁徙廊道等，重要生物迁移廊道和通道的建设与管理亟待加强。

鸟类迁徙通道、集结停歇点的建设和管理极为薄弱，如洱源罗坪鸟吊山州级自然保护区、黑颈鹤越冬的纳帕海省级自然保护区和富宁鸟王山等候鸟迁徙的重要通道，急需加强建设和管理。

五、重要保护物种保护的空缺分析

目前尚有不少已被列入各级保护物种名录的动植物物种因未被保护地体系覆盖而处于保护空缺状态。例如，在云南有分布，目前尚未纳入自然保护区或其他自然保护地类型的国家重点保护的水松、紫檀、柔毛油杉、小黑桫椤、圆叶玉兰、膝柄木、单叶贯众、水菜花、花榈木、箭叶大油芒等野生植物，以及棕尾虹雉、四川山鹧鸪、白腹鹞、斑嘴鹈鹕、白冠长尾雉、花头鹦鹉、云南闭壳龟等野生动物。

云南生物多样性保护战略

一、指导思想

以科学发展观为指导，着眼国家战略需要和云南省生态文明建设，保护生物多样性。按照统筹规划、保护优先、有序开发、合理利用的方针，在发展中保护、在保护中发展。以可持续发展为目标，针对生态系统、生物物种和遗传种质资源 3 个层次，以政策法规和制度措施完善为保障，以科技和机制创新为动力，强化各类保护地建设，提高保护能力。充分动员全社会力量参与行动，力争用 20 年左右的时间，全面实现生物多样性的有效保护与可持续利用，将云南建成中国最重要的生物多样性宝库和西南生态安全屏障，推进生态文明建设，促进人与自然和谐，提高可持续发展能力。

二、基本原则

（一）保护优先、永续利用

统筹生物多样性保护与经济社会发展，保护优先，促进和谐。加强生态建设与环境保护，在加强科学研究与规划的基础上，以生物多样性的服务功能为价值导向，积极推动生物多样性资源的可持续利用。

（二）分类指导、突出重点

根据不同的地理区域、行政区域、流域和边境地区等生境和生物多样性特点，制定相应的规划和行动方案。对重要保护地、重要物种、重要领域和重要社区，要加大力度，制定优先保护措施。

（三）科技支撑、提升水平

以科技进步和创新作为生物多样性保护与可持续利用的重要支撑，充分应用生物科学、环境科学、信息技术、应用物理等领域的先进成果，全面提升生物多样性保护与可持续利用水平。

（四）生态补偿、惠益共享

积极推动生物多样性惠益共享制度，合理分享生物多样性资源产生的经济社会效益。建立和完善生态补偿机制和保护资金筹措长效机制，多渠道争取生态补偿资金，确保生物多样性保护措施落到实处。

（五）政府主导、公众参与

充分发挥政府的主导作用，逐步建立和完善公众参与机制，加强生物多样性保护宣传教育，强化信息公开和舆论监督。坚持开放式保护，加强国际合作，鼓励民间组织和公众广泛参与。

三、战略目标

（一）近期目标

到 2015 年，努力使保护优先区域的生物多样性下降趋势得到遏制。开展生物多样性保护优先区域的本底调查与评估，探索建立全省生物多样性的评估、监测、影响评价和预警体系。建成生物多样性信息基础数据库和管理平台。建立完善生物物种资源出入境管理制度，探索建立生物遗传资源获取与惠益共享机制。积极推进生物多样性保护与利用的立法，强化执法监督。加强就地保护工作，使自然保护区面积和数量保持相对稳定，形成空间布局基本合理的保护区网络体系，使国家重点保护物种和典型生态系统类型得到有效保护。合理开展迁地保护，使大多数极小种群物种得到有效保护。加强生物多样性保护的宣传教育，知识普及率显著提高。全省生态环境恶化趋势减缓，保护优先区域生物多样性下降趋势得到遏制。

（二）中期目标

到 2020 年，使生物多样性的丧失与流失得到基本控制。优先区域的生物多样性资源本底调查与评估全面完成，完善生物多样性信息及数据库，实现共享并实施有效监控。建成布局合理、功能完善的自然保护区体系，国家级、省级自然保护区功能稳定，主要保护对象得到有效保护。生物多样性监测、评估与预警体系、生物物种资源出入境管理制度以及生物遗传资源获取与惠益共享制度进一步完善。特有物种和极小种群物种得到有效保护，物种丧失局面基本得到控制，生物多样性保护取得明显成效。

（三）远期目标

到2030年，使全省的生物多样性得到切实保护。形成类型齐全、布局合理、功能完善、效益明显的自然保护地网络体系，其数量和面积达到合理水平，生态系统、物种和遗传多样性得到有效保护，各类生态系统良性循环。建立完善的生物多样性保护政策法律体系和生物资源可持续利用机制，使保护生物多样性成为公众的自觉行动。90%以上的自然保护区有健全的管理机构。主要外来入侵生物基本得到控制，生物多样性得到根本性保护。

四、战略任务

（一）建立生物多样性保护长效机制

建立健全生物多样性保护的法规制度体系，提高生物多样性保护依法监管能力；完善有利于生物多样性保护与可持续利用的激励性政策；建立生物多样性保护成效评估监督机制；完善生物多样性保护和生物资源管理协调机制；健全政府引导、多元化投入的生物多样性保护与利用投融资体系。

（二）完善生物多样性保护地体系

以国家级、省级自然保护区为主体，科学合理地布局保护区空间结构，强化优先区域内的保护区建设与管理；加强世界自然遗产地、国家公园、森林公园、湿地公园、地质公园和风景名胜区等其他保护地的建设与管理；针对极小种群和极度濒危等重要和特殊的保护对象，加大植物园、树木园和野生动物驯养基地等迁地保护设施建设；依托中国科学院西南野生生物种质资源库和昆明动物研究所动物细胞库等，强化离体保护措施。形成以就地保护为主、迁地保护和离体保护为辅的较为完善的生物多样性保护体系。

（三）构建生物多样性保护与利用科技支撑体系

整合科研力量，加强科研机构和平台建设，汇聚国内外生物多样性研究高端人才；完善学位层次、学科结构与专业设置，加强急需专业人才的培养，提升生物多样性保护和可持续利用研究的整体创新能力，为云南生物多样性保护与可持续利用提供强有力的科学管理、应用技术和人才支撑。

（四）加强生物多样性保护调查评估与监测研究

以生物多样性保护的优先区域和空缺区域为重点，全面开展生物物种资源调查与编目，建立和完善云南省生物多样性保护基础数据库；实施极小种群物种调查及保护行动，加强对关键生态系统、湿地资源与湿地生物多样性和重点保护物种的调查研究及受威胁状况评估，及时发布濒危物种动态；积极争取国家对边疆民族地区生物多样性保护与扶贫的政策、资金和项目支持；在生物多样性丰富而深度贫困的典型地区，积极开展生物多样性减贫示范，探索贫困地区生物多样性保护与经济社会和谐发展的新模式。

（五）促进生物多样性保护与资源开发利用相协调

建立资源开发、经济社会发展与生物多样性保护相协调的长效机制，利用现代生物技术促进生物资源可持续利用，加强对生物资源利用价值的发掘、筛选和功能性状评价，在保护本地区优良遗传种质资源的同时，筛选优良生物遗传基因，推进相关生物技术在农业、林业、生物医药和环保等领域的应用，提高生物多样性的经济效益和社会效益。

（六）弘扬民族传统生态文化

发掘各民族对生物多样性保护与资源可持续利用有积极意义的传统知识，建立健全传统知识产权保护制度，开展抢救性保护；结合民族传统知识与现代保护方法，积极推广应用于生物多样性保护与利用实践，传承和弘扬民族传统生态文化；研究遗传资源价值评估与传统知识，协调生物遗传资源及相关传统知识保护利用的利益关系，建立生物遗传资源及传统知识获取与惠益共享制度。

（七）构筑生物安全防范体系

加强生物多样性监测和安全防范体系的能力建设，提高生物多样性预警和管理水平；加强生物物种资源出入境检验检疫能力建设，开展物种引进的风险评估；加强外来入侵物种入侵机理、扩散途径和防范措施研究，建立外来入侵物种监测、预警及风险管理机制；建立跨境合作保护机制，维护跨境生态安全，筑牢西南生态安全屏障。

（八）动员全社会广泛参与

大力宣传云南是我国生物多样性宝库的战略地位和在全球的不可替代性，提升公众的生物多样性保护意识，进一步探索和完善生物多样性保护利用的参与式共管机制；加强国内外的交流与合作，调动国内外利益相关方参与生物多样性保护的积极性，引进先进技术和经验，建立生物多样性保护的双边和多边战略伙伴关系；明确各有关部门、企业、社会各界对生物多样性保护的责任和义务，责权结合，提高各利益相关群体的参与程度。

云南生物多样性保护优先区域

根据《中国生物多样性保护战略与行动计划（2011～2030年）》划分的中国生物多样性保护优先区域，结合云南生态系统类型的典型性、特有程度、特殊生态功能以及物种的丰富程度、珍稀濒危程度、受威胁因子、经济用途、科学研究价值等因素，提出了全省生物多样性保护的6个一级优先区域和18个二级优先区域，涉及16个州、市101个县、市、区，总面积约9.5万平方千米，占云南国土面积的23.8%，各区域重点保护对象见附表。

一、滇西北高山峡谷针叶林区域

该区域包括高黎贡山北段温凉性针叶林区、梅里雪山－碧罗雪山寒温性针叶林区、云岭山脉寒温性—暖温性针叶林区和香格里拉山原寒温性针叶林区4个区。

（一）高黎贡山北段温凉性针叶林区

范围涉及贡山、福贡县境内的怒江以西部分，北纬26°29′～28°24′，东经98°8′～98°55′之间，北连青藏高原，南至福贡县，西为独龙江，东临怒江，面积约49.29万公顷。高黎贡山国家级自然保护区是该区的保护重点。

该区大部分位于“三江并流”世界自然遗产地范围内，物种丰富度和特有化程度居世界大陆区系首位，被誉为哺乳类动物祖先的发源地、东亚植物区系的摇篮和重要模式标本产地，是世界上生物多样性保护的关键地区之一。高黎贡山自然保护区被世界自然基金会列为A级自然保护区，被联合国教科文组织认定为人与生物圈保护区，被中国生物多样性委员会确认为具有国际意义的陆地生物多样性关键地区。主要保护物种以云南红豆杉、光叶珙桐、云南榧树、秃杉、云南黄连、白眉长臂猿、白尾梢红雉、云纹鳗鲡等为代表。区内居住有汉、傈僳、怒、回、白、苗、纳西、独龙、彝、壮、阿昌、景颇、佤、德昂、藏等民族。

（二）梅里雪山—碧罗雪山寒温性针叶林区

范围涉及德钦、贡山、福贡、维西、兰坪、泸水和云龙等县，地处青藏高原东南缘的横断山腹地，高黎贡山与云岭山脉之间，北纬25°53′～28°41′，东经98°37′～99°13′之间，北接西藏，南至泸水县，西临怒江河谷，东临澜沧江河谷，面积约40.32万公顷。高山峡谷相间，区内的梅里雪山主峰卡瓦格博峰是云南省最高峰，海拔6740米；最低为澜沧江河谷，海拔1480米。

该区植被呈明显的垂直分布，包括从亚热带干暖河谷到寒温性高山草甸的多种生态系统类型，是著名的物种分化中心和特有中心，生物多样性总体水平和珍稀、濒危、特有物种比例都较高。南部的碧罗雪山是云南最亟待保护的生物多样性保护空缺区域之一。主要保护物种以澜沧黄杉、秃杉、云南黄连、猕猴、云豹、澜沧裂腹鱼、白尾梢红雉等为代表。区内居住有汉、藏、傈僳、纳西、白、回、彝、苗、普米等民族。

（三）云岭山脉寒温性—暖温性针叶林区

范围涉及德钦、维西、香格里拉、玉龙、兰坪、巍山、漾濞、剑川和云龙等县，位于滇西北横断山云岭山脉中部，北纬25°30′～29°13′，东经98°37′～100°17′之间，北起德钦县，南至苍山，西以澜沧江为界，东至金沙江两岸，面积约167.22万公顷。区内建有白马雪山、云龙天池和苍山洱海国家级自然保护区3个，以及兰坪云岭和剑湖湿地省级自然保护区2个。

该区最南端的苍山分布有苍山冷杉为主的寒温性针叶林，具有典型性和极高保护价值。特殊的硬叶栎林生态系统是世界上分布海拔最高的森林生态系统。保护物种以油麦吊云杉、胡黄连、子宫草、滇金丝猴、云豹、小熊猫等为代表。区内居住有汉、白、普米、怒、傈僳等民族。

（四）香格里拉山原寒温性针叶林区

范围涉及香格里拉县和玉龙县，位于滇西北云贵高原与青藏高原的连接部，金沙江河谷以北的区域，北纬26°52′～28°50′，东经99°23′～100°22′之间，北接四川省甘孜州，南至玉龙雪山，西起金沙江东岸，东邻四川省凉山州，面积约100.26万公顷。区内建有哈巴雪山、玉龙雪山、纳帕海、碧塔海、宁蒗泸沽湖、拉市海省级自然保护区6个，以及拉市海、纳帕海和碧塔海国际重要湿地3个。

该区从金沙江河谷到高山永久积雪带，分布着亚热带到寒带的多种气候类型，形成非常明显和完整的山地植被垂直带谱。主要保护物种以高寒水韭、玉龙蕨、云南甘草、猕猴、雪豹、黑颈鹤等为代表。区内居住有汉、藏、纳西、彝、傈僳等民族。

二、云南南部边缘热带雨林区域

该区域包括高黎贡山南段中山湿性常绿阔叶林区、铜壁关热带雨林区、南汀河热带雨林区、西双版纳热带雨林区、红河湿润雨林区5个区。

（一）高黎贡山南段中山湿性常绿阔叶林区

范围涉及泸水、腾冲、隆阳、龙陵、盈江等县、区，是隆阳、龙陵、腾冲之间高黎贡山山脉主体及其南延部分，北纬24°47′~26°32′，东经97°47′~98°54′之间，西邻缅甸，东临怒江，北接福贡，南至龙陵，面积约50.97万公顷。高黎贡山国家级自然保护区南段是该区的重点保护对象。

由于巨大的纬度梯度，本区气候和生物类型呈现出南北方向逐渐由热型向冷型变化的趋势。热带起源的动植物可沿河谷上溯，分布在地势较低的沟谷中，而北方青藏高原的动植物则沿山脊南下，分布在地势较高的山体上部，产生了古热带区系和泛北极区系成份交汇过渡的现象。拥有大量中印半岛及本地种属的动植物，又融合了部分青藏高原区系动植物，形成了动植物种属复杂、新老兼备、南北过渡的格局。主要保护物种以十齿花、长蕊木兰、大树杜鹃、猕猴、云豹、黑颈长尾雉等为代表。区内居住有汉、白、苗、纳西、彝、傈僳等民族。

（二）铜壁关热带雨林区

范围涉及盈江、陇川、瑞丽、芒市和梁河等县、市，位于我国热带区域的最西部高黎贡山南延余脉，滇西伊洛瓦底江流域，北纬23°55′~24°50′，东经97°32′~98°26′之间，北、西、南三面毗邻缅甸，东至龙陵小黑山，面积约16.18万公顷，已建有铜壁关国家级自然保护区和小黑山省级自然保护区。

该区是中国唯一的伊洛瓦底江水系的热带区域，具有印—缅热带生物区系的独特特征，许多重要的动植物物种在我国就仅出现于这一地区，生物多样性极为丰富，物种特有性也较高，约有1/3的种类属滇西南特有种或者我国仅分布于该区域的特有种。主要保护物种以阿萨姆娑罗双、羯布罗香、纤细龙脑香、鹿角蕨、萼翅藤、云南藏榄、蜂猴、云豹、巨蜥、孟加拉虎、白眉长臂猿双角犀鸟等为代表。区内居住有汉、景颇、德昂、傈僳、阿昌、傣等民族。

（三）南汀河热带雨林区

范围涉及镇康、永德、凤庆、云县、临翔、耿马、沧源和双江等县、区，位于滇西南云贵高原向缅甸掸邦山地的过渡地带，北纬23°5′~24°20′，东经98°40′~100°2′之间，北连德宏州，南面、东面与普洱市相接，西与缅甸接壤，面积约41.14万公顷。建有南滚河和永德大雪山国家级自然保护区2个，以及澜沧江和南捧河省级自然保护区2个。

该区地貌以中山深切宽谷山地为主，散布众多宽谷盆地。气候具有热带和南亚热带特征。植被类型主要有热带季雨林、南亚热带季风常绿阔叶林、中山湿性常绿阔叶林等。主要保护物种以亚洲象、白掌长臂猿、孟加拉虎、绿孔雀、灰叶猴、黑桫椤、四数木、三棱栎、云南石梓、董棕、藤枣、龙血树、滇南风吹楠等为代表。区内居住有汉、傈僳、阿昌、傣、拉祜、佤、布依、布朗等民族。

（四）西双版纳热带雨林区

范围涉及勐海、景洪、勐腊、宁洱、西盟、孟连、澜沧和江城等县、市，位于云南南部热带地区，北纬21°8′~22°58′，东经99°10′~101°50′之间，北连宁洱县，西南与老挝、缅甸山水相接，面积约123.72万公顷。建有西双版纳和纳板河流域国家级自然保护区2个，其中西双版纳国家级自然保护区被联合国教科文组织确定为人与生物圈保护区。此外还有糯扎渡、菜阳河、竜山省级自然保护区3个。

该区位于北回归线以南，属热带湿润气候，是云南热带雨林保存最完好的地区。主要保护物种以望天树、藤枣、金毛狗、猕猴、白掌长臂猿、版纳鱼螈等为代表。区内居住有汉、傣、哈尼、拉祜、布朗等民族。

（五）红河湿润雨林区

范围涉及江城、墨江、绿春、元阳、金平、建水、个旧、蒙自、屏边、河口、马关和文山等县、市，位于红河下游的云南边境区域，北纬22°27′~23°29′，东经101°25′~104°17′之间，面积约117.58万公顷。区内建有黄连山、分水岭、大围山、文山（文山市部分）国家级自然保护区4个，墨江西岐桫椤、元阳观音山和马关古林箐省级自然保护区3个。

红河水系是滇东和滇西两大地理单元的分界线，在六大水系中对云南地理条件产生的影响最大。主要保护物种以原始莲座蕨、东京龙脑香、中华桫椤、蜂猴、熊猴、虎纹蛙等为代表。区内居住有汉、哈尼、傣、彝、苗、瑶、壮、拉祜、布依等民族。

三、滇东南喀斯特东南季风阔叶林区域

范围涉及丘北、文山、广南、富宁、砚山、西畴、马关和麻栗坡等县、市，北纬22°49′~24°8′，东经103°50′~106°9′之间，西与红河州相邻，东向和北向接广西，南与越南接壤，面积约104.88万公顷。区内建有文山国家级自然保护区（西畴县部分），以及广南八宝、富宁驮娘江、马关老君山和麻栗坡老山等省级自然保护区4个。

该区具有典型的岩溶地貌，高度的景观异质性使区内生物多样性具有丰富、特有、脆弱的特征。原始而典型的南亚热带阔叶林植被类型是亚热带植物区系的起源中心之一，也是华夏植物区系的核心部分，保存了大量以木兰科孑遗物种为代表的特有种类。古老和新生类群在该区同时发展，形成一个植物演化历史博物馆。主要保护物种以华盖木、福建柏、望天树、蜂猴、云豹、黑颈长尾雉等为代表。区内居住有汉、壮、苗、彝、瑶、回、傣、布依、蒙古等民族。

四、滇东北乌蒙山湿润常绿阔叶林区域

该区域包括乌蒙山湿润常绿阔叶林区和金沙江下游干热河谷区2个区。

（一）乌蒙山湿润常绿阔叶林区

范围涉及绥江、水富、大关、彝良、昭阳、威信和镇雄等县、区，位于滇东北云、贵、川三省结合部，北纬27°20′~28°40′，东经103°17′~105°19′之间，属金沙江下游四川盆地向云贵高原抬升的过渡地带。西南连接滇中高原，东南连接黔西北高原，西北为川西南山地，东北接四川盆地的西南部山地，面积约65.63万公顷。新建的乌蒙山省级自然保护区，是由原三江口、朝天马和海子坪3个省级自然保护区，以及小岩坊和罗汉坝2个市级保护区合并建立，此外还有长江上游珍稀特有鱼类国家级自然保护区。

该区具有中国西部与东部植物区系的过渡性特征，以常绿阔叶林占优势的生态系统中，普遍存在优势种的地理替代现象，动植物区系的显著过渡性使本区具有特殊保护价值。主要保护物种以福建柏、珙桐、鹅掌楸、藏酋猴、川西斑羚、黑颈鹤等为代表。区内居住有汉、苗、彝、回等民族。

（二）金沙江下游干热、干暖河谷区

范围涉及禄劝、会泽、巧家、鲁甸、昭阳和永善等县、区，位于滇东北金沙江沿线，北纬26°0′~27°35′，东经102°43′~103°24′之间，其北向、西向以金沙江为界，与四川省相邻，南接昆明盆地，面积约19.93万公顷，有药山和轿子山国家级自然保护区2个。

该区金沙江下游沿岸海拔1300米（阴坡）~1600米（阳坡）以下为典型的干热河谷区。区内动植物区系具有明显的过渡性特点，物种特有率极高，具有重要保护价值。主要保护物种以巧家五针松、攀枝花苏铁、栌菊木、林麝、云豹、白腹锦鸡等为代表。区内居住有汉、彝、壮、苗、布依等民族。

五、澜沧江中游—哀牢山中山湿性常绿阔叶林区域

该区域包括澜沧江中山宽谷常绿阔叶林区、无量山中山湿性常绿阔叶林区和哀牢山中山湿性常绿阔叶林区3个区。

（一）澜沧江中山宽谷常绿阔叶林区

范围涉及临翔、云县和凤庆等县、区，属澜沧江流域中部地段，北纬23°55′~24°59′，东经99°46′~100°22′之间，面积约7.86万公顷。建有澜沧江省级自然保护区。

该区属第四纪更新世初期喜马拉雅抬升运动所形成的深度切割中山宽谷、峡谷地貌。也是澜沧江（湄公河）的直接汇水区，具有重要的生态服务功能。主要保护物种以千果榄仁、篦齿苏铁、普通野生稻、西黑冠长臂猿、灰叶猴、黑颈长尾雉等为代表。区内居住有汉、彝、布朗、佤、傣、拉祜等民族。

（二）无量山中山湿性常绿阔叶林区

范围涉及昌宁、巍山、南涧和景东等县，位于横断山脉南端中山峡谷区。山体呈西北－东南走向，北纬24°13′~25°1′，东经100°11′~100°55′之间。西北起于南涧县，向西南延伸至镇沅、景谷等地，西至澜沧江，东至川河，面积约6.98万公顷。建有无量山国家级自然保护区和青华绿孔雀省级自然保护区。

该区具有中亚热带向南亚热带过渡的气候类型，中山湿性常绿阔叶林是其最典型的森林类型，占总面积的48.6%，保持着较为原始的状态。主

要保护物种以景东翅子树、云南拟单性木兰、伯乐树、西黑冠长臂猿 、绿孔雀、冠斑犀鸟等为代表。区内居住有汉、彝、苗、哈尼、傈粟、佤等民族。

（三）哀牢山中山湿性常绿阔叶林区

范围涉及南华、楚雄、景东、双柏、镇沅、新平、元江、红河和墨江等县、市，位于滇中云岭山脉南延余脉，是云贵高原与横断山脉分界线，北纬23°9′~24°56′，东经100°44′~102°27′之间。北起南华县，南抵红河县，西南始于阿墨江河谷，东至红河，面积约22.04万公顷。建有哀牢山、元江国家级自然保护区2个和阿姆山省级自然保护区。

该区植被类型多样，森林覆盖率85%，垂直带谱完整，植物区系处于泛北极植物区和古热带植物区之间，分属于中国—喜马拉雅森林植物亚区和马来西亚植物亚区。动物区系属东洋界西南区西南山地亚区。主要保护物种以滇南苏铁、云南红豆杉、篦子三尖杉、中华鬣羚、黑熊、黑颈长尾雉等为代表。区内居住有汉、彝、哈尼、拉祜、傣、瑶、阿昌、布依等民族。

六、云南高原湿地区域

该区域包括滇中高原湖泊区、滇西北高原湖泊区和滇东北高山沼泽化草甸区3个区。

（一）滇中高原湖泊区

该区以滇中高原为中心，湿地水面面积约6.52万公顷，以大型湖泊湿地、湖滨沼泽湿地和河流湿地为代表。地势起伏和缓，年均降水量在700~1200毫米之间，地带性植被为半湿润常绿阔叶林。这里是云南大中型断层陷落构造湖泊和中小型岩溶溶蚀湖泊分布最集中的区域，有昆明滇池、阳宗海，寻甸清水海，玉溪抚仙湖、星云湖、杞麓湖等断陷构造湖及石林长湖和月湖等石灰岩溶蚀型湖泊。

该区位于长江、珠江和红河等水系上游，湖泊、湿地受污染及占用严重，恢复和保护的任务十分艰巨。主要保护物种以宽叶水韭、川八角莲、海菜花、水獭、蓝尾蝾螈、云南闭壳龟等为代表。区内居住有汉、彝、回、白、傈僳、壮、哈尼等民族。

（二）滇西北高原湖泊区

该区以滇西北典型的高原湖泊湿地为代表，湿地水面面积约2.47万公顷，包括香格里拉碧塔海、纳帕海、属都湖、千湖山冰蚀湖群，丽江拉市海和文海，宁蒗泸沽湖，永胜程海，以及大理洱海，剑川剑湖，洱源茈碧湖、西湖、海西海和鹤庆草海等。其中，程海、泸沽湖、纳帕海、碧塔海、属都湖、千湖山等属长江水系，洱海、剑湖、茈碧湖、西湖、海西海和鹤庆草海属澜沧江水系，建有纳帕海、碧塔海、宁蒗泸沽湖、拉市海、剑湖湿地等省级自然保护区。其中，碧塔海、纳帕海和拉市海均为国际重要湿地。

该区高原湖泊分布最集中，占云南湖泊总数和面积的2/3。多为断层陷落构造湖泊，分布集中而形成湖群，但湖泊之间大多无水道相连，形成隔离效应，促进了生物的地理隔离分化，发育了众多的高原湖泊特有生物类群。该区是湿地生物多样性最丰富的区域，主要保护物种以海菜花、高寒水韭、扇蕨、黑颈鹤、大天鹅、黑鹳等为代表。区内居住有汉、藏、纳西、彝、白、傣、傈僳、普米等民族。

（三）滇东北高山沼泽化草甸区

该区以滇东北大量湖泊和沼泽化草甸为代表，面积约2.49万公顷。包括会泽者海，宣威逸谷海、鹰窝海、响宗海、关营海，沾益海峰等，多为岩溶地貌断裂陷落的基础上在流水侵蚀、溶蚀等外力作用下形成的小型湖泊。本区沼泽与沼泽化草甸是最具保护的精髓，包括昭通大山包和药山、大关罗汉坝、水富铜罗坝、永善茂林、伍寨和巧家马树大海子、孔家营、会泽者海等沼泽与沼泽化草甸湿地。建有昭通大山包、会泽黑颈鹤2个国家级自然保护区和沾益海峰湿地省级自然保护区。

该区是云南人口压力最大的区域之一，保护与开发的矛盾十分突出。主要保护物种以宽叶水韭、乌蒙绿绒蒿、黑颈鹤、灰鹤、白尾海雕等为代表。区内居住有汉、彝、白、傣、壮、苗、拉祜、傈僳等民族。

云南生物多样性保护行动

一、加快生物多样性保护政策法规体系建设

（一）健全云南省生物多样性保护法规体系。制定《云南省生物多样性保护条例》等法规。

（二）参照国家层面相关法律法规，研究制定云南在自然保护区管理、农业遗传资源保护和利用、生物安全等领域的法规。

（三）建立和完善与生物多样性保护相关的财政、税收等政策。

（四）加快推进《云南省湿地保护条例》的立法工作，建立湿地保护的协调机制。

二、加快建立和完善生态补偿机制

（一）建立和完善与生物多样性保护相关的补偿机制。选择矿产资源开发、流域水资源开发等涉及生物多样性保护的重点领域，积极开展生态补偿试点示范。

（二）拓宽生态补偿资金融资的渠道，健全生态补偿的市场化机制。

（三）完善森林生态效益补偿机制，逐步扩大公益林补偿范围，提高补偿标准。

（四）完善野生动物肇事补偿机制和相关制度。

（五）研究制定生态旅游开发的补偿机制及相关政策。

三、加快完善生物多样性保护管理机制

（一）完善云南省生物多样性保护联席会议工作制度，强化联席会议的统筹协调作用。

（二）建立并完善州、市、县、区级生物多样性保护联席会议制度，加强省与州、市、县、区政府之间、部门之间的数据共享、信息交流和协调。

（三）建立各级政府和机构之间的生物多样性保护和生物安全信息交换制度，构建生物多样性保护的跨部门决策咨询支持体系。

（四）建立生物多样性保护监督评估机制，加强工作督查和行政问责，保障生物多样性保护各项工作落到实处。

四、加快建立生物多样性保护的评价体系

（一）强化实施《自然保护区建设项目生物多样性影响评价技术规范（试行）》，最大限度减轻开发活动对生物多样性的影响。

（二）在生物多样性保护优先区域，加强生物多样性影响专题评价，推行《生物多样性影响评价技术规范》，促进公众参与。

（三）开展气候变化、生物入侵、转基因生物环境释放、生物质能源植物规模化种植、大面积人工林营造、土地利用变化、栖息地退化等专题生物多样性影响评价。

（四）开展保护优先区域的生物多样性价值评估。

五、加强生物多样性保护专项执法与综合执法

（一）加强生物多样性保护和资源利用的多部门协作监管，建立打击破坏生物多样性资源违法行为的跨部门协作机制。

（二）开展打击盗猎盗伐野生保护动植物专项执法行动，加强野生动植物的贸易监管。

（三）完善生物物种的出入境检验检疫制度，制定颁布《云南省生物遗传资源出入境管理名录》；加强出入境口岸检验检疫和海关监管能力建设，严厉查处各类盗取生物物种资源进出口的违法行为。

（四）开展自然保护区专项执法检查。

六、开展生物多样性资源调查和编目

（一）进一步落实《云南省生物多样性保护工程规划》，开展保护优先区内生物多样性资源的调查编目。定期开展云南省野生动植物资源调查等生物多样性基础调查。

（二）进一步落实云南省极小种群物种拯救保护规划纲要和行动计划，开展极小种群物种分布、种群数量、结构及其栖息地基本特征等专项调查。

（三）开展生态系统编目与修订，掌握生态系统的现状、生态过程、服务功能及其变化规律。

（四）开展原始森林的调查编目，掌握全省原始森林各类型（群系）的分布和现状，促进全省原始森林的保护和监管。

（五）开展六大水系中上游干支流以及高原湖泊的鱼类、水生植物和底栖生物的种类、种群数量和栖息地调查和编目；评估水生生物资源，特别是鱼类资源的受威胁状况。

（六）建立优先保护区域的动植物资源数据库，评估保护成效，制定保护对策，为科学开展野生动植物保护管理工作提供准确数据。

七、加快建立生物多样性监测体系

（一）建立完善生态系统和物种资源的监测标准体系，推进生物多样性监测工作的标准化和规范化。

（二）加强生态系统和物种定位研究站、鸟类环志站点、野生动植物资源监测站点建设，构建全省生物多样性监测网络体系和监测信息共享机制。

（三）加强珍稀濒危特有物种及其栖息地、极小种群物种、野生动物疫源疫病等重点领域的监测。

（四）建立一批生物多样性社区监测示范村，探索开展以社区居民为主体的生物多样性社区监测。

八、提高生物多样性保护的信息化水平

（一）制定并实施部门间统一协调的生物多样性数据管理机制，完善信息源目录，建立统一的数据库标准和数据共享标准体系。

（二）构建物种本底资源编目数据库及其数据更新机制。

（三）建立生物多样性保护的动态评估体系和专家决策支持系统，定期分析保护态势；制定权威信息发布和数据共享机制，发挥生物多样性信息

系统的功能和作用。

（四）加强生物多样性保护政府网站建设，向公众和企事业单位提供生物多样性保护及利用的信息服务。

九、加强自然保护区建设和管理

（一）理顺自然保护区管理体制。加强自然保护区管理机构能力建设，建立健全各级自然保护区管理机构，制定管理政策。

（二）加强自然保护区基础设施建设，改善工作条件，提升自然保护区的规范化管理水平，推进自然保护区发展从数量型向质量型转变。

（三）合理规划自然保护区发展规模和布局。重点加快滇西北碧罗雪山、千湖山和香格里拉大峡谷等保护区的申报，滇东北乌蒙山省级自然保护区、滇东南马关古林箐省级自然保护区的晋升工作；通过新建、晋升、合并、调整等措施构建保护类型齐全、布局合理、面积适宜、建设与管理科学的自然保护区网络体系。

（四）开展能力培训，提高自然保护区管理、科研、巡护人员的业务水平；探索不同类型自然保护区的社区共管模式，开展社区共管试点示范。

（五）在跨境保护地的毗邻区域，研究建立跨国界自然保护区并探索联合管理办法；推进西双版纳尚勇片区和老挝南塔南木哈中老联合保护地的建设；筹划联合越南、老挝两国合作建立“绿三角”跨境联合自然保护区域。

十、加强其他各类重要保护地建设和管理

（一）加强国家公园建设，构建布局合理、功能完善、建设规范、管理高效，与国际接轨且兼具云南特色的国家公园体系。

（二）编制国家公园、风景名胜区、世界自然遗产地等各类保护地的生物多样性保护和管理规划。

（三）以“三江并流”世界自然遗产地及5个国家级重点风景名胜区为试点，开展生态承载力评估研究及生物多样性保护示范项目，把握区域生态环境和生物多样性对经济社会活动的承载力和可控性。

（四）加强各类保护地管理机构的能力建设。

十一、加强湿地生物多样性保护

（一）开展湿地生物多样性本底调查，全面掌握湿地生物多样性资源状况、湿地生态系统结构与功能特征、湿地珍稀濒危物种和特有物种分布等信息。

（二）加强云南湿地结构特征和生态过程的研究，特别是气候变化背景下，人类活动干扰对湿地生物多样性的影响和湿地对气候变化的响应研究。

（三）加强高原湿地退化生态系统的修复与重建，重点包括滇西北湖泊区、滇东北高山沼泽化草甸区以及滇中高原滇池、星云湖、杞麓湖等污染湖泊区。

（四）加强国际重要湿地、湿地自然保护区、湿地公园、湿地保护小区等各类湿地保护设施的建设。

十二、加强保护地体系外重要物种及其生境的保护

（一）继续推进天然林保护、退耕还林、防护林体系、野生动植物保护等重点生态工程的实施。

（二）加大对生态公益林的保护和建设力度，提高森林生态效益补偿标准。

（三）加强对保护地之外珍稀濒危和极小种群野生动植物就地保护小区、保护点的建设，探索多种模式的就地保护机制。

（四）加强城市绿地、河流湖泊、自然湿地等生态和景观敏感区的管理和保护。

（五）利用自然“圣境”等民族传统文化和传统知识保护自然资源，建立自然圣境保护地，开展监测和有效保护。

十三、加强栽培作物、饲养动物野生型和近缘种就地保护

（一）开展重要栽培作物和饲养动物野生型和近缘种种质资源调查和编目。

（二）完善和新建畜禽种质资源就地保护基地，加强畜禽资源原生境保护。

（三）收集农作物及其野生近缘植物种质资源，建立完善农作物及其野生近缘植物原生境保护区（点）。

（四）在具有较高经济价值和遗传育种价值的水产种质资源主要栖息地和繁育区，建立水产种质资源保护区。

（五）逐步完善种质资源保存体系，建立经济林木、野生花卉、药用植物等遗传基因种质资源保存库和相应的种质资源保存圃。

（六）建立资源更新繁殖、性状鉴定技术体系；开展重要种质资源的更新繁殖、性状鉴定与评价；加强极端环境条件下农作物野生近缘种特异性状的鉴定。

十四、加强优先保护区域退化生态系统的恢复与重建

（一）加大力度促进滇西北高山峡谷区退化森

林生态系统和退化草甸的恢复。

（二）在西双版纳建立示范区，科学调整经济林种布局，恢复云南南部边缘热带优先保护区域退化生态系统。

（三）以金沙江、元江、怒江等典型干热河谷为试点，加强干热河谷植被退化地段的人工促进恢复。

（四）在滇东南和滇西南等生物多样性优先保护区域中石漠化严重地区，选择试点县、市、区，实施石漠化地区植被恢复工程。

十五、加强迁地保护体系建设

（一）完善植物园体系建设，形成较为完整并覆盖热带、亚热带、温带（高山、亚高山），跨不同海拔梯度和特殊生境，具有云南特色的植物园体系。

（二）建设一批国家重点保护植物繁育基地；完善云南省珍稀濒危植物的种质资源和野生重要经济物种（如药用、香料植物和花卉等）的保存和繁育体系；依托云南省中药材基地，在18个重点县、市、区建设珍稀濒危药用野生植物繁育和生产基地。

（三）加强近地保护工作，重点对难以实现迁地保护的珍稀濒危物种采取近地保护措施，以保证这些物种的繁衍和扩增。

（四）依托昆明动物园、云南野生动物园、云南省野生动物收容拯救中心，以及其他珍稀动物繁育设施等，开展珍稀濒危动物的繁殖、种群恢复研究、收容和拯救工作；选点筹建新的动物繁育基地；扩大珍稀濒危特有物种种群数量，实现科学放归和再引种。

（五）建设濒危野生农作物近缘种、乡土作物品种、牧草品种、药用植物、优质用材树种等繁育基地；完善农业种质资源保存利用中心和种质资源库建设；建成一批药用植物繁育基地。

（六）建立城乡古树名木保护档案，加强城市规划区内珍稀濒危物种的迁地保护。

十六、加强极小种群及濒危物种的迁地保护

（一）根据《云南省极小种群物种拯救保护规划纲要》和《云南省极小种群物种拯救保护紧急行动计划》，实施极小种群物种拯救工程，确保其生存繁衍；通过人工繁育和扩繁，使优先重点保护的极小种群物种种群数量有较大增加。

（二）建立健全极小种群物种监测站点网络，对云南已颁布的极小种群物种实施系统监测；建立极小种群监测状况的数据库和信息发布网站。

（三）依托并整合相关科研机构和高校的科技力量，加强极小种群及濒危物种的保护研究；建立极小种群及濒危物种保护研究与成果共享合作机制。

（四）多渠道开展针对极小种群及濒危物种保护的融资，设立极小种群及濒危物种保护的专项基金。

十七、建立和完善生物遗传资源保存体系

（一）依托中国西南野生生物种质资源库，加强种子库、植物离体库、微生物库、动物种质资源库、遗传基因库和信息中心等专题资源库的建设。

（二）开展重要野生植物种子及相应凭证标本、遗传基因材料、纸质数据表和照片的收集，扩大采集地域，重点采集珍稀濒危、特有和具有经济价值的物种，提高种质资源保存质量；开展种子形态鉴定、保存的生物学研究等。

（三）加大对非种子材料，如试管苗、鳞茎、花粉及其他微繁殖体或培养物，以及动物细胞、菌株、遗传基因片段等多种类型种质资源的收集和保存。

（四）开展动物种质资源采集和处理入库工作，每年新增约50个种，5 000份动物种质资源（细胞、组织、遗传基因片段和精子）。

（五）推进国际生命条形码计划（iBOL）的实施；建立云南省珍稀、濒危和特有动植物物种的条形码序列文库。开发物种鉴定、生物多样性监测、生物入侵监测与预警等领域的国际生命条形码计划应用系统。

十八、加强农业生物多样性传统资源保护与可持续利用

（一）开展农业生物多样性传统资源补充调查评估，查清地方作物品系、畜禽品种等传统资源的种类、分布地、濒危状况和威胁因素等，完善农业生物多样性传统资源数据库，开展动态监测，并制定优先保护策略。

（二）开展传统地理标志产品的调查、编目、申报、认证和保护。

（三）强化农业生物多样性传统资源中优良品种种质基因的鉴定、整理和筛选；培育优良新品种，开展传统资源利用技术研究、生产示范和推广应用。

（四）推广与传统资源保护利用相关的生产技术。选取典型物种和区域，研究传统资源保护与合理利用模式，建立农业生物多样性传统资源保护和利用示范及农业生物多样性管理模式的推广

示范。

十九、促进生物产业的可持续发展

（一）制定与生物多样性保护相协调的生物产业原料基地、加工生产基地发展布局规划。

（二）抢救性调查收集重要的生物遗传资源，完成重要生物产业发展原料所需生物资源的编目，建立资源调查数据库。

（三）研究构建生物产业发展的标准化体系，科学、合理、高效地保护和科学利用生物资源。

（四）加强生物资源利用核心关键技术和重要产品研究，为生物医药、生物农业、生物能源、生物制造、生物环保和生物服务等新领域提供技术支撑，提高生物资源的利用效率和水平。

（五）选择一批以现代生物技术为支撑的重大自主创新成果和龙头企业，组织实施产业化示范工程，培育形成若干新的经济增长点和一批具有较强市场竞争力的生物产业和企业集团。

二十、规范和促进生态旅游发展

（一）建立健全生态旅游管理机制，统筹协调生态旅游与生物多样性保护，促进生态旅游可持续发展。

（二）建立生态旅游标准，开展生态旅游景区认证，引导和扶持一批专业化生态旅游运营企业，规范生态旅游开发活动。

（三）修编《云南省生态旅游产业发展总体规划》，科学布局生态旅游产业。打造一批省内和跨境精品生态旅游线路；建立10个以上符合国际标准的高端生态旅游示范区。

（四）强化生态旅游开发项目的生物多样性影响评价，建立和完善生态旅游信息管理平台，加强跟踪监测，适时调整生态旅游方案。

（五）加强对游客的生物多样性保护和生态旅游知识宣传和培训，提高保护意识。

二十一、开展生物多样性保护与减贫示范

（一）研究建立相关利益群体广泛参与的生物多样性保护和减贫的协调机制和政策，强化生物多样性保护与减贫的多部门协调、合作与资源整合。

（二）开展全省生物多样性保护与贫困相关性的调查评估，梳理总结现有生物多样性保护与减贫项目的模式、技术和经验，研究生物多样性保护和减贫的成功模式。

（三）筛选不同类型生物多样性资源利用与农村生计发展的典型区域，实施生物多样性保护和减贫示范项目。

（四）进一步探索和巩固“社区共管”体制的建立和建设，充分发挥社区共管机制的功能，不断提升生物多样性保护对当地居民脱贫致富的效益水平，促进人与自然长期共同和谐发展。

二十二、开展有害生物及外来入侵物种的预警与防控

（一）完善有害生物和外来入侵物种的多指标综合评价体系，对重点有害生物和外来入侵物种进行风险分析和分级管理，为早期预警和管理决策提供依据。

（二）对重要有害生物和外来入侵物种的分布状况开展系统调查、监测和预警研究，建立外来入侵物种长期监测机制、生态风险预警机制和应急响应机制。

（三）建立疫情监测站点网络，对野生动物疫源疫病进行系统监测；规范野生动物疫源疫病监测、疫情上报制度，有效预防野生动物疫源疫病入境。

（四）以生态调控为基础，对外来入侵生物开展可持续控制，对危害较大的物种实施治理工程；推广针对薇甘菊、紫茎泽兰等入侵物种的防除技术。

二十三、开展气候变化背景下生物多样性监测预警

（一）制定应对气候变化的生物多样性保护行动计划。评估气候变化对云南重要生态系统、物种、遗传资源及相关传统知识的影响，研究气候变化背景下生物多样性的动态、维持机制与保护对策。

（二）开发气候变化对生物多样性影响的监测技术，建设监测网络，开展重点监测。

（二）建设物种迁徙廊道，降低气候变化对生物多样性的负面影响；培育优良动植物新品种，增强其适应气候变化的能力。

二十四、加强转基因生物安全管理

（一）建立完善转基因生物安全突发事件应急机制，提升云南应对可能大规模爆发生物安全突发事件的能力。

（二）完善转基因植物安全管理体系和相应的转基因损害赔偿制度。

（三）加强转基因生物环境释放的生态安全评价、监测和检测的技术体系与平台建设。

（四）构建转基因生物的强制性标识体系，保

护消费者的知情权和选择权。

二十五、发掘整理生物多样性保护的优良传统文化

（一）将生物学的分类调查方法与少数民族对生物多样性的识别、利用和管理等传统知识结合起来，发掘当地传统知识中有关生物多样性保护与利用的实践经验和方法。

（二）开展与遗传资源相关的传统知识和实践的调查，对传统品种资源和传统栽培及育种技术进行调查和整理编目，完善生物多样性传统知识数据库。

（三）在全省传统医药知识普查的基础上，建立云南传统医药知识产权登记制度。

（四）开展生物资源利用的传统技术创新与传统生产生活方式的调查和编目。重点包括传统生态农业技术和生物资源加工技术，如庭园种植、混农林系统、立体种植、食品加工、纺织印染等。

二十六、促进遗传资源及相关传统知识的合理利用与惠益共享

（一）制定符合云南省情的生物遗传及相关传统知识获取与惠益共享政策和制度。

（二）制定《云南省遗传资源获取和惠益分享操作指南》，据此建立获取生物遗传资源及相关传统知识的“共同商定条件”和“事先知情同意”程序。

（三）加强遗传资源获取和惠益分享的国际交流。促进建立东盟乃至整个亚洲地区的“遗传资源获取和惠益分享论坛”机制。加强与亚洲其他国家之间的信息交流和沟通协调，共同应对发达国家利用申请专利等手段损害发展中国家利益的行为。

（四）借助国际社会和相关国际组织的力量，加强云南省在遗传资源获取与惠益共享、世界知识产权制度等领域的能力建设。

二十七、加强生物多样性保护的科研平台建设

（一）加强云南生物多样性研究院、西南生物多样性实验室、国家林业局西南山地生物多样性保育重点实验室、国家高原湿地研究中心、云南省高原湖泊流域污染生态过程与管理重点实验室、农业生物多样性保护工程中心、云南滇金丝猴研究中心等专业科研机构的建设，打造生物多样性保护与利用的基础科研和推广示范平台。

（二）加强生物多样性保护科研基础建设，合理配置、整合和使用科研资源与设备，增强生物多样性保护与可持续利用的研究开发能力。

（三）加强生物多样性保护新理论、新技术和新方法的基础研究。

（四）加大对生物分类学、生态学等基础学科研究的支持力度。

（五）加强生物多样性保护专家咨询和技术推广支撑体系建设。

二十八、加强生物多样性保护与可持续利用人才的引进和培养

（一）依托“千人计划”、“百人计划”、“云岭学者”等高端人才机制，面向全世界引进生物多样性保护与利用研究的领军人才。

（二）发挥中央驻滇及云南相关科研单位和高校的专业研究优势，加强生物多样性研究人才培养。

（三）发挥云南相关高校专业学历培养教育的资源优势，完善生物多样性保护与利用学科设置，加强与生物多样性相关的学历教育和人才培养。

（四）加强专项业务培训，提升与生物多样性保护和管理相关的职能机构从业人员的技能。

二十九、加强生物多样性保护与利用的重大科技攻关研究

（一）开展气候变化背景下生物多样性的响应和适应研究。

（二）开展云南森林植被中长期演变与趋势研究。

（三）开展珍稀濒危和重点保护动植物的濒危机理与应对策略研究。

（四）开展大面积原生植被的丧失对生物多样性影响研究。

（五）开展优先保护区域的典型退化生态系统的恢复与重建研究。

（六）开展狭域特有种群和极小种群自然演替和种群恢复机理研究。

（七）开展重要和特殊经济价值生物资源快速繁育与开发利用研究。

（八）开展优先保护区域的基础设施和重大工程建设项目对生物多样性影响评价体系研究。

（九）开展生物多样性价值评估体系研究。

（十）加强生物多样性的维持、功能及保护等方面的基础科学研究，特别是加强生物多样性的生态功能效应，以及生物多样性的保护和利用之间内在联系等方面的研究力度。

三十、加强生物多样性保护和利用的科技成

果转化

（一）建立健全生物多样性研究成果转化的有效机制。

（二）重点加强林业、农业、生物医药等领域生物多样性研究成果的转化和推广，建立生物多样性保护与应用技术示范点。

（三）实施生物产业专项工程，鼓励生物技术研究创新和知识产权保护，实现生物产业关键技术和重要产品研发的新突破。

三十一、加强边境地区和重点流域生物多样性保护国际合作

（一）积极参与国际生物多样性保护的科技合作和项目研究，加强生物多样性保护与利用的政策交流与合作，有效利用各种国际科技合作资金。

（二）构建在大湄公河次区域（GMS）框架下的生物多样性合作机制；建立全球化生物多样性保护伙伴关系网络。

（三）完善或新建云南与周边国家保护地之间的生物多样性跨国廊道，探讨跨境自然保护区的合作管理机制，推进云南省与东盟国家间的生物多样性保护与利用的合作进程。

（四）探索以重点流域为单元，开展对重点流域生态系统和物种的保护，探索形成重点流域生物多样性整体保护和综合管理的模式。

（五）利用各种多边和双边合作机制，积极开展重点保护物种繁育、植物种子的交换、转基因物种的监管等方面的国际交流。

三十二、积极推动政府与民间团体的合作交流

（一）强化政府和民间团体之间的生物多样性保护协调与合作，在技术、资金和管理等方面建立广泛、持续的联系和沟通。

（二）探索建立政府和民间团体之间生物多样性保护的良性互动机制，形成云南省生物多样性保护的合力。

（三）加强国际和区域性的合作。重点培养一批熟悉世界贸易组织（WTO）环境条款和相关协议以及转基因生物管理的专门人才，加强大湄公河次区域（GMS）及国际转基因生物管理的合作。

三十三、建立生物多样性保护的公众参与和监督机制

（一）建立健全云南省生物多样性保护重大决策的听证、重要决议公示和重点工作通报制度；建立公众和媒体监督机制，加强公众参与和监督。

（二）研究制定《生物多样性影响评价公众参与办法》，将公众参与生物多样性影响评价制度化，促进公众公开、平等、广泛和便利地参与生物多样性的影响评价。

（三）推进信息公开，建立涉及野生动植物利用、水资源开发、有毒有害物质排放等企业的强制信息披露制度，并将其信息纳入企业诚信系统。

三十四、加强生物多样性保护公众宣传教育

（一）建立生物多样性博物馆。建成集室内与室外、活体与标本相结合的高端生物多样性博物馆，打造云南生物多样性科技研发、普及、宣传、展示的亮点和品牌。

（二）充分利用网络、广播电视、报纸期刊、图书发行、宣传海报等传媒途径，建立有影响力的生物多样性公共信息交流平台，进行广泛的生物多样性保护宣传。

（三）开展国际国内各种生物多样性保护纪念日宣传活动。

（四）招募、组织生物多样性保护志愿者，深入社会各阶层、各地区，尤其是生物多样性敏感地区，对公众进行生物多样性保护宣传教育活动。

三十五、保障与监督

（一）保障机制

1. 政策法规保障

尽快制定和出台《云南省湿地保护条例》、《云南省生物多样性保护条例》等法规；经济社会发展项目的立项审批，应增加和完善生物多样性保护的要求；制定实施支持生物多样性保护的财税政策和多渠道筹集生物多样性保护资金的融资政策，统筹协调经济社会发展领域和生物多样性保护领域之间的措施。加大执法力度，建立多部门联合执法机制，重点查处涉及自然保护区、风景名胜区、世界自然遗产地等破坏生物多样性的违法行为。

2. 组织保障

充分发挥各级政府相关部门的管理职能和云南省生物多样性保护联席会议的作用，合力推进生物多样性保护各项工作；建立健全州、市、县、区人民政府牵头的联席会议制度，将生物多样性保护纳入区域和部门发展规划，完善工作机制，统筹协调推进；各州、市人民政府根据《云南省生物多样性保护战略与行动计划（2012～2030年）》的目标、任务和行动，制定相应的实施方案，分解落实各项目标任务。进一步发挥云南省生物多样性保护联席会议专家咨询委员会作用，对涉及生

物多样性保护的重大政策、重大项目进行前期调研咨询，提高决策的科学性。理顺部门职责，提高保护管理能力。树立生态系统协调管理的思想，明确责任，强化协作，逐步建立有利于生物多样性保护和生物资源管理的体制格局，进一步强化生物多样性保护主管部门间的协调机制。

3. 科研支撑保障

加强科研基础设施建设，加大对现有科技成果的推广应用、关键技术和关键问题的科技投入力度。依托中科院驻滇单位及本省科研机构、大专院校和规划设计单位的人力资源优势，开展各种形式的技术合作，对生物多样性保护的核心和关键技术进行多学科联合攻关，重点研究。加大保护理论、保护技术和资源利用技术的研究，推广生物多样性保护和人工培育利用的相关实用技术。建立生物多样性保护专家咨询和技术支撑系统，完善科技推广和技术交流网络，为生物多样性保护提供技术支撑。

4. 融资机制保障

完善投入增长机制，建立省级生物多样性保护专项资金，各州、市也要分别设立生物多样性保护专项资金。帮助云南省有关生物多样性保护的各民间基金会运作，拓展基金来源渠道，实现企业捐助、国外援助、社会各界支持等多元化投入机制，切实发挥资金效益和引导作用，提高资金使用效率。本着“谁开发谁保护，谁破坏谁恢复，谁利用谁补偿”的原则，积极探索并逐步建立资源使用成本的合理化机制。

5. 补偿机制保障

以落实国家相关部委与我省签署桥头堡建设战略合作协议为契机，积极争取国家支持，加快建立和完善生态补偿机制。针对不同领域不同层次的补偿需求，在评估生态系统服务价值的基础上，建立生物多样性有偿使用制度和生物多样性保护补偿机制。按照“谁损害谁修复”的原则，由资源使用人修复被损害的生态资源；未按要求修复的，依法交纳资源恢复费，收费收入全额缴入财政。

（二）能力建设

1. 执法能力

强化生物多样性保护管理行政执法队伍建设，开展执法人员业务培训，加强执法装备建设，保证执法管理经费，增强执法能力，规范执法行为。

2. 管理能力

建立健全各级生物多样性保护管理机构，采取多种形式对州、市级以上的有关部门管理、决策人员和从事生物多样性保护相关工作人员进行培训，尽快培养一支生物多样性保护专业技术队伍，从事我省生物多样性保护的研究和管理工作，提高生物多样性有效保护的管理水平。

3. 宣传教育能力

依托各自然保护区、科研教学部门的迁地保护园地，设立多种形式的展览馆、博物馆等，持续开展多种形式的生物多样性保护科普宣传。进一步加强与联合国相关机构、有关国家和地区以及民间组织的交流合作，全面提升生物多样性保护宣传教育水平。

4. 信息收集和交流能力

建立与国家相对应的生物多样性信息收集体系。对有关生物多样性的调查、监测及其他保护活动所获取的数据资料进行收集和管理，建立全省统一的生物多样性数据库系统，实现信息网络联通和共享。进一步扩大生物多样性保护的国际交流与合作，与有关国际组织、外国政府、民间组织和团体等在人员、技术、资金、管理等方面建立广泛的联系和沟通。

（三）成效评估

1. 建立监督和评估机制

省生物多样性保护联席会议负责对《云南省生物多样性保护战略与行动计划（2012～2030年）》的实施情况进行监督。各州、市人民政府、省直有关部门要制定计划或方案，分解落实生物多样性保护的各项任务。省监察厅、省政府督查室要加强对生物多样性保护的督查督办，确保目标任务的落实。鼓励群众和社会团体监督，鼓励从事环境保护和生物多样性保护的民间组织等，根据有关国际公约和国内的法律法规履行生物多样性保护监督的责任和义务。

2. 建立健全考核评估指标体系

在征求省生物多样性保护专家咨询委员会意见的基础上，制定相关的考核评估方案，依靠专家确定考核评估指标，对《云南省生物多样性保护战略与行动计划（2012～2030年）》的实施进展，按考核评估指标进行绩效评估和验收。通过考核评估，优化调整《云南省生物多样性保护战略与行动计划（2012～2030年）》实施方案。

（资料来源：云南省生物多样性联席会议）

索 引

说　明

一、本索引是《云南生态年鉴·2014》的内容分析索引，按主题分析法编制。索引范围包括条目、文献、图片、表格等。

二、本索引按主题词首字汉语拼音字母（同音字按声调）顺序排列；首字为阿拉伯数字、拉丁字母者，以“非音序”集中排列在本索引末。

三、类目、分目、次分目及文件名作索引款目时用黑体字排印，其余款目用宋体字排印。表格在其款目后注明“表”。

四、空两字起排的款目为上一主题的“附见”。在主题词后出现两个以上的页码为“参见”。

五、索引款目后的数字表示内容所在的页码，数字后的拉丁字母（a、b）表示主题内容在该页码的栏别（从左至右）。

A

B

C

D

E

F

G

H

J

K

L

M

N

P

Q

R

S

T

W

X

Z

非音序

倡导绿色和谐
促进生态文明

云南省生态文明建设研究会

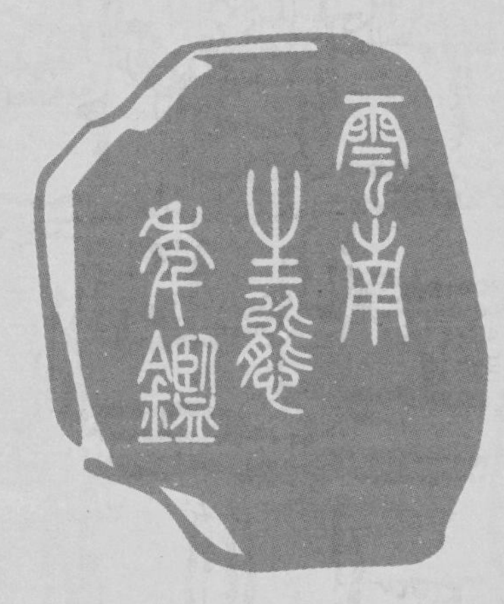

- ★ 荣获第四届全国年鉴编纂出版质量评比综合一等奖
- ★ 云南省第八届年鉴评比（2008）综合特等奖
- ★ 云南省第九届年鉴系列评奖（2009）综合一等奖
- ★ 《云南生态年鉴》（2010）荣获第五届全国年鉴编校质量检查评比特等奖
- ★ 《云南生态年鉴》（2012）荣获第七届全国年鉴编校质量检查评比特等奖